LE REGISTRE DE SILLERY

(1638-1690)

Du même auteur

Le troisième registre de Tadoussac—Miscellaneorum Liber, édition critique. Coll. «Tekouerimat» 3, Les Presses de l'Université du Québec, Montréal, 1976, XXII + 340 p.

Le quatrième registre de Tadoussac, édition critique. Coll. «Tekouerimat» 8, Les Presses de l'Université du Québec, Québec, 1982, XXXIX + 144 p.

Histoire ou légende? Jean-Baptiste de La Brosse, Bellarmin, Montréal, 1984, 546 p., ill.

Le Québec de 1850 en lettres détachées, coll. «Civilisation du Québec» 32, Ministère des Affaires culturelles, Québec, 1985, 294 p., ill.

Le financement du Collège Joliette: perspectives historiques (1846-1904), Joliette, Cégep Joliette-De-Lanaudière, 1989, 268 p. (Recherche subventionnée par le FCAR, Fonds pour la Formation de Chercheurs et l'Aide à la Recherche).

Le financement du Séminaire de Joliette: perspectives historiques (1904-1968), Joliette, Cégep Joliette-De-Lanaudière, 1990, 330 p. (Recherche subventionnée par le FCAR, Fonds pour la Formation de Chercheurs et l'Aide à la Recherche).

LE REGISTRE DE SILLERY

(1638-1690)

Introduction, présentation et notes
de Léo-Paul Hébert

Préface de Marcel Trudel, O.C., D. ès L.

1994

Presses de l'Université du Québec
2875, boul. Laurier,
Sainte-Foy (Québec)
G1V 2M3

Fondation de l'Université du Québec à Chicoutimi
C.P. 1474,
Chicoutimi (Québec)
G7H 5K3

Cette édition critique et les recherches qui l'ont précédée ont pu être réalisées grâce à une subvention de la Fondation de l'Université du Québec à Chicoutimi, à d'importantes contributions des organismes suivants:

le Fonds d'éducation des Clercs de Saint-Viateur de Joliette,
le Ministère des Affaires autochtones du Québec,
la ville de Sillery,

et à la collaboration des Archives de l'Archidiocèse de Québec qui ont dûment autorisé la publication du manuscrit original (AAQ, série U, Registre des missions anciennes, n° 1).

Saisie, réalisation et montage informatique: Jacinthe Ratté enr.

Données de catalogage avant publication (Canada)

Hébert, Léo-Paul, 1929 –

Le registre de Sillery, 1638-1690

(Tekouerimat)
Comprend de réf. bibliogr. et des index.
Publ. en collab. avec : Fondation de l'Université du Québec à Chicoutimi.
Texte en francais et en latin.

ISBN 2-7605-0761-0

1. Registre des baptêmes – Québec (Province) – Sillery. 2. Algonquiens – Généalogie. 3. Indiens – Amérique du nord – Québec (Province) – Sillery – Généalogie. 4. Sillery – (Québec) – Généalogie. 5. Jésuites – Missions – Québec (Province) – Sillery. 6. Nouvelle-France – Manuscrits. I. Université du Québec à Chicoutimi. Fondation. II. Titre. III. Collection.

CS88.S55H42 1994 929'.3714471 C94-940328-8

ISBN 2-7605-0761-0

Dépôt légal – 1er trimestre 1994
Bibliothèque nationale du Québec
Bibliothèque nationale du Canada
Imprimé au Canada

Préface

La première fois que j'ai dû faire des recherches dans le premier registre de Sillery, j'ai été terrifié. Ce registre accumule toutes les difficultés imaginables qu'un chercheur peut affronter. Voici des actes écrits en latin, bourrés de noms amérindiens, abondants en abréviations, rédigés souvent d'une petite écriture aux lignes toutes serrées et qui se bousculent jusqu'au fin bas de la feuille. Dans mes dernières années de professeur, je faisais photocopier une page de ce registre (je ne choisissais pas la meilleure) et je la donnais à déchiffrer dans mon cours d'explication de textes. De quoi faire décrocher les étudiants les plus têtus.

Léo-Paul Hébert, C.S.V., mérite le prix d'excellence en entêtement. Après avoir transcrit et publié deux vieux registres de Tadoussac (le troisième et le quatrième), il a entrepris le même travail sur le premier registre de Sillery. Les chercheurs d'aujourd'hui auront désormais tout le plaisir de l'imprimé. Ce sera pour les historiens une bien commode monture. Car ils pourront plus facilement faire l'étude de la famille amérindienne du XVIIe siècle. Comme aussi celle de cette réduction qui, ouverte en 1636, se transforme pourtant au cours d'une seule génération en une paroisse de colons français; grâce à ce registre, on voit évoluer le peuplement dans une seigneurie dont, en principe, les «Sauvages chrétiens» sont les seigneurs, mais qu'ils désertent bientôt, vouant à l'échec ce qui avait été de la part des Jésuites un programme de souveraine importance.

D'autres anciens documents ne sont encore à la portée que de lecteurs bien entraînés; l'accès en demeure souvent impossible à tant de chercheurs qui voudraient les utiliser. Se trouvera-t-il d'autres travailleurs pour entreprendre, à la suite de Léo-Paul Hébert, de déchiffrer et de publier, par exemple, les actes de nos premiers notaires du XVIIe siècle? L'étude de ce siècle serait alors un agrément, comme ce l'est maintenant pour celui qui veut étudier les débuts de Sillery.

Marcel Trudel, O.C., D. ès L.

Remerciements

Nos remerciements s'adressent à un grand nombre de personnes et d'organismes auxquels nous devons beaucoup et plus particulièrement:

à feu l'abbé Jean-Paul Simard, fondateur des Études Amérindiennes à l'Université du Québec à Chicoutimi, premier responsable de la Collection «Tekouerimat», et qui fut à l'origine de l'édition du **Registre de Sillery**,

à Monsieur Marcel Trudel, historien, à l'abbé Armand Gagné, archiviste de l'archevêché de Québec, à l'abbé Léonidas Larouche, linguiste, au Père Lucien Campeau, S.J. historien, et au Père Adrien Pouliot, S.J. historien, qui nous ont aidés par leurs conseils, par leurs suggestions et par les précieux renseignements qu'ils nous ont fournis,

au Père Joseph Cossette, S.J. archiviste de la Compagnie de Jésus (Saint-Jérôme), au personnel des Archives du Séminaire de Québec,

à la Direction du Cégep Joliette-De-Lanaudière qui a facilité nos recherches,

à Madame Huguette Bouchard, responsable des Études Amérindiennes à l'Université du Québec à Chicoutimi et directrice de la collection Tékouérimat, qui a supervisé la préparation et la publication de l'ouvrage,

à Madame Jacinthe Ratté, qui a réalisé la saisie sur ordinateur et la préparation du texte,

enfin au Père Réal Aubin, C.S.V. qui a bien voulu assurer la correction de notre manuscrit.

Léo-Paul Hébert

Le Père Paule LeJeune (1591-1664), s.j., co-fondateur de la Mission de Sillery
(Photo : Archives des Jésuites).

Abréviations

AAQ	Archives de l'Archevêché de Québec
BRH	Bulletin des recherches historiques
DBC	Dictionnaire biographique du Canada
JJ	Journal des Jésuites
PRDH	Programme de recherche en démographie historique
RAPQ	Rapport de l'archiviste de la province de Québec
Rel.	Relations des Jésuites
SRT	Second Registre de Tadoussac

Introduction

Le vénérable *Registre de Sillery* est le plus ancien manuscrit conservé aux Archives de l'Archevêché de Québec. De tous les registres de l'état civil du Québec qui nous ont été conservés, le plus ancien est celui de Trois-Rivières qui s'ouvre en 1635; celui de Sillery vient immédiatement après: il remonte à 1638. Même celui de Notre-Dame de Québec, bien qu'il contienne des actes datant de 1621 reconstitués après coup, ne commence officiellement qu'en 1640[1].

À cause de son ancienneté, le vieux *Registre de Sillery* est une source d'histoire inestimable; il contient une partie du patrimoine des Amérindiens et de nos ancêtres. Les actes qui y sont inscrits couvrent une grande partie du XVIIe siècle québécois, plus précisément de 1638 à 1690.

Le *Registre de Sillery* constitue une immense banque de données sur le monde amérindien et français du XVIIe siècle. Avant tout, il s'agit d'un registre de baptêmes, mais on y trouve aussi une foule d'informations sur la stratégie des Jésuites face au monde amérindien; les *Relations des Jésuites* y trouvent en partie leurs fondements. À travers ces actes de baptêmes qui s'étendent de 1638 à 1690, c'est tout un monde amérindien qui nous est conservé dans ces pages du vieux registre de Sillery. Cet univers amérindien nous apparaît d'abord sous son aspect religieux, mais aussi dans ses dimensions familiales, sociales, politiques, ethnographiques et même commerciales; en effet, comment séparer les objectifs religieux et politiques dans les randonnées des PP. Claude Dablon et Gabriel Druilletes vers la baie d'Hudson ou du P. Druilletes chez les Abénaquis d'Acadie et de la Nouvelle-Angleterre? Voyages dont on peut pratiquement suivre les étapes dans le *Registre de Sillery*.

De plus, ce monde amérindien est loin d'être immobile: il évolue constamment depuis les débuts de la fondation de la «*Réduction*» de Sillery. Destinée d'abord aux Algonquins et aux Montagnais, Sillery s'adapte constamment à des situations nouvelles: passage de nombreuses nations autochtones, désertion des premiers habitants, séjour des Abénaquis qui termine brillamment la carrière de Sillery à la fin du XVIIe siècle.

Mais il y a aussi la coexistence française à Sillery: le registre contient des baptêmes d'enfants français à partir de 1655 et cette présence ira en s'intensifiant. La société française de Sillery, de Québec et des environs est partout présente dans notre registre.

Des Jésuites célèbres, comme les PP. Paul Le Jeune (théoricien des missions), Jean Dequen, découvreur du lac Saint-Jean, Charles Albanel, connu par ses explorations à la baie d'Hudson, Gabriel Druilletes, ambassadeur en Nouvelle-Angleterre, les PP. Gabriel Lalemant, Jean de Brébeuf, René Goupil, etc., y ont fait des baptêmes. Mgr de Laval, les gouverneurs

---

1 LAROSE, André. ***Les registres paroissiaux au Québec avant 1800***, Étude et recherches archivistiques, n° 2, Québec, Ministère des Affaires culturelles, 1980, p. 175.

Huault de Montmagny, Dubois d'Avaugour, Buade de Frontenac, Chomedey de Maisonneuve, les fondatrices Jeanne Mance, la duchesse d'Aiguillon et Madame de la Peltrie, des notables de la société française du XVIIe siècle, comme Jérémie dit Lamontagne, des membres des familles Juchereau, Legardeur, Leneuf de la Potherie, Rouer de Villeray, Ruette d'Auteuil, etc., y sont parrains d'enfants amérindiens.

De grandes figures du monde amérindien y passent ou y résident comme Noël *Negabamat/Tekouerimat, Makheabichigiou, Pigarouich, Tgondatsa.* Des Amérindiens de la plupart des nations de la Nouvelle-France ont séjourné à Sillery; Sillery fut un carrefour et un lieu de rencontre des Autochtones et des Français, qui s'y sont acculturés réciproquement.

La lecture et la consultation du *Registre de Sillery* ne sont pas faciles: la rédaction en latin, les écritures d'époque, dont la graphie diffère considérablement de la nôtre; leur diversité (une quarantaine d'écritures différentes, chacune avec ses caractéristiques): formation particulière de certaines lettres, extrême finesse de l'écriture, utilisation d'abréviations (celles du P. Gabriel Druilletes, entre autres) etc., constituent autant de pierres d'achoppement pour les chercheurs et les généalogistes.

On comprendra facilement que la très grande valeur du manuscrit ne permet pas non plus son accès au grand public qui doit se contenter d'une transposition sur microfilm.

C'est pour toutes ces raisons que le Centre des Études Amérindiennes de l'Université du Québec à Chicoutimi en a proposé l'édition critique pour la collection «Tekouerimat» (collection dont le nom est justement emprunté au célèbre chef amérindien de Sillery). La présentation du *Registre de Sillery* suivra l'ordre suivant:

1. Description du manuscrit;
2. Langues du manuscrit;
3. Histoire du manuscrit;
4. Auteurs du manuscrit;
5. Contenu et intérêt;
6. Établissement du texte;
7. Présentation du texte.

1. Description du manuscrit

Le *Registre de Sillery*, de format 30 cm sur 20,5 cm, est relié en cuir solide. Le *titre* inscrit à la page [3][2] ou fol. 1, recto, se lit comme suit: ***Liber Baptisatorum / A Patribus Societatis Jesu / In residentia seu reductione / Sancti Josephi Vulgo Sillery***.

2 Toutes les références aux pages du texte original seront indiquées entre crochets (ex. : p.[3]), afin de permettre au lecteur de retrouver les renvois exacts au texte original; notre édition présente la pagination originale entre crochets dans la marge de gauche.

Le *titre* de la page [135] (ou première page en pied) est: ***Missio Metaber8tiensis / Anno 1642 et 1643***.

À la page [1], un billet de format 19 cm sur 11 cm a été collé; il contient une note de l'écriture de Georges-Barthélemy Faribault, racontant la découverte du registre en 1815 et sa remise à la cure de Notre-Dame de Québec.

La reliure actuelle peut dater des années 1860 environ; en effet, à l'intérieur de la couverture page 2, le relieur Charles Hianvieux a collé une étiquette comportant son adresse; il habitait alors "N° 5 rue Laval, près des remparts, Québec". Or, quand on feuillette les *Quebec Directory* de cette époque, Charles Hianvieux y est mentionné à partir de 1850, mais il n'apparaît au numéro 5 de la rue Laval qu'en 1862; il s'y trouvait toujours en 1875.

Dans son état actuel, la reliure cause des problèmes de lecture: il arrive parfois que le texte soit emprisonné en partie dans la reliure.

État du registre: Le registre est en assez bon état si on tient compte de son âge respectable et de sa carrière mouvementée! Le papier est toujours solide et résistant, et le manuscrit se consulte sans danger. Toutefois, les feuillets gardent la trace de nombreux sévices du temps: les feuillets comportent souvent des zones et des taches d'ombres, aux formes capricieuses provenant de mouillures, de l'humidité et sans doute aussi de mauvaises conditions de conservation.

L'*encre* d'origine est plutôt brunâtre et certains passages sont peu visibles.

Le papier: Le manuscrit est constitué de papier vergé, fabriqué à la main, dont le filigrane revient en moyenne à toutes les deux pages. Le filigrane, en forme d'armoirie, est composé d'une sorte d'amphore ou mieux d'une oenochoé, comportant une anse importante, et dont le couvercle est surmonté d'une écrevisse (?) stylisée.

Le *corpus* du registre était déjà constitué en 1655, car à cette date, le P. Pierre Bailloquet fait des renvois d'une partie à l'autre du registre. Ex. p. [51], où il renvoie à l'autre extrémité pour trouver les actes concernant les Français. Une note au bas de la page [58] confirme la constitution du *corpus* en 1661. En effet, le P. Gabriel Druilletes écrit: «*Baptizatos in viâ ad Missionem S[ancti] Fr[ancisci] Xav[erii] versus mare Septentrionale in 7ª pagina alterius partis hujus libri seorsum habes descriptos*». (En ce qui concerne ceux qui ont été baptisés au cours du voyage à la mission Saint-François-Xavier du côté de la mer du Nord, on les trouvera inscrits à la septième page de l'autre partie de ce registre). Or, l'autre partie du registre, disposée tête-bêche, commence avec la page [135] de la pagination actuelle et les baptêmes faits en route vers la mer du Nord se trouvent à la page [141], ce qui est bien la septième page à partir de la page [135].

Le texte souffre d'un bon nombre de lacunes causées par des déchirures et aussi des coupures, oeuvres de collectionneurs d'autographes.

On peut reconstituer assez facilement les noms qui ont été coupés; ce sont ceux des PP. Claude Pijard (p. [9]), Jean Dequen (p. [11]), Gabriel Druilletes (p. [32]), Jacques Frémin (p. [59]), Joseph Marest (p. [115]), Charles Albanel (p. [151]). Au verso de ces coupures, le texte manquant a pu être reconstitué avec assez de sûreté. Ces coupures existaient déjà en 1902, comme l'atteste l'abbé Henri-Arthur Scott[3].

Trois feuillets (pages [33-34 et 73-74]) sont amputés de leur dernier tiers, et les pages [69-70], de la moitié.

De plus, il manque un feuillet entre les pages [142] et [143], qui comportait les actes inscrits entre le 17 décembre 1657 et le 22 mars 1660. Selon Scott, ***Une paroisse...***, p. 90, note 2, le registre comporte une lacune entre le 24 juin et le 2 novembre 1640: il manquerait un feuillet entre la page [16] et la page [17]. Dans son état actuel, le manuscrit compte 83 feuillets.

La pagination: On avait commencé à numéroter les feuillets du registre, mais le foliotage s'interrompt au quatrième feuillet.

À une époque récente, le registre a été paginé à la mine de graphite; seules les pages impaires (recto) ont été numérotées, mais les pages paires sont comptées, de sorte que le registre compte présentement 166 pages, soit 83 feuillets. Après la page [134] (verso), la pagination s'interrompt; il faut alors se rendre à la fin du registre tout en le tournant tête-bêche (comme les publications bilingues du gouvernement du Canada); la pagination se poursuit en pied avec la page [135], où débutent les actes faits à Trois-Rivières en 1642. Cette pagination n'existait pas encore en 1902, quand l'abbé Henri-Arthur Scott compulsa le registre en vue de rédiger son histoire de Sainte-Foy[4]. Selon Monsieur Armand Gagné, archiviste de l'archevêché de Québec, cette pagination à la mine est de Monseigneur Paul Bernier (1906-1964), alors qu'il était archiviste de l'archevêché de Québec. Cette pagination impaire s'applique au recto de la page de garde, qui devient la page [1]; les quatre premiers feuillets foliotés prennent rang à partir de la page [3]: ainsi, le folio 1 recto devient la page [3]; le folio 2 recto: page [5]; le folio 3 recto: page [7] et le folio 4 recto: page [9].

Dans la pagination présente, la note de Georges-Barthélemy Faribault a été collée à la page [1]; le contenu proprement dit du registre commence à la page [3].

Il faut noter que le texte inscrit au registre est divisé en deux sections: la première s'étend de la page [3] à la page [141] et avait été réservée aux Amérindiens; la seconde (disposée tête-bêche), de la page [142] à la page [165], était destinée aux Français. Pour faire des renvois d'une partie à l'autre, les rédacteurs utilisent des expressions latines comme *Vide igitur Gallos ad calcem* (Voir les Français à la fin) (original page [51]), ou encore *V[ide] in adversa parte libri hujus quae est Sylvestrium baptizatorum* (Voir à la

---

3 SCOTT, Henri-Arthur. ***Une paroisse historique de la Nouvelle-France — Notre-Dame de Sainte-Foy — Histoire civile et religieuse d'après les sources***, Tome I, 1541-1670, Québec, J.-A. K-Laflamme Imprimeur, 1902, p. 90.

4 SCOTT, Henri-Arthur. ***Op. cit.***, p. 90.

partie inversée (tête-bêche) de ce livre, qui est réservée aux Amérindiens baptisés).

Plusieurs pages n'ont pas été utilisées; c'est le cas de la page [1] (page de garde), [117] et [118], [124] à [134] et [166].

Toutes ces pages (sauf la page de garde), ainsi que les blancs laissés par les rédacteurs, ont été bâtonnés en X par Jean-Baptiste Peuvret Demesnu, greffier du Conseil Souverain, qui a inscrit à la page [123]:

> *«Tous les blancs de ce Registre ont esté batonnez suivant l'arrest du Conseil Souverain du vingt deuxième mars MVI^c quatre vingt quatorze par moy conseiller secretaire du Roy et greffier en chef audit Conseil soussigné à Québec les jours et an susdits.»*
>
> *Peuvret [parafe]*[5]

La fermeture officielle du *Registre de Sillery* s'est donc faite en 1697. Ce fut à l'occasion de la demande d'annulation de mariage de Nicolas Jérémie dit Lamontagne et de Madelaine Teta8isek8e, mariage qui avait été béni par le P. François de Crespieul à Chicoutimi le 3 juin 1693 [6]. Nicolas Jérémie, baptisé le 16 février 1669, à Sillery (page [150]), n'avait pas encore 25 ans: il n'était pas encore majeur selon la loi française du temps. Son père, Noël Jérémie, demanda l'annulation de ce mariage devant le Conseil Souverain. Le P. Jean Viguier, qui exerçait alors les fonctions curiales à Sillery, dut produire, devant le Conseil Souverain, le registre de Sillery qui contenait l'acte de naissance de Nicolas Jérémie. Le procès-verbal précise:

> *«[...] Et Veu un Registre des Mariages, Baptesme et Sepultures faits a Scilery, N.D. de foy et autre lieux, tant de françois que de Sauvages rep[résen]té de la part du demandeur, [...].»*

Ce passage pose le problème de l'existence d'autres registres de Sillery; notre registre n'est qu'un registre de baptêmes, bien que les rédacteurs y aient inscrits parfois des sépultures; le registre des mariages et sépultures de la mission de Sillery est perdu. Ici, toutefois, malgré la mention *Mariages...Sepultures*, il semble bien qu'il s'agisse de notre registre, comme d'ailleurs le laisse entendre la suite de l'Arrêt du Conseil Souverain:

> *«duquel Registre Les blancs seront Batonnés par le greffier en Chef de ce Conseil. [...]. Comme aussy que led. pere Viguier ou autre faisant les fonctions Curialles esd.^ts lieux de Silery et N.D. de foy ne se servira plus dud. registre, et en presentera deux autres en Blanc aufrais de la fabrique, dont les feuillets seront paraphéz et Cottéz par premier et dernier, par le lieutenant General en lad. prevosté, Lun desquels*

---

5 Jean-Baptiste Peuvret Demesnu (1632-1697) et non son fils Alexandre Peuvret de Gaudarville (1664-1702), comme en fait foi sa signature au bas de son testament (Frs Genaple, 21 mars 1697).

6 LAROUCHE, Léonidas. ***SRT***, Fol. 36, p. 98.

registres servira de Minutte pour y enregistrer par le Curé ou son Vicaire, les Baptesmes, mariages et Sepultures, et demeurera es mains du Curé ou du Vicaire, et l'autre sera porté au Greffe de lad. prevosté pour servir de Grosse et y avoir recours si Besoing est a lavenir.»

Bochard Champigny[7]

On reconnaît ici l'application du règlement promulgué par le Conseil Souverain en 1678, concernant la tenue des registres et obligeant les curés à tenir double registre[8].

Des registres perdus?

Qu'est-il advenu du *Registre des Mariages et Sépultures de Sillery* qui a dû exister dès le début de Sillery en 1638? En effet, notre *Registre de Sillery* actuel ne contient aucun mariage, ni d'Amérindiens, ni de Français. Pour les sépultures, c'est différent: des additions au texte des baptêmes, parfois sous forme de notes marginales, indiquent la date et parfois le lieu du décès. Ces compléments pourraient provenir du *Registre des Mariages et Sépultures.*

On sait qu'à Tadoussac, les missionnaires avaient eu l'idée d'utiliser deux registres en 1646: l'un pour les baptêmes et l'autre pour les mariages et sépultures. De fait, la liste des dons mentionne pour l'année 1646:

«Item la mesme année [...] deux livres blancs, l'un pour escrire les baptesmes, l'autre pour escrire les Mariages, Morts et les mémoires; le tout provenant des castors donnes par les chrestiens.[9]*»*

Comme Sillery est la maison-mère de Tadoussac, il y a gros à parier que les missionnaires de Tadoussac ont imité l'usage de Sillery; donc, que la mission de Sillery avait deux registres dès les débuts: l'un pour les baptêmes (qui nous a été conservé), un second pour les mariages et les sépultures et pour les mémoires... (qui a été perdu ou détruit).

Après le 9 décembre 1680, le P. Jacques Bigot écrit la note marginale suivante: «*Sépultures omises*»; suivent quatre actes de sépultures de 1680 et de 1681 (page [93]). Et au cours de 1681, le même P. J. Bigot inscrit plusieurs actes de sépultures à travers les actes de baptêmes (pages [93-95]). Peut-on en déduire que dès 1680, le registre des sépultures de Sillery est perdu ou détruit? Non, car le *Second Registre de Tadoussac* (1668-1700) contient des actes de sépultures d'Amérindiens inhumés à Sillery en 1675, 1684 et 1687. Ces actes, qui semblent ici des rappels ou des doubles, ont dû figurer d'abord au registre des sépultures de Sillery.

---

7 ***Jugement et délibérations du Conseil Souverain de la Nouvelle-France***, vol. III, Québec, A. Côté et Cie, 1887, p. 850-851.

8 LAROSE, André. ***Les registres paroissiaux au Québec avant 1800***, p. 17. Le mariage de Nicolas Jérémie fut annulé en 1694.

9 LAROUCHE, L. ***SRT***, fol. 59r, p. 151.

Comment expliquer que, sauf l'acte du 6 mai 1690, qui semble bien un acte égaré, l'on n'ait aucun acte de baptême pour les Français de Sillery après 1679? La réponse est sans aucun doute dans les registres de Sainte-Foy qui, pour les années 1679 à 1698, ont été détruits lors de l'incendie de la chapelle en 1698[10].

Lors de sa consultation par le Conseil Souverain en 1693-1694, le registre n'était plus utilisé depuis plusieurs années: les derniers actes inscrits au registre datent du 11 octobre 1688 pour la partie amérindienne du registre et du 30 mai 1679[11] pour la section réservée aux Français. Le P. Viguier lui-même n'y a inscrit que deux actes en 1687 et 1688.

> «*Comme les Jésuites*, dit M. André La Rose, *sont demeurés à Sillery avec les Indiens jusqu'en 1698, on peut se demander si un registre couvrant la période 1688-1698 ne serait pas disparu*[12].»

Le vieux registre de Sillery comporte des indices laissant entendre que de nouveaux registres sont en usage, tout au moins pour les habitants français de Sillery dès 1684. En effet, trois actes abrégés, rédigés par le P. Jacques Bigot, les 2 mars, 16 et 24 avril 1684 (page [102]) renvoient à d'autres registres, où ces actes devaient se trouver intégralement:

> «*2 mars par le P. Henry Gassot a esté baptisé Charles Ripoche, ut jacet in tabulis.*» (comme il apparaît dans les registres)
>
> 16 avril [1684]
> «*Ego Jac Bigot. s.J. sac. sol. ritu bapt. Joanne[m] Bapt Petitclerc prout jacet in duab[us] aliis publicis tabulis.*» (comme il apparaît dans les deux autres registres publics)
>
> 24 avril [1684]
> «*Ego Jac. Bigot s.J. sac. sol. ritu bapt. Carolu[m] Hamel prout ite[m] jacet in tabulis.*» (comme il apparaît aux registres)

Ajoutons que ces baptêmes sont placés dans la partie amérindienne du registre et qu'ils ne figurent pas dans la partie française, où se trouvent plusieurs autres membres de ces familles.

Or, les familles Ripoche, Petitclerc et Hamel habitaient la seigneurie de Sillery. La famille de Charles Hamel y habitait encore en 1678[13]. Les Petitclerc habitaient la côte Sainte-Ignace («*e reg[ione] seu loco S^ti^ Ignatii parochiae S^ti^ Michaelis Sillericensi* ») (page [163]).

---

10 LAROSE, André. ***Op. cit.,*** p. 182.

11 Sauf l'acte du 6 mai 1690, baptême de Guillaume Tardif, acte égaré, semble-t-il (page [165]).

12 LAROSE, André. ***Op. cit.,*** p. 175. SCOTT, Henri-Arthur. *Deuxième centenaire de Notre-Dame de Foy — Notice historique,* Québec, Imprimerie de l'Action sociale, 1919, pp. 4-5.

13 TRUDEL, Marcel. ***Le Terrier du Saint-Laurent en 1663***, Cahiers du Centre de Recherche en civilisation canadienne-française, n° 6, Ottawa, Éditions de l'Université d'Ottawa, 1973, p. 284.

Comme le Conseil Souverain a exigé, en 1694, que le P. Viguier ouvre deux nouveaux registres pour Sillery, ces deux autres registres (*duabus aliis publicis tabulis*), auxquels le P. Jacques Bigot renvoie en 1684 sont sans doute les registres de Notre-Dame de Foy détruits par un incendie en 1698[14].

Nous croyons qu'il y a eu à Sillery des registres pour les Français à partir de 1679 ou 1680. L'acte inscrit par le P. J. Bigot le 6 mai 1690, au baptême de Guillaume Tardif (dernier acte du registre), signifierait-il que ces registres auraient été détruits?

Notes marginales: Les notes marginales du *Registre de Sillery* sont très diversifiées: il y a d'abord celles qui font partie de l'acte: elles sont du même rédacteur et elles contiennent la date de l'acte, qui souvent n'est pas reprise dans le corps de l'acte; elles contiennent aussi parfois le nom du baptisé et l'endroit où a eu lieu le baptême (ex. : actes du P. Jacques Vaultier).

De temps à autres, les notes marginales sont postérieures à la rédaction de l'acte, mais d'une écriture d'époque: on y inscrit par exemple la date de la mort et de la sépulture. En ce cas, elles suppléent d'une certaine façon à la disparition du registre des sépultures de Sillery. Il arrive aussi que l'on trouve en marge, des actes complets, par exemple à la page [34] de l'original, ou des compléments d'actes, mais le cas est rare. Aussi des renvois au registre de Québec (page [36]), au registre de Tadoussac (page [32]), à d'autres parties du registre de Sillery, comme on vient de le voir.

Mais il y a aussi une utilisation plus tardive de la marge de gauche: on a voulu faciliter le repérage des noms français à travers le registre, qui parfois se trouvent mêlés avec ceux des Amérindiens et à partir de la page [37] on a inscrit en marge, d'une encre plus noire et d'une écriture plus moderne, les noms des baptisés français, précédés de B (le prénom étant toujours écrit en français). L'écriture est élégante, l'accentuation est bien indiquée; on peut noter toutefois une orthographe archaïsante des prénoms français, comme le g dans Magdeleine, le z dans Elizabeth et en général le d à la grecque (δ). Cet annotateur opère une certaine normalisation des patronymes: ainsi La Rue devient De la Rue; Tillé: Le Tellier; Granier: Garnier; Coutantin: Constantin; Durant: Durand; Peluchon: Pluchon; Chapeau: Chappeau; Sanson: Samson; Thibau: Thibault; Fauque ou Fauq: Focque. Ces notes s'arrêtent avec la page [155]; elles reprennent à la page [161], mais de la main du P. Dalmas.

De plus, sans doute en vue de faire un relevé, on a souligné à la mine les noms français mentionnés dans le texte (les parrains et marraines) et on les a signalés en marge par une croix (+) ou un (x). Le même annotateur a fait la compilation des baptêmes dans la partie française du registre, toujours à la mine; les baptêmes sont numérotés à partir de la page [142], mais la numérotation s'arrête à la page [147] et le compilateur ne fait plus qu'inscrire le total des baptêmes au bas de chaque page et à la dernière page [165], il fait le compte final: N° 222 (pour la section française du registre).

---

14 LAROSE, André. *Op. cit.*, p. 182.

Cet annotateur qui a travaillé à la mine tout au long du registre est peut-être bien l'abbé Henri-Arthur Scott (1858-1931), qui a exploité abondamment le *Registre de Sillery* pour rédiger son ouvrage intitulé *Une paroisse historique de la Nouvelle-France – Notre-Dame de Sainte-Foy* (1902); ouvrage qui, à la page 557 du Tome I, donne la liste des *Enfants Français baptisés à Sillery de 1637 à 1670.*

Enfin, certains utilisateurs du registre ont tenté de faire la compilation des actes: de la page 4 à la page 8, il y a un commencement de numérotation à la mine, mais après 32 baptêmes, la compilation s'arrête.

Quant à la tenue générale du registre, elle se compare facilement avec celle des registres d'époque, à condition que l'on tienne compte qu'il s'agit d'un registre "central". Sillery n'est pas une paroisse ordinaire, bien que le mot *parochia* soit employé quelquefois pour la désigner. La population amérindienne de Sillery n'est pas stable. Le fait que le registre contienne un grand nombre de baptêmes faits en d'autres endroits et par un grand nombre de rédacteurs explique pourquoi la tenue du registre n'est pas toujours uniforme et ne respecte pas toujours les consignes, comme l'insertion de baptêmes français dans la section du registre réservée aux Amérindiens et vice versa; ou encore l'insertion d'un certain nombre d'actes de sépulture à travers les baptêmes.

En ce qui concerne la forme même des actes, on aimerait avoir des actes de formulation standard, comme ceux du P. Pierre Bailloquet ou ceux de la section française du registre. Or, la situation ne se présentait pas de la même façon. Quelques cas illustreront le manque de suite chronologique de certaines séries d'actes. Quand un missionnaire, comme le P. Gabriel Druilletes, revient d'une randonnée d'une année, après un hivernement ou un long voyage, il doit inscrire au registre "central" de Sillery sa liste de baptêmes faits ici et là *in silvis*. Il peut alors choisir de respecter l'ordre chronologique en insérant ses baptêmes à travers les autres actes déjà inscrits. Si le missionnaire a une écriture aussi fine que celle du P. Druilletes, il y arrivera, mais la mise en page du registre en souffrira et le pauvre lecteur éventuel n'oubliera jamais son nom! Ou bien il placera sa liste de baptêmes à la suite des actes déjà inscrits et l'ordre chronologique ne sera pas respecté, ce qui causera de sérieux problèmes de datation à l'utilisateur.

En ce qui concerne le contenu des actes, il est impensable pour un missionnaire de retour de tournée de dresser des actes de baptême individuels pour chacun des baptisés. Dans un même acte commun, on retrouvera nécessairement de nombreux baptisés.

Dans ce genre d'acte "multi-baptêmes", le P. de Crespieul est le champion avec ses actes de plusieurs pages, mais il n'est pas le seul; il y en a à toutes les époques de Sillery, mais surtout au cours de la période abénaquise avec les deux Pères Bigot qui regroupent des dizaines de baptisés dans une même cérémonie et où chacun des parrains et marraines assume la responsabilité de plusieurs filleuls.

Les signatures Les rédacteurs ne signent pas habituellement leurs actes comme dans les registres français d'époque. La raison est sans doute due au fait que les actes sont inscrits après coup et parfois assez longtemps après la cérémonie du baptême; les parrains ne sont plus sur place et parfois le rédacteur n'est pas le ministre du baptême.

Toutefois, notre registre contient des exceptions; quelques rédacteurs signent leurs actes: le P. Jacques Bigot: 18 fois (entre 1681 et 1684); le P. Vincent Bigot: 17 fois (entre 1681 et 1684); le P. Joseph Jacques Marest: 2 fois (en 1687); le P. André Richard signe *A. Richardus* 9 fois (entre 1667 et 1669); l'abbé Pierre-Paul Gagnon, une fois (en 1679) et le P. Antoine Dalmas: une fois (en 1679).

Parmi les Français qui sont parrains et marraines, on rencontre les signatures des personnes suivantes:

Pierre Nolan (1681), Jenne Gourdo (1681), Jean-Baptiste Nolan (1681), Marie Soumande (1681), Denise Depeiras (1681), Marie Peltier (Pelletier) (1682 et 1684), Marie Bonhomme et Anne Bonhomme (1682), Marie Madelenne Dessorcis (1682 et 1685), Pierre Mesureux (avec parafe) (1684) et *Jacobus Joannes* Lasource (1685).

Enfin, la très belle signature du greffier Jean-Baptiste Peuvret Demesnu ferme officiellement le *Registre de Sillery* le 22 mars 1694[15].

2. Langues du manuscrit

Si on fait exception des deux brouillons d'actes des pages [150bis et 150ter] — actes qui sont repris d'ailleurs en latin aux pages [91 et 114], — il n'y a que trois actes rédigés en français dans notre registre: le baptême de Charles Ripoche, 2 mars 1684 par le P. H.-J. Gassot (acte abrégé et qui renvoie à un autre registre), page [102]; un baptême par l'abbé Thomas-Joseph Morel, en date du 25 avril 1672, page [157]; et l'avant-dernier acte du registre, par le P. Antoine Dalmas, 30 mai 1679, page [165]. Tout le reste du registre est rédigé en latin.

---

15 **Rédacteurs**: Jacques Bigot, S.J., [94] (1681, 6 fois); [95 (1682, 5 fois); [96] (1682); [97] (1682); [98] (1682, 4 fois); [99] (1682, 3 fois); [102] (1684, 3 fois). Vincent Bigot, S.J., [94] (1681, 6 fois); [96] (1681); [97] (1682, 6 fois); [98] (1682). Joseph Jacques Marest, S.J., [113](1687); [115](1687). A. Richardus, S.J., [147] (1666, 3 fois); [148] (1667); [149] (1668, 2 fois); [150] (1668, 2 fois); [150] (1669). P. P. Gagnon, ptre, [150] bis (1679). A. Dalmas, S.J., [165] (1679).
Parrains et marraines: P[ierre] Nolan, [94] (1681); Jenne Gourdo, [94] (1681); Jean Baptiste Nolan, [94] (1681); Marie Soumande, [94] (1681); Denise Depeiras, [96] (1681); Marie Peltier, [97] (1682); Marie Pelletier, [101] (1684); Marie Bonhomme, [98] (1682); Anne Bonhomme, [98] (1682); Marie Madelenne Dessorcis, [98] (1682); Marie Madelenne Desorsi, [106] (1685); Pierre Mesureux + parafe, [101] (1684); Jacobus Joan[n]e Lasource, [106] (1685); Jehan Minet, [163] (1677); Peuvret [Jean-Baptiste Peuvret Demesnu], [123] (22 mars 1694).

Il arrive toutefois que le rédacteur ait des distractions; de temps à autre, le prénom est écrit en français; ainsi, il écrira Noël au lieu de *Natalis*; ou encore Monsieur d'Auteuil au lieu de *Dominus d'Auteuil*.

Les prénoms se présentent ainsi: *Aegidius* pour Gilles (ou Egide), *Stephanus* pour Étienne, *Guillelmus* pour Guillaume, *Perretta* ou *Petrina* pour Pierrette ou Perinne, *Natalia* pour Noëlle ou Noëlla, etc.

Selon la coutume de l'époque, on latinisait les noms de lieu et les noms de nations amérindiennes. Ainsi, Sillery devient *Silleriaci* (locatif: à Sillery), ou sous sa forme adjective: *Silleriacus, Sillerianus, Silleriensis*; Cap Rouge devient *Promontorium Rubrum*.

Les noms de nations amérindiennes, comme Iroquois, prennent plusieurs formes latines: *Hiroquaeus, a, um; Hiroquetus, a, um; Iroquaeus, a, um; Iroquetus, a, um;* les Hurons deviennent *Huro, onis; Huronus, a, um; Huronensis; Huronissus, a, um.*

D'une façon générale, les patronymes français ne sont pas latinisés. Mais il y a des exceptions: le P. André Richard écrit et signe habituellement *Richardus*. Gonthier devient *Gontetio* (ou *Gonterio*); Adam: *Adamo*; Pavie: *Pavia*; Denys, Fabre, Jean et Martin, comme noms de famille, sont parfois latinisés en *Dionysius, Fabri, Joannes* et *Martinus*.

On rencontre aussi quelques transpositions en forme amérindienne de prénoms ou de noms français comme *Paulchis* (le petit Paul, ou le fils de Paul) et *Desorsich* (diminutif de Dessorcy); à l'occasion, un prénom latin écrit à l'amérindienne, comme *Kentinus* (Quentin), p. [67].

Au point de vue grammatical, on emploie volontiers les formes secondes des parfaits: *habuere, fuere, dedere*, pour habuerunt, fuerunt, dederunt.

3. Histoire du manuscrit

L'histoire du registre de Sillery ressemble étrangement à celle du *Journal des Jésuites*, qui fut retrouvé, lui aussi, par Georges-Barthélemy Faribault. Avant de léguer le manuscrit du *Journal des Jésuites* au Séminaire de Québec, G.-B. Faribault avait laissé une note qui a la même teneur que celle qu'il a laissée au début du *Registre de Sillery*. L'auteur de la préface de la première édition du *Journal des Jésuites* l'a reproduite:

> «*Ce journal,* dit M. Faribault, dans une note attachée au manuscrit, *fut trouvé après la mort du P. Cazot, en 1800, parmi les titres et papiers des PP. Jésuites en leur maison de Québec, comme le constate l'inventaire qui fut fait alors. Ensuite, il a disparu et n'a été retrouvé que vers 1815, lorsque M. A. W. Cochran, secrétaire du gouverneur Sherbrooke, le découvrit par hasard dans un coin obscur de son bureau. Il en prit dès lors possession, et le conserva jusqu'à son décès, arrivé en juillet 1849; quelques mois*

après, Mme veuve Cochran en fit cadeau à M. Faribault. Le volume était alors dans un état de détérioration complète. Il a été restauré depuis, mais on a conservé tout ce que l'on a pu de la couverture primitive.»

«Enfin, M. Faribault, par son testament, a légué ce précieux volume au Séminaire de Québec, qui le considère à juste titre comme l'un des documents les plus importants de ses archives[16]*.»*

On pourra comparer le contenu de cette note avec celui de la note qui se trouve au début du *Registre de Sillery*, qui est de l'écriture de Georges-Barthélemy Faribault.

«Ce Registre était au nombre des Livres et Papiers qui furent trouvés à la Maison des RR. PP. Jésuites à Québec, lors du décès du R. P. Casot, qui a eu lieu en mars 1800. Après avoir disparu pendant plusieurs années, ce Registre a été découvert vers l'année 1815 par l'Hon ble M. Cochran dans un des Bureaux du Conseil Exécutif, qui en a conservé la possession jusqu'à son décès en juillet 1849. Peu de temps après, Mme veuve Cochran l'ayant remis entre les mains de M. G. B. Faribault, ce dernier l'a déposé à la Cure de Notre-Dame de Québec, de laquelle dépendait autrefois l'ancienne Mission des Sauvages établis à Sillery.»

(*Registre de Sillery,* original, p. [1])

Après la mort du P. Cazot, les deux manuscrits font partie de l'inventaire des papiers des Jésuites. Les deux manuscrits sont tous deux retrouvés par A.W. Cochran; après la mort de ce dernier, Mme Cochran fait cadeau des deux manuscrits à Faribault qui lègue le *Journal des Jésuites* au Séminaire de Québec et le *Registre de Sillery* à Notre-Dame de Québec.

Le passage du *Registre de Sillery* entre les mains de A.W. Cochran et de G.-B. Faribault se rattache à la naissance des premières archives du Canada Uni. Georges-Barthélemy Faribault (1789-1866), en tant que fonctionnaire du gouvernement du Canada Uni, bibliographe et surtout membre important de la Société littéraire et historique de Québec, prit une part active à la cueillette de nos premières archives. La Société littéraire et historique de Québec, fondée en 1824, avait commencé à publier des documents historiques. « *En 1842, elle avait reçu de l'archiviste français Pierre Margry des offres de copies de documents et envoyait Andrew William Cochran, juge de la Cour du banc de la reine, faire des copies à Albany, New York*[17]*».* D'autres suivront. Après l'incendie du Parlement de Montréal, le 25 avril 1849, où furent détruites les bibliothèques et les archives du Parlement,

---

16 ***Le Journal des Jésuites***, publié..., par les Abbés LAVERDIÈRE et CASGRAIN, troisième édition exactement conforme à la première (1871), Montréal, Laval, Éditions François-Xavier, 1973, p. VII, (***JJ***).

17 ***DBC*** IX, 275.

G.-B. Faribault fut le principal artisan de la reconstitution des archives du Canada Uni[18].

Faribault a donc reçu le *Registre de Sillery* en 1849, et il ajoute qu'il «*[...] l'a déposé à la Cure de Notre-Dame de Québec, de laquelle dépendait autrefois l'ancienne Mission des Sauvages établis à Sillery.*» Faribault est décédé en 1866; c'est donc entre 1849 et 1866 qu'il a remis le manuscrit à Notre-Dame de Québec.

Pendant son séjour à Notre-Dame de Québec, le registre a été relié par Charles Hianvieux entre 1862 et 1887 (?).

Dans le Répertoire de l'abbé Louis Beaudet : *Livres et manuscrits de l'Université et de l'Archevêché [et de la Cathédrale de Québec] sur les langues sauvages* (AAQ), p. 33, le *Registre de Sillery* figure comme «Manuscrit de la Basilique Notre-Dame de Québec». Cet inventaire avait été dressé entre 1885 et février 1887, à la demande de James Constantine Pilling en vue de son ouvrage *Bibliography of the Algonquian Languages* (Washington, Government Printing Office, 1891) [19.1].

Le registre sera remis aux archives de l'archevêché de Québec le 24 mai 1890, comme en fait foi un accusé de réception de l'archiviste de l'archevêché de Québec [19.2].

Depuis ce temps, le *Registre de Sillery* a été largement utilisé par les chercheurs, puisqu'il est un des documents les plus précieux du XVIIe siècle québécois.

Il a été consulté, dépouillé, compulsé particulièrement par les généalogistes, à cause du grand intérêt de la partie française du registre. Dans son étude sur *Notre-Dame de Sainte-Foy*, p. 557sq, l'abbé Henri-Arthur Scott a fait un relevé des enfants français baptisés à Sillery de 1637 à 1670.

L'utilisation la plus récente et, semble-t-il, la plus scientifique, est le Répertoire qu'en a fait en 1980 le PRDH (Programme de recherche en démographie historique) sous la direction de MM. Hubert Charbonneau et Jacques Légaré. Le *Registre de Sillery* est contenu dans le volume 3: *Environs de Québec—XVIIe siècle*, sans pagination; les baptêmes sont groupés sous l'en-tête B461 et les sépultures sous S461. Le relevé des actes de Sillery est suivi d'un index des noms de personnes, qui est intégré à l'index général du volume 7. Le volume 6 intitulé *Recensements nominatifs et documents divers—XVIIe siècle* concerne aussi Sillery: en plus des recensements de

---

18 ***DBC*** IX, 274-276; aussi ***Notice sur la destruction des archives et bibliothèques des deux chambres législatives du Canada***, Québec, Imprimerie du Canadien, 1849, 11 p.

19.1 À la page 7 de son ouvrage, Pilling traduit littéralement en anglais la notice de Beaudet sur le registre de Sillery.

19.2 C.-O. Gagnon, archiviste de l'archevêché de Québec, accusé de réception, 24 mai 1990, Archives de Notre-Dame de Québec, Collection Notre-Dame.

1666, 1667 et 1681, on y trouve, entre autres, des contrats de notaires et surtout la liste des confirmations contenues dans le *Registre de Sillery*.

4. Auteurs du *Registre de Sillery*

Les missionnaires et les ministres du baptême dont les noms figurent au *Registre de Sillery* sont au nombre de 67.

Les baptêmes du *Registre de Sillery* ont été administrés par 67 ministres. Sur ce nombre, 55 sont des jésuites; les dix autres sont des "occasionnels" ou des invités de circonstance, parmi lesquels il faut compter Mgr de Laval, quatre prêtres séculiers: Henri de Bernières, Cyprien Dufort, Pierre-Paul Gagnon et Thomas-Joseph Morel; deux Pères Capucins: Gabriel Joinville et Côme de Mante; un Récollet: Simple Landon; un amérindien: Ignace *Oukestis*; un laïc: Guillaume Audouart, auxquels il faut ajouter deux ministres anonymes: un français et un Père franciscain, non identifiés.

Les 55 autres ministres du baptême sont des Jésuites.

Les rédacteurs du *Registre de Sillery* sont en principe les mêmes qui ont administré le baptême, et le nombre d'écritures différentes devrait coïncider avec le nombre de ministres du baptême. En pratique, cependant, plusieurs ministres du baptême ne rédigent pas eux-mêmes leurs actes. Pour 67 ministres du baptême, on ne compte qu'une quarantaine d'écritures différentes.

Les PP. Allouez, Beschefer, de Brébeuf, Bruyas, d'Eudemare, François Duperon, Lemoyne, Marquette, Masse, Ménard, Mercier, Poncet, Quantin, les abbés de Bernières, Dufort, Gagnon, Morel, Mgr de Laval, etc. font des baptêmes, dont les actes sont rédigés par des rédacteurs différents, comme les PP. Druilletes, Dequen, Nicolas, Vaultier, Bailloquet, Le Jeune, Gassot, etc.

Dans ce cas, l'acte est parfois rédigé à la troisième personne. Exemple: *Pater Bruyas baptisavit*, p. [66], mais la plupart du temps, le rédacteur fait comme s'il était lui-même le ministre (*Ego ... baptisavi*).

Il s'agit parfois de baptêmes faits à Sillery par des invités d'honneur, comme Mgr de Laval, l'abbé de Bernières, ou par des missionnaires arrivant de France, comme le P. Bruyas.

Mais il y a d'autres cas où un missionnaire de Sillery se charge de transcrire au registre des baptêmes faits par un autre missionnaire: ainsi, les trois derniers baptêmes de la p. [46] sont du P. Druilletes, mais ils sont inscrits par le P. Jean Dequen[20].

---

20 Chaque fois que le cas se présente, les notes infrapaginales indiquent, s'il y a lieu, la distinction entre la personne du rédacteur et celle du ministre du baptême. Voir *infra* **Présentation du texte**.

TABLEAU 1

Liste des missionnaires et ministres du baptême à Sillery[21]

Albanel, Charles, S.J.
Allouez, Chaude-Jean, S.J.
Audouard, Guillaume
Aveneau, Claude, S.J.
Bailloquet, Pierre, S.J.
Beaulieu, Louis de, S.J.
Bernières, Henri de, ptre
Beschefer, Thierry, S.J.
Bigot, Jacques, S.J.
Bigot, Vincent, S.J.
Bonin, Jacques, S.J.
Bonnault, André, S.J.
Boucher, Jean-Baptiste, S.J.
Brébeuf, Jean de, S.J.
Bressani, François-Joseph, S.J.
Bruyas, Jacques, S.J.
Buteux, Jacques, S.J.
Chabanel, Noël, S.J.
Chaumonot, Joseph-Marie, S.J.
Crespieul, François de, S.J.
Dablon, Claude, S.J.
Dalmas, Antoine, S.J.
Daran, Adrien, S.J.
Defretat, Amable, S.J.
Dequen, Jean, S.J.
Druilletes, Gabriel, S.J.
Dufort, Cyprien, ptre
Duperon, François, S.J.
Duperon, Joseph-Imbert, S.J.
Enjalran, Jean, S.J.
Eudemare, Georges d', S.J.
Frémin, Jacques, S.J.
Gagnon, Pierre-Paul, ptre
Garnier, Julien, S.J.
Garreau, Léonard, S.J.
Gassot, Henri-Julien, S.J.
Gravier, Jacques, S.J.
Grelon, Adrien, S.J.
Joinville, Gabriel, capucin
Lalemant, Gabriel, S.J.
Landon, Simple, récollet
Laval, Mgr de, évêque
Le Jeune, Paul, S.J.
Lemoyne, Simon, S.J.
Lyonne, Martin de, S.J.
Mante, Côme de, capucin
Marest, Joseph-Jacques, S.J.
Marquette, Jacques, S.J.
Masse, Ennemond, S.J.
Matthieu, Guillaume, S.J.
Ménard, René, S.J.
Mercier, François, S.J.
Morel, Thomas-Joseph, ptre
Nicolas, Louis, S.J.
Nouvel, Henri, S.J.
Oukestis, Ignace, amérindien
Pierson, Philippe, S.J.
Pijart, Claude, S.J.
Poncet, Joseph, S.J.
Quantin, Claude, S.J.
Richard, André, S.J.
Silvy, Antoine, S.J.
Vaultier, Jacques, S.J.
Viguier, Jean, S.J.
Vimont, Barthélemy, S.J.
Un français et un Père franciscain non identifiés

Cette observation nous permet de déduire que souvent les actes sont rédigés après coup à partir de brouillons, dont certains ont été conservés et insérés dans le registre. Exemple: p. [150bis] et p. [150ter].

Les rédacteurs et ministres du baptême qui apparaissent au *Registre de Sillery* n'ont pas tous la même importance. Ceux qui apparaissent le plus souvent au registre sont énumérés dans le TABLEAU 2.

---

21 Pour la chronologie des missionnaires de Sillery et le nombre de baptêmes qu'ils ont faits, voir *APPENDICE A: Ministres du baptême et rédacteurs du Registre de Sillery.*

TABLEAU 2

Les principaux missionnaires de Sillery

Ministres	Amérindiens	Français	Total
Jacques Bigot	370	4	374
Gabriel Druilletes	256	4	260
François de Crespieul	214	4	218
Jacques Vaultier	146	21	167
Jean Dequen	112	15	127
Pierre Bailloquet	84	38	122
Vincent Bigot	92	0	92
Henri-Julien Gassot	82	1	83
Paul Le Jeune	66	2	68
Joseph-Imbert Duperon	53	2	55
Sous-total			**1556**
Louis Nicolas	32	15	47
Barthélemy Vimont	44	0	44
Antoine Dalmas	26	15	41
André Richard	34	5	39
Charles Albanel	11	14	25
Henri Nouvel	12	6	18
Joseph-Jacques Marest	13	3	16
Jacques Frémin	14	2	16
Joseph-Marie Chaumonot	10	2	12
Jacques Buteux	12		12
Total	**1683**	**153**	**1836**

Comme on peut le constater par le tableau précédent, dix missionnaires, sur un total de 67, ont fait 1556 baptêmes, soit 78,7% des 1978 baptêmes contenus dans notre registre. Si on étend nos calculs aux 20 missionnaires qui ont administré au moins 12 baptêmes, on obtient le résultat de 1836 baptêmes, c'est-à-dire 92,8%.

Les 47 autres ministres sont pour un bon nombre des ministres de circonstance.

Parmi les missionnaires qui ont été les créateurs ou les artisans de l'expérience de Sillery, citons les PP. Le Jeune, Dequen, Vimont, Druilletes, Bailloquet, Nouvel, Nicolas, Vaultier, J. et V. Bigot. Les autres n'y figurent que trois ans ou moins, ce qui ne signifie pas que leur oeuvre soit négligeable.

Brève notice biographique des principaux auteurs du Registre de Sillery

Les PP. Paul Le Jeune (1591-1664) et Jean Dequen (1603-1659)

Ils sont les deux fondateurs de la Réduction de Sillery. Comme l'affirme l'introduction du registre (p. [3]), ils vinrent s'y installer le 14 avril 1638.

Le P. Le Jeune fait 66 baptêmes d'Amérindiens; il séjourne en France en 1641-1642 et en 1643-1644. Il est présent au registre de Sillery de 1638 à 1641, de 1644 à 1646 et de 1648 à 1649. Le P. Le Jeune est célèbre par son expérience d'hivernement avec les Montagnais en 1634-1635. Il a voulu expérimenter le mode de vie des nomades et apprendre leur langue. Le projet d'une "Réduction" à Sillery sur le modèle des Réductions du Paraguay est de lui. Il est le théoricien de la tentative de sédentarisation des Amérindiens nomades[22]. Ses baptêmes à Tadoussac marquent le commencement du rayonnement de Sillery chez les Montagnais du Saguenay.

Le P. Dequen fut chargé de Sillery pendant huit ans, de 1642 à 1649; en 1656, il fut supérieur des missions de la Nouvelle-France. En 1642, il se chargea de la mission montagnaise et s'en occupa pendant 11 ans. Il inscrit 112 baptêmes d' Amérindiens au registre. Les *Relations* font état des nombreux baptêmes qu'il fit au lac Saint-Jean et au Saguenay, et qui devraient se trouver dans le *Premier registre de Tadoussac*. Il découvre le lac *Piek8agami* (lac Saint-Jean) en 1647[23].

Barthélemy Vimont (1594-1667)

Il était arrivé au Canada en 1639 en même temps que les Ursulines et les Hospitalières. Il fut supérieur des Jésuites pendant six ans. Il apparaît au registre entre 1640 et 1645. Il participa à la fondation de Montréal[24].

Joseph-Imbert Duperon (1609-1658)

Il était arrivé au Canada en 1640, il apparaît au registre en 1641-1642, 1647-1649 et 1653. Il était le frère du P. François Duperon.

Jacques Buteux (1599-1652)

Le P. Jacques Buteux est le missionnaire des Attikameks qu'il visita. Sous son influence, un certain nombre d'entre eux vinrent se faire instruire et baptiser à Sillery. Il fut tué en 1652 dans un voyage à la baie d'Hudson. Ses baptêmes figurent au registre pour l'année 1642[25].

---

22 ***DBC*** I, 464-465.

23 ***DBC*** I, 571-572.

24 ***DBC*** I, 681.

25 ***DBC*** I, 146-146; voir aussi ***Jacques Buteux.*** Pages trifluviennes, Série B, n° 6, Trois-Rivières, Les Éditions du "Bien Public". 1934, 91 p.

Le P. Gabriel Druilletes (1610-1681)

Le P. Druilletes (c'est ainsi qu'il signe toujours au *Registre de Sillery*) était arrivé au Canada en 1643; il fut extrêmement actif. Le registre fait état de ses voyages et de ses hivernements chez les Montagnais, chez les Abénaquis en Acadie, et de son voyage vers la baie d'Hudson en compagnie du P. Claude Dablon. Il est un des rédacteurs les plus importants du *Registre de Sillery* par le nombre de baptêmes: 256 baptêmes entre 1644 et 1668. Au retour de ses randonnées, il inscrivait ses actes au registre. Son écriture est extrêmement fine et il utilise volontiers des abréviations. On peut le qualifier de pilier de Sillery. Il avait la réputation de thaumaturge[26].

Pierre Bailloquet (1613-1692)

Il arriva à Québec en 1647. Entre 1649 et 1667, il fait 84 baptêmes d'Amérindiens et 38 baptêmes de Français à Sillery. En même temps, il dessert les missions du Saguenay en 1649, 1654-1655, 1661-1665 et collabore avec les PP. Dequen, Albanel et Druilletes. En 1661-1662, il hiverne avec les Algonquins aux Monts Notre-Dame, dans les environs de Matane[27]. Ses actes sont des modèles.

Le P. Charles Albanel (1616-1696)

Il était arrivé en Nouvelle-France en 1649. Il apparaît au registre entre les années 1650 et 1671, mais ses séjours sont occasionnels: quelques baptêmes au cours des étés 1650, 1670, 1671, et pendant les hivers 1654, 1655, 1660, 1661, 1668, 1669, 1671 et 1674. Ses baptêmes sont plus nombreux pendant l'hiver 1670-1671, qu'il passe à Sillery, alors qu'il prépare son expédition à la baie d'Hudson (1671-1672). On voit apparaître les actes du P. Albanel à travers les baptêmes du P. de Crespieul[28].

Jacques Frémin (1660-1663)

Le registre souligne la présence du P. Frémin à Sillery entre 1660 et 1663. Il fut missionnaire des Micmacs, des Montagnais et surtout des Iroquois[29].

Pierre-Joseph-Marie Chaumonot (1611-1693)

Il ne fait pas un très grand nombre de baptêmes à Sillery. Son nom apparaît en 1661, 1670-1673. Le P. Chaumonot est identifié à l'apostolat des Hurons. Le registre nous permet toutefois de suivre l'installation des Hurons à Notre-Dame-de-Foy en 1669 et à Notre-Dame-de-Lorette en 1673. «*Un des plus beaux titres de gloire du père Chaumonot*, écrit A. Surprenant,

---

26 ***DBC*** I, 289-291.

27 DRAGON, A. ***Trente Robes Noires au Saguenay***, Chicoutimi, Société historique du Saguenay, n° 24, [1970], p. 156.

28 ***DBC*** I, 47-50.

29 ***DBC*** I, 323.

est d'avoir fondé la célèbre mission huronne de Notre-Dame-de-Lorette, à trois lieues de Québec[30].»

Henri Nouvel (1621-1702)

À son arrivée au Canada en 1662, le P. Nouvel fut d'abord missionnaire des Montagnais et des Papinachois de la Côte Nord de 1662 à 1669 avec, semble-t-il, un pied-à-terre à Sillery, où le registre atteste sa présence entre 1662 et 1667 et en 1671. Puis il se consacra aux missions outaouaises des Grands Lacs pendant les 30 dernières années de sa vie[31].

Louis Nicolas (1634-1675)

Il était arrivé au Canada en 1664. Il fut missionnaire des Algonquins de Trois-Rivières, desservit les missions outaouaises du Lac Supérieur, puis séjourna chez les Agniers. En 1673-1674, il fonda la mission de Sept-Îles. Il séjourna à Sillery en 1665-1666 et entre 1669 et 1672. Il est l'auteur du *Codex Canadiensis*[32].

André Richard (1600-1681)

Arrivé au Canada en 1634, il apparaît au registre entre les années 1666 et 1669. Au registre, il s'intitule *Andreas Richardus* et il signe un certain nombre d'actes, ce qui n'est pas l'habitude des rédacteurs.

François de Crespieul (1638-1702)

Il ne fait que quelques baptêmes à Sillery, mais le *Registre de Sillery* contient de nombreux baptêmes faits par lui dans le Domaine du Roy entre 1671 et 1674, baptêmes que l'on retrouve d'ailleurs dans le *Second registre de Tadoussac*. Il avait été pendant 30 ans missionnaire chez les Montagnais, avec qui il hivernait habituellement. Parmi ses écrits, il a laissé un manuscrit intitulé *Mors pretiosa*, dans lequel il fait l'éloge d'une cinquantaine de Montagnais et de Montagnaises, dont plusieurs figurent au *Registre de Sillery*[33].

Le P. Jacques Vaultier (1646-1709)

Il apparaît au registre de 1672 à 1680. C'est lui qui reçoit le premier contingent d'Abénaquis en 1676. Il est l'auteur d'un manuscrit intitulé *Prières, Petit catéchisme et chants*, écrit en algonquin (AAQ)[34].

---

30 ***DBC*** I, 212; aussi DROLET, Gilles. ***Notre-Dame-de-Lorette et le Père Chaumonot***, Éd. Anne Sigier, 1985, 169 p.

31 ***DBC*** II, 522-524.

32 DRAGON, A. ***Trente Robes Noires au Saguenay***, pp. 252-256; SIOUI, Anne-Marie. ***Qui est l'auteur du Codex Canadiensis?***, dans **Recherches amérindiennes au Québec**, Vol. VIII, n° 4, 1979, pp. 271-279; GAGNON, François-Marc. ***L'expérience ethnographique de Louis Nicolas, Ibid.***, pp. 281-295.

33 ***DBC*** II, 167-168.

34 DE ROCHEMONTEIX, C. ***Les Jésuites et la Nouvelle-France au XVIIe siècle***, Paris, Letouzey et Ané, 1896, III, p. 226, n° 1.

Le P. Antoine Dalmas (1636-1693)

Arrivé au Canada en 1671, il rédige des actes au *Registre de Sillery* de 1676 à 1679. De Sillery, il rayonne chez le Montagnais du Saguenay de 1679 à 1690. Il fut tué dans un voyage à la baie d'Hudson[35].

Les PP. Jacques Bigot (1651-1711) et Vincent Bigot (1649-1720)

Les deux frères Bigot sont les apôtres des Abénaquis. Le P. Jacques Bigot arriva en Nouvelle-France en 1679, suivi un an plus tard par son frère, le P. Vincent Bigot (1649-1720). Ils desservent Sillery, la Chaudière (Msakkikkan), Saint-François (Odanak) et l'Acadie.

Jacques Bigot apparaît au registre du 19 juin 1680 au 6 mai 1690; c'est lui qui rédige le dernier acte du registre: baptême d'un enfant français le 6 mai 1690. Le 2 juillet 1682, à Notre-Dame de Québec, il est parrain de tous les Amérindiens confirmés par Mgr de Laval (p. [122], col. 1). À partir de la page [92] du registre, ses actes alternent avec ceux de son frère. Son écriture est élégante et extrêmement tassée.

Vincent Bigot (1649-1720) apparaît au registre du 19 novembre 1680 au 11 octobre 1688, mais avec des absences prolongées. Selon Th. Charland, il fut supérieur de Sillery de 1682 à 1690. En 1694, il remplaça son frère à la rivière Chaudière pendant son absence en France. Comme son frère, il desservit les Abénaquis d'Acadie[36].

Le P. Henri-Julien Gassot (1650-1685)

Moins connu que ses collègues J. et V. Bigot, le P. H.-J. Gassot se rattache à la même époque abénaquise. Il est à Sillery au plus fort de l'affluence abénaquise. Du 13 novembre 1683 au 20 novembre 1685, il inscrit 82 baptêmes; son écriture est élégante. Il meurt le 12 décembre 1685[37].

Le P. Joseph-Jacques Marest (1653-1725)

Il arrive au Canada en 1686 et apparaît au registre en 1687 et 1688. Il passe à Sillery le temps nécessaire à l'apprentissage des langues amérindiennes et se consacre ensuite aux missions outaouaises des Grands Lacs. Il desservit les Montagnais du Saguenay en 1694[38].

---

35 ***DBC*** I, 252.

36 ***DBC*** II, 66-67.

37 DE ROCHEMONTEIX, C. ***Op. cit.***, p. 226, no 4.

38 ***DBC*** II, 472-473.

5. Contenu et intérêt

La situation générale en Nouvelle-France, de 1638 à 1690

En France, cette période correspond à la fin du règne de Louis XIII (1610-1643), assisté de Richelieu, et au règne du roi Louis XIV (1643-1715). Anne d'Autriche est régente de 1643 à 1661. Puis commence l'oeuvre de Colbert.

En Nouvelle-France, la période concernée par notre registre se divise en deux parties: celle de la Compagnie des Cent-Associés et celle du gouvernement royal.

Le gouvernement de la Compagnie des Cent-Associés

La colonie a été rendue à la France en 1632. On est sous le régime de la Compagnie des Cent-Associés jusqu'en 1663. Champlain meurt en 1635. Lui succèdent: Charles Huault de Montmagny (1636-1648); Louis d'Ailleboust (1648-1651); Jean de Lauzon (1651-1656); Pierre d'Argenson (1657-1661); Pierre d'Avaugour (1661-1663).

Au point de vue religieux, les Jésuites sont revenus en 1633. Le pouvoir religieux est assuré par eux jusqu'à l'arrivée de Mgr de Laval en 1659.

Quelques événements

1635:	Fondation du Collège des Jésuites
1639:	Arrivée des Hospitalières et des Ursulines
1642:	Fondation de Montréal
1648-1649:	Destruction de la Huronie; massacre des PP. Daniel, Lalemant, Brébeuf et Garnier.
1651:	Le roi concède aux Amérindiens, sous la tutelle des Jésuites, la seigneurie de Sillery[39].
1657:	Arrivée des Sulpiciens.
1658:	29 octobre: Visite à Sillery du Gouverneur Jean de Lauzon[40].
1659:	Arrivée de Mgr de Laval.
1662:	25 mars, visite à Sillery du Gouverneur D'avaugour[41]. Septembre, Fête de saint Michel: visite du Supérieur des Jésuites à Sillery: «*Le jour de S. Michel, j'allai dire la messe à Sillery, où je trouvai aussy Mons. S8ar, Mons. Bourdon & toute sa famille, sans estre invités*[42].»

---

39 POULIOT, Léon. ***La mission Saint-Joseph de Sillery***, Montréal, L'Oeuvre des tracts, n° 218, 1937, p. 13.

40 ***JJ.***, p. 245.

41 ***JJ.***, p. 306.

42 ***JJ.***, p. 312.

Le gouvernement royal

Puis commence la période du gouvernement royal (1663-1683), avec gouverneur, intendant et Conseil souverain. La Nouvelle-France sera gouvernée par: Augustin de Saffray de Mésy (1663-1665); Daniel Rémy de Courcelle (1665-1672); Louis de Buade, comte de Palluau et de Frontenac (1672-1682); Antoine Lefebvre de La Barre (1682-1685); Jacques-René de Brisay, marquis de Denonville (1685-1689); Louis de Buade, comte de Palluau et de Frontenac (1689-1697).

Événements religieux

1663: Fondation du Séminaire de Québec
1668: Fondation du Petit Séminaire de Québec
1670: Retour des Récollets
1688: Mgr de Saint-Vallier, évêque de Québec (1688-1727)

Si l'on accepte que notre registre soit une immense banque de données, libre à nous de le questionner sur son contenu.

D'un registre de catholicité, on attend d'abord des données d'ordre officiel et statistique sur les baptêmes, les mariages, les sépultures. C'est là, croyons-nous, son premier intérêt. À ce titre, le *Registre de Sillery* nous fournit des renseignements précieux sur l'état de la chrétienté de Sillery. Mais si l'on pousse plus loin l'investigation, le même registre peut nous livrer indirectement d'autres renseignements d'ordre ethno-historique, sociologique, linguistique, toponymique, etc. C'est par ce deuxième type de renseignements que nous commençons l'étude du contenu du *Registre de Sillery*[43].

Rappelons que le *Registre de Sillery* n'est qu'un registre de baptêmes, bien qu'on y rencontre quelques sépultures et des confirmations. Le premier registre des mariages et des sépultures a été détruit ou perdu.

Le registre est divisé en deux sections, une première, "en tête", réservée aux baptêmes des Amérindiens, et une seconde, "en queue", tête-bêche, destinée aux Français. Toutefois, la consigne n'est pas toujours observée: des actes concernant les Français se trouvent dans la partie amérindienne et vice versa.

---

43 Sur les allées et venues des missionnaires, voir *supra*, la section **Auteurs** du ***Registre de Sillery***.

A. La section Amériдienne du *Registre de Sillery*

TABLEAU 3

Registre de Sillery: total des baptêmes (de 1638 à 1690)

Période de 5 ans	Amérindiens	Français	Métis	Total
1638-1642	214	0	0	214
1643-1647	96	2	0	98
1648-1652	82	19	0	101
1653-1657	108	20	0	128
1658-1662	131	6	0	137
1663-1667	103	54	0	157
1668-1672	73	81	1	155
1673-1677	286	52	1	339
1678-1682	180	14	2	196
1683-1687	443	6	1	450
1688-1690	0	3	0	3
Total	**1716**	**257**	**5**	**1978**

GRAPHIQUE 1[44]

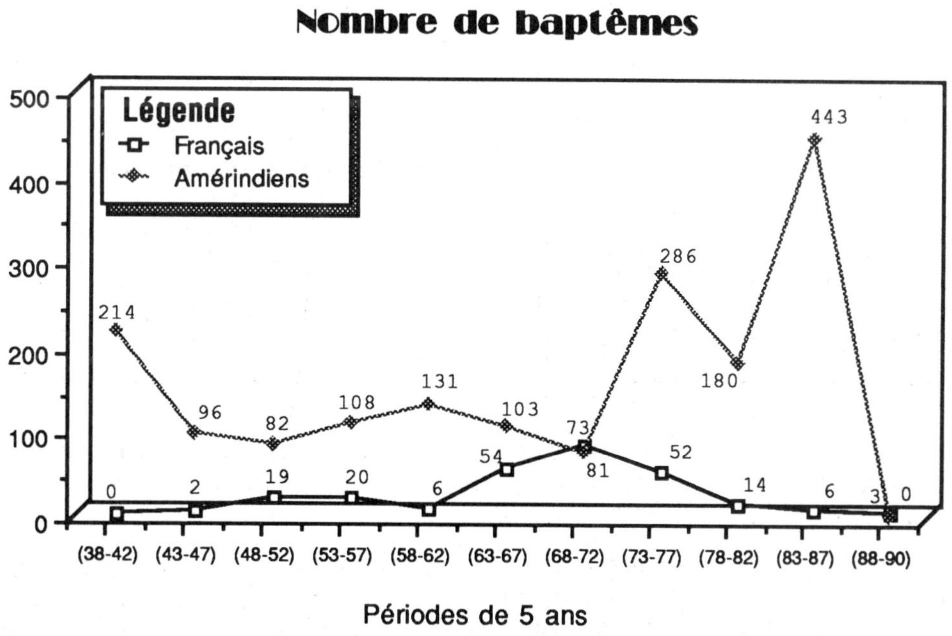

44 Pour la méthodologie de la compilation, voir *infra:* ***Les données religieuses: le registre de catholicité.***

Il faut noter que le *Registre de Sillery* ne contient pas uniquement des actes faits à Sillery. Les missionnaires y inscrivaient aussi des baptêmes administrés ailleurs: à Québec (église Notre-Dame, chapelles du Collège des Jésuites, de l'Hôpital, des Ursulines), dans les Postes du Domaine du Roi (Tadoussac, Nekoubau), à Trois-Rivières, à l'Île d'Orléans, à Msikkikkan, etc. Le registre devient alors le témoin des allées et venues des missionnaires. Ainsi, le voyage des PP. Gabriel Druilletes et Claude Dablon à Nekoubau, raconté par la *Relation* de 1661, trouve son écho à la page [141] du registre, où sont inscrits les baptêmes faits par ces deux missionnaires au cours de leur voyage.

Le contraire est également vrai: des actes concernant Sillery se trouvent dans d'autres registres comme le *Second registre de Tadoussac*, le registre de Notre-Dame de Québec, de Trois-Rivières, etc.

La compilation des baptêmes d'Amérindiens du *Registre de Sillery* donne un total de 1716 baptêmes faits entre 1638 et 1688 (donc une période de 50 ans), ce qui fait une moyenne de 34,3 baptêmes par année. Cependant il faut noter que les 1716 baptêmes d'Amérindiens mentionnés dans notre registre n'appartiennent pas tous à la Réduction de Sillery. Seulement 1099 baptêmes sont faits à Sillery. La moyenne des baptêmes faits à Sillery même est donc de 21,9 baptêmes par année.

I. LES DONNÉES HISTORIQUES ET ETHNOGRAPHIQUES

TABLEAU 4

LIEUX DES BAPTÊMES

Lieux	**Amérindiens**	**Français**	**Métis**	**Total**
Sillery	1099	255	4	1358
Québec	204	1	1	206
Autres endroits	413	1	0	414
Total	**1716**	**257**	**5**	**1978**

Le TABLEAU 4 nous fait voir que 64,04% des baptêmes d'Amérindiens contenus dans le *Registre de Sillery* sont faits à Sillery même, 11,89% à Québec et 24,07% dans d'autres endroits.

En nous laissant guider par les lieux des baptêmes, notre analyse des données portera successivement sur la Réduction ou la mission de Sillery, le peuplement, Sillery: carrefour de nations et centre de rayonnement, enfin, sur le contenu ethnographique du registre.

TABLEAU 5

Lieux des baptêmes des Amérindiens

Lieux	Premier	Dernier	Nombre	Sous-total
Sillery:				
Sillery	1638-04-18	1688-10-11	1065	
Sillery/hôpital	1640-11-15	1644-03-26	34	
			Sillery:	1099
Québec:				
Québec	1638-??-??	1679-06-13	103	
Hôpital	1654-08-14	1661-06-29	2	
Coll. Jésuites	1642-06-24	1664-10-01	59	
Ursulines	1641-10-08	1650--9-23	40	
			Québec:	204
Autres endroits nommément désignés:				
Acadie	1648-05-10		2	
Château-Richer	1659-12-16	1663-03-14	47	
Domaine du Roi	1672-05-17	1675-08-18	211	
Île aux Oies	1654-06-01	1654-06-01	7	
Île d'Orléans	1653-11-27	1756-03-15	15	
Mer du Nord	1661-06-18	1661-07-14	19	
Msakkikkan	1683-05-31	1686-09-17	66	
Nouvelle-Angleterre	1652-02-??		1	
Sainte-Anne	1675-12-25	1675-12-29	4	
Tadoussac	1641-06-29	1641-06-29	13	
Trois-Rivières	1642-??-??	1652-??-??	17	
Endroits désignés de façon imprécise:				
In Missione Campestri	1688-02-10		1	
In Casa	1659-11-18		1	
In Silvis	1648-10-04	1686-01-26	2	
In Silvis Trans Flumen	1679-11-11		1	
Endroits inconnus	1659-11-19	1669-??-??	6	
			Autres endroits:	413
Total:			**1716**	**1716**

Noël Brûlart de Sillery (1577-1640), bienfaiteur de la Mission de Sillery
(Photo: Archives des Jésuites).

L'Ancienne Mission de Sillery: l'hôpital, la falaise et la résidence des Jésuites (dessin: de William Bréault, s.j.).

GRAPHIQUE 2

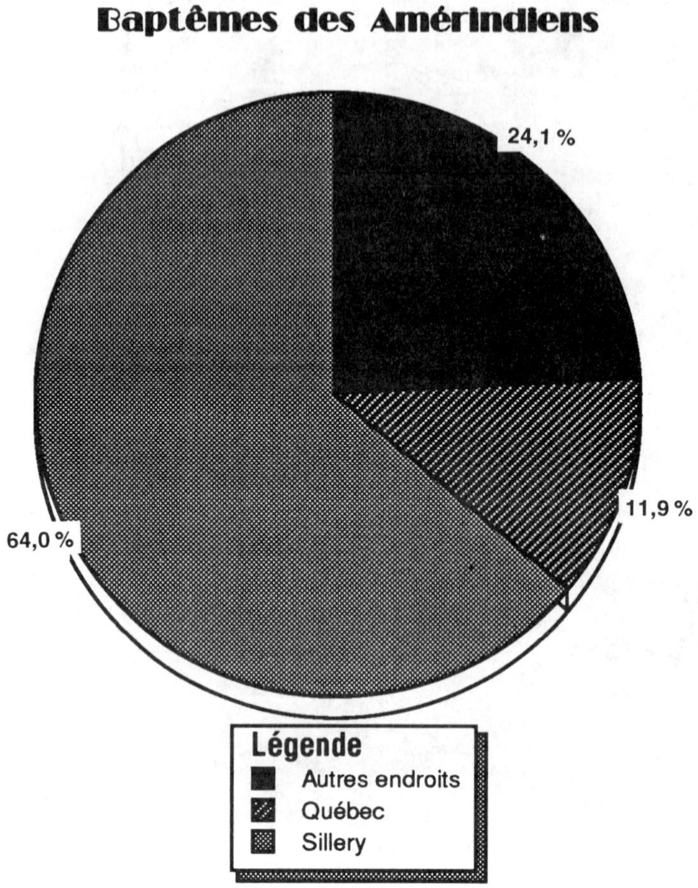

En fin de compte, 1099 baptêmes sont faits à Sillery, 204 à Québec et 413 en d'autres endroits.

La *Réduction de Sillery*

La *Réduction de Sillery* avait pour objectif de sédentariser des nomades. L'expérience n'a pas réussi, mais Sillery n'en a pas moins joué un rôle important dans l'évangélisation des Amérindiens. D'une part, en accueillant les principaux groupes amérindiens de la Nouvelle-France, Sillery fut le carrefour par excellence de la rencontre des cultures amérindiennes. D'autre part, Sillery a été un centre de rayonnement du christianisme aux quatre coins de la Nouvelle-France.

Le *Registre de Sillery* nous apprend que Sillery a été d'abord une *Réduction*. L'introduction du registre (p. [3]), rédigée par P. Paul Le Jeune, souligne la générosité de Noël Brulart de Sillery (1577-1640) et l'originalité de l'expérience apostolique tentée par les Jésuites.

Noël Brulart de Sillery avait été ambassadeur de France à Madrid et à Rome et il était membre de la Compagnie des Cent-Associés. Il se fit prêtre en 1634 et il distribua sa fortune en oeuvres de charité. Il ne vint jamais au Canada, mais au cours de l'été 1637, il envoya des ouvriers en Nouvelle-France pour construire une maison et faire défricher la terre. N. de Sillery projetait l'établissement d'un séminaire pour instruire et christianiser les jeunes filles amérindiennes en même temps que les jeunes françaises.

Le P. Le Jeune avait des projets plus urgents: selon lui, il fallait d'abord «arrêter» les Amérindiens, avant de les évangéliser. Noël de Sillery accepta volontiers l'abandon de son projet de séminaire amérindien en faveur d'une "réduction". Le P. Le Jeune l'explicitait dans la *Relation* de 1638:

> *«L'un des plus puissants moyens que nous puissions avoir pour les amener à Jésus-Christ, c'est de les réduire dans un espèce de Bourgade, en un mot de les aider à défricher et cultiver la terre et à se bastir*[45].»

On tenterait ici l'expérience des «réductions» du Paraguay. En effet, la république agricole des Guaranis, sous la tutelle des Jésuites, fonctionnait à merveille depuis déjà 1610[46].

À cette fin, les Jésuites achetèrent de M. François Derré de Gand, la Pointe Sainte-Joseph, située à une lieue et demie de Québec[47].

L'anse de Sillery, appelée *Ka-Miskouaouangachit* par les Amérindiens, était un lieu traditionnel de réunion des Montagnais, à cause de sa grande richesse en anguilles[48].

Pendant combien de temps crut-on au succès de cette entreprise? Notre registre nous donne peut-être un filon. Le terme de "réduction" est employé régulièrement à partir du 18 avril 1638 (premier acte du P. Paul Le Jeune) jusqu'au 3 juin 1640 sous la plume des PP. Le Jeune et Dequen, puis deux fois par le P. Joseph-Imbert Duperon, le 4 janvier et le 8 octobre 1641. Ensuite plus rien jusqu'en 1649.

En 1644 et en 1645, les PP. Le Jeune et Druilletes emploient le terme de *"Residentia"* à quatre reprises, et le P. J.-I. Duperon, une fois en 1650.

---

45 ***Rel.***, 1638, p. 17.

46 *«En 1630, les Jésuites ont déjà formé vingt-quatre réductions qui regroupaient presque 100 000 membres.»* (CHRISTOPHE, Paul. ***L'Église dans l'histoire des hommes du XVe siècle à nos jours***, Droguet-Ardant, 1983, p. 19.

47 ***DBC*** I, 270-271.

48 CAMPEAU, Lucien. ***Catastrophe démographique sur les Grands Lacs — Les premiers habitants du Québec***, Cahiers d'histoire des Jésuites, n° 7, Montréal, 1986, p. 116.

Pourtant, encore en 1643, le P. Le Jeune croit toujours en son projet: il veut "réduire à Jésus-Christ" les fiers Algonquins d'en haut. « *Ce seroit un grand bonheur*, dit la *Relation* de 1643, *que ces gens là se peussent une fois fixer et arrester en quelque bonne habitation, comme les autres ont fait à Sillery*[49]».

En 1649-1650, on reprend l'usage du terme "réduction": les PP. Le Jeune, Druilletes, Lyonne et J.-I. Duperon l'emploient 16 fois.

Dans la suite, c'est le silence: on emploie les expressions *in sacello, in ecclesia Sti Josephi*, plus tard, *Sti Michaelis*. Ce changement de terminologie coïncide sans doute avec la constatation d'échec du projet de *Réduction* de la part des promoteurs du projet.

GRAPHIQUE 3

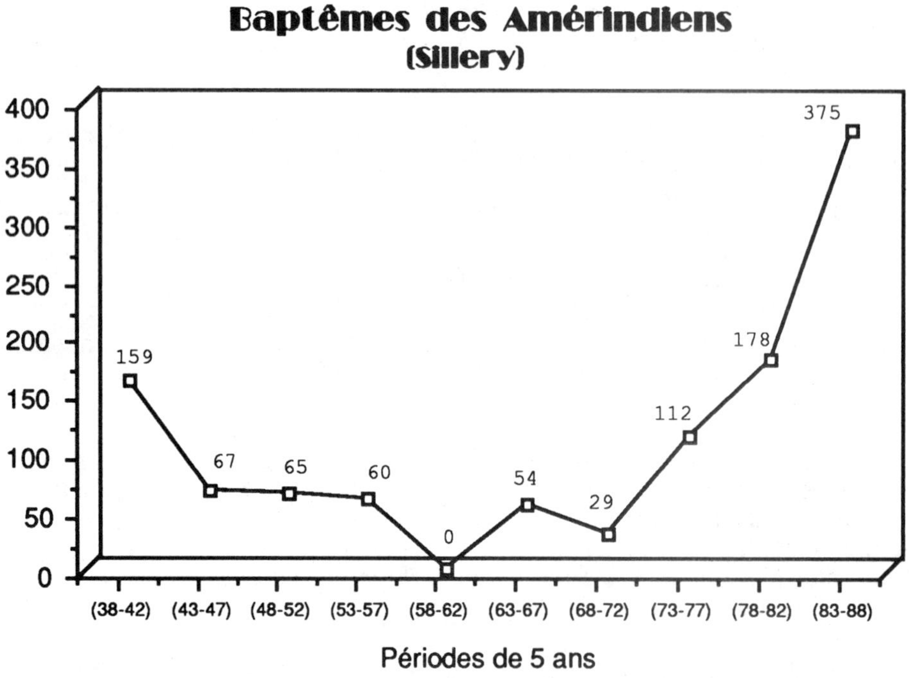

Le **GRAPHIQUE 3** illustre assez bien la déception du projet de "réduction" de Sillery. Le projet avait bien commencé. Bien que la sédentarisation ait échoué, la moyenne des baptêmes se maintient pendant les deux premières décennies (1638-1648; 1648-1658). Une chute subite se produit entre 1658 et 1662: on se souviendra qu'après l'incendie de la résidence et de la chapelle de Sillery, en 1657, on ne compte aucun baptême à

49 ***Rel.***, 1643, p. 46.

cet endroit pendant 6 ans. Par contre, pendant ce temps, les missionnaires de Sillery font de nombreux baptêmes à Québec.

L'évolution de la courbe du nombre des baptêmes fait voir la désertion de Sillery entre 1658 et 1672 et l'arrivée des Abénaquis au cours de la décennie 1678-1688 qui, en fait, est la grande période de Sillery.

À ***Sillery*** même, les baptêmes ont lieu soit dans la chapelle de la Résidence Saint-Joseph, soit dans la chapelle de l'Hôpital, pendant le temps où l'hôpital fut à Sillery, soit dans la chapelle Saint-Michel, après sa construction en 1647 ou après sa reconstruction en 1663.

Le *Registre de Sillery* nous informe que la construction de la Résidence Saint-Joseph débuta en juillet 1637 et que le 14 avril 1638, les PP. Paul Le Jeune et Jean Dequen partirent pour y habiter et enseigner aux deux premières familles autochtones (p. [3]).

Le premier acte du 18 avril 1638 indique le lieu de la façon suivante: *Ego Paulus Le Jeune societatis Jesu vices agens parochi Ecclesiae Reductionis sancti Josephi* (Moi, Paul Le Jeune, de la Société de Jésus, agissant en tant que curé de l'église de la Réduction Saint-Joseph...). En fait, cette église, ou plutôt cette chapelle, était logée dans la Résidence (*domus*) de Sillery.

Le registre mentionne qu'on utilisa aussi une chapelle logée dans le Manoir de Pierre de Puiseaux, le 30 mars 1642 (p. [25]).

Puis les Jésuites construisirent une chapelle extérieure, dont les travaux s'échelonnèrent de 1644 à 1647. Elle fut achevée grâce à la générosité de Michel de Marillac, décédé en 1632[50]. C'est en son honneur qu'elle fut dédiée à saint Michel. À partir de 1647, les baptêmes sont faits *in ecclesia S^{ti} Michaelis*. Dans le registre, on emploie l'expression *ecclesia, capella, sacellum, templum, aedes.*

La nouvelle église avait été bénite le 8 mai 1647[51]. La première mention de la chapelle, ou église Saint-Michel, a lieu le 2 juin 1647; le P. Gabriel Lalemant baptise une femme de 35 ans; René Mezeré dit Nopce, est parrain avec Marie *Ass8ban* (p. [35]).

Le 13 juin 1657, «*la maison de Sillery, la chapelle & tous les bastiments furent réduits en cendre par le feu, qui prit par la cheminée de la cuisine, & que le vent porta par tout*[52]». La même année, il y a une épidémie à Sillery[53].

---

50 POULIOT, Léon. ***La mission Saint-Joseph de Sillery***, Montréal, L'Oeuvre des tracts, n° 218, août 1937, p. 13.

51 ***JJ.***, p. 85.

52 ***JJ.***, p. 216; aussi ***Rel.***, 1657, p. 26.

53 ***Rel.***, 1657, p. 26.

La Résidence fut reconstruite en 1660 et la chapelle en 1663[54]. C'est ce qui explique la chute des baptêmes à Sillery de 1657 à 1663. Pendant ce temps, les baptêmes sont faits à Québec, à l'église Notre-Dame, au collège des Jésuites, à l'Hôpital et chez les Ursulines, etc. Le premier acte de baptême dans la nouvelle chapelle Saint-Michel de Sillery date du 3 mai 1663 et il est de la main du P. Pierre Bailloquet (p. [62]).

L'Hôpital de Sillery

Les Hospitalières étaient arrivées en 1639 en même temps que les Ursulines. En 1640, elles firent ériger leur hôpital à Sillery. «*Au cours de l'année 1640, de Puiseaux prêta sa maison de l'anse Saint-Michel à trois religieuses Hospitalières, pendant la construction de leur hôpital près de la maison des Jésuites*[55].» L'anse, où fut élevé l'hôpital, était située à l'ouest de la Pointe Saint-Joseph. Elle prit le nom de l'«*anse du couvent*[56]».

Sur le site même de l'hôpital, le registre nous apporte des précisions. Des fortifications avaient été élevées pour protéger les bâtiments de la mission. Un acte de baptême du 29 décembre 1642, fait dans la chapelle de l'hôpital, mentionne un détail intéressant pour l'archéologie: sa proximité des fortifications: «*in sacello Xenodochii prope oppidum Sancti Josephi vulgo Silleri* (dans la chapelle de l'hôpital près du fort de Saint-Joseph) (p. [28])». Il y aurait donc eu des fortifications à Sillery dès 1642[57]. Les 3 et 8 mars 1643, le P. Vimont dit tout simplement que l'hôpital est «*prope Sillerinum* (p. [28])».

L'hôpital (*Xenodochium, Nosocomium*) fut-il un puissant facteur d'attraction des Amérindiens, comme on l'avait espéré? Le registre mentionne 34 baptêmes dans la chapelle de l'Hôpital: ils s'échelonnent du 15 novembre 1640 au 26 mars 1644. Mais à cause de la crainte des Iroquois, les Hospitalières quittèrent leur hôpital le 29 mai 1644 et se réfugièrent à Québec[58].

Le cimetière de Sillery

Bien que le *Registre de Sillery* ne soit pas un registre de sépultures, il contient quelques détails sur le cimetière de la mission, qui est mentionné pour la première fois le 11 novembre 1645 (p. [32])[59].

Le cimetière de Sillery était important dans la mentalité amérindienne. Des Amérindiens transportaient leurs morts sur de grandes distances pour les faire reposer dans le cimetière de Sillery. Plusieurs d'entre eux se feront transporter à Sillery pour y venir mourir et y être inhumés.

---

54 BERNIER, André. ***Le vieux Sillery***, Les Cahiers du patrimoine, n° 7, Québec, Ministère des Affaires culturelles, Direction générale du Patrimoine, 1977, 2e tirage 1978, p. 20.

55 BERNIER, André. ***Op. cit***., p. 15.

56 BERNIER, André. ***Op. cit***., p. 34.

57 Les fortifications de la mission sont décrites dans la ***Relation*** de 1651, p. 7.

58 BERNIER, André. ***Op. cit***., p. 34; aussi ***Rel.*** 1647, p. 47.

59 Pour les actes de sépultures, voir *infra*.

Il y avait un cimetière des enfants (*coemeterium parvulorum, puerorum, infantium*) et un cimetière des adultes. En 1681, le souvenir du chef Noël *Tekouerimat* (décédé en 1666) était toujours vivant; en effet, en juillet et août 1681, le P. Jacques Bigot mentionne deux sépultures faites près de la tombe de *Tekouerimat* (*prope tumulum Tekouerimat*).

Le peuplement

Les deux premières familles de Sillery venaient de Trois-Rivières[60]. Noël *Negabamat*, alias *Tekouerimat*, et François-Xavier *Nenask8mat*, avec leur famille, furent les premiers habitants de la *Réduction de Sillery.*

Nenask8mat, dangereusement malade, avait été baptisé à Québec le 3 décembre 1638 en présence du Gouverneur de Montmagny, du chevalier de l'Isle et de M. Gand[61]. Noël *Tekouerimat* suivit son exemple le 8 décembre 1638, choisissant le prénom de *Noël* en l'honneur de son bienfaiteur Noël Brulart de Sillery[62].

Les Montagnais s'étaient installés près de la résidence des Jésuites, tandis que les Algonquins campaient un peu plus loin près de l'Hôpital installé à Sillery en 1640[63].

Plusieurs événements feront évoluer la Réduction de Sillery. Ils transparaissent à travers les lignes du *Registre de Sillery.*

Au début, la petite chrétienté compta une vingtaine de personnes[64], mais en 1639, la petite vérole décime la population de la réduction[65]. En 1641, Jean-Baptiste *Etinechkaouat* est élu chef des Montagnais, et *Negabamat/Tekouerimat*, chef des Algonquins[66]. En 1643, la Réduction comptait 35 familles d'Algonquins et de Montagnais[67].

Comme on l'a vu plus haut, à cause de la crainte des Iroquois, les Hospitalières quittèrent Sillery le 29 mai 1644 et s'installèrent à Québec. Pour la même raison, les Amérindiens de Sillery avaient déserté temporairement l'endroit[68].

Quant à la seigneurie de Sillery, en 1651, le roi la concédait aux Amérindiens, sous la tutelle des Jésuites[69]. Après la mort d'*Etinechkaouat*, entre

---

60 CAMPEAU, Lucien. ***Op. cit***., p. 114.

61 ***Rel.,*** 1638, p. 4.

62 ***DBC*** I, 527.

63 CAMPEAU, Lucien. ***Op. cit.,*** p. 114.

64 LÉTOURNEAU, H. ***Sillery: autrefois une réduction indienne***, dans ***BRH***, 58 (1952), pp. 117-125.

65 ***Rel.,*** 1639, p. 15.

66 CAMPEAU, Lucien. ***Op. cit.,*** p. 114.

67 BERNIER, André. ***Op. cit.,*** pp. 18-19.

68 BERNIER, André. ***Op. cit.,*** p. 34; ***Rel.,*** 1647, p. 47.

69 POULIOT, Léon. ***La mission Saint-Joseph de Sillery***, p. 13.

1650 et 1652, Noël *Tekouerimat* reste seul grand chef de Sillery jusqu'à sa mort, survenue le 19 mars 1666[70]. Puis il y eut une vacance de trois ans.

> «*Son successeur,* dit le P. L. Campeau, *ne fut choisi qu'en 1669, en la personne d'un chef de guerre de Tadoussac, Negaskaouat, auquel fut conféré le nom de Tekouerimat. Il vint résider à Sillery, selon la coutume. Car cette mission était considérée comme la capitale des Montagnais*[71].»

De 1657 à 1664, on est au plus fort de la guerre iroquoise; à Sillery, il n'y a plus de résidence, ni d'église.

> «*Le registre indique toutefois qu'il* (Sillery) *était fréquenté. La crise commence à se faire sentir en 1655, où quelquefois le ministère est dispensé aux Montagnais à l'Île d'Orléans ou à Québec. La réduction n'est toutefois pas délaissée. En 1656, jusqu'au mois d'août, les baptêmes ont lieu à la chapelle du collège et à l'Île d'Orléans, puis l'on revient à l'habitation ordinaire. Mais de 1657 à 1663, les services sont donnés à la chapelle du collège et, les derniers temps, à Château-Richer et à Sainte-Anne. Ensuite, la vie reprend, régulière, les Iroquois étant désormais sur la défensive*[72].»

À partir de 1670, il n'y avait pratiquement plus d'Algonquins ni de Montagnais à Sillery. Toutefois, il n'est pas exact d'affirmer que Sillery est abandonnée après 1670. Notre compilation des baptêmes montre qu'il y a 14 baptêmes d'Amérindiens à Sillery en 1670, 21 en 1671, 15 en 1672, 19 en 1673, 9 en 1674, 11 en 1675 et 8 en 1676. Cependant, le P. Enjalran trouve l'endroit désolé en 1676:

> «*C'est une maison toute seule éloignée d'une lieue et demie de Québek et une des premières maisons que nous avons eues en Canada, ou il y a eu jusques à quinze mille Algonquins ensemble, qui faisaient l'occupation d'un missionnaire ou de plusieurs, mais que la maladie contagieuse parmi les sauvages, la guerre,* ***ou les boissons qui font le malheur de ce pais****, ont entièrement ruinés ou écartés; ainsi nous n'avons que quelques familles algonkines qui viennent icy en certain temps dont nous tâchons de profiter pour nous exercer dans leur langue*[73].»

Vers 1672, le chef de Sillery, Charles *Tekouerimat* II, se transporte à Chicoutimi.

> «*En 1675,* raconte le P. Campeau, *Sillery pourra devenir une résidence d'Abénakis, les Montagnais ayant leur siège central à Chicoutimi. Charles Tekouerimat y mourut en 1675, mais il fut enterré à Sillery. Il fut remplacé par Martin Etinechkaouat*

---

70 CAMPEAU, Lucien. ***Op. cit.***, pp. 116-117.
71 CAMPEAU, Lucien. ***Op. cit.***, p. 117.
72 CAMPEAU, Lucien. ***Op. cit.***, p. 127.
73 Cité dans POULIOT, Léon. ***Op. cit.***, p. 15.

> *[...]»*, peut-être le fils de Jean-Baptiste *Etinechkaouat*, pionnier de Sillery[74].
>
> *«Sillery sera considéré comme le chef-lieu des missions du fleuve jusqu'en 1675, le P. de Crépieul se souciant jusqu'alors d'y inscrire les baptisés faits dans ses courses. En 1651, la pêche aux anguilles menacée par les entreprises du gouverneur d'alors, le P. Jérôme Lalemant assura aux néophytes eux-mêmes la possession en fief d'une lieue de front sur le fleuve, sous la direction des Jésuites[75].»*

En 1702, il n'y a plus de néophytes. Les Jésuites acquièrent les terres des Amérindiens[76].

Carrefour de nations et centre de rayonnement

Dès les débuts, Sillery fut un carrefour de nations amérindiennes et le restera toujours. Le *Registre de Sillery* reflète bien ce rôle "panamérindien" de la mission de Sillery: on y mentionne le passage ou le séjour de nombreuses nations: en plus des Montagnais et des Algonquins du début, il y eut des Attikameks, des Hurons, des Nipissiriens, des Abénaquis, des Socoquis, et les sous-groupes des Montagnais: Tadoussaciens, Papinachois, Porc-épics, etc.

Les Montagnais, qui étaient le groupe le plus nombreux, n'apparaissent pas sous ce nom. Le terme de Montagnais (*Montagnensium, Montanensis*) n'apparaît que deux fois dans tout le registre (en 1644 et en 1681).

Après l'incendie de l'église et de la résidence de Sillery, en 1657, la *Relation* a bien exprimé le rôle de Sillery:

> *«C'estoit la première de tout le pays érigée pour les nouveaux Chrestiens. On la pouvoit appeller la Matrice de tout le Christianisme de ce nouveau monde, pour ce que les Montagnais et les Algonquins s'estans convertis en ce lieu, donnèrent envie à toutes les autres Nations qui, depuis ont reçeu Jésus-Christ, d'écouter sa parole, à l'exemple de leurs Compatriotes[77].»*
>
> *«Le succès de Sillery a consisté dans l'incroyable retentissement qu'a eu cettre réduction dans tout le monde indigène, dans l'arrière-pays aussi bien que sur la côte nord en aval, chez les Souriquois du Golfe et jusqu'en Nouvelle-Angleterre[78].»*

---

74 CAMPEAU, Lucien. ***Op. cit.***, p. 128.
75 CAMPEAU, Lucien. ***Op. cit.***, p. 116.
76 BERNIER, André. ***Op. cit.***, p. 18.
77 ***Rel.***, 1657, p. 26.
78 CAMPEAU, Lucien. ***Les premiers habitants du Québec***, Cahiers d'histoire des Jésuites, no 7, p. 117.

Analysons en premier lieu les liens entre Sillery et Québec.

Baptêmes à Québec Le *Registre de Sillery* mentionne plusieurs baptêmes faits à Québec: en tout, 204, soit 11,89% des 1 716 baptêmes d'Amérindiens de tout le registre.

Ces baptêmes eurent lieu dans l'église de Québec, dans la chapelle du collège des Jésuites (*in nostro sacello*), dans la chapelle Saint-Joseph des Ursulines, dans la chapelle de l'Hôpital transporté à Québec depuis 1644.

Baptêmes des Amérindiens
Lieu: Québec

Dans l'église de Québec même: 103 baptêmes
Dans l'église des Jésuites: 59
Chez les Ursulines: 40
À l'Hôpital: 2

Total de baptêmes à Québec: 204

GRAPHIQUE 4

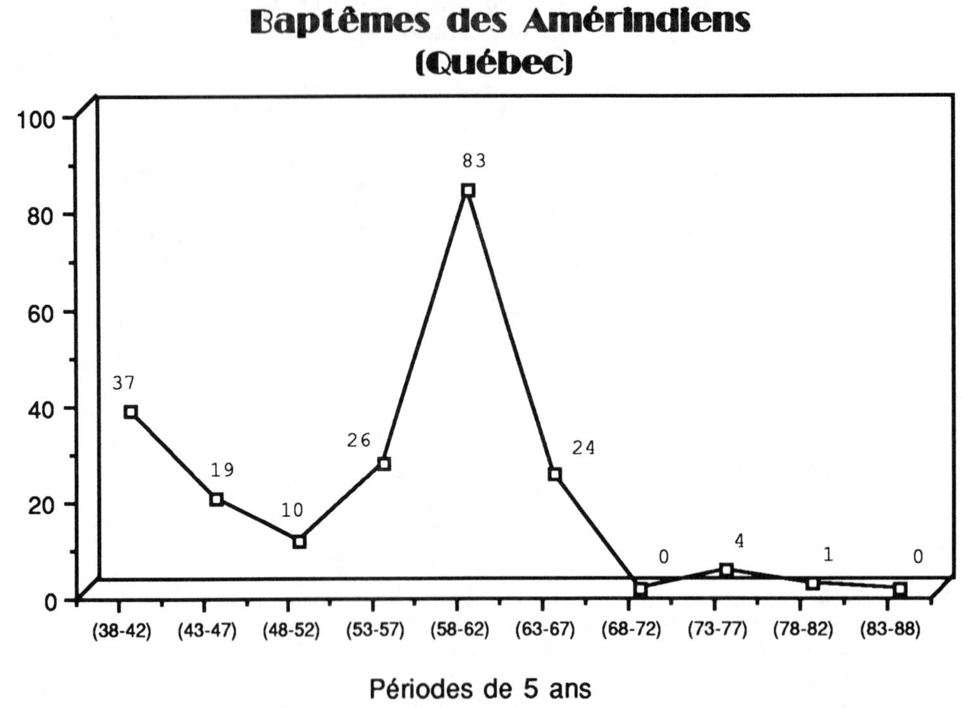

On remarquera en observant le Graphique 4, que la courbe des baptêmes d'Amérindiens faits à Québec atteint son sommet entre les années 1658 et 1662 avec un total de 83. On n'a pas encore reconstruit la résidence et la chapelle de Sillery. Ces baptêmes appartiennent en fait à Sillery. Si on les ajoute aux baptêmes de Sillery, on obtient un total de 1 182, au lieu de 1 099 et la moyenne annuelle passe de 21,0 à 23,6 baptêmes.

À Québec, il y avait eu les confirmations de 1659, à l'arrivée de Mgr de Laval (voir *infra* ***Les Confirmations***).

Le baptême de Noël *Tekouerimat* avait eu lieu à Québec. De temps en temps, on fait baptiser des néophytes de Sillery à Québec pour donner plus de solennité à la cérémonie.

La fondation de Montréal À l'automne 1641, les colons de Maisonneuve hivernèrent à Sillery, grâce à l'hospitalité de Pierre de Puiseaux. C'est là qu'ils firent les préparatifs en vue de la fondation de Montréal au printemps 1642. Le 30 mars 1642, Maisonneuve et Jeanne Mance sont parrains de deux Hurons, dans la chapelle "à Puiseaux" (p. [25]).

GRAPHIQUE 5

Baptêmes des Amérindiens
(Autres endroits)

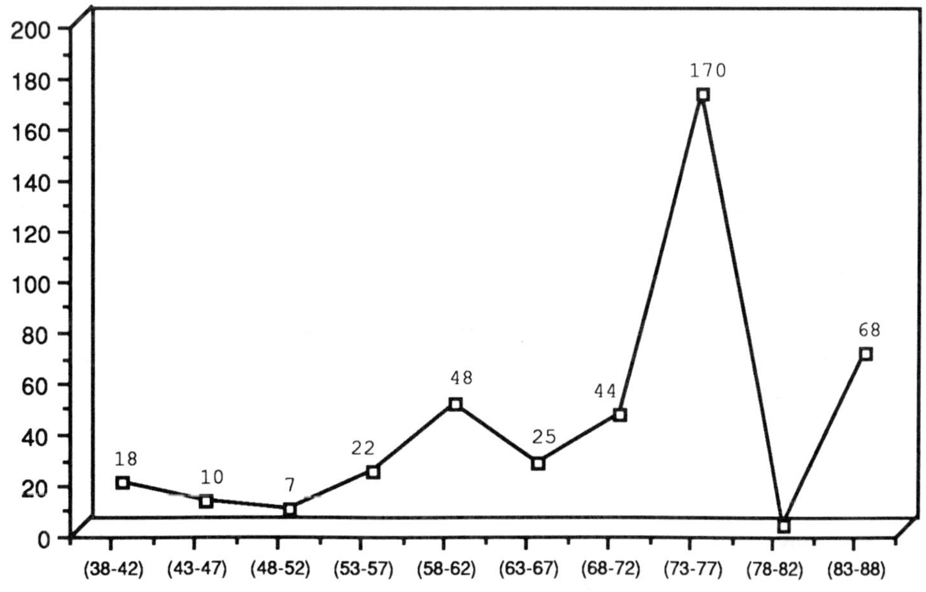

Périodes de 5 ans

Trois-Rivières et les Attikameks

Les 413 baptêmes d'Amérindiens faits ailleurs qu'à Sillery et à Québec ont lieu notamment aux endroits suivants:

Lieux	*Années du premier baptême*
Acadie	1648
Château-Richer	1659
Domaine du Roi	1672
Île aux Oies	1654
Île d'Orléans	1653
Mer du Nord	1661
Msakkikkan	1683
Nouvelle-Angleterre	1652
Sainte-Anne	1675
Tadoussac	1641
Trois-Rivières	1642
et quelques autres endroits	

(Voir *supra*, TABLEAU 5)

Dès le début, Sillery a eu des liens étroits avec Trois-Rivières et Tadoussac. Il y avait échange de missionnaires. Ce n'est pas sans raison que le *Registre de Sillery* contient des actes de Montagnais de Tadoussac et d'Attikameks de Trois-Rivières. Des Amérindiens de ces deux endroits ont séjourné à Sillery, mais Sillery se transportait aussi chez eux. Les missionnaires de Sillery se transformaient en équipes volantes. Le *Registre de Sillery* contient des traces de ces missions faites hors de Sillery, par exemple, à Château-Richer, à Tadoussac, au lac Saint-Jean, à Trois-Rivières, à Msakkikkan, etc.

Les Attikameks ou Poissons-Blancs habitaient le cours supérieur du Saint-Maurice. Au début de novembre 1642, 13 canots d'Attikameks (environ 60 personnes) viennent de Trois-Rivières pour se faire instruire[79]. Le P. Buteux, leur missionnaire, hiverna avec eux à Sillery en 1642-1643. Quelques-uns d'entre eux s'étaient installés «*sur une petite hauteur à l'arrière de la maison*[80]». Il y eut plusieurs baptêmes, comme en font foi la ***Relation*** de 1643 (pp. 21-24) et notre registre (p. [28, 136-137, 138, 139]). Deux Attikameks sont baptisés le 29 décembre 1642; les parrains sont le gouverneur Charles de Montmagny et la duchesse d'Aiguillon (p. [28]).

> «*Le capitaine retourna sans l'avoir obtenu, mais sa femme l'avait eu. Ouetamourat, ce chef, fut baptisé un peu plus tard sous le nom de Paul*[81].»

> «*Leur missionnaire, le P. Buteux, les visita en leur pays en 1651. Il y remontait, le 10 mai 1652, quand il fut tué par les Iroquois*[82].»

---

79 ***Rel.***, 1643, p. 9.
80 BERNIER, André. ***Op. cit.***, p. 19.
81 CAMPEAU, Lucien. ***Op. cit.***, p. 18.
82 CAMPEAU, Lucien. ***Op. cit.***, p. 118.

Les Montagnais de Tadoussac (1641)

Le *Registre de Sillery* contient de nombreux actes concernant les Montagnais du Saguenay, parfois de passage à Sillery où ils reçoivent le baptême; mais le registre fait également état de baptêmes faits sur leur territoire, par exemple, les baptêmes faits par le P. de Crespieul dans le Domaine du Roy entre 1670 et 1675 (actes qui se trouvent également dans le *Second registre de Tadoussac*).

Tout a commencé par les baptêmes du P. Paul Le Jeune à Tadoussac en 1641. Les Tadoussaciens avaient refusé de venir s'installer à Sillery. Le P. Le Jeune accepta l'invitation de leur chef *Neapmat* alias *Etouet*, de se transporter chez eux. Parmi les premiers convertis, il y eut Charles *Meiachka8at*, «*une sorte d'émule de saint Paul pour sa vocation et son zèle*», écrit le P. L. Campeau. Sous son influence, plusieurs de ses compatriotes se convertirent: entre autres, son frère Eustache *K8kinap8*, le 17 octobre 1641 (p. [23])[83].

En 1647, les Tadoussaciens conduisirent le P. Jean Dequen au lac Saint-Jean pour rencontrer les Kakouchakhi ou Porcs-Épics. Le P. Druilletes hiverne quatre hivers avec les Montagnais, à partir de 1644[84].

Dans la suite, les missionnaires de Sillery desserviront Tadoussac et le Saguenay. Mentionnons, entre autres:

P. Jean Dequen (1642-1653),
P. Gabriel Druilletes (1645, 1649-1650; 1660-1665; 1670),
P. Pierre Bailloquet (1649, 1654-1655; 1661-1665),
P. Charles Albanel (1650-1660),
P. Jacques Frémin (1660),
P. Henri Nouvel (1662-1669), etc.

Les liens entre les Amérindiens du Domaine du Roi et Sillery seront toujours étroits. Plusieurs Montagnais, y compris le chef Charles *Tekouerimat*, voudront venir mourir à Sillery et y être inhumés. (Voir *infra:* **Les Sépultures**). Les Tadoussaciens furent toujours généreux envers leur «Église-mère» : en 1647, le *Second registre de Tadoussac*, mentionne: «*Item des courtines rouges, blanches, vertes et violettes, qui servent à l'église de Sillery, sont de Tadoussak, donné[e]s par les sauvages chrestiens en castors.*[85]»

Dans la liste des dons à la mission de Tadoussac pour l'année 1679, on peut lire: «*Le R.P. Louys de Beaulieu: 100 £ en aumosnes qu'on a donné aux plus pauvres malades de Sillery*[86]». On remarquera qu'en 1679, Sillery est fréquenté surtout par les Abénaquis.

---

83 CAMPEAU, Lucien. ***Op. cit.***, p. 119.

84 CAMPEAU, Lucien. ***Op. cit.***, p. 120; Tadoussac et le Saguenay deviennent le domaine de la Compagnie des Indes occidentales en 1665, celui du Roi en 1675 (CAMPEAU, ***Ibid.***, p. 127).

85 LAROUCHE, L. ***SRT***, fol. 59r, p.151 .

86 LAROUCHE, L. ***SRT***, fol. 61v, p. 158.

Les Nipissiriens à Sillery

Dès 1644, un jeune Nipissirien est baptisé chez les Ursulines de Québec (p. [30]). Le 28 décembre 1655, le P. Dequen baptise plusieurs Nipissiriens à Sillery (p. [52]). Un des leurs est confirmé le 14 septembre 1659 dans la chapelle de l'hôpital par Mgr de Laval (p. [119]).

Et la liste s'allonge. Des Nipissiriens sont baptisés le 23 septembre 1664, par le P. P. Bailloquet (p. [63]); le 13 mai 1666, par le P. Julien Garnier (p. [65]); le 30 juin 1675, un jeune Nipissirien est baptisé à Québec en grandes pompes par M. de Bernières, curé de la cathédrale et vicaire général; les parrains ne sont nuls autres que le gouverneur Frontenac et Marguerite Denis (p. [74]).

Les Hurons à Sillery

La présence huronne est signalée dans le registre, le 26 juin 1641, alors que le P. B. Vimont baptise Charles *Tgondatsa (Sondatsaa)*, de Ossonane ou bourg de l'Immaculée Conception (*ex. oppido Conceptionis B. V. Mariae*). Le gouverneur Charles de Montmagny lui sert de parrain et lui donne son prénom (p. [20]).

Le 30 mars 1642, le même P. Vimont baptise Paul *Atondo* et Jean-Baptiste *Okhuk8andoron*, deux Hurons du village St-Michel (*8kanonaeutat*). Ils avaient hiverné à Sillery et le P. de Brébeuf les avait préparés au baptême. Paul Chomedey de Maisonneuve et Jeanne Mance avaient été parrains (p. [25])[87]. D'autres Hurons sont baptisés à Sillery ou à Québec (p. [28])[88]:

18 mai 1642, baptême de Thérèse *Kinhrcha* (p. [25]);

24 décembre 1642, baptême d'Ignace *Saoiiaretchi*, du bourg St-Ignace dans la chapelle des Ursulines (p. [28]);

8 mars 1643, baptême de Pierre *Otarenti,* du bourg *Arrente* (p. [28]);

7 avril 1650, un enfant de père huron (p. [40]).

En 1650, 30 familles de Hurons rescapées des massacres iroquois hivernent à Québec et à Sillery, en attendant de s'installer à l'Ile d'Orléans[89]. *« Le 25 mars 1651, le P. Joseph-Marie Chaumonot alla prendre charge de la communauté huronne,* [...][90]. »

Les 23 mai 1653 et 3 avril 1654, notre registre fait état de deux baptêmes d'enfants hurons.

---

87 ***Rel.*** 1642, p. 23-25.

88 ***Rel.*** 1643, p. 28-32.

89 BERNIER, A., ***Op. cit.***, p. 19.

90 CAMPEAU, L., ***La mission des Jésuites chez les Hurons: 1634-1650;*** suivi de ***La formation des noms de peuples et de bourgades en huron***, par LAGARDE Pierrette-L. ,Montréal, Éditions Bellarmin; Roma, Institutum Historicum S. I., 1987, p. 320.

La *Relation* de 1654 raconte l'arrivée des Hurons chrétiens et leur installation à l'Ile d'Orléans. « *Il fallut leur bâtir une Église et un reduit pour les tenir en asseurance contre les Iroquois, donc la crainte les suivoit partout*[91].»

Pour l'année 1656, un faible écho de la Huronie: le baptême d'un enfant né de père huron et de mère montagnaise (février 1656, p. [53]). La même année c'est le massacre ou la prise de 71 Hurons chrétiens par les Iroquois[92].

Qu'advient-il des Hurons dans la suite? Après leur séjour à l'Ile d'Orléans (1651-1656), ils s'établirent à Québec puis à Beauport[93].

Les données du *Registre de Sillery* attestent la présence d'un certain nombre de Hurons à Sillery ou dans les environs: le 6 août 1659, on note le baptême d'un enfant de père huron (p. [56]) et le 10 avril 1660, celui d'un enfant né de père huron (p. [57]).

Le 1er janvier 1662, à Château-Richer, on baptise un enfant de mère huronne (p. [59]); le 28 nov. 1664, un enfant de père huron (p. [64]); le 18 juin 1666, un enfant de père huron (p. [65]). Comme on le voit, plusieurs Hurons avaient pris leur conjoint hors de leur nation.

Au printemps 1669, les Hurons s'installent à la Côte Saint-Michel ou Notre-Dame-de-Foy, toujours desservis par le P. Chaumonot[94]. La chapelle de Sainte-Foy n'était pas très éloignée de Sillery; aussi voit-on apparaître le nom de P. Chaumonot au *Registre de Sillery* de temps en temps: en juin, juillet, octobre, novembre 1670; en janvier, avril , août 1671; en décembre 1672 et février 1673; mais il s'agit toujours de baptisés français. Puis son nom disparaît du registre; car en 1673, le P. Chaumonot fonde la mission huronne de Lorette[95]. La seule référence que comporte notre registre à cette mission concerne le baptême d'un enfant de Julien Meusnier «*e regione Lauratana* (p. [164]).» On peut supposer que le P. Chaumonot tint un registre réservé aux Hurons après leur arrivée à l'Ile d'Orléans.

Île d'Orléans À cet endroit on note 15 baptêmes entre 1653 et 1656.

Le P. Dequen fait des baptêmes à l'Ile d'Orléans en novembre 1653; le P. Druillettes y baptise trois moribonds en janvier 1654, le même P. Druillettes baptise «*in notre templo insulae Aurelianensis* (dans notre temple de l'Ile d'Orléans)». Pendant l'hiver 1656, où semble-t-il, il hiverne, le P. Dequen qualifie ce temple de «*chapelle de la Sainte-Vierge (in capella beatae Virginis)*».

---

91 ***Rel.*** 1654, p. 20.

92 ***Rel.*** 1656, p. 2.

93 LAROSE André. ***Les registres paroissiaux au Québec avant 1800***, Québec, 1980, p. 176.

94 ***DBC*** I, 212; sur les Hurons à Notre-Dame-de-Foy, voir ***Relations inédites de la Nouvelle-France (1672-1679)***, I, p. 149-177.

95 ***DBC*** I, 212; sur les Hurons à Notre-Dame-de-Lorette, voir ***Relations inédites de la Nouvelle-France (1672-1679)***, I, p. 295-318; II, p. 71-95.

Château-Richer et Île aux oies

Il y eut 47 baptêmes d'Amérindiens entre 1659 et 1663, à Château-Richer.

En 1662, le P. Druilletes fait plusieurs baptêmes dans l'église de Château-Richer: 1er janvier, le 2 mars; puis dans les environs du même endroit, le 23 novembre, les 9, 15, 17, 25 et 30 décembre. Le 27 février et le 4 mars 1663, il est à Québec, mais le 12 et le 14 mars 1663, il est de nouveau dans les environs de Château-Richer, où il fait 22 baptêmes, tous sans les cérémonies solennelles.

Faut-il voir dans ces baptêmes simplifiés la peur du tremblement de terre de 1663 qui dura du 2 février au 15 mars? En tout cas, chez les Français, le tremblement de terre provoqua une grande ferveur religieuse dès le Mercredi des Cendres (10 mars 1663)[96].

Le P. Druilletes baptise 7 moribonds à l'Ile aux Oies en juin 1654.

Les PP. Gabriel Druilletes et Claude Dablon vers la Mer du Nord

Le *Registre de Sillery* contient à la page [141] les baptêmes faits par les PP. Druilletes et Dablon en route vers la baie d'Hudson en 1661. Ce voyage fait suite aux efforts des Français pour atteindre la baie d'Hudson par l'intérieur et orienter le commerce des fourrures du côté des Français.

Ils suivent la route du Saguenay; ils font des baptêmes au lac Saint-Jean (Piekouagami) les 11 et 21 juin; puis ils remontent la rivière Choumonchouane; ils sont au lac Nekoubau (près de la ligne de partage des eaux) le 3 juillet et au lac Chaob8am8tch8ang le lendemain; à chacun de ces deux endroits, ils font des baptêmes.

Toutefois, ils ne se rendront pas à la baie d'Hudson. Le 14 juillet, le registre mentionne des baptêmes faits au lac Saint-Jean; ils sont sur le chemin du retour. La crainte des Iroquois leur a fait rebrousser chemin. Le 27 juillet, ils sont de retour à Québec[97].

Le P. Albanel à la baie d'Hudson

Cette expédition manquée à la baie d'Hudson est reprise par le P. Charles Albanel en 1671; le P. Albanel prépare son expédition à Sillery, où il passe l'hiver 1670-1671. Le P. Albanel fit un sesecond voyage à la baie d'Hudson en 1673-1674. Il a desservi les Montagnais du Saguenay de 1650 à 1660 et de 1670 à 1673, mais sa base d'opération était Sillery. Les baptêmes qu'il a faits au Saguenay et au cours de ses voyages sont inscrits au *Second registre de Tadoussac*.

---

96 ***JJ.***, p. 316.

97 ***JJ.***, p. 300, voir ***Rel.*** 1661, p. 13ss.

Les baptêmes du P. de Crespieul

Des gens de Sillery accompagnent le P. de Crespieul à Chicoutimi en 1672 et 1673 (p. [72])[98]. Les baptêmes du P. de Crespieul au Saguenay à partir de 1672 sont intimement liés au rayonnement de Sillery. Ces 211 baptêmes se retrouvent également dans le *Second registre de Tadoussac.*

Pourquoi cette double copie des baptêmes du P. de Crespieul, qui d'ailleurs s'arrête en 1675? Parce qu'alors, répond le P. Campeau, Sillery était «*considéré comme le chef lieu des missions du fleuve*». Après 1675, la situation a changé, Sillery a perdu son titre et le P. de Crespieul ne se soucie plus d'inscrire ses baptêmes au registre de Sillery[99].

Mais les Montagnais du Saguenay continueront encore longtemps à fréquenter Sillery. On a vu plus haut l'attachement des Montagnais de Tadoussac envers Sillery. Dans son manuscrit intitulé *Mors pretiosa*, le P. de Crespieul fait l'éloge de plusieurs Montagnais, dont le point d'attache était Sillery (voir *infra* ***Les Sépultures***).

Les quatre baptêmes faits à Sainte-Anne par le P. de Crespieul en 1675, appartiennent à une famille *Etchemin*. Entre Sillery et Tadoussac, Sainte-Anne [de Beaupré] était une escale chère aux Amérindiens.[100]

Les Abénaquis à Sillery

Avant de venir s'établir à Sillery, les Abénaquis ont reçu la visite du P. Gabriel Druilletes. Il était parti de Sillery le 29 août 1646. Pendant l'hiver 1646-1647, le P. Druilletes avait hiverné avec les Abénaquis d'Acadie. À son retour, plusieurs le suivirent à Sillery comme en témoigne le *Journal des Jésuites*:

> *«Le 16 [juin 1647], arriva le P. Druilletes à Sillery de son voyage après plus de 9. moys d'hyvernement avec les sauvages Abnaquiois;»*
>
> *«Le 20. arriverent les autres canots Abnaquiois au nombre de 5. ou 6*[101]*.»*

Au cours de cet hivernement de 1646-1647, le P. Gabriel Druilletes avait été en contact avec les Capucins et il avait été bien accueilli par le P. Ignace de Paris[102]. Il faut noter toutefois que le P. Druilletes avait foulé un territoire dont la juridiction ecclésiastique appartenait aux Capucins; c'est ce qui explique le passage suivant du *Journal des Jésuites*:

---

98 LAROUCHE, L. ***SRT,*** fol. 4v, p. 8.

99 CAMPEAU, L. ***Les premiers habitants du Québec***, Cahiers d'histoire des Jésuites, n° 7, p. 116.

100 Sur la dévotion et le culte de sainte Anne chez les Montagnais, voir HÉBERT, L.-P., ***Histoire ou légende?...***, p. 417-421.

101 ***JJ.***, p. 88.

102 ***Rel.*** 1647, p. 52.

> «*Le 3. ou 4. [juillet 1647], les Abnaquiois demandent à me parler pour me remercier du voyage du P. Druilletes, & me prier de le laisser retourner; mais les derniers venus des Abnaquiois ayant aporté lettres des PP. Capucins qui nous prioient de n'y plus retourner, je leur refusé, & fis la response qui se trouvera dans une lettre que j'escrivis sur ce sujet aux Capucins*[103].»

Le *Registre de Sillery* contient des échos du passage du P. Druilletes sur le territoire des missions des Capucins: en juillet et août 1648, le P. Le Jeune fait état au registre de deux certificats de baptêmes faits en Acadie, sur la rivière Saint-Jean par le P. Cosme de Mante, supérieur des Capucins d'Acadie. Il s'agit sans doute d'Abénaquis revenus avec le P. Druilletes.

Le P. Druilletes fit deux autres séjours chez les Abénaquis d'Acadie et de la Nouvelle-Angleterre: en 1650-1651 et en 1651-1652.

En septembre 1650, parti en compagnie du chef Noël *Tekouerimat,* il séjourna chez les Abénaquis de ces régions et visita les gouverneurs des colonies de la Nouvelle-Angleterre. Il est de retour à Québec au début de juin 1651.

Son troisième voyage de 1651-1652 fut plus officiel que les autres; il était parti en juin 1651, accompagné de Noël *Tekouerimat*, d'une délégation et «*chargé de conclure avec les Anglais une entente en règle*[104]». Il revint à Québec le 8 avril 1652; sa mission d'ambassadeur n'eut malheureusement pas le succès attendu, mais les Abénaquis de Naranchouak l'avaient «*naturalisé et incorporé à leur nation*[105].» Son passage en Nouvelle-Angleterre est signalé par un baptême fait en février 1652 à la mission de l'Assomption «*circa Novam Angliam* (p.[45])».

Entre 1652 et 1676, notre registre mentionne la présence de nombreux Etchemins et Abénaquis, mais l'affluence se produit en 1676, lorsqu'un fort contingent d'Abénaquis choisit de fuir la menace anglaise et de se réfugier en territoire français.

Le *Registre de Sillery* mentionne les Abénaquis pour la première fois en 1676. C'est alors que commence la **période abénaquise** de Sillery illustrée par le P. Jacques Vaultier et surtout par les deux PP. Bigot. C'est la période la plus dense du registre: en moins de dix ans, le P. Jacques Bigot fait 370 baptêmes et son frère le P. Vincent Bigot, 92. Pendant la période de 1676 à 1688, le registre mentionne plusieurs groupes rattachés aux Abénaquis: Chaouanaquiois (*Cha8anaquenses*), Soquoquis, Etchemins, Gaspésiens, etc.

En 1685, Mgr de Saint-Vallier fait l'éloge des Abénaquis:

---

103 ***JJ.***, p. 91.

104 DRAGON, A. ***L'Acadie et ses 40 robes noires***, Montréal, Bellarmin, 1973, p. 138.

105 ***Rel.*** 1652, p. 22-26; 30-31.

> *«Plusieurs retournèrent exprès en Acadie, et ils revinrent les uns avec leurs pères et leurs mères, les autres avec leurs frères et leurs soeurs, les autres enfin avec leurs parents et leurs amis, et ils prirent tant de soin de les instruire en chemin, qu'à leur retour le Missionnaire les trouva presqu'entièrement disposés à recevoir le Baptême[106];»*

La terre de Sillery était impropre à l'agriculture; en 1683 le P. Jacques Bigot se fit concéder une terre à Msakkikkan près du Saut de la rivière Chaudière pour y établir les Abénaquis[107]. Le *Registre de Sillery* contient 66 baptêmes faits à cet endroit entre mai 1685 et novembre 1686[108].

En 1689, le village de la Chaudière comptait 600 âmes[109]. En 1700, la terre du village abénaquis étant devenu stérile, le P. Jacques Bigot transféra la mission de la Chaudière à Saint-François-de-Sales (Odanak). Le P. Jacques Bigot s'occupa aussi des Abénaquis d'Acadie. En 1691, le P. Jacques Bigot avait emporté en France «*[...] le voeu de ses Abénaquis à Notre-Dame de Chartres et une grande ceinture de porcelaine pour les chanoines de la cathédrale*[110]».

On voit donc qu'à partir de 1690, les Abénaquis ont abandonné Sillery.

Éléments d'ethnographie et de toponymie

On ne peut parler d'ethnographie amérindienne au sens strict du mot. Toutefois, le *Registre de Sillery* contient un certain nombre d'informations d'ordre ethnographique. Il y aurait toute une étude à faire sur la famille amérindienne à partir des données du *Registre de Sillery*. Nous nous contentons ici de quelques échantillons.

Les noms amérindiens

À sa naissance ou peu après l'enfant reçoit un nom qui lui est propre; les Amérindiens n'avaient pas de patronyme, ce qui rend l'identification et la filiation des personnes plus difficiles à établir. L'hérédité d'un nom amérindien est rare. On a bien Gabriel *8inask* qui porte le même nom que son père Barnabé *8inask* (18 mai 1675, p. [79]), mais c'est exceptionnel.

Au registre, les Amérindiens non chrétiens ou catéchumènes ne sont donc identifiés que par leur nom amérindien. Au baptême, ils reçoivent un ou des prénoms chrétiens.

---

106 ***Mandements des év. de Québec***, I, p. 241.

107 ***DBC*** II, 66.

108 Voir CAMPEAU L. dans PROVOST, Honorius. ***Les Abénaquis sur la Chaudière***, Québec, Éditions de la Nouvelle-Beauce, 1983, p. 52-71.

109 ***DBC*** II, 65.

110 ***DBC*** II, 66.

Petit vocabulaire latin de la famille

adoptivus, a um, adoptif
amita, ae, f., tante du côté maternel
avia, ae, f., grand-mère
avuncula, ae, f., tante maternelle
avunculus, i, m., oncle maternel
avus, i, m., grand-père
conjuges, um, m. et f., conjoints, époux
conjux, ugis, f., épouse
filia, ae, f., fille
filius, ii, m., fils
frater, is, m., frère
gemellus, a, um, jumeau, jumelle
maritus, i, m., mari, époux
mas, maris, mâle
mater, tris, f., mère
nepos, otis, m., neveu
neptis, is, f., nièce
orbus parentibus, orphelin
orphanus, i, m., orphelin
pater, tris, m., père
sobrina, ae, f., cousine germaine
sobrinus, i, m., cousin germain
socrus, us, f., belle-mère
soror, oris, f., soeur
uxor, oris, f, épouse
vidua, ae, f., veuve
viduus, i, m., veuf

Au moment du baptême de l'enfant, il arrive souvent que son nom amérindien ne soit pas encore choisi; exemple: «*cui nondum barbarum nomen impositum erat* (p. [102]); *puero nondum inditum est nomen barbarum* »(p. [105]) (à qui le nom amérindien n'a pas encore été imposé) ou encore «*sine cognomine* » (sans nom) (p. [58]). Le cas est fréquent dans les actes des PP. J. et V. Bigot (période abénaquise de Sillery). Cette absence de nom amérindien rend plus difficile l'identification des personnes.

Les noms amérindiens sont souvent descriptifs; ils peuvent provenir de la nation; ainsi *8etechemisk8e* signifie «une femme etchemin» (22 mai 1667, p. [67]); Françoise *8abnakisk8e*: «femme abénaquise») (5 octobre 1686, p. [112]).

On rencontre des noms ou prénoms français arrangés à la façon amérindienne:

Pélagie *Jaquesk8e* (femme de Jacques) (20 juin 1687, p. [114]);
Paulchis (le petit Paul ou le fils de Paul) (18 octobre 1674, p. [78]);

des noms empruntés à la mythologie amérindienne:

Tchakabech (nom de garçon fabuleux, 3 ans) (10 mai [ ] p. [15][111]);

le nom féminisé du mari:

Catherine *Penaz8resk8e*, la femme de *Penaz8ret* (p. [111]);
Marie-Françoise *Tekouermansk8e,* la femme de *Tekouerimat.*

Parfois on peut soupçonner le missionnaire d'avoir forgé le nom pour la circonstance, faute de mieux.

Des surnoms français

Certains Amérindiens se font remarquer par des traits plus accentués, dus sans doute à leur caractère ou à leur occupation dans la société amérindienne: *L'Arquebuze* (p. [23]); *Le Marchant* (p. [23]); *Castillon* (*p.*[24]) *Compère Colas* (p. [24]); le grand Jacques, p. [78, 88, 164]; Marie la petite femme *Chestig8k8e* (p. [23]); *8abmek8e, vulgo*: La tresse blanche borgnesse (20 juillet 1642, p. [27]); *Nejoguet dicto Capitaine Arche* (30 octobre 1667, p. [67]).

Changement de nom

Il y avait eu *Negabamat* qui était devenu Noël *Tek8erimat* après son baptême, le 8 décembre 1638. La *Relation* de 1650 fait allusion à «*Noël Negabamat, qu'on appelle à présent Tek8erimat*[112].»

Neaptamat, chef de Tadoussac, prend le nom d'*Etouait*, le nom de son prédécesseur, afin de le faire revivre[113]. Charles *Negaskaouat,* chef de Tadoussac, est choisi comme successeur de Noël *Tekouerimat* à Sillery en 1669; on lui donne «*le nom de Tekouerimat avec sa charge; ce qui s'appelle parmi eux ressusciter un Capitaine*[114].»

---

111 SYLVY, A. ***Dictionnaire montagnais-français***, transcription de ANGERS, L. et al. Les Presses de l'Université du Québec, 1974, p. 153.

112 ***Rel.*** 1650, p. 35.

113 ***Rel.*** 1644, p. 66-67.

114 ***Rel.*** 1669, p. 23.

Le registre en mentionne d'autres:

Philippe *Sakapo8an* alias *Ka8aban8nket* (20 juillet 1641, p. [21]);

Augustin *8abigar8* alias *Pesek8si8it* (31 janvier 1642, p. [25]);

Salomon *8matisik8e* s'appelait auparavant *Pentachtam8sethch* (14 septembre 1644, p. [31]);

René *At8ré* devient René *Miaresitch* (29 avril 1646, p. [33]);

Maurice *Ganatchik8e* alias *Kapenamkana* (4 septembre 1647, p. [36]);
Jean *8iasapmat* alias *Kepitenat* (20 septembre 1647, p. [36]);

Thomas *Ka8as8etch* alias *Isk8ekichik* (18 janvier 1649, p. [38]);

François *K8ek8eribab8g8ch* s'appelle maintenant *8tatët8t* (11 octobre 1650, p. [41]);

8misit8se s'appelait autrefois *8tapim8atchi8anon* (22 novembre 1656, p. [56]);

François *Pepamisetch* s'est métamorphosé en *8a8ang8ch* (24 février 1660, p. [57]);

Charles *Tek8erimat* ou *Nita8abistinagan* (19 octobre 1672, p. [72]).

La mobilité des Amérindiens

Les Amérindiens étaient de grands voyageurs, les missionnaires qui les ont accompagnés pendant les hivers l'ont expérimenté. Leurs déplacements sont fréquents, exigés par leur subsistance et aussi par leur goût.

Charles *Tekouerimat,* algonquin, accompagne le P. Druilletes chez les Abénaquis en Acadie. En 1672, à Chicoutimi, on trouve des Gaspésiens et des Etchemins avec le P. de Crespieul, (p. [72]). *Maskarominit,* catéchumène abénaquis, est chez les Montagnais du lac Saint-Jean en 1675 avec le P. de Crespieul (p. [80]). On pourrait multiplier les exemples.

Les mariages inter-nations

Les alliances sont loin d'être limitées à une nation amérindienne; les alliances exogames sont nombreuses: on a vu plus haut de nombreux Hurons mariés hors de leur nation; il y eut également des mariages entre

Montagnais (de Tadoussac)	et Algonquine,	10 mai 1640,	(p. [15]);
Abénaquis	et Algonquine,	9 mai 1681,	(p. [94]);
Abénaquis	et Algonquine,	4 octobre 1675,	(p. [74]);
Etchemin	et Algonquine,	29 octobre 1675,	(p. [74]).

Longévité On sait que la moyenne de vie des amérindiens n'était pas très élevée. En l'absence presque complète de données sur les décès, il faut se rabattre sur quelques indices contenus dans notre registre.

Les compléments apportés aux actes de baptême nous montrent que la mortalité infantile était très élevée. Le libellé même des baptêmes mentionne assez souvent que la mariée est veuve (*vidua)*, ce qui laisse entendre que les maris meurent plus tôt. Mais cela vaut aussi pour les Français de Sillery. On rencontre rarement la mention *viduus* (veuf) pour les hommes.

On pourrait aussi trouver un échantillonnage dans la *Mors pretiosa* du P. de Crespieul, qui vaut surtout pour les Montagnais du Saguenay, mais qui inclut plusieurs habitués de Sillery.

Quelques cas exceptionnels de longévité: le 24 août 1686, le P. J. Bigot baptise deux femmes, Marie et Anne, toutes deux âgées de près de cent ans (p. [111]); le 29 novembre 1677, le P. Jacques Vaultier baptise une abénaquise plus que nonagénaire (p. [87]).

Orphelins et adoption Les orphelins étaient nombreux dans la société amérindienne. La parenté (grands-parents, oncles, tantes, etc.) s'en chargeait. Le rôle des parrains dans la jeune chrétienté de Sillery fut important. Les parrains furent appelés fréquemment à suppléer au défaut des parents. D'ailleurs les parrains ont toujours joui d'un grand respect dans le monde autochtone.

Plusieurs actes de baptême mentionnent que l'enfant n'a que l'un des deux parents, selon l'expression *matre* ou *patre superstite* (survivant); ou encore *ex patre defuncti;* ou *ex matre defuncta*.

Le registre contient au moins une quinzaine de cas d'adoption ou l'équivalent où des grands-parents, des oncles, tantes, proches parents, etc. élèvent leur petit-fils ou leur neveu orphelin. Citons quelques cas.

Le 24 juin 1640, le P. B. Vimont baptise Françoise *Piminak8ek8e* âgée de 14 ans «*parentibus orbatam, curam ejus habet Jo. bap. Ekineska8at*» (orpheline, dont Jean-Baptise *Ekineska8at* prend soin) (p. [16]). On sait que J.-B. *Ekineska8at* est un chef amérindien important.

Le cas de la fille adoptive d'Olivier Letardif est intéressant: le 14 janvier 1642, chez les Ursulines où elle était pensionnaire, Marie «*puella Silvestris ab Olivario Letardif in filiam adoptiva*» est marraine de la fille du célèbre Étienne *Pigar8ich* (p. [24]). Le 18 mai suivant, toujours chez les Ursulines, elle est de nouveau marraine sous le nom de Marie Olivier *8chista8ichk8e* (p. [25])[115].

---

115 Sur Marie-Olivier *8chista8ichk8e,* femme de Martin Prévost, ancêtre des Prévost et des Provost, voir PROVOST, Honorius, ptre. ***Premier mariage d'un blanc avec une autochtone en Nouvelle-France,*** dans *L'Ancêtre* - Bulletin de la Société de généalogie de Québec, vol. 14, no 2, octobre 1987, p. 59-61.

Le 28 août 1647, le P. Gabriel Druilletes baptise un enfant de 9 ans vivant sous la tutelle de son oncle Jean-Baptiste, qui lui sert de parrain (p. [36]).

L'un des cas les plus émouvants est raconté par le Père Paul Le Jeune dans un acte du 13 février 1649. Un enfant papinachois de six ans, orphelin, qui allait être tué, est sauvé par Marie *8tchstig8k8e* qui l'adopte (*eum alendum suscepit*) (p. [38]).

Le 6 avril 1660, Marie *Nitig8k8e* (algonquine ou montagnaise) adopte un adolescent agnier de 13 ans (p. [56]).

La liste des confirmés de Québec de 1668 mentionne un enfant adopté Louis *Niaganets* (p. [121]).

La toponymie On pourra se rendre compte de l'apport toponymique en consultant le lexique des noms de lieu et de nation amérindienne. Cet aspect est particulièrement illustré à travers les baptêmes du P. de Crespieul qui nous fait connaître la topographie amérindienne du Saguenay.

II. LES DONNÉES RELIGIEUSES: LE REGISTRE DE CATHOLICITÉ

Compilation des baptêmes Quel fut le nombre des baptisés à Sillery de 1638 à 1690? Voir plus haut le Tableau 3 et le graphique 1.

La comptabilité des baptisés de Sillery n'est pas simple. Pour faire la compilation des baptêmes du *Registre de Sillery*, il faut tenir compte des diverses façons d'administrer le baptême. Sinon, on risque de compter plusieurs fois le même baptisé.

Le baptême normal est le baptême **solennel** (*ritu solemni* ou *cum ceremoniis*). C'est le baptême officiel comprenant l'ablution du baptisé (essence du sacrement) avec les cérémonies solennelles (l'imposition du sel, les onctions, l'imposition du nom par le parrain et la marraine, etc.). On retrouve les détails des cérémonies du baptême dans le *Rituel du diocèse de Québec*, publié par Mgr de Saint-Vallier en 1703.

Dans les cas urgents, danger de mort par exemple, on s'en tient à l'essentiel du baptême, c'est-à-dire à l'ablution ou à l'ondoiement (*ablui* (j'ai ondoyé) ou *ablui sacris undis*); c'est le baptême **sans cérémonies** (*sine ceremoniis* ou *sine solemni ritu*); on n'impose pas de nom au baptisé, mais on peut lui en choisir un (*nomen destinatum est...;* ou encore *vocandus est ... dum solemnes ritus adhibebuntur*: il sera appelé... à la réception des cérémonies solennelles) ; il n'a pas de parrain ni de marraine.

Terminologie chrétienne du baptême

Curé se dit *parochus* ou *rector;*
Prêtre: *sacerdos;*
Évêque: *episcopus;*
Église et chapelle de Sillery: *ecclesia, sacellum, capella, aedes, templum;*
Parrain: *patrinus;*
Marraine: *matrina;*
Parrains et marraines: *patrini;*
Catéchumène (candidat au baptême): *catechumenus;*
Néophyte (nouveau baptisé adulte): *neophytus.*

Nom de baptême

À la forme active:
les parrains ont nommé l'enfant: *nominaverunt, appellaverunt, vocaverunt, nuncupaverunt;* ou lui ont donné le nom: *dederunt nomen;* la plupart du temps, on emploie les secondes formes du parfait: *nominavere, appellavere, dedere,* etc.

À la forme passive:
le baptisé a été nommé: *nominatus est, appellatus est, vocatus est, nuncupatus est, dictus est;* ou encore le nom de... a été imposé, etc.: *nomen impositum est, inditum est, datum est.*

Mariage: l'état du mariage s'indique par les expressions *conjuges* (conjoints), *juncti matrimonio* (unis par le mariage) placées après le nom des parents.

Quand le baptisé ondoyé survit et que les circonstances le permettent il reçoit le baptême **suppléé**; l'expression employée est «*supplevi ceremonias, adhibui solemnes baptismi ritus...*» (+ datif) ou encore «*caerimoniis initiavi*», (+ accusatif); on célèbre les cérémonies sacramentelles et les parrains imposent un nom au baptisé. Ainsi, le 21 novembre 1639, le chef Jean-Baptiste *Etinechka8at* reçoit les cérémonies solennelles du baptême qu'il a reçu sans cérémonies, auparavant à Québec. Thérèse *Iskouechis* baptisée sans cérémonies le 14 août 1638 et son mari Louis *Mataouchkariniou* ondoyé le 24 août 1638 reçoivent les cérémonies solennelles du baptême le 2 décembre 1638 (p. [8]).

Il y a aussi des baptêmes **sous condition**, quand il y a doute: le candidat a-t-il déjà été baptisé? (parfois le candidat ne se souvenait pas s'il avait été baptisé) ou quand le doute porte sur la validité du baptême lorsque le baptême a été administré *in casa* (dans la cabane, par une personne autre que le missionnaire).

La connaissance de ce qui précède est nécessaire pour faire une compilation valide des baptêmes contenus dans notre registre. Le baptême solennel ne pose pas de problème de comptabilité. De même quand le baptême sans cérémonies et le complément des cérémonies solennelles sont inscrits dans le même acte; mais il n'en est pas toujours ainsi.

Les cas suivants peuvent se présenter:

1. Le baptême sans cérémonies n'est pas suivi des cérémonies supplées ou, en tout cas, le registre n'en parle pas; la compilation ne pose pas de problème.

2. Le baptême sans cérémonies et les cérémonies suppléées sont inscrits au registre mais dans deux actes différents; en ce cas, il faut le compter seulement une fois. Si le rédacteur a eu la bonne idée de faire un renvoi au premier acte (baptême sans cérémonies), ex. : 2 février 1678, p. [87], à la bonne heure! Sinon, le comptable devra veiller à ce que le baptême ne soit compté qu'une seule fois.

3. Le baptême sans cérémonies n'apparaît pas au registre, mais le baptême suppléé fait l'objet d'un acte. En ce cas, il faut le compter.

4. On trouve aussi des baptêmes *sous condition*, quand il y a doute: le candidat a-t-il été baptisé? Faut-il les compter?

Le discernement n'est pas toujours possible; il arrive souvent qu'à l'occasion du baptême, l'enfant ne reçoit qu'un nom de baptême (son nom amérindien lui étant imposé plus tard). Comment s'y reconnaître ensuite à travers tous ces «*Joseph*» et toutes ces «*Marie*», dont quelques-uns seulement recevront les cérémonies solennelles et que le registre mentionnera peut-être ou peut-être pas? D'autant plus que les variantes de prénom de baptême ne sont pas à exclure: Catherine et Marie-Catherine ne font-elles qu'une seule personne? Résultats: en plusieurs cas, il faut faire une interprétation qui contient nécessairement une part de subjectivité.

TABLEAU 6

Compilation des baptêmes des Amérindiens et des Français

	BAPTÊMES SOLENNELS	BAPTÊMES SANS CÉRÉMONIES	BAPTÊMES SUPPLÉÉS	BAPTÊMES EN DANGER DE MORT	TOTAL
Amérindiens	1465	263	132	96	1716
Français	229	25	18	14	257
Métis	5	0	0	0	5
TOTAL	**1699**	**288**	**150**	**110**	**1978**

Au total, 85,3% des baptisés amérindiens et 89,1% des baptisés français ont reçu le baptême solennel. Pour comprendre cette compilation, il faut savoir que les baptêmes en danger de mort (5,5%) sont compris dans les baptêmes sans cérémonies. Par contre, il ne faut pas s'étonner que le nombre des baptêmes solennels additionnés aux baptêmes sans cérémonies et aux baptêmes suppléées ne donne pas le total **1716**. Car comme il a été expliqué, les baptêmes sans cérémonies et les baptêmes suppléés ont été traités de façon à ce que le même baptisé ne soit compté qu'une fois.

De plus, on remarquera que seulement la moitié des baptisés «ondoyés» ont reçu le complément des cérémonies solennelles et que le nombre de baptisés en danger de mort est beaucoup moins élevé qu'on pourrait le croire: **5,5%**.

Conditions du baptême et catéchuménat

Qui baptisait-on? quelles étaient les exigences pour recevoir le baptême? par exemple, quelle instruction religieuse était requise pour les adultes et les enfants ayant l'âge de raison? comme dans l'Église chrétienne des premiers siècles, exigeait-on pour les adultes de Sillery une période de probation et d'instruction religieuse?

Les Amérindiens baptisés sont qualifiés de «chrétiens» (*christianus, i*), ou de «néophytes» *(neophyti)*, quand il s'agit de nouveaux convertis. Ainsi les PP. Gabriel Druillettes et Jacques Vaultier s'intitulent «curé des néophytes algonquins et abénaquis». Les non chrétiens sont dits: «non-chrétiens», (*infideles, barbari, gentiles)* (les «gentils» selon l'expression de la Bible) ou tout simplement «non-baptisés»[116].

On devient chrétien par le baptême; mais pour recevoir ce sacrement, il faut remplir des conditions.

Le *Registre de Sillery* ne mentionne pas l'existence du catéchuménat avant le 13 mai 1666, alors que le P. Julien Garnier baptise un bébé né de père nipissirien encore catéchumène (p. [65]). Ensuite il faut attendre la période abénaquise de 1678-1688, où de nombreux parents sont qualifiés de «catéchumènes». Pour cette période, il n'y a aucun doute: l'institution du catéchuménat est bien en vigueur.

Pourtant on sait que le catéchuménat a été en vigueur dès les débuts de Sillery. Les *Relations* en parlent comme une pratique courante et particulièrement chez les Montagnais[117].

Pour l'adulte, les missionnaires exigent un temps de préparation, appelé *catéchuménat*, qui est une période de probation plus ou moins longue; on exige la connaissance des principales vérités de la foi et des

116 Le P. Le Jeune utilise le mot "barbare" dans la *Relation* de 1637, comme équivalent de non-baptisé. Ex. «*Celuy qui peut changer les loups en des agneaux, a changé un barbare en enfant de Dieu.*» (***Rel.*** 1637, p. 97)

117 ***Rel.*** 1643, p. 33; 1648, p. 37; 1650, p. 42; 1664, p. 16.

principales prières; on exige aussi le rejet des anciennes croyances, comme le recours à la divination, à la tente tremblante, l'usage des songes, et aussi certaines exigences de la morale chrétienne, autrement dit on suit le petit catéchisme.

> «*Si donc on pouvait faire un reproche aux missionnaires, ce serait d'avoir été trop sévères,* écrit le P. Léon Pouliot. *Ils avaient une si haute estime du sacrement qu'ils avaient institué pour les adultes en santé un véritable catéchuménat.*[118]»

Pendant la période abénaquise (1676-1688), l'institution du catéchuménat a fonctionné régulièrement sous les Pères Jacques Vaultier, H. J. Gassot, Jacques et Vincent Bigot. Dans une lettre du 1er janvier 1677, le P. J. Vaultier écrit qu'on a baptisé «*un fort petit nombre d'hommes et de femmes plus avancés en âge, [...]*[119]», dont leur capitaine Michel *Pir8akki* et sa femme Françoise *Tessaansk8e* (13 novembre 1676, p. [83]).

Voyons comment notre registre nous présente l'entrée dans la chrétienté.

Le baptême *solennel* est réservé aux personnes ayant l'âge de raison et possédant une instruction religieuse suffisante. On le donne aux enfants dont les parents sont chrétiens ou, en tout cas, dont le milieu ou les parrains se rendent garants de l'instruction religieuse.

Quand il s'agit d'adultes, le missionnaire mentionne souvent que les candidats qu'il baptise ont reçu une instruction suffisante (*post sufficientem doctrinae Christianae instructionem in periculo mortis positam mulierem.* (p. [6]); *sufficienter doctrinae Christianae rudimentis imbutum adolescentem* (p. [8]).

En ce qui concerne les enfants, en principe, on ne baptise que les enfants de parents chrétiens, afin que l'éducation chrétienne soit garantie. Mais, en pratique, le registre montre que l'on baptise des enfants dont les parents ne sont pas toujours chrétiens.

On rencontre les cas suivants: l'enfant baptisé est né de parents chrétiens et, en ce cas, les parents sont qualifiés d'ordinaire de «mariés» (*conjugibus*); c'est la situation normale; mais on baptise aussi des enfants nés d'un parent chrétien et d'un parent non-chrétien (nombreux cas); d'un parent chrétien et d'un parent catéchumène (une cinquantaine de cas); d'un parent catéchumène et d'un parent non chrétien (une quarantaine de cas); de deux parents catéchumènes (une soixantaine de cas); d'un parent catéchumène et d'un parent défunt (une douzaine de cas); et même de parents ni chrétiens ni catéchumènes (*gentilibus, infidelibus*) (p. [82, 84, 88]).

---

118 POULIOT, Léon. ***Études sur les relations de la Nouvelle-France (1632-1672)***, Montréal/Paris, Desclée de Brouwer & Cie, 1940, p. 225-226.

119 ***Relations inédites de la Nouvelle-France***, II, p. 143-145.

Ainsi le 18 septembre 1652, le P. Pierre Bailloquet baptise trois enfants de parents non baptisés, mais «*bene tamen affectis erga baptizatos*» (cependant bien disposés envers les baptisés). Il faut noter ici le rôle de parrains assuré par trois marraines amérindiennes.

On a vu plus haut l'importance de l'adoption à Sillery. Orphelin de père ou de mère (dont le survivant n'est pas toujours chrétien, ni catéchumène), ou orphelin de ses deux parents, l'enfant baptisé est pris en charge par des parents qui sont peut-être en même temps ses parrains. Ce rôle de suppléance allait de soi chez les Amérindiens de Sillery.

Dans l'enseignement de la foi, les missionnaires ont pu compter sur de puissants collaborateurs dans la personne des Amérindiens eux-mêmes. Dès le début, les Amérindiens se sont enseigné la foi entre eux et la tradition existait toujours au temps du P. de Labrosse en 1768[120]. Les *Relations* ont souligné la contribution des *Dogiques* et chefs de prières. La *Relation* de 1643, p. 26, note le cas d'enfants qui enseignent les prières à leurs parents.

Le baptême *sans cérémonies* est intéressant à étudier. Le ministre ordinaire du baptême est le missionnaire, mais parfois l'enfant n'était qu'ondoyé (baptême sans cérémonies) par les parents, la sage-femme, par un Français, ou encore par le *donné* qui accompagne le missionnaire. L'endroit pouvait être la cabane (*in casa, in tuguriolo*) ou la forêt (*in silvis*).

On administre le baptême sans cérémonies aux moribonds, aux enfants ou adultes en danger de mort (*in periculo mortis*). Ainsi, en 1638, première année d'existence de la Réduction de Sillery, sur un total de 31 baptêmes, 25 sont sans cérémonies, dont 19 administrés à des personnes en danger de mort, parmi lesquels 12 baptisés mourront peu après.

Mais il y a d'autres raisons: le 27 septembre 1640, le P. Dequen fait un baptême sans cérémonies par crainte de la peste (*morbo... pestilenti*) (p. [11]); la difficulté de transporter l'enfant (9 octobre 1654, p. [51]); la guerre: en 1654, le P. Druilletes baptise sans cérémonies deux adultes en péril de mort parce qu'ils partent pour la guerre (p. [51]).

Toutefois, on remarque que le baptême sans cérémonies est parfois administré à des adultes qui ne sont pas en danger de mort. Le P. Dequen justifie ces cas en écrivant par exemple «*propter difficultatem temporis*» (à cause de la difficulté du temps); il s'agit de la guerre. À Tadoussac, le 29 juin 1641, le P. Le Jeune baptise plusieurs Montagnais sans cérémonies, parce qu'il n'a pas de «saintes huiles» («*defectu sacrarum unctionum*»). Le P. Druilletes administre parfois le baptême sans cérémonies dans ses randonnées avec les Amérindiens *in silvis*.

Mais les missionnaires ne procèdent pas tous de la même façon. Ainsi le P. Druilletes donne assez souvent le baptême sans cérémonies à des adultes. S'agit-il d'une méthode d'apostolat qui lui est propre? où les candidats insistent-ils pour recevoir le baptême (les *Relations* en donnent de nombreux exemples), alors qu'ils ne sont pas suffisamment instruits de la

---

120 BRIAND, Mgr J.-O. ***Mandement aux Montagnais***, Québec, Brown et Gilmore, 1768.

doctrine chrétienne? Il leur accorderait alors l'essentiel, quitte à compléter les cérémonies quand ils auront donné des preuves d'aptitudes à une vie chrétienne...

En ce cas, les cérémonies solennelles du baptême serviraient de stimulant afin d'obtenir chez les catéchumènes une meilleure connaissance de la religion chrétienne. Peut-on voir dans cette façon de procéder une imitation de saint François-Xavier qui, selon la coutume de l'époque, baptisait après une brève instruction[121]?

En forêt (*in silvis*), le P. Druilletes ne fait souvent qu'ondoyer les enfants, quitte à compléter les cérémonies solennelles au retour à Sillery; c'est ce qu'il fait en 1644-1645, sans doute pour donner à l'événement une plus grande solennité.

Entre le baptême *sans cérémonies* et le baptême *suppléé*, le délai peut être assez long; ainsi un néophyte qui a été ondoyé en 1654 ne recevra les cérémonies que le 6 août 1659 (p. [56]).

À l'occasion du baptême *suppléé*, le ministre complétait les cérémonies et les parents donnaient un nom chrétien au baptisé. La solennité de ces cérémonies était importante chez les Amérindiens et le lieu normal de la célébration était l'église de Sillery.

Notons ici que les personnes qui servent de parrains lors des baptêmes *suppléés* («*supplevi caeremonias...*») ne sont pas de vrais parrains, car ils n'ont pas touché le baptisé lors de l'administration du baptême, comme le note à deux reprises le P. Louis Nicolas (p. [66] et [145]); ce qui est conforme à l'enseignement du *Rituel du diocèse de Québec* qui demande aux parrain et marraine de tenir l'enfant, «*lorsque le Ministre versera l'eau sur sa tête. C'est pour toutes ces raisons qu'ils sont appelez Parrains & Marraines; noms dérivez de ceux de peres & de meres, parce qu'ils contribuent à la regeneration spirituelle de ceux qu'ils presentent à l'Église*[122].»

Les prénoms chrétiens

Comment choisit-on les prénoms? Sans doute les parrains donnent-ils leur nom à leur filleul selon la coutume de l'époque mais ce n'est pas toujours possible; quand, par exemple, plusieurs baptêmes ont lieu au cours de la même cérémonie et que les mêmes personnes sont parrains et marraines de plusieurs baptisés.

Les missionnaires utilisaient-ils une banque de prénoms afin d'éviter que plusieurs Amérindiens aient le même prénom, (ce que pratiquait le P. de La Brosse au Saguenay de 1766 à 1782)? Il ne semble pas, si l'on tient compte du très grand nombre de personnes à porter le même prénom.

---

121 COMBY, Jean. ***Pour lire l'histoire de l'Église***, tome 2: Du XVe au XXe siècle, Paris, 1986, p. 68.

122 ***Rituel du diocèse de Québec...***, Paris, Simon Langlois, 1703, p. 26.

On trouve 202 prénoms différents chez les hommes et 209 chez les femmes. Les dix prénoms masculins les plus fréquents sont Joseph (76 fois), suivi de Jacques (67), Louis (65), François (63), Charles (62), Pierre (57), Jean-Baptiste (54), Michel (38), Nicolas (29) et François-Xavier (28). On compte aussi de nombreux prénoms composés de Joseph, Jacques, Jean, Pierre, Louis, etc.

Chez les femmes, ce sont les prénoms Marie (203 fois), Marguerite (91), Anne (71), Jeanne (58), Madeleine (55), Françoise (55), Marie-Madeleine (42), Elisabeth (42), Louise (37) et Agnès (36) qui sont les plus fréquents. On rencontre aussi un très grand nombre de prénoms composés de Marie, Françoise, Anne et Agnès.

Y a-t-il coïncidence entre la fête du jour indiquée dans le calendrier liturgique ou le martyrologe et le nom donné au baptême?[123] Un test rapide à partir de prénoms plutôt rares (qui n'apparaissent qu'une fois au registre) comme Aldegonde, Anastase, Arsène, Celse, Cordule, Cunégonde, Elie, Hermand, Symphorose, Tarsille, donne un résultat négatif; aucun ne coïncide avec la fête du saint du jour.

Toutefois deux constantes apparaissent: ces prénoms rares se présentent dans des actes regroupant plusieurs baptêmes et appartiennent tous à la période abénaquise, période qui s'étend de 1676 à 1688 et qui est desservie par les PP. Jacques Vaultier, Henri-Julien Gassot et les deux PP. Bigot. Or on sait que cette période est extrêmement dense quant au nombre de baptêmes. On peut donc en déduire, au moins pour cette période, un souci de bien distinguer les néophytes en leur donnant des prénoms différents.

L'âge au baptême

À quel âge les nouveaux chrétiens étaient-ils baptisés?

Les termes employés par les rédacteurs pour désigner les baptisés sont «*infans, infantulus, puer, puerulus, puella, puellula, adolescens, adolescentulus, juvenis, adultus, senes* (vieillard), *provectus aetate* (avancé en âge), *vetula* (petite vieille), *annosa* (chargée d'années),» etc. La plupart du temps, cette terminologie est suivie de l'âge au moins approximatif (*«circiter, circa»*); ex. : «*baptisavi cum caeremoniis mulierem annum circa trigesimum agentem...*» (j'ai baptisé avec les cérémonies solennelles une femme d'environ trente ans...) (p. [10]). Assez souvent, l'âge des enfants est indiqué par «*infans recens natum (am)*» (un enfant né récemment); quand il s'agit d'adulte, l'âge n'est pas toujours indiqué.

Pour fin de compilation, une difficulté s'est présentée lorsque l'âge n'est pas indiqué du tout, ou bien lorsque l'âge n'est pas désigné autrement que par les termes *puer, puella, adultus*, etc. Car ces termes n'ont pas la même valeur chez tous les rédacteurs: ainsi le terme de *puella* peut désigner une

---

123 Le 26 décembre 1685 (fête de saint Étienne), le P. Jacques Bigot baptise 7 adultes (5 hommes et 2 femmes); les cinq hommes porteront le prénom d'Étienne associé avec un autre prénom; il y a sûrement une influence de la fête du jour, bien que l'un des parrains se nomme Étienne *Kenetneant*. (p. [109]).

fillette de 1 à 18 ans; par contre le terme *adultus* couvre des groupes comprenant des enfants de neuf ans[124].

C'est pourquoi, notre compilation de l'âge au baptême tient compte de l'âge numérique quand il est indiqué (c'est la grande majorité des cas); pour le reste il nous a fallu interpréter le contexte. La méthode la plus simple et la plus sûre nous a semblé être de classer les baptisés en trois groupes de 0 à 12 ans; de 13 à 20 ans; et de 21 ans et plus.

Comme il s'agit d'une chrétienté nouvelle, la courbe normale devrait montrer une majorité d'adultes et d'adolescents au début de la mission, c'est-à-dire à partir des années 1638; puis un accroissement graduel du nombre des enfants, à mesure que le christianisme s'implante. En observant le GRAPHIQUE 6, cette hypothèse se réalise assez bien jusqu'en 1662, mais à partir des années 1663-1667, tout est chambardé: les trois courbes des enfants, des adultes et des adolescents sont quasi parallèles et font deux remontées spectaculaires de 1673 à 1677 et de 1683 à 1688.

TABLEAU 7

RÉPARTITION DES BAPTÊMES DES AMÉRINDIENS DE SILLERY SELON LES ÂGES

ANNÉES	ENFANTS (0-12)	ADOLESCENTS (13-20)	ADULTES (21 et +)	TOTAL
1638-1642	97	20	97	214
1643-1647	63	10	23	96
1648-1652	65	7	10	82
1653-1657	84	11	13	108
1658-1662	115	5	11	131
1663-1667	66	8	29	103
1668-1672	48	2	23	73
1673-1677	163	21	102	286
1678-1682	106	26	48	180
1683-1688	236	67	140	443
TOTAL	**1043**	**177**	**496**	**1716**
	60,8%	**10,3%**	**28,9%**	**100,0%**

124 *Infans:* Le P. Druilllетes emploie ce terme pour des enfants de 5 ans (p. [58]) ou de 9 ans (p. [36]).
Le 27 juin 1686, sous le terme d'*infantes*, le P. Jacques Bigot inscrit un groupe d'enfants de 1 à 7 ans (p. [110]).
Adolescens: peut désigner quelqu'un de 10, 12, 15 ou même 25 ans (p. [23, 29, 30, 63]).
Adolescentulus: 6 ans (P. Le Jeune) (p. [34]).
Juvenis: 11 ans (p. [53]).
Puella: n'est guère précis: *recens natam* (p. [32]); 2 semaines (p. [17]); 3 ans (p. [15]); 10 ans (p. [16]); 12 ans (p. [18]); 15 ans (p.[17]); 18 ans (p. [22, 31]); 20 ans (p. [18]);
Adultus: 7, 8, 9, 11, 13, 15 ans (p. [40,] [58], [59], [82], [92], [104,] [107]).

Deux facteurs importants expliquent ce changement démographique: en premier lieu, les baptêmes nombreux du P. François de Crespieul au Domaine du Roi entre 1672 et 1675; et en second lieu, l'affluence des Abénaquis à Sillery, surtout à partir des années 1678 à 1682.

GRAPHIQUE 6

Répartition des baptêmes selon les âges

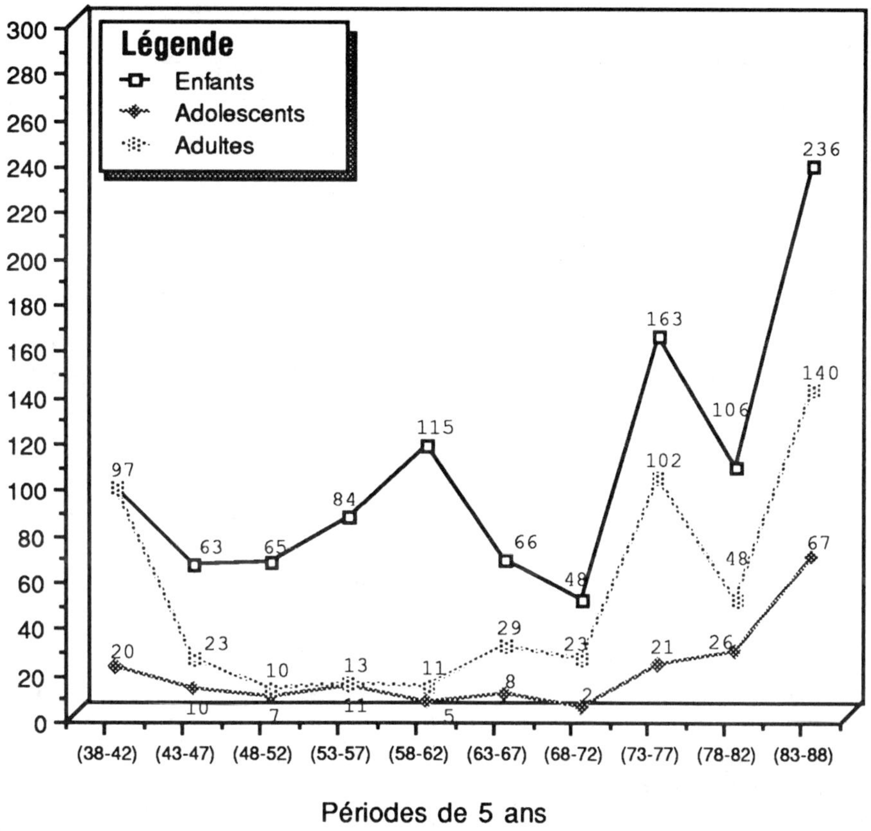

Les baptêmes du P. de Crespieul à l'intérieur du Domaine du Roi, jusqu'à M8ch8au8raganich (près du lac Mistassini) sont en réalité le fait d'une nouvelle chrétienté; même observation pour la période abénaquise de Sillery; dans les deux cas, on a affaire à un processus de conversions «de masse», où des adultes se convertissent au christianisme et font baptiser leurs enfants.

Quant à la courbe des adolescents, elle n'a pas de caractéristiques particulières; elle suit de loin, ou plutôt d'en bas, les tendances générales des courbes des enfants et des adultes.

Le sexe des baptisés

Veut-on savoir quel fut le pourcentage des hommes et des femmes chez les baptisés amérindiens de Sillery? Nos préjugés ne nous font-ils pas présumer une majorité de femmes? Au contraire, ce fut une légère majorité d'hommes.

TABLEAU 8

LE SEXE DES BAPTISÉS

	MASCULIN	FÉMININ	NON INDIQUÉ	TOTAL
Amérindiens	865	847	4	1716
Français	132	124	1	257
Métis	4	1	0	5
TOTAL	**1001**	**972**	**5**	**1978**

Le parrainage

Le parrainage est intéressant à étudier à bien des égards. Car il nous fait voir les personnes que le missionnaire juge aptes à assurer l'éducation religieuse de l'enfant, au cas où la situation l'exigerait (sans toutefois sous-estimer le facteur politique comme nous le verrons plus bas).

Le nombre d'Amérindiens baptisés dans le *Registre de Sillery* s'élève à 1 716, dont 1 289 (75%) ont eu des parrains et/ou des marraines. Pour les 427 autres baptisés, le registre ne mentionne pas de parrains. Il y a eu plusieurs raisons: on ne donne des parrains et on n'attribue un nom de baptême que lors du baptême solennel ou lorsqu'on complète les cérémonies solennelles du baptême. Or, dans certaines situations urgentes, comme le danger de mort, etc., on ne fait qu'ondoyer le candidat. L'attribution des parrains qui pourrait se faire lors du «baptême suppléé», n'est pas toujours inscrite au registre, soit qu'elle n'ait pas eu lieu, soit qu'elle n'ait pas été possible, soit qu'elle ait été inscrite dans un autre registre, etc.

Pour les 1289 baptisés ayant eu des parrains et/ou des marraines, on compte 1234 parrains. On remarquera que le nombre des parrains et marraines est beaucoup plus restreint que pour les baptisés français. Aux baptêmes des Amérindiens, on se contente souvent d'un parrain ou d'une marraine surtout quand la cérémonie comporte plusieurs baptêmes.

De 1638 à 1688, les 1289 baptisés amérindiens «parrainés» ont eu des parrains français dans la proportion de 59,1% (729) et des parrains amérindiens dans la proportion de 40,9% (505).

L'analyse de la nationalité des parrains des baptisés amérindiens nous fournit des renseignements sur l'état de la chrétienté de Sillery. Il serait normal qu'au début d'une nouvelle chrétienté, on ne puisse faire remplir la charge de parrains par les Amérindiens eux-mêmes et qu'on fasse appel aux Français.

TABLEAU 9

LE PARRAINAGE DISTRIBUTION CHRONOLOGIQUE DES PARRAINS DES BAPTISÉS AMÉRINDIENS

ANNÉE	PARRAIN FRANÇAIS	PARRAIN AMÉRINDIEN	TOTAL DES PARRAINS
1638-1647	161 (56,9%)	122 (43,1%)	283
1648-1657	97 (60,6%)	63 (39,4%)	160
1658-1667	175 (95,1%)	9 (4,9%)	184
1668-1677	180 (72,3%)	69 (27,7%)	249
1678-1688	116 (32,4%)	242 (67,6%)	358
TOTAL	**729 (59,1%)**	**505 (40,9%)**	**1234**

Si on accepte le principe qu'une communauté chrétienne solidement implantée doit assurer elle-même la fidélité des baptisés (ou, en tout cas, le plus tôt possible), on s'attendrait donc d'avoir au début une majorité de parrains français, diminuant à mesure que les chrétiens de Sillery peuvent recruter parmi eux les parrains de leurs baptisés.

Or si on fait la distribution des parrains français et amérindiens, année après année, on a des surprises: les Français dominent au début, mais à peine, puis ils ont pratiquement le monopole du parrainage des Amérindiens dans les années 1656-1671; et ils détiennent la grande majorité du parrainage jusqu'en 1680, date à laquelle Sillery devient un site d'Abénaquis. À partir de cette date, le parrainage est largement contrôlé par les Amérindiens eux-mêmes.

Comment expliquer cette situation? l'échec du projet de réduction de Sillery, c'est-à-dire du projet de sédentarisation des Algonquins et des Montagnais, ou la presque désertion de Sillery après l'incendie de l'église et de la résidence rendent-ils compte de la situation? Étudions d'un peu plus près, le milieu du parrainage.

Les 1234 compérages ne doivent pas faire illusion: on retrouve souvent les mêmes personnes pour remplir la charge de parrains et de marraines. Ces 729 parrains et marraines français se réduisent à moins de 374 personnes différentes et les 505 parrains et marraines amérindiens ne dépassent pas le chiffre de 303. Plusieurs parrains et marraines amérindiens et français ont, de toute évidence, la confiance des missionnaires et des chrétiens de Sillery: la fréquence de leur parrainage le montre.

Du côté autochtone, le réservoir des parrains est restreint. Un rapide sondage chez les parrains les plus «courus» donne les résultats suivants: 25 personnes (soit 8,25% de tous les parrains amérindiens) assurent le parrainage de 116 baptêmes (soit 23% des 505 baptisés amérindiens ayant des parrains amérindiens). Du côté français, 52 parrains français (soit 13,9% de tous les parrains français) assurent le parrainage de 303 baptêmes d'amérindiens (soit 45,13% de tous les baptêmes d'amérindiens ayant des parrains français); ce qui montre un ensemble assez restreint de parrains.

GRAPHIQUE 7

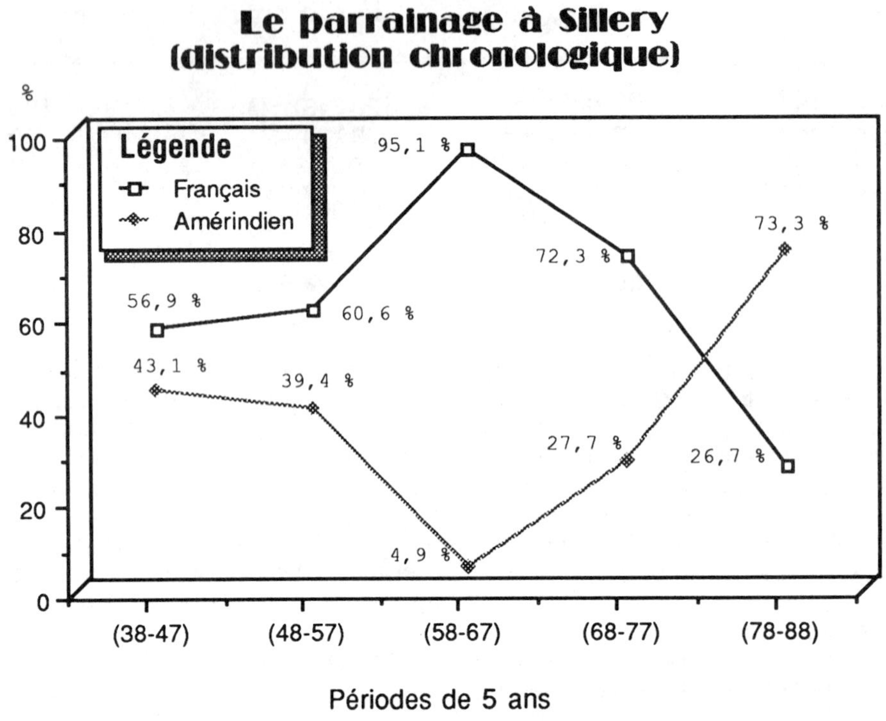

Il est évident que les missionnaires cherchent avant tout à assurer l'éducation chrétienne des enfants amérindiens. Mais on n'ignorait pas l'importance de la personnalité du parrain qui pouvait rehausser d'autant la cérémonie du baptême.

Le *Registre de Sillery* met en évidence les personnalités du monde amérindien qui sont dans "les honneurs". Le chef Noël *Negabamat Tek8erimat* sera parrain au moins neuf fois, entre autres, au baptême de la femme de François-Xavier *Nenask8mat* (l'une des deux premières familles de Sillery) (24 juin 1639, p. [10]). Son fils Charles et sa femme Marie sont aussi parrains à plusieurs reprises.

Parmi les autres personnalités amérindiennes qui pointent dans le monde du parrainage, on remarque par ordre de fréquence: François-de-Sales *8ambiganich* (15 fois), Étienne *Neketnant* (9 fois), Marine *Chiberinansk8e* (8 fois), Agnès *Apichime* (8 fois), Barnabé *Michtikoman (Mistikoman)* (5 fois), Marie-François *Tek8erimansk8e* (femme de Noël

Tekouerimat) (4 fois), Charles, fils de Noël *Tekouerimat* (3 fois), Guillaume *Penaz8ret* (5 fois), Suzanne *Kibabmetesk8e* (4 fois), François-Xavier *Hanra8eremit* (4 fois), Jean-Baptise *Etineskabat* (4 fois), Marie *Calliope* (4 fois), Françoise *Apameisk8e* (4 fois), Charles *Meiachkabat* (3 fois), Simon *Matabach* (3 fois), Simon *Karomichit*, (3 fois), Martin *Echinechka8at* (3 fois), Marie-Madeleine *Bramenabeisk8e* (3 fois), Hélène *8tchk8eiaban8k8e* (3 fois), Marguerite *8eraminibe* (3 fois).

En plus de Noël *Tekouerimat*, chef de Sillery, de Charles *Meiachkabat*, chef de Tadoussac, certaines figures ont joué un rôle important dans la société amérindienne: on en a des échos dans l'ouvrage du P. François de Crespieul intitulé *Mors pretiosa*, dans lequel l'auteur fait l'éloge d'une cinquantaine de Montagnais qui fréquentaient le Domaine du Roy et Sillery. Parmi eux figurent Martin *Echinechka8at* et Charles *Tekouerimat;* ce dernier, fils du Chef Noël *Tekouerimat*, polyglotte, «*traité avec honneur par M. de Tracy alors vice-roi et par M. de Courcelles gouverneur*»; son fils Louis avait comme parrain M. de Frontenac.[125].

Simon *Karomichit* (trois fois parrain à Sillery et très souvent dans le Domaine du Roi) était chef montagnais du lac Saint-Jean; sa femme, Barbe *8ta8isk8e*, avait demandé d'être enterrée au cimetière Saint-Charles de Metabetchouan. S. *Karomichit* «*fit 25 lieues pour l'y transporter et lui donna une sépulture honorable;*[126]»

Dans le choix des parrains amérindiens, on fait souvent appel à la parenté: les grands-parents, les oncles, les tantes, etc., qui, d'ailleurs, sont assez souvent des parents adoptifs (voir *supra*, **l'adoption**).

Quant au choix des parrains français, la politique est loin d'être absente: on veut honorer les premiers convertis en leur donnant comme parrain et marraine, des personnes «de condition». Des gouverneurs se font gloire d'être parrains quand il s'agit de baptisés importants.

Le 4 novembre 1640, le gouverneur de Montmagny (Onontio pour les Amérindiens) est parrain de Charles *Meiachkao8at*, chef de Tadoussac. Les deux autres chefs baptisés au cours de la même cérémonie sont Henri *Nape8ich* et Achille *8chtaisimau*, dont les parrains sont respectivement Olivier Letardif et Achille de Bréhaut Delisle. Il s'agit des relations diplomatiques avec Tadoussac (p. [17]). Le 26 juin 1641, de Montmagny est parrain de *Tgondatsa (Sondatsaa)* du village huron d'Ossonane (p. [20]). Le 29 décembre 1642, de Montmagny est parrain avec la duchesse d'Aiguillon de jeunes gens Attikameks (Poissons Blancs) (p. [28]); ici, ce sont les relations avec les Attikameks du haut Saint-Maurice qui sont en cause.

Barbe de Boulogne (Boullongne), femme du gouverneur Louis d'Ailleboust est marraine avec Jean Bourdon, le 23 septembre 1650 (p. [41]).

---

125 DE CRESPIEUL François. *Mors pretiosa*, n° 1, dans ***Manuscrits montagnais***, (Archives de l'Archevêché de Québec).

126 DE CRESPIEUL François. *Mors pretiosa*, n° 6.

Le 24 avril 1662, c'est au tour du gouverneur Pierre Dubois D'Avaugour d'être parrain (p. [59]).

Le 3 juin 1674, le gouverneur de Frontenac est parrain de Louis, fils de Charles *Tekouerimat*, chef de Sillery et du lac Saint-Jean; le baptême est célébré dans la cathédrale de Québec par l'abbé Henri de Bernières, curé de la cathédrale et vicaire général du diocèse de Québec (p. [78]). Le 30 juin 1675, Frontenac est parrain d'un jeune nipissirien de 20 ans; le célébrant est le même abbé Henri de Bernières. Les objectifs de relations diplomatiques avec les Nipissiriens ne pouvaient être absents (p. [74]).

D'autres visiteurs importants à Sillery font le même honneur aux nouveaux chrétiens: le 24 décembre 1639, Madame de la Peltrie et sa suivante Charlotte Barré sont marraines de quatre adultes (p. [14]) et le seront encore une dizaine de fois. Maisonneuve et Jeanne Mance sont parrains à leur arrivée au pays en 1641.

Quelques prêtres diocésains sont parrains:

Jean Dudouyt, procureur du Séminaire de Québec;
François Faulx, aumônier des Ursulines;
Jean Le Sueur dit Saint-Sauveur, aumônier de l'Hôtel-Dieu;
Gilles Nicolet, frère de Jean, découvreur du Mississipi;
Guillaume Vignal, aumônier des Ursulines et futur sulpicien.

Parmi les autres personnalités françaises qui jouent le rôle de parrain le plus souvent, on trouve des nobles, des notables, des commerçants, dont quelques-uns très près du monde amérindien pour des raisons de commerce ou même par des unions matrimoniales, des donnés ou des domestiques des Jésuites (ex. p. [10]), parmi lesquels un grand nombre sont des bienfaiteurs de la mission de Sillery.

Au premier rang, il faut mentionner la famille de Denis-Joseph de Ruette d'Auteuil qui demeurait dans la seigneurie de Sillery; lui-même, sa femme Marie-Claire-Françoise de Clément de Vault, sa belle-mère Anne Gasnier (qui deviendra la deuxième épouse de Jean Bourdon), son fils François-Madeleine-Fortuné, sont parrains et marraines au moins 23 fois.

La famille Bourdon est dans les honneurs 12 fois; les Giffard, 12 fois; les Byssot, 11 fois; les Legardeur de Repentigny, 8 fois; les Couillart, 6 fois; les Boucher, 6 fois.

Les notables: Charles Cadieu de Courville, 10 fois; Olivier Letardif, 5 fois; Louis Rouer de Villeray, 4 fois; Pierre de Puiseaux, 3 fois.

Et, par ordre décroissant, les autres parrains et marraines sont:

Vaclin, Pierre, 18 fois
Pelletier, Marie, 15 fois
Prévost (*k8ask8tit*), Jacques, 14 fois
Delamarre, Louis, 10 fois
Cellier, Claude, 10 fois

Marsolet, famille, 9 fois
Junie alias Jumier, Jacques, 9 fois
Caron, Vital, 9 fois
Hache, Robert, 8 fois
Desorcies, Marie-Madeleine, 8 fois
Salin, Louis, 6 fois
Bigot Françoise, 6 fois
Sevestre, famille, 5 fois
Mezeré (Nopce), René, 5 fois
Masse, Anne, 5 fois
Madry, Jean, 5 fois
Duquette, François, 5 fois
Patenôtre, Pierre, 4 fois
Laurence, Marie, femme d'Eustace Lambert, 4 fois
Lambert, Eustace, 4 fois
Boye, Joseph, 4 fois
Pelletier, François, 3 fois
Hubout, Hebout, etc., Françoise, 3 fois
Garmand, famille, 3 fois
Duplessis, Veuve Étiennette Duprés, 3 fois
Bonhomme, famille, 3 fois
Bélanger, Madeleine, 3 fois

Des Français tiennent à avoir «leur» filleul «indigène». Il y a même plusieurs cas de bienfaiteurs, résidents en France, qui tiennent à être parrains à distance *par procuration.* C'est le cas de la duchesse d'Aiguillon, fondatrice de l'Hôtel-Dieu; de Madame de Cuse, représentée par Madame de La Peltrie (26 avril 1646, p. [33]); du dénommé De Chabenas, de Bourges, représenté par Jean Raguau (13 février 1649, p. [38]); de Marie [ ],épouse de feu Sieur Pinette, demeurant autrefois à Bourges et représentée par Pierre Bruel (13 février 1649, p. [38]); de Martin [ ], du diocèse d'Angers, représenté par Louis Couillard (8 avril 1641, p. [19]); de Jean-François [ ], vivant en France et représenté par Jacques Lamothe (18 décembre 1657, p. [54]); de Jean Peré, représenté par François Poisson, donné (22 avril 1665, p. [64]); de François Laval, neveu de Mgr de Laval (20 août 1683, p. [100]).

Dans deux cas, les parrains par procuration sont représentés par des Amérindiens; le 16 octobre 1667, Étienne *Nahabamat* tient l'enfant au nom de Sieur Abraham Maximy (p. [67]); le 10 juin 1668, Thérèse *8ki8eha-b8g8k8e* représente Madeleine de Chavigny, femme de Charles Amiot (p. [68]).

Enfin il faut noter que souvent on associe un parrain français avec une marraine amérindienne et vice versa; par exemple, le 10 juillet 1642, (p. [26]); le 7 octobre 1642, (p. [27]); le 7 avril 1650, (p. [40]); le 3 septembre 1650, (p. [41]).

Les confirmations

Ce n'était pas l'objet d'un registre paroissial de contenir la liste des confirmés. On trouve habituellement ces listes dans le registre des confirmés à l'Évêché. Il faut voir ici l'utilité; les missionnaires étaient plus en mesure que l'Évêque de contrôler la liste des confirmés

Le *Registre de Sillery* contient trois listes de confirmés.

La première liste intitulée *LIBER CONFIRMATORUM* est de la main du P. Gabriel Druilletes et contient les confirmations faites par Mgr de Laval le 10 août 1659 et le 14 septembre de la même année.

La cérémonie du 10 août 1659 eut lieu à Notre-Dame de Québec; trois personnalités importantes du monde amérindien y furent confirmées: le chef algonquin Noël *Nagabamat* dit *Tekouerimat*, sa femme Madeleine *Menit8-k8e8itch*, son fils Charles *Kininohatchih8nich*.

Le 14 septembre 1659, dans la chapelle de l'Hôpital, Mgr de Laval administra la confirmation à 55 Amérindiens[127].

Le 6 juin 1661, Mgr de Laval administra la confirmation à 26 Français de Sillery[128], mais cette liste ne figure pas dans notre registre.

Le P. François de Crespieul est l'auteur de la liste des confirmés de 1668 et de 1669, liste qui se trouve également dans le *Second registre de Tadoussac*[129]. En juillet 1668, Mgr de Laval se rend à Tadoussac et confirme 85 Amérindiens (Tadoussaciens, Papinachois et Abitibiens)[130]. Le deuxième groupe d'Amérindiens est confirmé à Québec, le 5 juillet 1669. La liste comprend un total de 66 confirmés, dont trois Amérindiens sans attribution de nation, 16 Tadoussaciens et Papinachois, 47 Gaspésiens. Le parrain de confirmation fut l'abbé Hugues Pommier, missionnaire, peintre et portraitiste.

La troisième liste des confirmés est du P. Jacques Bigot, S.J.: le 2 juillet 1682, à Québec, Mgr de Laval confirma 73 Abénaquis. Le P. Jacques Bigot remplit le rôle de parrain de confirmation.

Les mariages

Le *Registre de Sillery* n'est pas un registre de mariages, mais il nous fournit des indices permettant de déduire un certain nombre de mariages d'Amérindiens.

Les registres en français de l'époque mentionnent habituellement la légitimité de l'enfant par les expressions «*enfant légitime de...* » ou né «*du mariage légitime de...*» Au *Registre de Sillery*, sauf deux fois (1er août et 24 septembre 1641, p. [41]), ces expressions ne se rencontrent pas. De plus, on ne qualifie jamais les baptisés, d'enfants «*illégitimes*» ou «*naturels*». Quand les parents sont mariés, le rédacteur fait suivre le nom des parents des mots *conjugibus* (conjoints) ou *junctis matrimonio* (unis par le mariage); ou celui de la mère, de *uxore* (épouse).

---

127 Le 24 août 1659, le ***Journal des Jésuites*** mentionne: «*L'Evesque confirma à l'Hospital au matin 100 sauvages tant algonquins que Hurons* »(p. 262).

128 ***PRDH***, tome 6.

129 LAROUCHE, L. ***SRT***, fol. 20r-21r, p. 52-56.

130 À noter qu'au ***SRT***, ces confirmations ont lieu en juin 1668, (*mense junio*); mais les ***Mandements... des évêques de Québec***, I, p. 157, donnent juillet 1668.

Il arrive que la cérémonie du mariage suive immédiatement celle du baptême; ainsi le 17 janvier 1646, le P. Dequen baptise deux Amérindiens «*matrimonio junctos post sufficientem intructionem*» (unis par le mariage après une instruction suffisante) (p. [140]).

Comme nous l'avons vu plus haut, il y a de nombreux cas de mariages exogames.

Le métissage Les cas de métissage sont peu nombreux dans le *Registre de Sillery*. Parmi les quatre cas relevés par M. Marcel Trudel dans sa *Population du Canada en 1663* (p. 27-28), deux se retrouvent dans notre registre.

Jean Durant et Catherine *Annennonta*, huronne (p. [65, 146, 153]); remariée avec Jacques Cousturier; elle fait baptiser un enfant le 28 mars 1679, Catherine *Annonta* (*Annennonta*), (p. [165]).

Laurent Dubos et Marie-Félix *8enton8en*, huronne (p. [164]); mariage raconté par le *Journal des Jésuites* (p. [312]).

En plus, le registre fait allusion au mariage de Luc Roger et de Françoise *8tagamisk8e8* (p.[38]); de Mathieu *Kan8ataha* et de Jeanne Labarre (p. [62]); de Madeleine *Tegochik*, montagnaise, et de Nicolas Peltier (p. [79]).

Le registre fait état aussi d'un enfant de Jean-François Durbois et de Paule, abénaquise (24 janvier 1681, p. [93]).

Quant au mariage de Nicolas Jérémie avec une Montagnaise, le 3 juin 1693, on a vu plus haut qu'il avait été annulé l'année suivante.

Les sépultures Le registre des *baptêmes* de Sillery contient des informations sur les décès et les sépultures. De nombreux actes de baptêmes ont été complétés par des notes marginales, ou des additions, indiquant que le baptisé est décédé à telle date et a été enterré dans le cimetière de Sillery. Exemple: dès le début du registre, le 18 avril 1638, un second rédacteur a ajouté à la fin de l'acte «*mortuus est*». Parfois le complément est plus précis: «*obiit paulo post*» (il mourut peu après); ou encore «*Kebeci obiit 4 feb. 1656*» (note marginale de la p. [57]).

Sur l'ensemble du registre, une quarantaine d'actes donnent des renseignements sur les décès. La seule année 1638 compte neuf actes comportant des additions d'ordre mortuaire, toutes rédigées après coup par un même réviseur du registre.

D'autres actes de baptêmes contiennent des informations indirectes sur les décès: la mention de décès des parents ou la qualification d'orphelin ajoutée au nom de l'enfant. D'autres fois, le registre fait des allusions aux décès: ainsi on n'a pas l'acte de sépulture du chef *Tekouerimat*, mais le registre contient des allusions à sa tombe au cimetière de Sillery, qui servait de point de repère (p. [95]).

De plus, le registre contient environ 17 actes de sépulture proprement dits. Ils datent des années 1680-1681 et ne valent que pour les Amérindiens; ils sont de la main du P. Jacques Bigot et se rattachent à la période abénaquise de Sillery (p. [93-95]).

L'inhumation dans le cimetière de Sillery comptait beaucoup pour les Montagnais et les Algonquins. Le 7 mai 1681, le P. Jacques Bigot inhume dans le cimetière des enfants, deux enfants morts depuis deux mois (p. [94]).

Le *Second registre de Tadoussac* (1668-1700) contient des renseignements sur les sépultures de Sillery:

> En 1675, la fille de Robert *Negaska8at* et la fille de Jacques l'Algonquin meurent en forêt; elles seront inhumées toutes les deux au cimetière de Sillery.[131]
>
> En 1684: «*Obiit Sylleriacy et sepulta est Maria Magdelena filia 8eskini*» (À Sillery mourut et fut inhumée Marie-Madeleine, fille de *8eskini*)[132].
>
> En 1687: «*...et [obierunt] Silleriaci Ludov. Matchigaba8it et Cecilia filia Ludov. Kestabistichit ibique a PP. sepulti.*» (et moururent à Sillery Louis *M.* et Cécile, fille de Louis *K.* et ils y furent inhumés par les Pères)[133].
>
> En 1687, c'est au tour de Louis *Kestabichistichit*, chef montagnais, assisté par le P. Jacques Bigot[134].
>
> En 1687: «*...In Miss. Silleriacensi obiit 8nimita sacramentis munita*» (À la mission de Sillery mourut *8nimita* munie des sacrements)[135].

Le manuscrit *Mors pretiosa* du P. de Crespieul constitue, lui aussi, un complément aux sépultures de Sillery.

Charles *Tekouerimat*, chef de Sillery et des Montagnais du lac Saint-Jean se fit transporter à Sillery pour venir y mourir, où il fut assisté et inhumé par le P. Jacques Vaultier, alors supérieur de la résidence vers 1675 [136]. Auparavant, il avait reçu le Saint-Viatique à Chicoutimi, de la main du P. de Crespieul, en 1675.[137]. Anne, femme de Jean *A8atich* (abitibien), meurt à Sillery, toujours sous le supériorat du P. Jacques Vaultier[138].

---

131 LAROUCHE, L. ***SRT***, fol. 47v, p. 113.
132 LAROUCHE, L. ***SRT***, fol. 49v, p. 121.
133 LAROUCHE, L. ***SRT***, fol. 51v, p.128.
134 LAROUCHE, L. ***SRT***, fol. 50v, p. 124.
135 LAROUCHE, L. ***SRT***, fol. 51v, p. 125.
136 DE CRESPIEUL François. ***Mors pretiosa*** n° 1.
137 LAROUCHE, L. ***SRT***, fol. 47, p. 125.
138 DE CRESPIEUL François. ***Mors pretiosa*** n° 8.

La *Mors pretiosa* apporte des précisions sur Louis *Kestabistichit*, déjà mentionné dans le *Second registre de Tadoussac*. «*Chef de Cheg8timy qui à son retour de la guerre contre l'Iroquois où il avait fait merveille, s'étant acquis l'estime de M. de Denonville et l'affection de tous les français et des sauvages, étant tombé malade au pays, fut apporté à Sillery, où les Rév. Pères Jacques et Vincent Bigot l'assistèrent, et lui ayant administré les derniers sacrements l'enterrèrent fort honorablement*[139].» Plus loin le P. de Crespieul revient sur Louis *Kestabistichit*, «*notre bienfaiteur et bon ami, qui décéda à Sillery au retour de la guerre de M. de La Barre, après avoir reçu les sacrements des mains du P. Jacques Bigot*[140].» Sa fille, Cécile, mourut, elle aussi, à Sillery[141]. Suzanne *Kiask*, femme du «*renommé chef des Montagnais Noël Negaska8at*,» et mère de Jean-Baptise *8stianich*, chef de Tadoussac, «*se fit porter à la résidence de Sillery*» pour y mourir[142]. L'aînée des filles de Catherine *K8ekis*, de Chicoutimi, décéda à Sillery «*aidée par les Rév. PP. Bigot*[143]».

B. La section française du *Registre de Sillery*

La Seigneurie de Sillery

On a vu que dès les débuts, Sillery fut conçue pour les Amérindiens et qu'un premier fief leur fut attribué sous la tutelle des Jésuites. Bientôt des Français s'établirent sur le territoire de la seigneurie de Sillery.

Les Jésuites desservaient leurs censitaires français et les habitants des seigneuries voisines: seigneuries de Gaudarville, de Cap-Rouge, etc.

C'est le P. Antoine Dalmas qui nous décrit le mieux le territoire de Sillery. Il s'intitule comme «faisant les fonctions curiales à Sillery et Notre-Dame-de-Foy» (30 mai 1679, p. [165]). À travers ses actes, on voit surgir les *côtes* de la seigneurie de Sillery, dont on peut suivre le développement. Apparaissent d'abord les *côtes* que le registre désigne en latin *regio* ou *locus*: la côte St-François-Xavier (1er rang de concessions en bordure du fleuve; puis la côte Saint-Ignace (2e rang, parallèle au fleuve), qui correspond au boulevard Laurier actuel; enfin la côte Saint-Michel (3e rang, en arrière de Saint-Ignace), qui coïncide avec le Chemin des Quatre-Bourgeois[144].

Pour les Français baptisés à Sillery à partir de 1675, le registre indique la provenance:

> «*e reg[ione] Sti Francisci*» (21 février 1678);
> «*e reg[ione] Sti Ignatii*» (24 juin 1675, 5 décembre 1678, 28 mars 1678, 6 mai 1690);

---

139 DE CRESPIEUL François. ***Op. cit.***, n° 26.
140 DE CRESPIEUL François. ***Op. cit.***, n° 56.
141 DE CRESPIEUL François. ***Op. cit.***, n° 26.
142 DE CRESPIEUL François. ***Op. cit.***, n° 45.
143 DE CRESPIEUL François. ***Op. cit.***, n° 53.
144 TRUDEL, M. ***Le Terrier du Saint-Laurent en 1663,*** p. 267 sq.

«e regione seu loco Sti Ignatii paroechiae Sti Michaelis Sillery» (14 décembre 1677);
«e regione Sti Michelis» (24 juin 1675, 4 avril 1679);
«de la Coste de St Michel de Sillery» – en français dans le texte – (30 mai 1679).

À partir de 1677, «*Saint-Michel*» est complété par «*Notre-Dame-de-Foy*» quatre fois, en latin, et une fois, en français:

«e reg[ione] Sti Michaelis seu Nrae D. Foyensis» (29 janvier 1677);
«e reg[ione] Sti Michaelis seu Foyensis» (4 décembre 1677);
«e reg[ione] Sti Michaelis seu ND. Foyensis» (13 décembre 1677);
«e reg[ione] Sti Michaelis seu Foyensis» (31 décembre 1677);
«e reg[ione] Sti Michaelis seu ND. de Foy» (5 avril 1679).

On baptise à Sillery des gens de Notre-Dame-de-Lorette (*«e regione Lauratana»*), (2 septembre 1678); de la rivière Saint-Charles (*«e reg[ione] Rivuli Sti Caroli»)*, (14 décembre 1677); de Cap-Rouge (*«promontorii Rubri hujus parochiae»*), qui font partie de la paroisse de Sillery.

Les missionnaires Jésuites exercent les fonctions curiales (*vices agens parochi*) à Sillery, mais on ne trouve l'expression «paroisse» (*paroechia*) qu'à partir de 1668 (27 octobre) sous la plume de P. Gabriel Druilletes (*«ex paroechia Silleriacensi»*), puis en 1676 et en 1677, par le P. Antoine Dalmas (*«ecclesia parochiali Sti Michaelis, Promontorii Rubri hujus parochiae»*); et par le P. J. J. Marest le 14 juillet 1687 (*«ex paroechia Silleriensi»*).

Les baptêmes de Français

Dans le *Registre de Sillery,* on trouve 257 baptêmes d'enfants français. Sauf un baptême en 1641, les actes s'étalent de 1646 à 1690; il n'y a pas de baptêmes de Français en 1658, 1659, 1680, 1681, 1682, 1683, 1685, 1686 et 1689. Entre 1655 et 1690, la moyenne annuelle est de 6,7 baptêmes.

Parmi les baptêmes des enfants français, on en note un certain nombre faits à la maison, baptêmes d'enfants en danger de mort, administrés par la sage-femme (*obstetrice*) (p. [161], 19 novembre 1675); ces baptêmes sont complétés plus tard quand l'enfant survit.

Le parrainage et la société française de Sillery

Sur les 257 baptêmes d'enfants français, 250 ont des parrains, les autres ayant été baptisés «sans cérémonies» à cause du danger de mort. Comme on l'a vu pour les baptêmes des Amérindiens, la liturgie d'époque, pas plus que celle d'aujourd'hui, n'exige la présence de deux parrains; un seul suffit, homme ou femme. Pour les Français de Sillery, on compte 497 parrains et marraines pour les 250 baptisés; ce qui veut dire que la coutume des deux parrain et marraine est pratiquement toujours observée.

Toutefois, plusieurs personnes remplissent la fonction de parrains et de marraines à plusieurs reprises, de sorte que ces 497 parrains et marraines se réduisent en fait à 290 personnes différentes. Au tableau des parrains et marraines, certaines personnalités sont «dans les honneurs» plus souvent que d'autres.

Les familles Bonhomme, Boucher, Denevers (Brentigny), Désorcies, Garman, Gingreau, Guillebourg, Hayot, Hubout, Jean, Lienard (Léonard) dit Durbois, Masse, Mauffet, Mezeret (Mezeray), Pelletier (Peltier), Ruette d'Auteuil, etc., des personnalités comme Geneviève Manouely de Reinville, Marie Auvray (sage-femme), Marie Duval, Françoise Bigot, etc. constituent un ensemble de 85 personnes (donc 30% des parrains) et monopolisent la moitié des 250 baptêmes de Français.

Le parrainage constitue un bon échantillonnage de la petite société française de Sillery. Certaines familles «réussissent» leurs baptêmes mieux que d'autres. C'est le cas de la famille de François Peltier et de Marguerite Morisseau: leur fille Marie-Angélique est baptisée le 14 octobre 1662; le gouverneur Pierre Dubois d'Avaugour est parrain avec Marie-Geneviève Reinville (épouse de Jean Peltier).

Chez les Français de Sillery, on compte un seul cas de parrainage par procuration: le 18 octobre 1653, le P. J.-I. Duperron complète les cérémonies de baptême d'Angélique Poisson, ondoyée en danger de mort à Trois-Rivières, en janvier 1651. Le parrain sera Pierre Boucher, futur gouverneur de Trois-Rivières, représenté par son homme de confiance Louis Rouer de Villeray (p. [48]).

À cette première esquisse de la société française de Sillery, il faut ajouter le parrainage exercé par des Français de Sillery et de Québec chez les Amérindiens. Les mêmes personnes ou familles qui assuraient 50% du parrainage chez les Français de Sillery (sauf Geneviève de Manouelly, Marie Auvray et Marie Duval) remplissent plus d'une centaine de fois le rôle de parrains chez les Amérindiens. On voit donc que le parrainage par des Français chez les Amérindiens de Sillery confirme l'importance ou la notabilité de plusieurs personnes ou familles françaises de Sillery.

Souvent les parrains et marraines sont choisis dans la parenté ou le voisinage; le parrain ou la marraine ne sont pratiquement jamais mari et épouse.

On rencontre dès 1687 l'expression «*Français Canadien*» (ou Canadien français?) (*Galli Canadienses*) pour qualifier Joseph Lépinay et Jeanne Bissot (24 janvier 1687, p. [113]). Le P. de Crespieul attribue le qualificatif de «*gallo canadensi*» à Nicolas Peltier, mari de Madeleine *Tegochiok*[145].

En plus de l'évêque, des gouverneurs, des prêtres, des jésuites, des communautés religieuses d'hommes et de femmes, les métiers et professions mentionnés dans le *Registre de Sillery* sont: ouvriers (*artifex*), charpentiers (*lignarius*), chirurgiens (*chirurgius*), domestiques (*ancilla, domesticus,*

145 DE CRESPIEUL François. ***Op. cit.***, n° 5.

famulus, servus), habitants *(incola*), marchands, (*mercator*), sages-femmes (*obstetrix*), soldats (*milites)*, taillandiers. (voir **INDEX GÉNÉRAL: Professions et métiers**).

L'intérêt généalogique Le *Registre de Sillery* constitue un document précieux pour les généalogistes. Le nom des parents, avec parfois leur lieu d'origine en France, la mention du veuvage, le parrainage, la parenté, le voisinage, la présence de personnages prestigieux, comme le gouverneur, de Maisonneuve, Jeanne-Mance, Madame de la Peltrie, etc., sont des éléments qui intéressent les généalogistes.

On constate d'abord l'existence de nombreux surnoms. Les personnes apparaissent parfois sous leur patronyme, parfois sous leur surnom, parfois sous leur nom et surnom. En voici des exemples:

Besnard	dit	Bourgioly,
Boismorel	dit	Lavallée,
Bonard	dit	Lafortune,
Bouchard	dit	Dorval,
Bureau	dit	Sanssoucy,
Charland	dit	Francoeur,
Delestre	dit	le Vallon,
Denevers	dit	Brentigny,
Garman	dit	Le Picard,
Gaultier	dit	Boisverdun,
Lesquillon	dit	Lachapelle,
Meunier	dit	Laframboise,
Mezeret	dit	Nopce,
Nau	dit	St-Crespin,
Prévost	dit	*K8ask8tit*,
Simon	dit	Lapointe.

Notre registre témoigne aussi de l'existence de nombreuses variantes dans la prononciation des patronymes. Les exemples les plus fréquents sont:

Auvray et Ouvray,
Barjeron et Bergeron,
Bigot et Bigotte,
Bilaudeau et Biloreau,
Cabin et Gabin,
Cadieu et Gadieu,
Clautreau et Croteau,
Constantin, Contantin, Cotentin et Coutentin,
Cotquin et Godequin,
Coygnac, Coignat et Cougnat,
Desorcis, Desorsich et Des Urcis,
De Mole et de Maur,
Duquet et Duquete,
Gaborit et Gaborite,

Gagné et Gaigné,
Gagnon et Gaillon,
Garmand et German,
Garneau, Garineau et Guerineau,
Garnier et Granier,
Gasnier, Gagné, Gagnier et Legasnier,
Gingreau, Gingareau, Ginghereau, etc.,
Goupil, Goupille,
Huart et Ouart
Hubout, Eubout, Hébout et Hibou,
Hucher, Bucher, Luché et Juscher,
Jarret et Jorret,
Jumier et Junier,
Laurencay et Laurence,
Letellier, LeTeiller, Le Telier, Tillier et Tillé,
Magnan, Maignat et Manien,
Manouvelly, Manouelly, Manonvilly et Mononvilly,
Mas et Masse,
Maufay, Maufaict, Mausfouet, etc.,
Meliot, Meliotte, Meillon et Milieu,
Mezeré, Mezeray, Mezeret et Meserie,
Meusnier et Munier,
Miville et Meville,
Pinet, Pineste et Pinette,
Piseaux, Pizeau et Puiseaut,
Pluchon et Peluchon,
Quequejeu et Guequejeu,
Ripoche, Repoche et Ripouche,
Soumandre et Soumande,
Vadie, Vedie et Voidie,
Vaquelin et Vaclin,
Vignal et Vignard.

Pour la phonétique, il n'est pas sans intérêt de lire les variantes *Bigot* et *Bigotte; Gaborit* et *Gaborite; Garneau* et *Garineau/Guerineau; Mas* et *Masse.*

6. Établissement du texte

L'établissement du texte du *Registre de Sillery* est intimement lié à deux questions connexes: l'existence du *Premier registre de Tadoussac* et le doublage d'un certain nombre d'actes dans le *Second Registre de Tadoussac.*

Le Registre de Sillery

Signalons d'abord que l'abréviation grecque *8* (**o** surmonté du **u**) est utilisée couramment pour la transcription des noms amérindiens de personne et de lieu: *Tek8erimat* au lieu de *Tekouerimat.* À l'occasion, cette abréviation est employée dans les mots latins: ex. *n8ncupavit* (au lieu de *nuncupavit*), par le P. Pierre Bailloquet (18 octobre 1652, p. [45]); *8xor* (au lieu de *uxor*), par le P. J.-I. Duperon (18 mai 1642, p. [25]). Faute de signe typographique *ad hoc*, nous le transcrivons par le chiffre *8* avec lequel il se confond dans la pratique manuscrite. Rappelons que cet usage ne commence qu'à la page [8] du registre avec un acte du P. Paul Le Jeune (2 décembre 1638) sous la plume du P. Claude Pijart.

Les trémas sont utilisés par certains rédacteurs pour séparer les syllabes (ex. *Neïabamat*) ou pour indiquer une non-nasalisation du n (ex. *Hañrañ8eremit*).

L'identification des personnes constitue le principal problème du *Registre de Sillery*. Un grand nombre d'individus ne figurent que sous leur nom amérindien ou seulement sous leur prénom chrétien. Le cas est particulièrement fréquent pendant la période abénaquise (1676-1688). Les variantes dans l'écriture des noms amérindiens sont nombreuses. Comment être certain que *Sakaboan*, *Sakabohan*, *Sakap8an* ne sont qu'une seule et même personne, si l'on ignore le prénom *Philippe*. Le nom du conjoint, quand il est mentionné, est un bon indice, mais il fait souvent défaut. Par contre, le seul prénom chrétien est peu utile pour l'identification, quand on sait qu'il y a 11 Agnès, 17 Anne, 17 François, 22 Joseph et 67 Marie.

Un certain nombre de difficultés de lecture ont été résolues par l'indexation des Amérindiens par prénoms. Ainsi on peut constater plus facilement que Catherine *Annennonta*, Catherine *Annonta* et Catherine la Huronne ne font qu'une. De même Marine *Chiberinansk8e* et Marine *Tsiberinansk8e* sont la même personne.

Le Registre de Sillery et le «Premier Registre de Tadoussac»

Le *Registre de Sillery* met en cause l'existence du *Premier registre de Tadoussac*. Les Études Amérindiennes de l'Université du Québec à Chicoutimi ont édité jusqu'ici les *Second registre de Tadoussac* et *Troisième registre de Tadoussac*. Selon une tradition déjà ancienne, on a considéré que le *Premier registre de Tadoussac* était perdu.

Le P. Lucien Campeau met en doute cette assertion; selon lui, le Registre de Sillery n'aurait-il pas tenu lieu de *Premier registre de Tadoussac?*

Il est vrai que le *Registre de Sillery* contient des actes qui devraient normalement se trouver dans le *Premier registre de Tadoussac:* par exemple, les baptêmes faits par les PP. Gabriel Druilletes et Claude Dablon en route vers la baie d'Hudson en 1661, un certain nombre de baptêmes, peut-être les confirmations de 1668 à Tadoussac et, sans doute aussi, celles de 1669 à Québec, etc. Mais cela prouve-t-il que le *Premier registre de Tadoussac* n'a pas existé? Le *Second registre de Tadoussac* (qui, lui, a réellement existé) ne contient-il pas des écrits qui se retrouvent aussi au *Registre de Sillery* (actes du P. de Crespieul, confirmations, etc.)?

On a vu plus haut que les Montagnais de Tadoussac sont venus à Sillery et qu'ils ont obtenu que les missionnaires de Sillery aillent les visiter à Tadoussac. L'Église de Sillery est donc l'Église-Mère de la chrétienté de Tadoussac. Il y eut d'abord des missions estivales et les missionnaires étaient itinérants. À partir de quelle époque ceux-ci ont-ils jugé bon d'ouvrir un registre à l'usage exclusif des missions de Tadoussac?

Le *Registre de Sillery* contient un indice: le 28 décembre 1645, le P. Dequen baptise Marie-Angélique *K8etachit*, tadoussacienne (*Tad8sensem*). L'acte est abrégé; sans aucunes autres précisions. Le P. Dequen fait le renvoi suivant: «*Vide in baptisterio de Tadoussac*» (voir au baptistère de Tadoussac) (p. [32] avant-dernier acte). Il s'agit donc d'un baptême inscrit ailleurs que dans le registre de Sillery. Le P. Dequen ne sent pas le besoin d'écrire cet acte au complet parce que, dans le baptistère de Tadoussac, on tient un registre pour les Tadoussaciens. D'ailleurs le *Registre de Sillery* fait la même sorte de renvoi pour des Français inscrits dans d'autres registres, (Voir *supra*, **Des registres perdus**).

Il n'y a pas de doute que les missionnaires inscrivaient leurs baptêmes sur des listes provisoires avant de les mettre au propre au registre; d'ailleurs le registre de Sillery contient justement deux brouillons d'actes (p. [150bis et 150ter]). Il est exact que Sillery a été le «*centre stable, d'abord de la mission montagnaise, puis de toutes les missions algonquines du Saint-Laurent*[146]». Et la transcription des actes de baptêmes du Saguenay dans le registre central de Sillery a certainement été une consigne normale et suivie à un certain moment, par exemple par le P. de Crespieul jusqu'en 1675.

Cela signifie-t-il qu'il n'y a pas eu de *Premier registre de Tadoussac*?

Il faut d'abord noter que le *Second registre de Tadoussac* commence avec le fol. 2r en juin 1669, avec des baptêmes inscrits par le P. Henri Nouvel.

L'observation de monsieur Léonidas Larouche qui a édité le *Second registre de Tadoussac* est importante:

> «*Le premier folio qui manque au manuscrit contenait probablement les actes de baptêmes faits par le R. P. Henri Nouvel à Tadoussac et aux Ilets Jérémie en 1668 et une partie de ceux de 1669. Les actes de baptêmes pour l'année 1670 comme ceux des mariages et sépultures pour la même année (s'il y a eu mission) ne semblent pas avoir été enregistrés, même si le 3e folio manque au manuscrit.*
>
> *Le 4e folio commence par le premier acte de baptême fait à Tadoussac par le R. P. de Crépieul [...] le 17 mai 1672*[147].»

---

146 CAMPEAU, L. *Lettre*, 2 mai 1981.

147 LAROUCHE, L. ***SRT***, p. [2].

L'existence du *Premier registre de Tadoussac* se fonde d'abord sur une note du P. de Crespieul qui écrivait au folio 59 du *Second registre de Tadoussac* :

> «*Les chrétiens de Tadoussac donnèrent en 1646 par aumosne des castors suffisamment pour acheter... deux livres blancs, l'un pour écrire les baptêmes, l'autre pour écrire les mariés, morts et les mémoires.*» Et monsieur Larouche de conclure: «*Un premier registre de la Mission de Tadoussac aurait donc existé; il couvrirait la période qui précède la nôtre, c'est-à-dire celle allant de 1646 à 1668*[148].»

Au fol. 59r, p. 149 du même registre, le P. de Crespieul a rédigé la liste des missionnaires de la mission de Tadoussac depuis 1640 et celle des bienfaiteurs depuis 1646.

Or, le P. de Crespieul est arrivé en Nouvelle-France en juillet 1670[149]. Pour écrire ou donner ces renseignements, il a dû utiliser des sources provenant d'autres documents ou d'autres missionnaires. Ceux qui ont eu charge de la mission de Tadoussac en 1646 (lors de l'achat des deux registres) étaient vraisemblablement le P. Dequen, décédé en 1659, ou le P. Druilletes toujours vivant (qui mourra en 1681).

L'achat possible de registres pour Tadoussac en 1646 et l'existence d'un baptistère à Tadoussac contenant des listes de baptêmes en 1645 sont-ils suffisants pour prouver l'existence d'un *Premier registre de Tadoussac*?

Existe-t-il une chapelle avec baptistère à Tadoussac en 1646? Sans aucun doute, mais elle n'est pas encore terminée. La construction se poursuit en 1647.

La présence d'un baptistère dans le sens moderne du mot (partie de la chapelle où se trouvent les fonts baptismaux, dans la sacristie sans doute, et où l'on conservait les registres) est tout à fait plausible en 1646.

Le renvoi du P. Dequen au baptistère de Tadoussac correspond exactement à l'achat des deux registres[150].

---

148 LAROUCHE, L. ***SRT***, p. IX.

149 ***DBC*** II, 168.

150 Dès 1641, on projette une **habitation à Tadoussac** (***Rel.***, 1641, p. 53sq).
1642: «*Pour faire porter de bons fruits à cette nouvelle vigne, il faudroit dresser une **Maison à Tadoussac**, où deux Pères de nostre Compagnie descendroient au Printemps, et n'en sortiroient qu'à l'Automne;*» (***Rel.***, 1642, p. 39).
«*Si on pouvoit dresser une petite **maison à Tadoussac**, comme j'ay dit, tous les reliquats de ces petites Nations, qui sont dans les terres, se viendroient là faire instruire, et le commerce des François n'en seroit que meilleur.*» (***Rel.***, 1642, p. 42).
1643. La chapelle est logée dans une masure qui sert d'entrepôt aux vaisseaux.
«*C'est une pauvre masure bastie à la haste par les Français, qui font la descharge des Navires à Tadoussac, et qui, à faute d'autre lieu, sert de chapelle.*» (***Rel.***, 1643, p. 33).
«*Le Père [Buteux] désirant qu'on portast la brique qu'on avoit amenée pour bastir la **maison de Tadoussac**, le Capitaine commanda à tout son monde de travailler.*» (***Rel.***, 1644, p. 59)

La comparaison des baptêmes faits à Tadoussac (Domaine du Roy) avec ceux contenus dans le *Registre de Sillery* est significative. La compilation des baptêmes faits dans la mission de Tadoussac entre 1641 (début de cette mission) et 1669 (début du *Second registre de Tadoussac)* donne un total de 861 baptêmes[151].

Et ce nombre est minimal: on n'a aucun chiffre pour les années 1645, 1649, 1655, 1656, 1657, 1658, 1659 et 1662.

N.B. Cette relation du P. Buteux, bien qu'imprimée avec celle de 1644, est de l'année précédente, 1643, comme il est dit à la page 59.
1644. Il est question d'une chapelle à Tadoussac dans la ***Rel.***, de 1644, p. 61, 62 et 65.
1645. La Rel. de 1645, p. 4, emploie le mot **Église** pour désigner la chapelle de Tadoussac.
1646. *«Ces bonnes gens bien estonnez baissent la teste, ils s'en vont tous à la **Chapelle** pour demander pardon à Dieu.»* (***Rel.***, 1646, p. 31).
*«Le Père [...] place une croix en un lieu de **l'Église**, comme on fait le vendredy sainct,* [...].» (***Rel.***, 1646, p. 31).
«[...] *ils offrent leurs prières à Dieu dans la **chapelle** qu'ils admirent, quoy qu'il n'y ait rien de si pauvre: »* (***Rel.***,1646, p. 33).
«Les chrestiens de Tadoussak donnerent par aumosnes des castors suffisamment pour acheter une tente de tapisserie de quatre pièces qui couta en France 60 # [...].»
*«Items la mesme année deux grands chandelliers de bois - **deux livres blancs** l'un pour escrire les **baptesmes**, l'autre pour escrire les **Mariés, Morts et les mémoires**, le tout provenant des castors donnés par les chrestiens. Item 4 tableaux de mediocre grandeur la mesme année. Item un grand drap la mesme année. Item une cloche pezante 40 lbs. **elle fut mise 1651**»* (LAROUCHE, L. , ***SRT***, fol. 59, p. 151).
1647. Dans la ***Rel.***, de 1647, on emploie le mot Église à la p. 62, et le mot chapelle à la page 64.
«On a apporté cette année une petite tapisserie de droguette pour embellir la chapelle de Tadoussac; on a aussi apporté une cloche pour appeler les sauvages au Service de nostre Seigneur.» (***Rel.***,1647, p. 64.).
1647. *«Les Chrestiens donnerent des castors sufisamment pour avoir des planches et du cloux pour **couvrir la chapelle**. Item le plancher d'en haut de la chapelle a été fait par les chrestiens 1650 et le balustre 1647.»* (LAROUCHE, L. , ***SRT***, fol. 59, p. 151).
1652. *«Au commencement de cette Mission , l'Église et le logis des Pères n'estoient qu'une longue cabane d'écorces; mais enfin **on a dressé une Chapelle et une petite chambre de bois de charpente,** où le Fils de Dieu et deux de ses serviteurs habitent pendant que les François et les Sauvages font leur séjour en ce Port. »* (***Rel.***,1652, p. 11).
Le chroniqueur rapporte *«[...] que la **chapelle, qui n'est pas des plus petites**, se remplissait quatre fois le jour, [...]. »* (***Rel.***,1652, p. 13).
Concluons:
1. On a d'abord construit une habitation à Tadoussac servant à la fois pour le commerce et la chapelle.
2. En 1646, une vraie chapelle existe , mais elle n'est pas complètement terminée. On concevrait mal qu'une cloche soit installée sur l'habitation de 1643.
3. 1647. La construction se poursuit; on recueille des dons pour terminer le toit et le plancher d'en haut.
4. 1652. Le relateur nous décrit la chapelle existante depuis au moins 1646.
N.B. Les **caractères gras** sont de nous.

151 HÉBERT, Léo-Paul. ***Les méthodes d'apostolat des Jésuites au Saguenay de 1641 à 1782***, thèse de M. A., Ottawa, 1957, Appendices I et II, p. 147-157.

TABLEAU 10

Compilation des baptêmes de Sillery et de Tadoussac (1641-1669)

ANNÉE	REGISTRE DE SILLERY	TADOUSSAC
1641	60	22
1642	30	20
1643	16	51
1644	19	40
1645	23	0
1646	26	60
1647	22	5
1648	12	4
1649	15	0
1650	10	1
1651	9	85
1652	26	24
1653	22	153
1654	27	1
1655	23	0
1656	25	0
1657	9	0
1658	21	0
1659	16	0
1660	18	51
1661	44	26
1662	26	0
1663	50	10
1664	17	80
1665	7	58
1666	11	56
1667	15	32
1668	12	47
1669	5	35
TOTAL	**616**	**861**

Pour la même période le *Registre de Sillery* donne un total de 616 baptêmes (une fois soustraites les années 1638 à 1640, soit 86 baptêmes). Des 861 baptêmes faits au Saguenay entre 1641 et 1669, un certain nombre figurent au *Registre de Sillery:*

1641: 22 baptêmes
1661: 20 baptêmes par les PP. Dablon et Druilletes dans leur voyage vers la baie d'Hudson.

Même en soustrayant ce nombre, on reste encore en déficit de 200 baptêmes qui n'auraient pas été inscrits dans le *Registre de Sillery.*

Ces données bien qu'incomplètes, suffiraient par elles-mêmes à justifier l'existence d'un *Premier registre de Tadoussac.*

Le Registre de Sillery et le «Second registre de Tadoussac»

Le *Registre de Sillery* et le *Second registre de Tadoussac* ont des textes en commun: tous les deux contiennent les actes du P. François de Crespieul au Saguenay de 1672 à 1675 et les confirmations des Amérindiens faites par Mgr de Laval à Tadoussac en 1668 et à Québec en 1669. Le rédacteur est le P. de Crespieul dans les deux cas.

Il est évident que cette double rédaction permet d'établir le texte des deux manuscrits avec beaucoup de sûreté. Mais pourquoi de Crespieul a-t-il agi ainsi? et pourquoi cesse-t-il de tenir double registre après 1675? Et lequel des deux registres est l'original?

Les baptêmes du P. François de Crespieul

Il faut se rappeler que le P. de Crespieul est arrivé en Nouvelle-France à l'été 1670. En 1670-1671, il enseigne au Collège des Jésuites de Québec, termine ses études théologiques et apprend le montagnais à l'école du P. Charles Albanel. Il commence son apostolat chez les Montagnais en octobre 1671[152]. Puis il succède au P. Henri Nouvel qui venait d'être nommé dans les missions outaouaises des Grands Lacs[153]. À l'été 1670, le P. Charles Albanel fait la mission sur la Côte Nord.

En 1671-1672, le P. de Crespieul a hiverné au lac à la Croix et il était de retour à Tadoussac le 17 mai 1672, date de son premier acte de baptême[154].

Donc, les premiers actes qu'il inscrit à la fois au *Second registre de Tadoussac* (fol 4r au fol. 9r) et au *Registre de Sillery* (p. [70] à [81]), s'étendent du 17 mai 1672 au 29 décembre 1675.

Quand on compare le texte du *Second registre de Tadoussac* et celui du *Registre de Sillery*, on remarque de nombreuses variantes.

---

152 ***DBC*** II, 168.
153 ***DBC*** II, 523.
154 LAROUCHE, L. ***SRT***, fol. 4r, p. 5.

Comparaison des deux textes:

Dans le *Second registre de Tadoussac*, les actes du P. de Crespieul suivent immédiatement ceux du P. Henri Nouvel, après le 23 janvier **1669**; mais il faut noter que le 3e folio manque et qu'il pouvait contenir des actes du P. de Crespieul.	Dans le *Registre de Sillery*, les actes du P. de Crespieul sont inscrits à la suite de ceux du P. Jacques Vaultier après le 15 décembre **1673**.
Fol 4r-8v: une rédaction unique et sans interruption de la main du P. de Crespieul: actes du P. de Crespieul du **17 mai 1672 au 18 août 1675**.	pp. [70-73]: une rédaction unique et sans interruption, de la main du P. de Crespieul: actes du P. de Crespieul du **17 mai 1672 au 14 décembre 1673**.
Fol. 8v: un baptême de l'écriture du P. Jean-Baptiste Boucher, le 8 novembre **1675.**	pp. [73-75]: suivent des baptêmes par les PP. Jean-Baptiste Boucher (14 et 26 décembre **1674**), Jacques Vaultier (5 mai 1675); J.-B. Boucher (17 janvier 1675 ss.); Jacques Vaultier (27 mai, 30 juin, 26 septembre, 4 et 29 octobre et 4 décembre **1675)**
Fol. 8v: suivent quatre baptêmes du P. de Crespieul: du 25 au 29 décembre **1675**.	pp. [75-81]: reprise des actes du P. de Crespieul: 2 avril **1674** au 29 décembre **1675;**
Fol. 9r suite des baptêmes du P de Crespieul (10 juin **1676** sq).	p. [81]: suite des baptêmes du P Jacques Vaultier (30 mars **1676** sq).

Dans le *Registre de Sillery*, il y a donc deux rédactions au moins du P. de Crespieul: une première pour les actes s'étendant du 17 mai 1672 au 14 décembre 1673, et une seconde contenant les actes du 2 avril 1674 au 29 décembre 1675.

La première liste (1672-1673) du P. de Crespieul suit un acte du P. Jacques Vaultier du 15 décembre 1673 et est suivie d'un acte du P. Jean-Baptiste Boucher du 14 décembre 1674; il faut donc qu'elle ait été transcrite entre le 15 décembre 1673 et le 14 décembre 1674.

Le *Registre de Sillery* (p. [73]), indique que le P. de Crespieul était à Québec le 4 octobre 1673. Il a pu hiverner à Québec en 1673-1674 car il n'a pas inscrit d'actes au *Second registre de Tadoussac* entre le 14 décembre 1673 et le 2 avril 1674.

Selon la *Relation de 1673-1674*, p. 320, le P. de Crespieul est revenu à Québec le 23 septembre 1673; il y passe quelques jours et repart chez les

Papinachois et pour son 3e hivernement chez les Montagnais; au cours de cet hiver 1673-1674, il rencontre le P. Charles Albanel et au printemps il séjourne à M8ch8au 8raganich, où il fait 102 baptêmes (p.332). Il revient à Québec quelques jours après le 31 mai 1674 (*ibid.*, p. 335).

Donc l'intervalle possible (entre le 15 décembre 1673 et le 14 décembre 1674) se restreint à une période s'étendant de **juin à décembre 1674**. Or, selon le *Second registre de Tadoussac*, le P. de Crespieul est au Saguenay le 24 juin 1674, le 6 juillet, les 18 et 21 octobre, le 9 novembre 1674. Donc on peut dater de l'**été 1674** la transcription de la première liste des baptêmes faits par le P. de Crespieul en 1672-1673.

La seconde liste (1674-1675) est intercalée entre deux actes du P. Jacques Vaultier du 4 décembre 1675 et du 30 mars 1676. Le P. de Crespieul a donc transcrit cette seconde liste entre le **4 décembre 1675 et le 30 mars 1676**.

Où a-t-il hiverné en 1675-1676? Comme il était à Sainte-Anne vers Québec, les 25 et 29 décembre 1675, et à Chicoutimi, le 10 juin 1676 (*Registre de Sillery*), il a bien des chances d'avoir hiverné à Québec ou à Sillery cette année-là et, par conséquent, c'est à ce moment qu'il aurait transcrit cette seconde liste de baptêmes faits au Saguenay.

Le *Second registre de Tadoussac* contient la même liste des baptêmes par le P. de Crespieul de 1672 à 1675, sans aucune interruption jusqu'au 18 août 1675. Suit un acte de baptême par le P. Jean-Baptiste Boucher, le 8 novembre 1675, et quatre baptêmes par le P. de Crespieul, qui correspondent aux derniers actes du P. de Crespieul inscrits au *Registre de Sillery.*

Laquelle des deux rédactions est l'originale? celle du *Second registre de Tadoussac* ou celle du *Registre de Sillery*? Cela intéresse l'établissement du texte du *Registre de Sillery.*

Si l'on compare les deux textes, les variantes sont nombreuses.

Première observation au *Registre de Sillery* : dans les actes du 5 juin au 4 septembre 1673, les noms des baptisés sont soulignés, la rédaction est abrégée et donne l'impression d'une liste de noms plus que d'une rédaction en bonne et due forme. L'âge n'est pas toujours indiqué et quand il l'est, il est formulé d'une façon abrégée: sans *natus*. Le nom des parents n'est pas toujours précédé de *patre* et de *matre* ou de *parentibus*. Le parrainage est indiqué d'une façon télescopique.

Exemple: 5 juin 1672:

Registre de Sillery (p. [71]):

> *«Margaritam ex Andraea Kakkirassit et Maria Kat8tgeu. Patr: Isaac Jonkas de Bergeras et Christina Cheches8.»*

Second registre de Tadoussac (fol. 4r):

«Margaritam 5 mens. natam, patres Andrea Ka kirasit, 8kimau [chef], *et matre Maria Kat8tgeu. Patrinus fuit Isaac Jongas de Borgeraque. Matrina Christina Cheches8.»*

On notera que dans cet exemple le *Registre de Sillery* n'indique pas l'âge et omet le mot *8kimau* qui signifie que le père de l'enfant est un chef montagnais.

La formulation du parrainage se développe davantage dans le *Second registre de Tadoussac*: le 13 juin 1673, les parrains de deux enfants sont marqués ainsi: «*Huic Mariae nomen, illi Carolo nomen dedere Carolus Cadieu de Courville et Agnes Nigabananok8eau*» (fol. 5r); alors que le *Registre de Sillery* utilise la formule brève: «*patr: Carolus Cadieu de Courville et Agnes Nigabananoka8eau*» (p.[72]).

On note aussi un baptême omis dans le *Registre de Sillery* (Marguerite *Me8is8s*), le 20 juin 1673 (*Second registre de Tadoussac*, fol. 4r).

De plus, on remarque souvent que le *Registre de Sillery* abrège les prénoms; par exemple, *Mar Marg* pour *Maria Margarita; Jo Bapt.* pour *Joannes Baptista.* Parfois, quand les parrains sont les mêmes pour deux baptisés, le rédacteur ne mentionne leur nom qu'une fois.

On note aussi des variantes d'autres ordres.

Au *Second registre de Tadoussac*, le 21 juillet 1672 au lac Saint-Jean *(Pi8ek8agami)*, l'acte est intitulé: «*Ego Franciscus de Crepieul solemni ritu...*» comme s'il s'agissait d'une nouvelle série de baptêmes ou d'une nouvelle rédaction. Dans le *Registre de Sillery,* la liste se poursuit sans interruption; même rédaction, le 9 octobre 1672 et le 27 janvier 1673.

Le 22 juillet 1672, le parrain se nomme «*D[ominus] de Lespiné*» au *Registre de Sillery*, mais «*D. Couillart*» au *Second registre de Tadoussac*; en fait, c'est la même personne.

Parfois les parents sont différents: baptêmes des 20 et 21 juin 1673 (*Second registre de Tadoussac*, fol. 4r; *Registre de Sillery*, p. [72]).

Malgré quelques différences de formulation qui se trouvent dans le *Registre de Sillery* et que l'on ne retrouve pas dans le *Second registre de Tadoussac*, il ne fait aucun doute que les actes du P. de Crespieul du 17 mai 1672 au 14 décembre 1673, tels qu'inscrits au *Registre de Sillery,* constituent une version **abrégée** du *Second registre de Tadoussac.*

Qu'en est-il de la **seconde série** des baptêmes consignés par le P. de Crespieul (2 avril 1674 au 29 décembre 1675, *Registre de Sillery* pp. [75-81]; *Second registre de Tadoussac*, fol. 5v-9r)?

Dans le *Second registre de Tadoussac*, tous les prénoms, jusqu'au 6 juillet 1674, sont au nominatif avec comme conclusion: «*Ego Franciscus de Crespieul solemni ritu suprascriptos ablui pastoris vices agens*» (fol 7r).

Dans le *Registre de Sillery* les prénoms des baptisés sont à l'accusatif, précédés par l'intitulé: «*Ego Franciscus de Crespieul... baptizavi...*» (p. [75]).

Dans cette partie des deux registres, les variantes sont fréquentes, mais la version de Sillery semble la plus complète, parce qu'elle comporte des détails qui ne se retrouvent pas dans la version de Tadoussac, comme l'âge des baptisés.

Le 10 avril 1674, le *Registre de Sillery* qualifie Louis *KaMystasihanet* de *ducem* et celui de Tadoussac de *8kimau*, pour indiquer sa qualité de chef.

Le 25 octobre 1674, le texte de Sillery intitule le père de l'enfant: «*ex Algonk vulgo Grand Jacq.,*» alors que celui de Tadoussac s'en tient à «*ex par. Jacobo*».

D'autre fois, la version de Sillery indique les prénoms des parents, alors que celle de Tadoussac ne le fait pas.

Le 9 novembre 1674, Sillery complète l'identité de Madeleine *Tegochik* en ajoutant «*uxor Nicolae Peltier*».

Pour le parrainage, la version de Sillery utilise souvent la formule longue contrairement à celle de Tadoussac. La version de Sillery donne parfois la nationalité du baptisé, comme *8abanaki* (31 juillet 1675).

En conclusion de cette deuxième série de baptêmes, malgré quelques passages où le *Second registre de Tadoussac* est plus complet, on peut conclure que c'est le *Second registre de Tadoussac* qui contient la **version brève**.

Lequel des deux textes est l'original? Celui de Tadoussac dans la première liste des baptêmes et celui de Sillery, dans le seconde? Oui, si l'on accepte que la version longue est le texte original.

Les Confirmations

Le *Registre de Sillery* contient trois listes de confirmations:

1. 10 août et 14 septembre 1659, rédigée par le P. Druilletes;
2. juillet 1668, à Tadoussac, et juillet 1669, rédigée par le P. de Crespieul;
3. 2 juillet 1682, à Québec, rédigée par le P. Jacques Bigot.

Seule la deuxième liste (1668 et 1669), par le P. de Crespieul, figure aux deux registres.

Si l'on compare les deux versions, on obtient les résultats suivants:

1. *Disposition du texte:*

Dans le *Registre de Sillery*, les confirmations de 1668-1669, transcrites par le P. de Crespieul, sont placées après celles de 1659, transcrites par le

P. Gabriel Druilletes, et elles sont suivies par celles du 2 juin 1682 de la main du P. Jacques Bigot.

Dans le *Second registre de Tadoussac*, la même liste arrive après les baptêmes faits par le P. Antoine Dalmas (dernier: 31 juillet 1685) et elle est suivie des baptêmes faits par le P. de Crespieul (20 septembre 1686 sq).

2. On note des *différences entre les deux versions* :

a) La liste de Sillery est datée de *mense Julio* (juillet); celle de Tadoussac de *mense Junio* (juin).

b) Contrairement à Tadoussac, Sillery abrège souvent les prénoms: *Jo* pour *Johannes, Lud.* pour *Ludovicus, Magdal* pour *Madgalena, Mar* pour *Maria*, etc.

c) Quelquefois Tadoussac francise les prénoms (Marie, Adrienne, Anne, Suzanne) alors que Sillery est toujours rédigé en latin.

d) On trouve aussi un certain nombre de variantes dans l'orthographe des noms amérindiens:

Sillery	**Tadoussac**
A8assamiketik	*A8assamisketits*
Chi8ask8s	*Chiask8s*
Chibag8enek8e	*Chibag8enek8eet*
Elanb8nk8ek	*Elab8mk8eks*
Kakitiberitat	*Kakiberitak*
Kepitaka8at	*Kapitaka8at*
Kinik	*Kinic*
8cheschig8k	*8chestig8ch*
8katik	*8skatchik*
Peta8g8nenat	*Peta8g8nenu*
Quebatenach	*Kapatenach*
Ta8isk	*Te8isk*
Ta8itaskamik	*Ta8itaskamich*

e) On aura remarqué les terminaisons en *8k, ik* et *ik* dans Sillery, au lieu de *8ch, ich* et *ic* dans Tadoussac.

f) Dans un cas, l'âge du confirmé est indiqué dans Sillery, alors que Tadoussac ne le fait pas.

Quel est le texte original? le *Registre de Sillery*, parce que sa version est plus brève et en même temps plus complète? ou le *Second registre de Tadoussac*, parce qu'il comporte la version longue? À moins que l'original ne soit une *liste-brouillon* qui aurait servi aux deux rédactions?

Mais à cause des variantes entre les deux versions, il semble bien que la transcription n'ait pas été faite à la même époque: les finales en *ch* et *k* pourraient illustrer une évolution dans l'apprentissage de la langue amérindienne.

Nous concluons que le P. de Crespieul qui était déjà arrivé au pays à l'été 1670 a retranscrit une liste déjà existante, peut-être préparée par le P. Henri Nouvel.

Pourquoi le P. de Crespieul a-t-il cessé de transcrire ses actes au *Registre de Sillery* à partir de 1675? Selon le P. Campeau, parce qu'en 1675, Sillery n'est plus le chef-lieu des missions du Saint-Laurent[155]. Il n'y a guère de doute que l'inscription des baptêmes des Montagnais dans le *Registre de Sillery*, devenue une résidence d'Abénaquis, devenait un non-sens.

Mais pourquoi le P. de Crespieul avait-il commencé à faire cette double inscription à partir de 1672?

Avant de répondre à cette question, il faut examiner l'oeuvre de P. de Crespieul en tant que rédacteur du *Second registre de Tadoussac*. Les interventions du P. de Crespieul dans ce registre sont considérables. Il y a d'abord ses actes qui sont nombreux; il est le grand missionnaire du Saguenay, de 1671 à 1702, soit une période de 30 ans[156]. Dès son arrivée, il montre un grand souci d'ordre dans la tenue des registres et l'entretien des chapelles des missions du Domaine du Roi: il rédige la liste des missionnaires depuis 1640 et celle des bienfaiteurs depuis 1646. Le 29 octobre 1671, à Tadoussac, il avait rédigé le *Catalogue des meubles appartenant à la Chapelle de Tadoussac que le P. Albanel a laissé au P. François de Crepieul*[157]; il remet ce catalogue à jour en 1676[158].

Le *Second registre de Tadoussac* contient des renseignements qui remontent bien avant 1669 (début officiel du registre). Tous ces détails sur les débuts des missions du Saguenay, le P. de Crespieul les a tirés, semble-t-il, de manuscrits déjà existants, qui ont bien des chances de ne faire qu'un avec le *Premier registre de Tadoussac.*

C'est aussi le P. de Crespieul qui transcrit la liste des Montagnais confirmés par Mgr de Laval à Tadoussac, en juillet 1668, et à Québec, en juillet 1669 (*Registre de Sillery*, p. [120-121]), liste qui se trouve également au *Second registre de Tadoussac*, (fol. 20r-21r).

Nous pouvons supposer que le *Premier registre de Tadoussac* s'est trouvé dans un très mauvais état et que le P. de Crespieul en a tiré tous les détails historiques qu'il a pu en extraire.

---

155 CAMPEAU, L. ***Les premiers habitants du Québec,*** Cahiers d'histoire des Jésuites, n° 7, p. 128.

156 ***DBC*** II, 167-168.

157 LAROUCHE, L. ***SRT,*** fol. 62v, p. 160.

158 LAROUCHE, L. ***SRT,*** fol. 63r, p. 161.

Le *Registre de Sillery* et le *PRDH*

Le *Registre de Sillery* présente de nombreuses difficultés de lecture et l'établissement du texte pose des problèmes de taille. S'attaquer à ce document ou à ce monument est une entreprise qui suppose une certaine témérité et dont les résultats invitent à beaucoup de modestie.

En ce qui concerne Sillery, le relevé du PRDH (Programme de recherche en démographie historique) comporte un assez grand nombre d'erreurs de lecture. Une *vérification-échantillon* des noms commençant par la lettre **A** nous a révélé des surprises. Il n'y avait pas de patronymes chez les Amérindiens; or, on en a fabriqué à partir du prénom chrétien, des noms de nation, du nom du père.

Ainsi **Agnete** n'est pas un nom amérindien mais le prénom chrétien de la mère de l'enfant; Catherina **Senensis** (Catherine de Sienne) est un prénom chrétien et **Senensis** ne doit pas être classé comme un nom amérindien. **Aeskimensi** est un nom de nation et non pas un nom amérindien. Un enfant amérindien de trente jours (**triginta** *dies*) devient Louis **Ariginta**. Au hasard de la lettre **F**, le nom **Famulus** (serviteur) surprend.

On trouve aussi des imprécisions ou des erreurs de lecture; la lettre **d** extrêmement rare en Montagnais et en Algonquin est lue à partir du signe **8** (**o** surmonté du **u**, signe qui se prononce **ou**); les abréviations ne sont pas toujours saisies; ainsi le nom **Irinãtac** (**a** surmonté du tilde) doit se lire **Irinantac**; ces raccourcis abondent dans les actes du P. Gabriel Druilletes. La lecture de la lettre **v** dans les noms amérindiens devrait inquiéter tout transcripteur: Aanavaoui est douteux; il faut plutôt lire **Aauauaoui**; on ne fait pas toujours la distinction entre les lettres **n** et **u.**

Ce relevé est fragmentaire, il ne comporte que l'examen de la lettre **A** du répertoire du **PRDH** et ne doit pas être interprété comme un jugement d'ensemble sur un ouvrage qui constitue à la fois une source fondamentale pour la connaissance du XVIIe siècle canadien et en même temps un instrument indispensable aux généalogistes et aux démographes.

7. Présentation du texte

Le texte du *Registre de Sillery* est présenté selon les mêmes principes que pour les *Troisième* et *Quatrième registres de Tadoussac* (Tekouerimat 3 et 8): nous avons voulu concilier la plus grande fidélité possible à l'original avec la clarté. Nous avons suivi les directives de la Collection des Universités de France publiée sous le patronage de l'Association Guillaume Budé, directives contenues dans J. André, *Règles et recommandations pour les éditions critiques,* Paris, Les Belles Lettres, 1972, 48 p. Toutefois nous y avons apporté certaines modifications. Les suggestions qui nous ont été faites et la nature même du *Registre de Sillery* nous ont amenés à changer quelques sigles et à simplifier l'apparat critique.

Les abréviations ont été complétées, mais le développement apporté est toujours indiqué entre crochets selon le principe des additions. Ainsi dans le texte original, le **m** final des accusatifs en **um,** est habituellement omis et remplacé par un tilde (~) prolongeant le u; ***Paulu˜*** deviendra ***Paulu[m].***

L'emploi des majuscules et des minuscules a été rendu conforme à l'usage actuel.

La ponctuation du texte original a été respectée chaque fois que la clarté du texte n'était pas mise en cause. Cependant la virgule, habituelle devant la conjonction de coordination «et» a été supprimée. Par contre, nous avons ajouté certains signes de ponctuation, absents du manuscrit: point, virgule, apostrophe, etc.

Conformément à l'usage actuel, l'accentuation du latin et de l'amérindien n'a pas été conservée.

L'orthographe des noms de personnes (Amérindiens, Français) et des noms de lieu a été respectée; l'index général et l'index onomastique amérindien indiquent les diverses orthographes avec les renvois qui s'imposent.

Les fautes d'orthographe ont été maintenues, excepté lorsque l'intelligence du texte exigeait des corrections, procédé dont l'apparat critique tient compte.

Les ratures, les corrections et les surcharges sont indiquées dans les notes infrapaginales. Les notes marginales, quand il s'agit de complément important au texte, sont intégrées au corps des actes mais le fait est signalé en note. Nous n'avons pas reproduit celles qui n'étaient pas d'origine, par exemple les annotations à la plombagine.

Tout changement apporté au texte est indiqué soit dans le texte même, soit dans les notes (Voir **Sigles et abréviations**).

Enfin, on notera qu'à partir du dernier acte de la page [8] de l'original, le son «ou» dans les noms amérindiens s'écrit «**8**» (**o** surmonté de **u**).

Afin de permettre au lecteur de retrouver la référence exacte à l'original, nous avons indiqué la pagination du manuscrit original entre crochets dans la marge de gauche.

En général les rédacteurs ne signent pas leurs actes. Les quelques rares signatures, par exemple celle du P. André Richard, sont précédées de **[signé]**.

Lorsque l'écriture du rédacteur change, son nom est indiqué entre crochets après les actes qu'il a rédigés. On notera que le rédacteur n'est pas toujours celui qui a présidé la cérémonie du baptême.

L'index ne tient pas compte des noms inscrits en marge, quand ils sont l'oeuvre d'annotateurs tardifs.

L'index onomastique des Amérindiens traduit les prénoms latins en français; ex. : ***Stephanus*** devient Étienne, ***Aegidius*** devint Gilles, etc.

L'index général contient les noms des personnes, des lieux et tous les mots-clefs pouvant présenter un certain intérêt.

Comme les noms de lieu écrits en latin ou en langue amérindienne présentent certaines difficultés, nous avons ajouté un **Lexique latin-français et amérindien-français**; exemple: *Pieg8agami* = lac Saint-Jean; Cap-Rouge = *Promontorium Rubrum*, etc.

Quant à l'*apparat critique*, quatre objectifs nous ont guidés.

1. Rendre compte de l'état du texte original: lacunes causées par des blancs, des oublis, des omissions, des déchirures de feuillets, etc. Noter les nombreuses ratures, additions, corrections, etc., apportées au texte par le rédacteur lui-même ou par un rédacteur différent. Ces retouches dénotent un grand souci de précision de la part des rédacteurs.

2. Il fallait aussi éclairer certains passages dont la lecture était rendue difficile par des fautes dans le texte: répétition de mots, confusion de certains noms, oubli ou omission, difficultés de lecture causées par la détérioration du manuscrit, parfois aussi difficultés provenant de l'extrême finesse de l'écriture (par ex. celle du P. Druilletes). L'orthographe des noms amérindiens comportait des difficultés: difficultés d'audition (par ex. : perception du son ***s*** et ***ch;*** ***k*** et ***g***), changement de noms chez les Amérindiens, oubli du prénom chrétien, etc.

3. Combler les nombreux blancs laissés par les rédacteurs. Souvent il s'agit d'Amérindiens dont les noms n'ont pu être complétés; mais on trouve aussi des Français connus dont l'identité a été laissée en blanc; c'est le cas, entre autres, de Amador [Martin], fils d'Abraham Martin.

4. Préciser l'identité de nombreux personnages, identifiés uniquement par leur nom de famille, dont les variantes sont d'ailleurs nombreuses; orthographes diverses, mêmes personnages identifiés sous des vocables différents: parfois sous leur patronyme principal, d'autres fois sous leur surnom, ex. : René Mezeré souvent mentionné sous son surnom Nopce, ou encore par un état civil imprécis, comme la femme du Sieur un tel (*uxor Domini N.*).

Sigles et abréviations

8 — Le son **ou**, abréviation d'origine grecque: *omicron* surmonté de *upsilon*.

[ ] — Un espace blanc entre crochets indique une lacune dans le texte.
Les additions (mot, partie de mot, lettre) sont encadrées par des crochets.
Également entre crochets; la pagination de l'original, placée dans la marge de gauche.

[?] — Un point d'interrogation entre crochets et soudé derrière un mot signifie une lecture douteuse ou difficile.

Mois — ex. : **7**$^{\mathbf{bris}}$ pour **septembris**.

Sillery, La Vieille Maison des Jésuites: rénovation 1989
(Photo: Claire Gaboury, La Corporation de la vieille maison des Jésuites).

Le Registre de Sillery

(1638-1690)

Registre de Sillery

[1] Ce Registre[1] était au nombre des Livres et Papiers qui furent trouvés à la Maison des RR. PP. Jésuites à Québec lors du décès du R. P. Casot[2] qui a eu lieu en Mars 1800.

Après avoir disparu pendant plusieurs années, ce Registre a été découvert vers l'année 1815 par l'Hon[ora]ble M. Cochran [3] dans un des Bureaux du Conseil Exécutif, qui en a conservé la possession jusqu'à son décès en Juillet 1849. Peu de temps après, Madame Veuve Cochran l'ayant remis entre les mains de M. G. B. Faribault[4], ce dernier l'a déposé à la Cure de Notre Dame de Québec, de laquelle dépendait autrefois l'ancienne Mission des Sauvages établis à Sillery.

[Georges-Barthélemy Faribault]

---

1 L'original comporte **Régistre.**

2 Le P. Jean-Joseph Casot (1728-1800), dernier jésuite de l'ancienne Compagnie de Jésus au Canada. Après sa mort, le lieutenant-gouverneur du Bas-Canada, Sir Robert Shore Milnes fit faire l'inventaire des biens des Jésuites (***DBC*** IV, 146-147).

3 Andrew William Cochrane (1792-1849), fut secrétaire de John Coope Sherbrooke, gouverneur du Canada de 1816 à 1818.

4 Georges-Barthélemy Faribault (1789-1866) fut greffier-adjoint de la Chambre des députés de 1840 à 1855. Il est le créateur de la Bibliothèque du Parlement. Il fut aussi secrétaire de la Société littéraire et historique de Québec, éditeur de mémoires et auteur d'un ***Catalogue d'ouvrages sur l'histoire de l'Amérique (1837)*** (***DBC*** IX, 274-276).

[2][1]

Joseph Maufet
Marie Japlot[2]
Marie Chaterine Mautfet[3]

[Jean Viguier, S. J.]

Eglise S Michel vulgo Sillery[4]

---

1 La page 2 ne comporte que quatre lignes de texte. Les trois noms inscrits sur les trois premières lignes sont de l'écriture du P. Jean Viguier et semblent être un mémo ayant servi à la rédaction de l'acte de baptême de Catherine Mauffet. Joseph Mauffet et Marie Japlot ont été parrain et marraine de Catherine Mauffet, comme en fait foi son acte de baptême de 1687: *«Ego Joan[nes] Viguier S[ocietatis] J[esu] sac[erdos] sol[emni] ritu baptisavi Mariam Catharinam Maufaix. Patrinus fuit Joseph Maufé, matrina fuit Maria Japlot»* (Original du *Registre de Sillery*, page [115]). Ci-après, l'original du *Registre de Sillery* sera désigné par le seul mot ***Original***.

2 Un mot raturé devant **Japlot.**

3 Un mot raturé devant **Mauffet.**

4 Texte tardif et inscrit à la mine.

[3] [folio 1]

Liber Baptizatorum
A Patribus Societatis Jesu
In residentia seu reductione
Sancti Josephi vulgo Sillery[1]

Dominus de Sillery [2] eques Melitensis et sacerdos non ita pridem factus vir in primis pius Reductionem Sancti Josephi una et amplius leuca supra Kebecum ad ripas magni fluminis Sancti Laurentii suis sumptibus extruendam curavit eamque Patribus soc[ieta]t[is] Jesu co[m]misit ut eo barbaros Indigenas advocarent Christique Legem edocerent.

PP Lejeune et Dequen

Jacta sunt fundamenta domus die 2ª Julii 1637, et 14 Aprilis anni 1638 duo Patres soc[ieta]tis Jesu[3] eo profecti sunt ut eam incolerent et edocerent duas familias barbarorum qui fixas inibi sedes posuerant. Suas circum extruxerant casas aliae[4] item Barbarorum familiae opem postulantes ut errantem vitam quam vixerant hactenus cum Religione Christiana et vita civili co[m]mutarent; ab eo tempore baptizati sunt infra scripti. Si qui sint baptizati Kebeci, ut Natalis *Tek8erimat*[5] et Franciscus Xaverius

---

1 ***Traduction des deux premiers paragraphes:*** *Monsieur de Sillery, chevalier de Malte et prêtre, devenu depuis peu homme de piété avant tout, a pris soin de faire construire à ses frais la réduction de Saint-Joseph, située à un peu plus d'une lieue de Québec, sur les rives du grand fleuve Saint-Laurent, et l'a confiée aux Pères de la Compagnie de Jésus, pour qu'ils y amènent les Autochtones et leur enseignent la Loi du Christ.*
On posa les fondations de la maison en juillet 1637 et le 14 avril de l'année1638, deux Pères de la Compagnie de Jésus [les PP. Le Jeune et Dequen] partirent pour y habiter et enseigner à deux familles d'autochtones, qui y avaient établi leur demeure. De plus d'autres familles d'autochtones avaient installé leur cabane dans les environs, demandant de l'aide dans le but d'échanger la vie errante qu'ils avaient menée jusque là avec la Religion chrétienne et la vie "civilisée" (vita civili). Depuis ce temps les baptisés sont inscrits ci-après. Pour ceux qui ont été baptisés à Québec comme Noël Tek8erimat et François-Xavier Nenask8mat, les deux premiers habitants de cette même réduction, on les trouvera inscrits au registre des baptêmes de Québec.
Sur les débuts de Sillery, voir ***Relations des Jésuites*** 1638, 18-21.

2 Sur Brûlart de Sillery, voir Introduction; aussi LE JEUNE, Louis. ***Dictionnaire général de biographie, histoire, [...] du Canada,*** Ottawa. Université d'Ottawa, 1931, t. 2, 647-648.

3 [PP. Le Jeune et Dequen]: ajouté en marge.

4 **aliae** ajouté au-dessus de la ligne.

5 Noël Negabamat dit Tekouerimat fut baptisé à Québec le 8 décembre 1638 en même temps que sa femme Marie et son fils Charles. Voir ***DBC*** I, 527; L. Campeau, Préface du ***Quatrième registre de Tadoussac***, Presses de l'Université du Québec, 1982.

Liber Baptisatorum A Patribus Societatis Jesu In residentia seu reductione Sancti Josephi Vulgo Sillery.

Dominus de Sillery eques Melitensis et Sacerdos nu[per] [j]am pridem factus vir in primis pius Reductionem Sancti Josephi una et amplius leuca supra Kebecum ad ripas m[agni] fluminis Sancti Laurentij suis sumptibus extruendam curavit eamque Patribus Soc[ietatis] Jesu commisit ut eo bar[baros] Indigenas advocarent Christique legem edocerent. Jacta sunt fundamenta Domus die Julij 1637 [...] 14 Aprilis anni 1638 duo Patres Soc[ietatis] Jesu eo prof[ecti] sunt ut eam incolerent et edocerent duas famil[ias] barbarorum qui fixas inibi sedes posuerant [...] circum extruxerant casas alias item Barbarorum familia[s] [...] postulantes ut errantem vitam quam ducebant hacten[us] [...] cum Religione Christiana et vita civili commutarent [...] ab eo tempore baptizati sunt infra scripti [...] sint baptizati Kebeci, ut Natalis Tekouerimat et Francis[cus] Xaverius Nenaskoumat primi huiusce reductionis [...] Reperies scriptos in Libro baptizatorum Kebeci.

Anno Domini 1638 die 18 Mensis Aprilis [...] [L]e Jeune Soc[ietatis] Jesu Vices agens Parochi Ecclesiæ Reductionis Sancti Josephi Baptisavi Barbarum homin[em] adultum annum circa trigesimum agentem Nomine Barbaro Ka a8ebikhet, quem ante baptismum Doctr[ina] Christiana documentis ut par est informaveram cui nomen Impositum est Antonius. Patrinus fuit Antonius de st Amour. mortuus est.

Dimensions de l'original: 20 cm x 31 cm

1659 Dec. 16. Solemniter [illegible] sunt a P. Fr. Mercier in sacello Castri Richelii [illegible] infantes recens nati, 1° ex Guill. [illegible] Kichamarih Sanctukitch nomen dedit Fr. Bollager. 2 dae ex Jac. Ka Kiraboquet et Christina Kachkamasik8e nomen dedit Joanna Abraham uxor Dni Cochon

1660 Febr. 20. Ego Gabr. Druillettes Soc. Jesu sac. solemni ritu baptizavi infantem recens natam ex Carolo [illegible] et Francisca Pikika ei nomen Mariae dedit Dna Schuffre vidua defuncti Dni Schuffre; in templo Coll. Kebecensis

24. Ego Gabr. Druillettes Soc. Jesu sacerdos solemnes ritus adhibui infanti 25 circiter diebus nato et sacris undis abluto a P. Fr. Mercier, ex Patre [illegible] et matre Maria Ikoyouch; ei Jacobi nomen dedit Dnus La Mathe Mercator dictus

26. Ego Gabr. Druillettes Soc. J. sacerdos solemni ritu baptizavi ibidem infantulam recens natam ex Christophoro Nipinikitch et Mathurina Pehilique, ei Magdalena nomen dedit vidua defuncti La Fangere

Martii 24. Ego Gabr. Druillettes Societatis Jesu sacerdos solemni ritu baptizavi in nostro templo infantem recens natum ab [illegible] et Josepho [illegible] et Brisucla filia Renati [illegible]; ei nomen Ignatii dedit Loyer Dnus La Tour [illegible] oppidi Kebecensis

Aprilis 20. Ego Gabr. Druillettes Soc. Jesu sacerdos ibidem solemni ritu baptizavi infantulam recens natam ex Thoma [illegible] et ex Margarita Sakitadaganachitch, ei nomen Annae imposuerunt Anna [illegible] Jo. Fr. Bourdon

[illegible] Druillettes Soc. J. sacerdos vicesgerens Parochi ibidem solemni ritu [illegible] [illegible] recens natam ex patre Petro [illegible] et Angela Kaitachit [illegible] nomen dedit Dnus Jo. Trignon

17. Ego Gabr. Druillettes Soc. Jesu sacerdos ibidem solemnes ritus adhibui duobus infantibus sacris undis ablutis natis ex Patre Guill. [illegible] et Dyonisia [illegible] annos nato Caroli nomen nomen Mattea dedit filius Fr. Billanger, et alteri [illegible] idem imposuit

Aprilis 19. Ego Gabr. Druillettes Soc. Jesu sacerdos vicesgerens Parochi solemni ritu baptizavi [illegible] recens natum ex Petro [illegible] et Maria Angela Kaitachit [illegible] Joannis nomen dedit Dnus Jo. Trignon Mercator in templo Kebecensi societatis nostrae.

Aug. 12. Ego [illegible] Jo. Allouez Soc. Jesu sac. vicesgerens Parochi solemni ritu baptizavi infantulam recens natam ex Patre Andrea [illegible] et matre [illegible] Ikadikigigak8e ei Mariae nomen dedit Dna La Vallon, in templo Kebecensi societatis nostrae.

Oct. 4. Ego Gabr. Druillettes Societatis Jesu sacerdos vicesgerens Parochi solemni ritu baptizavi in templo societatis nostrae puerum recens natum ex Patre Lud. Apikaouich et matre [illegible] ei Francisci nomen dedit [illegible] Du Buisson [illegible]
m.

20. Ego Gabr. Druillettes Societatis Jesu sacerdos solemni ritu baptizavi puerum recens natum ex Patre Jacobo [illegible] et ex matre Maria Sighichigik8e, et Francisci [illegible] nomen dedit Dnus La Garenne Kebeci in templo societatis nostrae.

Nov. 17. obiit. Ego [illegible] Druillettes Soc. J. sacerdos ibidem solemni ritu baptizavi infantulam recens natam ex Patre [illegible] Anakakiahent et ex matre Gabriela [illegible] ei nomen [illegible] dedit Dna [illegible] Maria Fr. Duquet.

[illegible] Ego Gabr. Druillettes Soc. Jesu sac. solemni ritu ibidem baptizavi infantulum recens natum ex Patre Lud. Apikaouich et matre [illegible] et Francisci nomen dedit Fr. Du Buisson filius Dni Du Buisson.

Dec. 2. obiit. Ego Gabr. Druillettes Soc. Jesu sac. moribundam vetulam 60 annos natam [illegible] nomen dedit Fr. [illegible] sine ceremoniis baptizavi, ei [illegible] [illegible] n8k8e [illegible] nationis Stabitibirensi [illegible] [illegible] destinatum [illegible] natam [illegible] Filiam 20 circiter annos natam moribundam, et Agnetis nomen [illegible] solemni ritu baptizavi

23. m. m. Ego Gabriel Druillettes Societatis Jesu sacerdos in templo nostro [illegible] Joanna [illegible] duos infantes recens natos, alterum ex Patre Josepho Anikadabamat et matre [illegible] nomen dedit Dnus Madry alterum ex Patre Sk[illegible] et Joannis nomen [illegible] et nomen Antonii dedit, [illegible] Dnus Madry. ex matre Anna [illegible] solemni ritu baptizavi feminam 30 circiter annos natam in periculo [illegible] Chikapi8k8e dedit a [illegible]

31. m. Ego Gabr. Druillettes sine solemni [illegible] destinatum [illegible] infantem recens natum ex Patre [illegible] sine ceremoniis baptizavi [illegible] infantem recens natum [illegible] Patre [illegible] Caroli nomen [illegible] Dionysia Akitabak8e moribundum

Ne nask8mat[1] primi hujusne reductionis incolas Reperies scriptos in Libro baptizatorum Kebeci.[2]

B Anno Domini 1638 die 18 mensis Aprilis, ego Paulus Le Jeune soc[ieta]tis Jesu vices agens parochi ecclesiae Reductionis Sancti Josephi baptisavi barbarum hominem adultum annum circa trigesimum agentem nomine barbaro *Ka assabikhet*; quem ante baptismum doctrina Christiana documentis ut par est informaveram cui nomen impositum est Antonius. Patrinus fuit Antonius de St Amour. Mortuus est.[3]

[4]

2 Anno D[omi]ni 1638 die primo mensis Maii, ego Paulus Le Jeune soc[ieta]tis Jesu vices agens parochi ecclesiae Reductionis Sancti Josephi Baptisavi infantem duos annos natum ex patre *Pisigouskoueouich* matre vero *Tagousououeouich* cui nomen impositum est Philippi. Patrinus fuit Antonius de St-Amour; sine ceremoniis; mortuus est.[4]

3 Anno D[omi]ni 1638 die 5 mensis Maii, ego Paulus Le Jeune soc[ieta]tis Jesu vices agens parochi ecclesiae Reductionis Sancti Josephi baptisavi adultum hominem barbarum patria lingua nomine *Pisigouchkoueouich* quadragesimum annum agentem, In periculo mortis post sufficientem instructionem. Sine ceremoniis; mortuus est.[5]

4 Anno D[omi]ni 1638 die 7° mensis Maii, ego Joanne Dequen soc[ieta]t[is] Jesu vices agens parochi ecclesiae Reductionis S[anc]ti Josephi baptisavi absque ceremoniis post sufficientem doctrinae Christianae instructionem vetulam natione[6] Algonquinam in periculo mortis. Mortua est.[7]

---

1 Le baptême de François-Xavier Nenask8mat est raconté dans les ***Relations*** de 1638, 3-6; 18-20.

2 Les registres de Notre-Dame de Québec furent reconstitués après l'incendie de 1640; on y trouve plusieurs baptêmes d'Amérindiens.

3 Les mots **mortuus est** ont été ajoutés après coup.

4 **mortuus est**: ajouté après coup (encre plus foncée).

5 **mortuus est** : ajouté après coup.

6 Devant **natione** rature du mot **patria**.

7 **mortuus est** : ajouté après coup.

5 Anno D[omi]ni 1638 die 16 mensis Maii, ego Edmundus Masse soc[ieta]t[is] Jesu vices agens parochi ecclesiae Reductionis S[anc]ti Josephi baptisavi infantem primum aetatis annum agentum natum ex patre cui nomen *Pisigouskoueouich* matre vero nomine[1] *Khiouikhichigoukoueou*, cui sacra paulo post ceremonia Kebeci collecta sunt. Nomenque Bartholomaei impositum.

6 Anno D[omi]ni 1638 die 17 mensis Maii, ego Edmundus Masse Soc[ieta]t[is] Jesu vices agens parochi ecclesiae Reductionis S[anc]ti Josephi baptisavi absque ceremoniis in periculo mortis post sufficientem doctrinae Christianae instructionem faeminam anno aetatis suae trigesimo secundo, cui nomen est patria lingua *Khioukhichigoukoueou.*

[5] [folio 2]

7 Anno D[omi]ni 1638 die 18 mensis Maii, ego Paulus Le Jeune Soc[ieta]tis Jesu vices agens parochi ecclesiae Reductionis S[anc]ti Josephi baptisavi absque ceremoniis in periculo mortis mulierem quadraginta circiter annos natam post sufficientem doctrinae Christianae instructionem. Mortua est.[2]

8 Anno D[omi]ni 1638 die 21 mensis Maii, ego Paulus Le Jeune soc[ieta]tis Jesu vices agens parochi ecclesiae Reductionis S[anc]ti Josephi baptisavi sine ceremoniis in periculo mortis positam, mulierem viduam defuncti Josephi *Nahakhich*, cui Mariae nomen destinatum est.

9 Anno D[omi]ni 1638 die 21 mensis Maii, ego Paulus Le Jeune soc[ieta]tis Jesu vices agens parochi ecclesiae Reductionis S[anc]ti Josephi baptisavi absque ceremoniis in periculo mortis positam mulierem natione Algonquinam nomine *Mamikoueou* aetate satis provectam post sufficientem doctrinae Christianae instructionem. Mortua est.[3]

10 Anno D[omi]ni 1638 die 21 mensis Maii, ego Paulus Le Jeune soc[ieta]tis Jesu vices agens parochi ecclesiae Reductionis S[anc]ti Josephi baptisavi absque ceremoniis puellam natam 17 annos filiam Joannis Baptistae *Etinechkaouat*. Mortua est.[4]

---

1 Après **nomine**, les lettres **Khichi** ont été rayées.
2 **Mortua est** : ajouté après coup.
3 **Mortua est**: ajouté après coup.
4 **Mortua est**: ajouté après coup.

11 Anno D[omi]ni 1638 die 10 mensis Junii, ego Paulus Le Jeune soc[ieta]t[is] Jesu vices agens parochi ecclesiae Reductionis S[anc]ti Josephi baptisavi absque ceremoniis adolescentem nomine *Michtizoman* annum circiter vigesimum secundum agentem. Cui nomen[1] Barnabas postea in sacris caeremoniis datum est.

12 Anno D[omi]ni 1638 die 13 mensis Junii, ego Claudius Quantin[2] soc[ieta]t[is] Jesu vices agens parochi ecclesiae[3] Reductionis S[anc]ti Josephi baptisavi absque ceremoniis in periculo mortis positam post sufficientem doctrinae Christianae instructionem mulierem trigesimum circiter annum agentem uxorem Ignatii *Mentouachimat.* Margareta postmodum in sacris caeremoniis data. Vide 10 Aprilis 1639.[4]

13 Anno D[omi]ni 1638 die 24 mensis Junii, ego Joannes Dequen soc[ieta]tis Jesu vices agens parochi ecclesiae Reductionis S[anc]ti Josephi baptisavi infantem tribus annis natum in periculo mortis absque ceremoniis, quae postea ei collatae sunt in ecclesia Kebecensi[5] nomenque impositum est Joannis, huic antea patria lingua nomen est *Tchipaich*.

[6]

14 Anno D[omi]ni 1638 die 30 mensis Junii, ego Joannes Dequen soc[ieta]tis Jesu vices agens parochi ecclesiae Reductionis S[anc]ti Josephi baptisavi sine ceremoniis post sufficientem doctrinae Christianae instructionem in periculo mortis positam mulierem 24 circiter annis natam. Huic erat nomen *Outeskoueou*. Mortua est.[6]

15 Anno D[omi]ni 1638 die primo mensis Junii, ego Joannes Dequen soc[ieta]t[is] Jesu vices agens parochi ecclesiae Reductionis S[anc]ti Josephi baptisavi absque ceremoniis post sufficientem doctrinae Christianae instructionem puellam duodecimum circiter annum agentem in periculo mortis positam.

---

1 Après **nomen**, les mots **destinatum est** ont été rayés.

2 Le P. Claude Quentin (1597-1676), au Canada de 1635 à 1647; c'est son seul acte au ***Regisre de Sillery.***

3 **ecclesiae:** ajouté au-dessus de la ligne.

4 À partir de **Margareta**, les mots ont été ajoutés après coup.

5 Ce baptême suppléé ne se retrouve pas au registre de Notre-Dame de Québec.

6 **Mortua est**: ajouté.

Vide q[uo]d omissum est hoc loco folio 4[1]

16 Anno D[omi]ni 1638 die 9 mensis Julii, ego Joannes Dequen soc[ieta]tis Jesu vices agens ecclesiae parochi Reductionis S[anc]ti Josephi baptisavi sine ceremoniis in periculo mortis positam infantem anno aetatis tertio filiam *Tebachit*. Mortua est.[2]

17 Anno D[omi]ni 1638 die 10 mensis Julii, ego Paulus Le Jeune soc[ieta]tis Jesu vices agens parochi ecclesiae Reductionis S[anc]ti Josephi baptisavi absque ceremoniis in periculo mortis positum post sufficientem doctrinae Christianae instructionem hominem nomine *Mentouetchimat* patria algonquinum aetatis suae anno circiter 25. Huic Ignatii nomen destinatum est.

18 Anno D[omi]ni 1638 die 10 mensis Julii, ego Paulus Le Jeune soc[ieta]tis Jesu vices agens parochi ecclesiae Reductionis S[anc]ti Josephi baptisavi absque ceremoniis post sufficientem doctrinae Christianae instructionem in periculo mortis positum hominem nomine *Tougarakhichichion* jam aetate provectum. Mortuus est.[3]

19 Anno D[omi]ni 1638 die 12 mensis Julii, ego Joannes Dequen soc[ieta]tis Jesu vices agens parochi ecclesiae Reductionis S[anc]ti Josephi baptisavi absque ceremoniis in periculo mortis positam puellam decem annis natam filiam deffuncti *Capitenal*. Huic erat nomen *Ouaoukoukouech*.

20 Anno D[omi]ni 1638 die 13 mensis Julii, ego Franciscus du Perron soc[ieta]t[is] Jesu vices agens parochi ecclesiae Reductionis S[anc]ti Josephi baptisavi cum ceremoniis in cappella S[anc]ti Josephi supra dicti infantem annum tertium agentem filium *Koukiouinapeou* patris et *Pepachireou* matris. Huic nomen impositum est Franciscus. Patrini fuere Barnabas *Michtikoman* et Maria uxor defuncti *Nahakhich*.

---

1 Traduction: *Voir ce qui a été omis ici au feuillet 4;* il faut noter que le foliotage du registre n'a pas été continué après le feuillet 4. Dans la pagination actuelle, l'acte omis ici, daté du 9 juillet 1638, se trouve à la page [9] de l'original.

2 **Mortua est**: ajouté.

3 **Mortuus est**: ajouté.

[7]

21 Anno D[omi]ni 1638 die 3 mensis Augusti, ego Joannes Dequen soc[ieta]tis Jesu vices agens parochi ecclesiae Reductionis S[anc]ti Josephi baptisavi cum ceremoniis in cappella S[anc]ti Josephi supra dicti infantem annum secundum agentem filiam *Makheubichtigiou* patris et *Ousaoumoukoueou* matris. Cui nomen impositum est Teresa. Patrini fuere Jacques *Nagabmat* et Thérèse Xavier. Infantis erat nomen *Kanigamonehit.*

22 Anno D[omi]ni 1638 die 10 mensis Augusti, ego Joannes Dequen soc[ieta]tis Jesu vices agens ecclesiae parochi Reductionis S[anc]ti Josephi baptisavi absque ceremoniis post sufficientem doctrinae Christianae instructum hominem nomine *Chiouegouchich* anno aetatis quadragesimo de vita periclitantem. Mortuus est.[1]

23 Anno D[omi]ni 1638 die 14 mensis Augusti, ego Joannes Dequen soc[ieta]tis Jesu vices agens parochi ecclesiae Reductionis S[anc]ti Josephi baptisavi cum ceremoniis in cappella supra dicti S[anc]ti Josephi infantem[2] tertio aetatis anno natum ex patre *Chiouegouchich.* Cui nomen impositum est Philippus. Patrinus fuit Barnabas *Michtikoman.*

24 Anno D[omi]ni 1638 die 14 mensis Augusti, ego Joannes Dequen soc[ieta]tis Jesu vices fungens parochi ecclesiae Reductionis S[anc]ti Josephi baptisavi absque ceremoniis post sufficientem doctrinae Christianae instructionem mulierem de vita periclitantem, *Iskouechich* patria lingua appellatam, uxorem Ludovici *Nataouichkariniou.* Huic Anna nomen destinatum est. Vide 2 diem decembr. infra 1638.[3]

25 Anno D[omi]ni 1638 die 23 mensis Augusti, ego Joannes Dequen soc[ieta]tis Jesu vices fungens parochi ecclesiae Reductionis S[anc]ti Josephi baptisavi cum ceremoniis in cappella supra dicti S[anc]ti Josephi puerum aegrotantem septimum circiter aetatis annum agentem patrio idiomate *Outchamimau* dictum. Cui nomen inditum Bartholo maeus. Patrinus fuit Jacques *Negabmat.* Mortuus est et sepultus in caemeterio S[anc]ti Josephi die 16 Junii 1639.[4]

---

1 **Mortuus est**: ajouté après coup.

2 **infantem** suit le mot **filium** qui a été rayé.

3 Voir page [8] de l'original, où les cérémonies du baptême seront suppléées.

4 La dernière phrase **Mortuus est...** a été ajoutée après coup.

26 Anno D[omi]ni 1638 die 23 mensis Augusti, ego Joannes Dequen soc[ieta]tis Jesu vices agens parochi ecclesiae Reductionis S[anc]ti Josephi baptisavi sine ceremoniis in manifesto mortis periculo mulierem aetatis anno vigesimo octavo uxorem Michaelis *Ouchechkouetou*, natione Algonquinam.

[8]

27 Anno D[omi]ni 1638 die 24 mensis Augusti, ego Joannes Dequen soc[ieta]tis Jesu vices agens parochi ecclesiae Reductionis S[anc]ti Josephi baptisavi sine ceremoniis sufficienter in doctrina Christiana instructum hominem patrio idiomate dictum *Mataouchkariniou* virum supradictae *Iskouechich*; huic nomen destinatur Ludovici. Vide 2 die Decembr. 1638.[1]

28 Anno D[omi]ni 1638 die 6 mensis septembris, ego Joannes Dequen soc[ieta]t[is] Jesu vices fungens parochi ecclesiae Reductionis S[anc]ti Josephi baptisavi puerum annum aetatis circa quintum agentem patrio idiomate *Chochouerkhi* appellatum natum ex patre *Kakhikeoueou*, matre vero *Haouispich*. Huic Caroli nomen destinatum.

29 Anno D[omi]ni 1638 die 19 mensis septembri, ego Joannes Dequen soc[ieta]tis Jesu vices fungens parochi ecclesiae Reductionis S[anc]ti Josephi baptizavi sine ceremoniis sufficienter doctrinae Christianae rudimentis imbutum adolescentem animam efflantem aetatis suae anno decimo octavo. Patria Attikameg nomine *Ouestikouanich*.

30 Anno D[omi]ni 1638 die 29 septembris, ego Joannes Dequen soc[ieta]tis Jesu[2] vices agens parochi ecclesiae Reductionis S[anc]ti Josephi baptisavi absque ceremoniis post sufficientem doctrinae Christianae instructionem hominem patria lingua *Ouchechkouetou* dictum natione Algonquinum annum aetatis agentem[3] quintum circiter et trigesimum, in periculo mortis.

31 Anno D[omi]ni 1638 die primo Octobris, ego Joannes Dequen soc[ieta]t[is] Jesu vices agens parochi ecclesiae Re-

---

1 Sa femme Thérèse Iskouechich a été baptisée le 14 août 1636. Tous deux recevront les cérémonies du baptême le 2 décembre 1638 (dernier acte de la page [8] de l'original).

2 Après **Jesu** le mot **Ego** a été rayé.

3 Après **agentem** le mot **trigesimum** a été rayé.

ductionis S[anc]ti Josephi baptisavi sine ceremoniis post sufficientem doctrinae Christianae instructionem mulierem animam efflantem aetatis annum agentem secundum sura vigesimum. Huic nomen erat *Khiouipaououekoueou*.

[J. Dequen]

32 Anno D[omi]ni 1638 die 2 mensis Decembris, ego Paulus Le Jeune[1] vices agens parochi ecclesiae Reductionis S[anc]ti Josephi, baptismi caeremonias adhibui Ludovico *Mata8chkurini*[2] et Annae *Ichk8echich*[3]. Patrini fuere Petrus de Puiseaux et Natalis Juchereau.

[C. Pijart]

[9]

Anno D[omi]ni 1639 die 10 mensis Aprilis, ego Paulus Le Jeune vices agens parochi ecclesiae Reductionis S[anc]ti Josephi, baptismi caeremonias adhibui[4] Joannae Margueritae *Kakhegab8ik8e8*, Margueritae *Isk8echich*, Genovefvae[5] Petronillae *8nara8atch8k8e8*, Mariae Petrinae *8ipit*, Mariae Vetulae *Nikhim8chechich*. Patrini fuerunt Joannes Joly, Petrus Vache, Petrus La Rivière, Joannes Baptista[6] Caron[7], Jacobus Emon.

[P. Le Jeune]

Anno D[omi]ni 1639 die 25 Aprilis, ego Claudius Pijart vices agens parochi ecclesiae reductionis S[anc]ti Josephi, baptismi caeremonias adhibui Carolo *Chech8ekhi* et Michaeli *Akhineakamitiski8at* natis[8] *Kakhike8e8* patre, matre vero *Ela8ichich*, et Roberto [ ][9], filio de l'Iroquois *Kakhiti8* et [ ].[10] Patrini fuerunt Toussanus Toupin, Petrus La Rivière et Franciscus Xavier.[11]

[C. Pijart]

---

1 Les mots **Paulus Le Jeune** ont été ajoutés au-dessus des mots Claudius Pijart qui ont été rayés. La correction est de l'écriture du P. Le Jeune, mais l'acte est du P. Pijart. Le P. Le Jeune est alors supérieur des Jésuites de la Nouvelle-France; les parrains Pierre de Puiseaux et Noël Juchereau des Châtelets sont des personnages en vue à Québec (***DBC*** I, 570 et 414).

2 Louis Mata8chkurini avait été baptisé le 24 août 1638; voir **supra**. Le caractère **8** (la lettre **o** surmontée de la lettre **u**), pour exprimer le son **ou**, est employé pour la première fois.

3 Anne Isk8echich avait été baptisée le 14 août 1638; voir **supra**.

4 Deux lettres raturées après **adhibui.**

5 Une rature après **Genovefvae**.

6 L'original comporte **Babtista**.

7 Trois lettres raturées après **Caron.**

8 Le rédacteur avait d'abord écrit **filiis**, qu'il a rayé.

9 Espace laissé en blanc.

10 Espace laissé en blanc.

11 François-Xavier **Nenask8mat**.

Omissum fol. 2[1] Anno D[omi]ni 1638 die 9 Julii, ego Joannes Dequen vices agens parochi ecclesiae reductionis S[anc]ti Josephi baptizavi sine ceremoniis in periculo mortis adolescentem, annum circa decimum sextum agentem *Ch8min* patrio idiomate vocatum, *Nape8ich* patris filium.[2]

[J. Dequen]

Anno D[omi]ni 1639[3] 13 Maii, ego [Claudius Pijart][4] vices agens parochi ecclesiae reductio[n]is S[anc]ti Josephi, baptizavi cum caeremoniis infantem tres aut 4 menses natam, cui nomen impositum est Catharina, natam patre Joanne Baptistae *Etineska8at* et matre *Mitchimin8e*. Matrina fuit Maria *Khi8igam8k8e*.

[Claudius Pijart]

[10]

Anno D[omi]ni 1639 die 14 Maii, ego Joannes Dequen soc[ieta]tis Jesu vices agens parochi ecclesiae Reductionis S[anc]ti Josephi baptismi ceremonias adhibui Mauricio *Pemigaba8it*, Margueritae *Peta8abanek8e8*, Mariae *8raraban8kee8*, Spei *Ha8ichpich*. Patrini et matrinae fuerunt Carolus *8echkinaganitch*, Margarita *Eri8inat*, Maria *Khi8gamek8e8*, Anne *Ichk8echich*.

[J. Dequen]

Anno D[omi]ni 1639 die 31 Maii, ego Claudi[us] Pijart soc[ieta]tis Jesu vices agens parochi ecclesiae reductionis S[anc]ti Josephi baptisavi sine caeremoniis puellam nomine Petronillam quae paulo post baptismum defuncta est.

[Claudius Pijart]

Anno D[omi]ni 1639 die 24 Junii, ego Joannes Dequen soc[ieta]tis Jesu vices agens parochi ecclesiae Reductionis S[anc]ti Josephi baptizavi[5] puerum annum circa septimum agentem patria lingua *Pichichich* vocatum, ex matre *Mamichtan8e8* natum, cum caeremoniis ecclesiae. Cui nomen impositum est Andreas. Patrinus fuit Franciscus Boullé, unus ex domesticis nostris.

---

1 Omission: voir **supra** , original, page [6], note marginale.

2 Après cet acte, un acte de l'écriture de P. Claude Pijart a été rayé en entier. Il n'est pas reproduit ici.

3 François-Xavier **Nenask8mat**.

4 Les mots **Claudius Pijart** ont été coupés par un collectionneur d'autographes!

5 Le mot **baptisavi** a été répété dans l'original.

Item baptizavi in eadem ecclesia eodem die filiam nomine *8spisk8anich* annum circiter quartum agentem ex matre *8itapim8e8.* Huic nomen impositum est Agnès.

Item eodem anno et eodem die contuli ceremonias Mic[h]aeli *Ch8min*, Carolo [ ][1] et Joanni [ ][2], filiis Nicolai *Nite8nich Ioblim bride* a Gallis hic de gentibus vulgo [dicti][3].

[Item eod]em[4] anno et die in eadem ecclesia baptizavi cum caeremoniis mulierem jam satis aetate provectam, patria lingua *Mamichtan8e8*, in baptismo vero Agatam vocatam, Francisco Xaverio *Nenask8mat* junctam matrimonio. Huic patrina fuit Maria, Natalis[5] *Tek8rimat* uxor.

Item eodem anno [et] die et in eadem ecclesia baptizavi cum caeremoniis mulierem annum circa trigesimum agentem patrio vocatam idiomate *Mintchimini8ai* Joanni Baptistae *Etineska8at* matrimonio junctam. Huic patrina fuit Anna *Ik8echich* Ludovici *Mata8irini8* [uxor], nomenque Martha impositum est.

[11]

Anno Domini 1639 die 25 septembris, ego [Joannes Dequen][6] Soc[ieta]tis Jesu vices agens rectoris ecclesiae Reductionis S[anc]ti Josephi baptizavi in manifesto mortis periculo silvestrem patrio nomine *8achagai,* annum circa quadragesimum agentem post sufficentem doctrinae Christianae instructionem paulo post expiravit sepultusque est in cemeterio S[anc]ti Josephi.

Eodem die baptizavi[7] silvestrem *Ka nipistet* patrio lingua vocatum, in periculo mortis, annum vigesimum circiter et quartum agit.

Anno D[omi]ni 1639 die 26 septembris, ego Joannes Dequen soc[ieta]tis Jesu sacerdos vices agens parochi ecclesiae Reductionis S[anc]ti Josephi baptizavi puellam

---

1 Laissé en blanc.

2 Laissé en blanc.

3 Mot n'apparaissant qu'en moitié à cause d'une coupure de l'original. Traduction: «*surnommé Jobelim... par les français vivant ici.*» Jobelin figure dans la liste des prénoms du 17e siècle canadien de CHARBONNEAU, H. et LA ROSE, A. ***Du manuscrit à l'ordinateur,*** p. 90.

4 Lacune due à une coupure de l'original.

5 **Natalis** ajouté au-dessus de **Noël** raturé.

6 Lacune due à une déchirure de l'angle supérieur.

7 Le mot **baptizavi** est répété dans l'original.

3 quatuorne annos natam *Nik8techis* vocatam, filiam *8achagai* patris et *Gar8ch8ik8e* matris, satis graviter aegrotabat.

Item baptizavi infantem eorumdem supra dictorum filiam adhuc lactentem 4 aut 5 menses natam[1] consentiente matre, patre vero jam defuncto. Huic nondum nomen est. Baptizavi absque caeremoniis ecclesiae, etsi sanam et incolumem, tum quia commode id fieri non poterat ob distantiam loci, tum verebar ne, morbo qui tunc temporis gravabatur[2] pestilenti ex improviso, concepta baptismate privaretur.

Anno Domini 1639 die 9 Novembris, ego Joannes Dequen soc[ieta]tis Jesu fungens vices parochi ecclesiae Reductionis S[anc]ti Josephi adhibui caeremoniis baptismi[3] puero *8k8i8ichi8an8*, cui Norberti nomen impositum et puellae *Sagas8ek8e*, cui nomen Annae, et puellae *Nik8techis*, cui nomen datum[4] est Agnes. Patrinus fuit Noel *Negabmat*.

Anno D[omi]ni 1639 die 9 novembris, ego Joannes Dequen soc[ieta]tis Jesu vices agens ecclesiae reductionis S[anc]ti Josephi baptizavi cum caeremoniis infra scriptos: Paulum *8cha8ikina* 7 annos natum[5], Carolum *Khetchigar8etis* quintum annum agentem[6], filios *Khimich8misinam* patris et *Minag8sin8k8e* matris. Patrinus fuit Carolus Maheu.

[12]

[Anno][7] D[omi]ni 1639 die 9 Novembris, ego Joannes Dequen soc[ieta]tis Jesu vices agens parochi reductionis S[anc]ti Josephi baptizavi solemniter infra scriptos: Joannem *Chachibar8tich* filium *Makhiaïk8k8e* matris, defuncto patre, quartum annum agentem[8];

---

1 Les mots **4 aut 5 menses natam** sont ajoutés au-dessus de la ligne.

2 L'original comporte **gragabatur**.

3 **baptismi**: ajouté au-dessus d'**ecclesiae** qui a été rayé; suivent deux débuts de mots rayés.

4 **datum**: correction de **datur**, qui avait d'abord été écrit.

5 Après **natum,** rature des lettres **Char**.

6 Après **agentem**, cinq mots ont été rayés [Joannem Chachabar8tch quartum annum agentem].

7 Le coin du feuillet a été déchiré.

8 Suivent deux lignes qui ont été raturées.

Christinam *8tanik8asin8k8e*, puellam sex annos natam, huic mater est *Pitahiganatik8ch*, vita functus pater. Patrinus fuit Noel *Negabamat;* Caeciliam *Che8agamig8k8e,* huic mater est *8pintikeaban8k8e* 6 annos natam; Marguaritam *Makichteg8k8e* annum quartum agentem orphanam, huic avia est *8tak8aban8k8e*; Ludovicam *8k8irg8tchi8an8k8e* annum sextum agentem orphanam, huic avia est *Matchik8e*; Luciam *Pik8inik8atis8kan* infantem ex patre *Ekacha8ichit* vulgo *8mata8au* patre et *8khitchi8an8k8e* matre natam. Dorotheam *Michtameg8k8e* ex patre *8echkine* et matre *8khi8ichin8k8e* natam infantem; Symphorosam *Pimak8achi8ek8e* ex patre *Mamantairitam* et *Matchi8aban8k8e* matre natam infantem; Agatham *Khisipiki8an* filiam defuncti *Makhate8ebichtichit* et matris oculis orbata [ ][1] duos annos agentem. Patrinus horum omnium solus fuit Barnabas *Mistikoman.*

Anno Domini 1639 die 21 Novembris, ego Paulus Le Jeune soc[ieta]tis Jesu vices agens parochi ecclesiae Reductionis S[anc]ti Josephi baptizavi solemniter in eadem ecclesia silvestrem nomine[2] patria lingua *Khinebuk8minite8* dictum, huic nomen impositum est Bernardus. Patrinus fuit Barnabas *Mistik8man.*

Anno D[omi]ni 1639 die 21 Novembris, ego Paulus Le Jeune soc[ieta]tis Jesu Baptismi caeremonias adhibui in ecclesia Reductionis S[anc]ti Josephi Joanni Baptistae *Etinechka8at*, Dominico *A8etchek*, Josepho *8tchakim.*

[13]

Anno D[omi]ni 1639 die 22 Novembris, ego Paulus Le Jeune Soc[ieta]tis Jesu vices agens parochi ecclesiae[3] Reductionis S[anc]ti Josephi, baptisavi sine caeremoniis Silvestrem patria lingua *8taga8in8* dictum annum circa trigesimum agentem sufficienter instructum in manifesto mortis periculo, huic Valeriani nomen designatum est.

Anno D[omi]ni 1639 die 24 Novembris, ego Paulus Le Jeune soc[ieta]tis Jesu vices agens parochi ecclesiae Reductionis S[anc]ti Josephi, baptisavi solemniter infra scriptas: Theresam *Missar8i*, Magdalenam *Mahiganik8e*, Bibianam *8taban8k8e*, Barbaram *Matchik8e*, Mariam *Matchiaik8k8e*, vetulas et Annam *8khi8atchan8k8e* annum circa vigesimum secundum agentem. Patrini et ma-

---

1 Espace laissé en blanc.

2 **nomine** a été rayé légèrement.

3 Après **ecclesiae**, rature du mot **S[anc]ti** qui avait été anticipé.

trina fuerunt Vincent *Nipiste8igan*, Barnabé *Mistik8man* et Anna *Tchipaik8eban*.

Anno D[omi]ni 1639 die 24 Novembris, ego Joannes Dequen soc[ieta]tis Jesu vices agens parochi ecclesiae Reductionis S[anc]ti Josephi baptizavi solemniter[1] infantem ex *Mahinganik8e* matre et *Kakabichi* patre natum. Patrinus fuit Dominicus *A8etchak*, Clementis nomen imposuit.

Anno D[omi]ni 1639 die 24 Novembris, ego Joannes Dequen soc[ieta]tis Jesu vices agens parochi ecclesiae Reductionis S[anc]ti Josephi baptismi ceremonias adhibui Elisabethae *8nimitau* puellae decimum octavum agenti. Patrinus fuit Dominicus *A8etchak*.

Anno D[omi]ni 1639 die 30 Novembris, ego Joannes Dequen soc[ieta]tis Jesu vices agens parochi ecclesiae Reductionis S[anc]ti Josephi baptizavi solemniter in eadem ecclesia puellam annum decimum agentem, patria lingua *8mina8ek8e8* natam ex *Spensta8ispich* matre et *Kakike8e8* patre. Patrinus fuit Andre *Piresi* avi, nomen Adriana imposuit.

[14]

Anno Domini 1639 die 24 Decembris, ego Paulus Le Jeune soc[ieta]tis Jesu vices agens parochi ecclesiae Reductionis S[anc]ti Josephi baptizavi solemniter infra scriptos: Joannem *Kakike8e8* Silvestrem annum circa quadragesimum agentem; Ignatium *Ka8ag8et* annos triginta natum; Agnetem *Apitchime* annum circa trigesimum agentem mulierem et Ursulam *K8ak8ak8ch* annum circa vigesimum agentem. Patrini et matrinae fuerunt Joannes Baptista *Etinechka8at*, Noël *Tek8erimat*, Domina de la Pelterie[2] et ejus pedissequa Carola[3] dicta[4].

---

1 **solemniter:** ajouté au-dessus de la ligne.

2 Marie-Madeleine de Chauvigny de La Peltrie (1603-1671), fondatrice des Ursulines de Québec. En 1639, elle se consacra, elle et sa fortune, à l'instruction des jeunes Amérindiennes (***DBC*** I, 212-213). Elle est plusieurs fois marraine d'amérindiennes au cours des années 1640 et 1641. Le P. Le Jeune raconte son séjour à Sillery, à Noël 1640 (***Rel*** 1640, 20-21).

3 Il s'agit de Charlotte Barré, dame de compagnie de Madame de La Peltrie, qui devait devenir «*la première professe du monastère de Québec sous le nom de Mère Saint-Ignace.*» (***DBC*** I, 213).

4 En marge de cet acte, on a écrit «*Voir Relations, p. 20, an. 1640.*» et plus bas: «*Mme de la Peltrie marraine.*»

Anno D[omi]ni 1640 die 29 Januarii, ego Joannes Dequen[1] soc[ieta]tis Jesu vices agens parochi ecclesiae Reductionis S[anc]ti Josephi baptizavi solemniter in eadem ecclesia infra scriptos: Hieronymum *8k8n* juvenem annum circa undecimum agentem orphanum, ejus avia cum qua degit Maria *Matchik8e* vocatur; Agatam *Nita8asaban8k8e* ex patre *Khimich8misinan* et matre *Minag8sin8k8e* natam annum duodecimum agentem; Spem *8ragisik8k8e* ex matre *Matchiaïk8k8e*, *Khimich8misinan* sorore, jam vetula, patre vita functo, annum decimum agentem. Patrini fuere Joannes Caron, Barnabé *Mistikoman* et Henricus *8machtik8ia*.

[15]

Anno D[omi]ni 1640 die 10 Maii, ego Bartholomaeus Vimon vices agens rectoris ecclesiae Reductionis S[anc]ti Josephi baptisavi in eadem ecclesia solemniter infra scriptos infantes: Jacobum, vulgo Jacob[2], *Tchakabech* natum tribus circiter annis ex patre *Niagabamat* dicto, natione de Tadoussac[3] adhuc superstite, matre defuncta; Mathaeum *Nahabmat* infantem adhuc in cunabulis ex patre adhuc superstite nomine *Massinaban8[?]*[4] de Tadoussac et matre *Matchik8e8ich* Algonquina; Sabinam puellam tres circiter annos natam ex matre *Matchik8e8ich* supra dicta, patre vita functo. Patrini fuere primi quidem Noël *Negabmat*, secundi Ignatius *Ka8as8etch*, tertiae Anne *Tchipaik8eban*.

Anno D[omi]ni 1640 die 15 Maii, ego Joannes Dequen soc[ieta]tis Jesu ceremonias baptismatis contuli Margaretae *K8ek8etchimat*, Thomae *Isk8ekichik8* uxori, in ecclesia Reductionis S[anc]ti Josephi.

Anno D[omi]ni 1640 die 17 Maii, ego Paulus Le Jeune soc[ieta]tis Jesu vices agens parochi ecclesiae Reductionis S[anc]ti Josephi baptizavi in eadem ecclesia solemniter infra scriptos: Norbertum *Negam8r8ta8at* et Jordanam *8ki8ebab8k8e*. Patrinus fuit Noël [ ], matrina Margareta[5] de Chauvigni de La Pelterie.

---

1 Avant les mots **Joannes Dequen**, le rédacteur avait commencé à écrire **Paulus Le** [pour Le Jeune], mots qu'il a raturés.

2 **vulgo Jacob**: ajoutés au-dessus de la ligne.

3 **natione de Tadoussac**: ajoutés au-dessus de la ligne.

4 Les deux ou trois dernières lettres sont en surcharge et d'une lecture difficile.

5 **Margarita**: sans doute pour **Magdalena**.

Anno D[omi]ni 1640 Maii die 18, ego Paulus Le Jeune soc[ieta]t[is] Jesu baptizavi mulierem patrio idomate *Chichiganik8e* nuncupatam, in periculo mortis constitutam.[1]

[16]

Anno D[omi]ni 1640 Maii die 27, ego Bartholomaeus Vimon soc[ieta]tis Jesu vices agens parochi ecclesiae Reductionis S[anc]ti Josephi baptizavi solemniter in eadem ecclesia quatuor adolescentes infra scriptos: Petrum *Achkameg*, Euchtachium *Eia8asabamat,* Dionysium *8echkinikichit,* Simonem *8mata8ach*. Patrini fuere Petrus de Pizeau, Joannes Baptista *Etinechka8at*, Natalis[2] *Tek8erimat*, Stephanus *Pigar8ich*.[3]

Anno D[omi]ni 1640 Maii die 27, ego Paulus Le Jeune vices agens parochi ecclesiae Reductionis S[anc]ti Josephi baptizavi solemniter infra scriptas in eadem ecclesia: Germanam *Gar8chi8ek8e*, Petronillam *8tachi8akamitchi8an8k8e* annum circa trigesimum agentes; Caeciliam *Nat8k8abek8e* defuncti *La Grenouille*[4] uxorem jam senescentem; Joannam *8atchik8e* annum circa trigesimum agentem; Fortunatam *8akik8tis* puellam decem circiter annos natam. Matrinae fuerunt Joanna *8ik8as*, Anna *Tchipaik8eban*, Anna Dominici *8atchek* uxor.

Anno D[omi]ni 1640 Junii die 3, ego Joannes Dequen soc[ieta]tis Jesu sacerdos vices agens parochi ecclesiae S[anc]ti Josephi Reductionis baptizavi sine ceremoniis in periculo mortis mulierem *8ichi8iri8ek8e* vocatam[5] sufficienter instructam.

Anno D[omi]ni 1640 Junii die 24, ego Bartholomaeus Vimon vices agens rectoris ecclesiae Kebesensis[6] baptizavi solemniter infra scriptas[7]: Franciscam *Piminak8ek8e*

---

1 Le bas de la page, non utillisé, a été bâtonné; à l'angle inférieur droit on a écrit: «*Mme de La Peltrie marraine.*»

2 **Natalis**: ajouté au-dessus de **Noël** qui a été raturé.

3 Etienne Pigar8ich, célèbre chaman algonquin baptisé en 1639. La ***Relation*** de 1640, 26-27, fait son éloge. Plus tard, il oscilla entre ses anciennes pratiques religieuses et le christianisme.

4 Oumasasikoueie, dit La Grenouille était une personnalité en vue chez les Algonquins de l'Ile (aux Allumettes). Il joua un rôle important dans les relations des Français et des Iroquois, pour qui il prit parti. Il mourut avant juillet 1636 (***DBC*** I, 538-539).

5 **vocatum**: ajouté au-dessus de la ligne.

6 Selon M. Honorius Provost, les Pères Jésuites desservaient la paroisse de Québec à tour de rôle (***DBC*** I, 681).

7 Il faudrait **scriptam**, puisque la liste se réduit à une fille, Françoise.

annum circa decimum quartum agentem, parentibus orbatam, curam eius habet Jo[annes] Bap[tista] *Ekineska8at.*

[J. Dequen]

[17]

Anno D[omi]ni 1640 die 2 Novembris, ego Paulus Le Jeune societ[atis] Jesu sacerdos baptisavi cum ceremoniis in sacello S[anc]ti Josephi vulgo Sillery puellam[1] natam 24 Octobris ejusdem anni ex legitimo matrimonio; parentes sunt Ignatius *Ka8as8etch* et Joanna[2] *Kakhegab8ik8e8*; matrina fuit Anna *Attik8ns*, nomen ei Angelica dedit.

Anno D[omi]ni 1640 die 4 Novembris, ego Paulus Le Jeune societ[atis] Jesu sacerdos baptisavi cum caeremoniis in ecclesia Kebecensi virum matrimonio junctum patrio nom[in]e *Meiachka8at*[3], cui nomen Carolus dedit Carolus de Montmagny[4] hujusce Regionis moderator.

Item virum adultum *Nape8ich* nuncupatum cui nomen Henricus impositum est ab Olivario Le Tardif[5]

Item[6] alium sylvestrem matrimonio etiam conjunctum, quem *8chtaisimau* sui nuncupabant, Achilles dictus est ab Achille de Lisle.[7]

Anno D[omi]ni 1640 die 15 Novembris, ego Bartholomaeus Vimond societatis Jesu sacerdos baptisavi cum caeremoniis in Xenodochio puellam 15 circiter annos

---

1 Devant **puellam**, les mots **infantem natam** ont été raturés.

2 Après **Joanna**, un mot raturé.

3 Charles Meiachka8at est l'un des trois chefs de famille de Tadoussac, avec Henri Nape8ich et Achille 8chtaisimau, qui furent baptisés le même jour et dont la ***Relation*** de 1641, 6, 14-15, fait l'éloge. L'importance de ces baptêmes est soulignée par la dignité des parrains.

4 Charles Huault de Montmagny (1583-1653) fut gouverneur de la Nouvelle-France de 1636 à 1648. Les Amérindiens l'appelaient **Onontio** (Grande Montagne), nom qui par la suite fut donné à tous les gouverneurs de la Nouvelle-France (***DBC*** I, 383-384).

5 Olivier Letardif (vers 1604-1665) occupa plusieurs postes importants dans la colonie, dont celui de commis général des Cent-Associés. Il fut interprète et parlait les langues montagnaise, algonquine et huronne. Il appuyait le travail des Jésuites, servait de parrain aux autochtones et avait adopté trois jeunes Amérindiennes, dont l'une Marie Olivier devint la femme de Martin Prévost (***DBC*** I, 483-484).

6 Avant **item,** un mot rayé.

7 Achille de Bréhaut Delisle occupa les postes de lieutenant du gouverneur de Montmagny et de juge à Québec (***DBC*** I, 130). La ***Relation*** de 1641, 18 , raconte: *"L'un de ces trois chefs de famille fut nommé Achille par Monsieur le Chevalier de L'Isle, lequel prend grand plaisir de voir ces bonnes gens se ranger au bercail de l'Église."*

natam, vulgo *Gama8erimakhe8* dicebatur, huic Francisca nomen impositum est a matrina ejus Monica *8pin88k8e*.

Anno D[omi]ni 1640 die 18 Novembris, ego Paulus Le Jeune societatis Jesu sacerdos baptizavi sine caeremoniis in periculo mortis vi[ru]m adultu[m] matrimonio conjunctum nom[in]e patrio *At8re*, ei nullu[m] nomen impositu[m] est. Postea[1] Renatus dictus est, cum caeremoniae adhibitae sunt, patrinus Renatus Goupil[2].

Anno D[omi]ni 1640 die 25 Novembris, ego Paulus Le Jeune societatis Jesu sacerdos baptizavi cum caeremoniis hominem viginti circiter annos natum patria lingua *8iebabechit* dictum, cui nomen Joachimus impositum est a Petro[3] Le Gardeur[4] de Repentigni et Magdalena de Chauvigni de La Pelterie, patrinus et matrina.

[P. Le Jeune]

Anno[5] D[omi]ni 1640 die 30 Decembris, ego Renatus Ménart societatis Jesu sacerdos baptisavi cum ceremoniis in ecclesia D[iv]i Josephi mulieres duas aetate jam adultas Charlotte *Mitchiganik8e*, Elisabeth[6] *8r8aban8k8e* priori[7] nomen dedit Charlotte[8]; posteriore[m] appellavit Elisabetham ipsa D[omi]na Magdalena de Chauvigny.

Ead[em] die et hora vir is adultus qui die 18 Nove[m]bris in maximo et credebati periculo mortis baptisatus fuerat, quae ad ceremoniaru[m] ritum defuera[n]t, accepit. Appellatusque est Renatus *Atouré* a domestico[9].

[R. Ménard]

---

1 Toute la ligne commençant par **Postea** semble avoir été ajoutée après coup.

2 René Goupil (1608-1642), chirurgien, jésuite, tué par les Iroquois en 1642, fut canonisé en 1930 (***DBC*** I, 354).

3 Les mots **Petro** et **Gardeur** ont été ajoutés au-dessus de ratures.

4 Pierre Legardeur de Repentigny fut lieutenant du gouverneur de Montmagny et joua un rôle important dans l'organisation et la gestion de la Compagnie des Habitants. Il mourut en mer en 1648 (***DBC*** I, 457-458).

5 Les deux actes qui suivent ont été annulés par des bâtons obliques. Le premier est repris à la page suivante, tandis que le second a été rendu inutile par le complément apporté à l'acte du 18 novembre 1640: *«Postea Renatus dictus est, cum caeremoniae adhibitae sunt, patrinus Renatus Goupil»* (Original, p. [17]).

6 Les prénoms de **Charlotte** et de **Elisabeth** ont été ajoutés au-dessus de la ligne.

7 **priori**: ajouté au-dessus d'une rature.

8 Après le mot **Charlotte**, les mots **ancilla D[omi]nae de Chauvigny** ont été rayés.

9 Le domestique est René Goupil, futur jésuite.

[18]

Anno D[omi]ni 1640 die 30 Decembris, ego Renatus Ménard societatis Jesu sacerdos baptisavi cum caeremoniis[1] duas mulieres adultas, una patrio no[m]i[n]e dicebatur *8r8aban8k8e* uxor Henrici *Nape8ich*, altera *Mitchiganik8e*; priori nomen impositum est [2] Elisabeth a Magdalena de Chauvigny vulgo D[omi]na de La Pelterie; alteri nomen impositum est Charlotte, matrina fuit Charlotte Barré.

Anno D[omi]ni 1640 die 4 Januarii, ego Paulus Le Jeune societatis Jesu sacerdos baptizavi infantem natam secunda die Januarii circa mediam noctem ex Vincentio Xavier *Nipike8igan*[3] et Ursula *K8ak8ak8ch* conjugibus hujus parochiae seu Reductionis, cui nomen Charitas impositum est, patrina fuit Angelica *Piminak8eik8e* hujus Reductionis.

Anno D[omi]ni 1641 die 12 Januarii, ego Josephus Imbert[us] Duperon[4] sacerdos societatis Jesu baptizavi cum caeremoniis virum adultum 60 circiter annos natum patrio no[m]ine dicebatur *Ik8eakik*, ei nomen impositum est Josephus; patrinus fuit Nicolaus Macart campanus[5] Gallus.

Anno D[omi]ni 1641 die 12 Januarii, ego Bartholomaeus Vimont societ[atis] Jesu sacerdos baptizavi cum caeremoniis[6] tres mulieres adultas, una uxor est Josephi *Ik8eakik*, vulgo *8tchagatak8k8e* ei nomen impositum Gabriela[7] matrina fuit Ma[g]dalena de Chauvigny. Altera *Chipchip* vulgari nomine dicebatur, ei nomen impositum est Augustina, matrina fuit Magdalena de Chauvigny; tertia *8pimasa8ek8e* vulgari nomine dicta est Appollonia, matrina fuit Carola Barré.

Anno D[omi]ni 1641 die 19 Januarii, ego Josephus Imbertus Duperon societatis Jesu baptizavi cum caeremoniis puellam natam circiter 20 annos no[mi]ne patrio *Chichiganik8e*, ei nomen datum est Margareta, patrina fuit Magdalena de Chauvigni vulgo Domina de La Pelterie. Haec puella nupta est eadem die Francisco *8mas8inaban8ich*.

[P. Le Jeune]

---

1 **cum caeremoniis**: ajouté après coup au-dessus de la ligne.

2 Un mot rayé après **impositum est**.

3 La ***Relation*** de 1646, 21-22, raconte sa mort et fait son éloge.

4 Duperron: ajouté au-dessus de la ligne.

5 Nicolas Macart était originaire de la Champagne (TRUDEL, M. ***La population du Canada en 1663***, Montréal, Fides, 1973, p. 31.)

6 **cum caeremoniis:** ajouté au-dessus de la ligne.

7 Après **Gabriela**, le mot **patrina** a été rayé.

Anno D[omi]ni 1641 die 16 Martii, ego Bartholomaeus Vimont societatis Jesu sacerdos baptisavi in Xenodochio cum caeremoniis puellam natam circiter 12 annos no-[m]i[n]e *8pitaban8k8e*, Anna ei nomen datum est, patrina fuit Helena *8tichk8eiaban8k8e*. Haec[1] orbata est parentibus, sororem habet *8mistik8e* et avunculum *Nanik8taban*. Obiit mense Aprili ejusdem anni.

Anno D[omi]ni 1641 die 27 Martii, ego Bartholomaeus Vimont soc[ietatis] J[esu] sacerdos baptisavi in Nosocomio cum caeremoniis infantem adhuc in cunis ex patre *K8k8eribab8g8ch* et matre Barbe *Kakichig8k8e*, Maria ei nomen datum est, matrina fuit Catharina Chevalier.

[J. Duperon]

[19]

Anno D[omi]ni 1641 die 8 Aprilis, ego Bartholomaeus Vimond societatis Jesu sacerdos baptizavi infantem natam[2] secundo die Februarii ejusdem anni ex conjugibus Natali *Negabamat* et Agnete *Apitchime*[3], cui nomen Maria Magdalena impositum est[4], matrina fuit Magdalena de Chauvigni de La Pelterie.

Anno D[omi]ni 1641 die 8 Aprilis, ego Bartholomaeus Vimond societatis Jesu sacerdos baptizavi infantem natum 17 Martii ejusdem anni ex conjugibus Dominique *A8echak* et Anna *8khi8achtan8k8e8*, cui nomen Martinus impositum est[5], Ludovic[us] Couillard[6] fuit ejus patrinus, nomine Martini [ ][7] dioecesis Andegavensis in Gallia.

Anno D[omi]ni 1641 die 8 Aprilis, ego Bartholomaeus Vimond societatis Jesu sacerdos baptizavi infantem natum primo die ejusdem mensis et anni ex conjugibus Achille *8chtaisimau* et *8pimabami8ek8e8* nondu[m] baptizata, cui nomen impositum est Joannes, patrinus fuit

---

1 À partir de **Haec orbata...**, le texte semble avoir été inséré après coup.

2 Un mot rayé après **natam**.

3 Après **Apitchime**, rature du mot **matrina** anticipé.

4 Après **impositum est**, rature du mot **patrina**, remplacé par **matrina**.

5 Après **impositum est**, rature du mot **Franciscus**, remplacé par **Ludovic[us]**.

6 Louis Couillard (1629-1678), fils de Guillaume Couillard et de Guillemette Hébert. Il n'avait que 13 ans (***DBC*** I, 244-245).

7 On donne le prénom de Martin en l'honneur d'un personnage - - un bienfaiteur sans doute - - originaire du diocèse d'Angers (Andegavensis). Qui était-il? On retrouve la même façon de choisir le prénom à l'acte suivant.

Franciscus Blanche, no[m]i[n]e Joannis De Bernier dioecesis[1] Baionensis in Normandia.

Anno D[omi]ni 1641 die 9 Aprilis, ego Paulus Le Jeune societatis Jesu sacerdos baptizavi mulierem natam circiter 22 annos uxorem Achillis *8chtaisiman*, no[m]i[n]e patrio *8pimabami8ek8e8*, cui nomen Joanna impositum est, matrina fuit Magdalena de Sauvigny de La Pelterie.

[P. Le Jeune]

Anno D[omi]ni 1641 die 5 Maii, ego Josephus Duperon societatis Jesu sacerdos baptizavi infantem natam 2 circiter menses ex conjugibus René *At8re* et *Matchihaban8k8e* nondum baptizata, cui nomen Benedicta impositum est, matrina fuit Catharina Chevalier.

[J. Duperon]

Anno D[omi]ni 1641 die 8 Maii, ego Renatus Ménard societatis Jesu sacerdos baptizavi infantem natum 6to ejusdem mensis ex conjugibus Renata *At8re* et Maria *Chichiganik8e*, cui[2] nomen Franciscus impositum est Franciscus Blanche dioecesis Baiocensis in Normandia.

Anno[3] D[omi]ni 1641 2 Junii, ego Paulus Le Jeune soci[ietatis] J[esu] sacerdos baptizavi Tadousaci mulierem aegrotam nom[ine] *At8himakhe8*, expiravit paulo post baptismum sine caeremoniis collatu[m] ob necessitatem.

[P. Le Jeune]

Anno D[omi]ni 1641 die 5 Junii, ego Bartholomaeus Vimond soc[ietatis] J[esu] sacerdos baptizavi infantem tres circiter menses natam no[mine] patrio *Ninchig8k8e*[4] ex conjugibus *8ki8inape* et *Aiamik8e* nondum baptizatis, cui nomen Francisca impositum est. Matrina fuit Magdalena de Chauvigni de La Pelterie.

Anno D[omi]ni 1641 eodem die, ego Bartholomaeus Vimond soc[ietatis] Jesu sacerdos baptizavi in Xenodokio[5] infantem 15 circiter dies natam ex conjugibus *8echkine* et *8ki8ichim8k8e* nondum baptizatis, cui nomen Nicola impositum est, patrinus fuit [ ][6].

---

1 Jean de Bernières de Louvigny, oncle de l'abbé Henri de Bernières, était fondateur de l'Ermitage de Caen, important centre missionnaire, et procureur des Ursulines de Québec (***DBC*** I, 94 et LE JEUNE, L. ***Dictionnaire général,*** I, 163).

2 À partir de **nomen** jusqu'à la fin de l'acte, l'écriture est différente.

3 Acte inséré après coup entre les actes des 8 mai et 5 juin 1641.

4 Les mots **patrio Ninchig8k8e** ont été ajoutés après coup au-dessus de la ligne.

5 **in Xenodokio**: ajouté au-dessus de la ligne.

6 L'acte n'a pas été complété.

[20]

Anno D[omi]ni 1641 die 26 Junii ego Bartholomaeus Vimond societatis Jesu sacerdos baptizavi solemniter in sacello S[anc]ti Josephi vulgo de Sillery virum matrimonio junctum patrio nomine *Tgondatsa* ex oppido Conceptionis B. V. Mariae apud Hurones vulgo Ossosane, cui nomen Carolus dedit Carolus de Montmagny hujusce regionis moderator.[1]

[J. Duperon]

Tadousac

Anno D[omi]ni 1641 die 29 Junii, ego Paulus Le Jeune[2] societ[atis] Jesu sacerdos[3] baptizavi sine caeremoniis defectu sacrarum unctionum in loco vulgo Tadoussac nuncupatur sequentes personas:

8etesimisk8e8 et *8k8ta8ibehin8k8e8*[4] mulierem plusquam sexagenariam cui nomen Maria datum est aut destinatum.

8sasaïn8k8e8 mulierem item sexagenariam[5] cui nomen Catharina destinatum est, ea est mater sylvestris quem vulgo *Kakhitah8an* vocant.

Item *N8tekhe8* mulierem 35 circiter annos natam, morbo laborantem, ei nomen destinatu[m] est Ludovica, uxor est istius sylvestris quem *Kakhitah8an* appellant. Has tres mulieres nominavit Nicolaus Marsolet[6].

Nehapamat infantem uno circiter anno natum filium *Kan8tisk8e8et* vulgo *La Nasse*[7] et *Tchipain8k8e8* ejus uxorem, ei nomen Daniel destinatu[m] est a Daniele Lebrun.

Item *8mia8bik8e8* filiam eorumdem parentu[m] natam circiter tres annos, cui Adriana nomen destinatu[m] est ab eodem Daniele Lebrun.

---

1 La cérémonie est racontée en détail dans la ***Relation*** de 1641, 20-24, où le nom est orthographié **Sondatsaa**, du bourg d'Ososane. Le baptême fut administré par le P. B. Vimont, mais le P. de Brébeuf faisait les interrogations (***Rel.*** 1642, 12-13; 62, 63; 1644, 78, 83).

2 C'est le premier séjour du P. Paul Le Jeune à Tadoussac, du 2 au 29 juin 1641. *"Il baptisa quatorze ou quinze Sauvages, notamment des enfants et des personnes âgées;"* (***Rel.*** 1641, 55).

3 Après **sacerdos**, rature du mot **ego**.

4 Mot ajouté au-dessus de la ligne.

5 Après **sexagenariam**, un mot rayé.

6 Nicolas Marsolet (de Saint-Aignan) (1587-1677), interprète, commerçant de fourrures (***DBC*** I, 504-506).

7 Ne pas confondre avec Manitougatche dit La Nasse, montagnais décédé en 1634 (***DBC*** I, 498-499).

Item filiam Petri *8pastech8anam* defuncti et *Kachtin8khi8* natam circiter 5 annos ei nomen Peretta destinatu[m] est a Ludovica *Pitahigamatik8ch*.

Item filiam *Kakhikheg8mechka8at* patris et ejusdem *Kachtin8khi8* matris natam circiter tres annos, ei nomen Petrina destinatu[m] est ab eadem Ludovica *Pitahigamatik8ch*.

Item *8masinatchi8non* natu[m] circiter 3 annos filium *Khi8isask8* ejus patris et *8teta8g8m8k8e8* matris, ei Carolus nomen destinatu[m] est a Carolo *Meiachka8at*.

Item *8iamaban8chkat* natu[m] circiter 3 annos filium *Eachtamabisis* et *Natag8m8k8e8* parentu[m] ejus, cui nomen destinatu[m] est Petrus a Petro Boquet.

Item infantem natu[m] circiter 6um annu[m] filium eorumdem parentum cui nomen destinatu[m] est Jacobus ab eodem Petro Boquet.

[21]

Item *8tastetch8anon* natu[m] vix duos annos filium *Chenatasak* et *8sakhin* parentu[m] ejus, cui nomen Nicolas destinatu[m] est a Nicolao Aulart.

Item *Pip8nesk8ch* infantem natu[m] circiter duos annos filium *Ekhita8apamat* et *8raraban8k8e8* parentu[m] ejus, cui nomen Paulus destinatum est a Nicolao Aulart.

Hae duodecim personae sine caeremoniis baptisatae Tadousaci sunt ex natione quam vulgo Kak8chaki velut nos Galli appellamus[1] la nation des Porcs-Epics.

[P. Le Jeune]

Anno D[omi]ni 1641 die 20 Julii, ego Paulus Le Jeune societatis Jesu sacerdos baptizavi solemniter in n[ost]ro sacello infra scriptos: Philippum *Sakap8an* alias *Ka8aban8nket* et Gratian *Chimi8irini* fratres; patrini fuere Henricus *Nape8ich* et Magdalena de Sauvigny[2] de la Pelterie, Petrus *Trigatin*[3] et Carola Barré.

[J. Duperon]

---

1 **appellamus**: ajouté au-dessus d'une rature.
2 Le rédacteur avait d'abord écrit **Chauv**, puis a préféré l'orthographe **Sauvigny**.
3 Pierre Trigatin: les ***Relations*** de 1640, 25, 26, 40 et de 1643, 40-41, font son éloge.

Anno D[omi]ni 1641 die primo Augusti, ego Paulus Le Jeune societatis Jesu sacerdos baptizavi solemniter infantem legitimo ortam[1] matrimonio ex patre Joanne *Kakhikhe8e8* et matris Magdalena *Mant8k8e8it* natam 21 Julii ejusdem anni, ei nomen Maria impositum est, matrina fuit Magdalena de Chauvigny de la Pelterie.

Tadousac

Anno D[omi]ni 1641 die 20 Septemb[ris], ego Paulus Le Jeune societatis Jesu sacerdos baptizavi solemniter infantem 4 circiter annos natam patria lingua *8ki8ehe-g8k8e8*[2] filiam *Nach8abe8it* patris et *8tachtchaban8k8e* matris Tadoucensibus[3] nomen Anna imposuerunt Paulus de Chomedey de Maisonneuve diocesis Trecensis in Campagnia, parociae Novae Villae et Joanna Mance ex urbe Lingonensi vulgo Langres.

---

1 **ortam**: ajouté au-dessus d'une rature.

2 Les mots **4 circiter annos natam patria lingua 8k8eheg8k8e8** ont été ajoutés au-dessus de mots raturés.

3 Le mot **Tadousac** inscrit en marge de cet acte et de celui du 25 septembre est d'un autre rédacteur que celui de ces deux actes. Le qualificatif **Tadoucensibus** attribué aux parents permet-il d'affirmer que ces baptêmes ont eu lieu à Tadoussac? Si oui, il faudrait en déduire que Maisonneuve et Jeanne Mance se seraient trouvés en cet endroit le 20 septembre 1641.

À l'été 1641, le P. Le Jeune a séjourné à Tadoussac du 2 au 29 juin (***Rel.*** 1641, p. 55, col. 1). À l'automne, il s'embarque pour la France et apporte avec lui le manuscrit de la ***Relation*** de 1641, dont il est l'auteur et dont le contenu ne va guère au-delà du 15 août 1641. Le P. Le Jeune avait une belle occasion de mentionner son passage à Tadoussac, de parler de ses baptêmes à cet endroit, de sa rencontre avec Maisonneuve, etc. À défaut du P. Le Jeune, le P. Vimont aurait pu y faire allusion dans la ***Relation*** de 1642.
La note marginale **Tadoussac** apparaît à la page [20], (le 29 juin 1641); p. [21], (les 20 et 25 septembre); p. [22], (15 octobre, rayé); p. [23], (le 17 octobre et le 27 novembre). La note revient donc six fois , toujours de la même écriture, qui semble bien être celle du P. Jean Dequen (voir page [23], actes du 17 octobre et du 27 novembre, rédigés par le P Dequen, où le mot **Tadoussac** est écrit dans l'acte et dans la marge).

La signification devrait donc être la même pour tous les cas: c'est-à-dire que tous ces baptêmes devraient avoir eu lieu à Tadoussac.

Pour le 29 juin 1641, pas de doute: le lieu est mentionné dans l'acte.

Pour le 20 septembre, les parents sont des Tadoussaciens, mais le lieu n'est pas indiqué.

Pour le 25 septembre, (P. Duperon), les parents sont Tadoussaciens, pas de lieu indiqué.

Pour le 17 octobre, (P. Dequen), les baptisés sont de Tadoussac, mais le baptême a lieu à Québec.

Même chose pour le baptême du 27 novembre (P. Dequen), qui a lieu à l'hôpital, mais dont les baptisés sont de Tadoussac.

Le baptême du 24 septembre par le P. Le Jeune a bien des chances d'avoir eu lieu au même endroit que le baptême précédent (du 20 septembre).

Le baptême du 25 septembre par le P. Jos. Duperon aurait eu lieu, lui aussi, à Tadoussac.

Et l'autre baptême qui suit (page [22]), du 27 septembre, du même Père Duperon, semble bien de la même veine (même parrain: Thomas Harenc); il a aussi bien des chances d'avoir eu lieu au même endroit que le précédent.

Anno D[omi]ni 1641 die 24 Septemb[ris], ego Paulus Le Jeune societatis Jesu sacerdos baptizavi solemniter infantem eodem die natam legitimo matrimonio ex patre Joanne Baptista *Etinechka8at* et matre Martha *Mitchimini8e*, ei nomen Maria impositu[m] est, matrina fuit Joanna Mance Lingonensis[1] vulgo de Langres, parochiae SS. Petri et Pauli.

[P. Le Jeune]

Tadousac

Anno D[omi]ni 1641 die 25 Septemb[ris], ego Josephus I[mbertus] Duperon soc[ietatis] Jesu sacerdos baptizavi solemniter puerum 6 circiter annos natum filium *Neapmat* patris et *Chi8ab8k8k8e* matris Tadoucaensibus, dictum *N8ag8sitch*, nunc autem Thomas a patrino Thomas Harenc Rothamagensis civitatis[2].

[22]

Anno D[omi]ni 1641 die vigesimo septimo Septembris, ego Josephus I[mbertus] Duperon soc[ietatis] Jesu sacerdos baptisavi solemniter puellam annos decem circiter et octo natam, patria lingua *Ik8esensi8itch* dictam utroque parentu[m] orbam, cognatione affinem Ignace *Ka8as8et* et Jeanne *Kakegab8ik8e8*, ei nomen Angelica imposuerunt Thomas Harenc et Carola[3] Barré.

Anno D[omi]ni 1641 die tertio Octobris[4], ego Josephus Duperon soc[ietatis] Jesu sacerdos baptizavi sine caeremoniis in periculo mortis adolescentem sexdecim circiter annos natum nomine patrio *Earimapamat* affinitate

---

On voit donc que l'interprétation de cette note marginale n'est pas facile. Il est évident que tous les baptisés concernés dans ces actes sont des Tadoussaciens; mais à quel endroit le baptême a-t-il eu lieu? le lieu est-il bien Tadoussac?

Par ailleurs, si on examine la façon d'indiquer le lieu des baptêmes dans les actes du ***Registre de Sillery***, on constate que, lorsqu'il n'y a pas d'indication contraire, le baptême a lieu à Sillery.

Conclusion: selon toute vraisemblance, le parrainage de Maisonneuve et de Jeanne Mance, le 20 septembre 1641, a eu lieu à Sillery.

Il faut aussi noter que, selon M.-C. Daveluy, le présent acte du ***Registre de Sillery*** est le seul document attestant la présence de Maisonneuve au Canada à l'automne 1641 (***DBC*** I, 220).

1 Après le mot **Lingonensis**, rature du mot **parochiae**, anticipé.
2 **Rothamagensis**: de Rouen. Un mot raturé après **civitatis**.
3 **Carola**: ajouté au-dessus du mot **Charlotte**, qui a été rayé.
4 Les mots **Anno Domini 1641 tertio Octobris** ont été insérés après coup.

conjunctum Bernardo *Kinebik8mite8* et postea[1] nomen impositum est Daniel a patrino Pierre Gontier[2].

Anno D[omi]ni 1641 die 8 Octobris, ego Josephus Duperon s[ocietatis] J[esu] s[acerdos] vices agens rectoris ecclesiae Reductionis S[anc]ti Josephi apud Urselinas baptizavi solemniter infra scriptas: Maria *Mir8chk8ech* annum circa 13um agentem filiam Mariae *Chestig8k8e*.

Item Mariam[3] *Isk8echitch* 10 circiter annos natam, filiam *Neapmat*.

Item Carolam *8ta8ik8e8* 11 circiter annos natam, Carolo *Meiaska8at* affinem Achilli *8chtaisimau* sororem[4].

Item Elizabeth *Machkik8ech* 9 circiter annos natam, parentibus orbam Marco Ant[onio] *N8techimat* affinem.

Item Franciscam *8ta8ir8tin8k8t* 11 annos natam, Achillis *8taissimau* sororem, 4^{or} primarum matrina fuit Magdalena de Chauvigny de La Peltrie, ultimae vero patrin[us] Franciscus Faug[5] sacerdos.

Anno Domini 1641 die nona Octobris[6], ego Josephus Duperon soc[ietatis] Jesu sacerdos baptizavi solemniter in n[ost]ro sacello S[anc]ti Josephi infra scriptos: Marcum Antonium *N8techimat* virum matrimonio junctum, huic nomen dedit[7] patrinus Charles *Meiaska8at*.

Item Alexium *Piminak8anis* annum agens circiter 17, Josepho *Ik8eiakik* affinem, huic nomen dedit[8] Noel *Tek8erimat* patrin[us].

Anno D[omi]ni 1641 die 15 Octobris, ego Joseph[us] Duperon societatis Jesu sacerdos baptizavi solemniter in n[ost]ro sacello S[anc]ti Josephi infra scriptos: Dominicum *Miaret8tch* annum circiter 12 agentem filium Eustachii

---

1 **postea**: ajouté au-dessus d'un mot raturé.

2 Ce baptême est raconté dans la ***Relation*** de 1642, 27. Pierre Gontier était domestique des Jésuites **ad vitam** avec Robert Hache (***Journal des Jésuites***, Montréal, Laval, Éditions François-Xavier, 1973, p. 6).

3 **Mariam** est une correction de **Margaritam**.

4 Les mots **Achilli 8chtaisimau sororem** sont insérés dans l'interligne et un signe d'appel indique leur place après **affinem**.

5 **Franciscus Faug**: sans doute pour Antoine Fauls, qui fut aumônier des Ursulines et confesseur des Hospitalières de 1641 à 1644 (ALLAIRE, J.-B.-A. ***Dictionnaire biographique du clergé canadien-français***, Montréal, 1910, I, p. 205).

6 Les mots **Anno Domini 1641 die nona Octobris** ont été intercalés après coup.

7 **dedit**: correction de **dedere**; **patrinus**, ajouté au-dessus d'une rature. Après **Meiaska8at,** deux mots rayés.

8 **dedit**: correction de **dedere**. Après **patrinus**, une demi-ligne rayée.

8ki8inape8i, huic nomen dedere patrini Marc[us] Ant[onius] *N8techmat* et Carola Barré.

Item Ambrosium *Karak8nau*[1] Papinachi8[2], filium *Nanchabe8ich* adoptivum annum decimum circiter quartum agentem, huic nomen dedere patrini Simon *Mata8atch* et Martha *Mitchimini8e.*

Item Sebastianum *Mistik8ti* 13um circiter annum agentem Angelicae *Piminak8eichk8e8* affinem[3], huic nomen dedere Joseph *Ik8eiakik* et Helena *8tisk8eiaban8k8e* patrini.

[J. Duperon]

[23]

Tadousac

Anno D[omi]ni 1641 die 17 Octobris, ego Joannes Dequen soc[ieta]tis Jesu sacerdos fungens vices rectoris ecclesiae Kebecensis baptizam solemniter in eadem ecclesia sufficienter instructos Emericum *Tetibichk* vulgo *L'arquebuzier* ou *Tchamez*[4] et Eustachium *K8ki8inape8*[5] annos circiter 30 natos; Patria de Tadoussac. Patrini fuere Oliverus Le Tardif et Nicolaus Marsolet hujusce loci incolae.

Anno D[omi]ni 1641 die 21 Octobris, ego Joannes Dequen soc[ieta]tis Jesu fungens vices ecclesiae Kebecencis baptizavi solemniter in capella S[anc]ti Josephi apud Ursulinas sufficienter instructas[6] Renatam *8sa8aman8k8e* vetulam, *Makeabichtichiban* quondam uxorem; Ursulam *8ki8ab8g8k8e* Ludovicae *Pirahiganatik8ch* filiam, *Nahabmat* uxorem, et Augustinam *Ki8eg8m8*, Mariae *La petite femme Chestig8k8e* filiam. Matrina harum trium fuit Magdalena de Chauvigni de La Pelterie.

Anno D[omi]ni 1641 die 20 Octobris, ego Joannes Dequen soc[ieta]t[is] Jesu baptizavi sine caeremoniis in Xenodochio in manifesto mortis periculo silvestrem nomine *8sagabano* annum agentem circa trigesimum

1 **Karak8nau**: ajouté au-dessus de la ligne.

2 Rature de **Papinachi8** qui avait été répété.

3 **affinem**: ajouté au-dessus d'un mot rayé.

4 **Emery Tchames**: «*un homme de considération parmi les Sauvages...*» (***Rel.*** 1642, 14); il se retirait habituellement à Tadoussac; voir son éloge: ***Ibid.*** 40-41.

5 Eustache K8ki8inape8 avait été converti par son frère Charles Meiachka8at; son éloge est dans la ***Relation*** de 1642, 15.

6 Les mots **sufficienter instructas** sont répétés dans l'original.

quintum huic nomen Lazari destinatum est, paulo post obiit.

Anno D[omi]ni 1641 die 24 Octobris, ego Joannes Dequen soc[ieta]tis Jesu baptizavi solemniter in Xenodochio adolescentem nomine *Ka Pirakaganta8etch* annum decimum agentem sufficienter instructum ex patre *Pachirinich* vulgo *Le Marchant,* huic nomen impositum est Mathaeus. Patrinus fuit Mathaeus Heboult.[1]

Tadousac

Anno D[omi]ni 1641 die 27 Nov[embris], ego Joannes Dequen soc[ieta]t[is] Jesu baptizavi solemniter in Xenodochio infra scriptos: Joannem Franciscum *Ka8a8irat* de Tadoussac annum circa vigesimum agentem *Nehabmat* filium adoptivum; et Theodosium *Thea8sk8echkat* annum agentem circa decimum septimum Dominico *A8esak* affinem. Patrini fuere Jacobus Bordon et Guilelmus Couillart.[2]

[J. Dequen]

Anno D[omi]ni 1641 die 2ª Decembris, ego Joseph[us] Duperon soc[ietatis] Jesu sacerdos baptizavi solemniter in Xenodochio adolescentem nomine *Achedie* annum duodecimum agentem sufficientem instructum, huic nomen Hubertus impositum est, patrinus fuit ei Carolus Quadieu.

[J. Duperon]

[24]

Anno D[omi]ni 1641 die 16 Decembris, ego Joannes Brebeuf soc[ieta]tis Jesu baptizavi solemniter in Xenodochio mulierem patrio idiomate *8tagamisk8e8* dictam annum agentem tricesimum. Patrina fuit Francisca Giffard[3].

Anno D[omi]ni 1641 die 16 Decembris, ego Joannes Dequen soc[ieta]tis Jesu baptizavi solemniter in Xenodochio infantem recens natam ex patre *Penk8chi8etin* vulgo *Castillon* et matre Catharina *Ita8atcha8an8k8e* filia *8e8e8*. Patrina fuit Maria Giffart filia ejusdem Giffart[4].

---

1 Mathieu Hebou ou Hubou dit Deslongchamps, maître-armurier, neveu de Guillaume Hubou (TRUDEL, M. ***La pop. du Canada en 1663***, p. 212).

2 Guillaume Couillard (1591-1663), gendre de Louis Hébert, charpentier, matelot, etc., anobli en 1654 (***DBC*** I, 243-244).

3 Françoise Giffard, fille de Robert Giffard; elle deviendra religieuse chez les Hospitalières sous le nom de Marie de Saint-Ignace; première religieuse canadienne (***DBC*** I, 339).

4 Marie, fille du même Robert Giffard, épousera Jean Juchereau de La Ferté.

Anno D[omi]ni 1641 die 25 Decembris, ego Bartholomaeus Vimont soc[ieta]t[is] Jesu baptizavi solemniter in Xenodochio silvestrem patrio idiomate *K8ek8eibab8g8ch* dictum vulgo *Comper Colas* annum trigesimum quintum circiter agentem sufficienter doctrinae Christianae rudimentis imbutum huic nomen Francisc[u]s impositum est. Patrinus fuit Franciscus Champagne.

[J. Dequen]

Anno D[omi]ni 1641 die 27 Decembris, ego Josephus Duperon soc[ieta]tis Jesu contuli ceremonias in n[ost]ro sacello S[anc]ti Josephi mulieri adultae patrio nomine *Ik8esens*, annum circiter 60um agenti et a duobus annis baptizatae in periculo mortis, ei nomen Barbara datum est a patrino Petro Gonterio.

[J. Duperon]

Anno D[omi]ni 1642 die 14 Januarii, ego Joannes Dequen soc[ieta]tis Jesu baptizavi solemniter in capella S[anc]ti Josephi apud Religiosas Sanctae Ursulae puellam patrio idiomate *8minahaban8k8e* dictam duodeviginti annos circiter natam Stephano *Pigar8ich* affinem et Joanni Baptistae *Ekineschka8at*, sufficienter rudimentis doctrinae Christianae informatam, huic nomen Angela impositum est. Matrina fuit Maria [ ] puella silvestris ab Oliverio Letardif in filiam adoptiva.

[J. Dequen]

Anno D[omi]ni 1642 die 18 Januarii, ego Josephus Duperon societatis Jesu baptizavi solemniter in capella S[anc]ti Josephi apud religiosas S[anc]tae Ursulae viduam[1] patrio idiomate *Manit8k8e* dictam sufficienter rudimentis doctrinae Christianae instructam, huic nomen Elizabeth impositum est. Matrina fuit Eufrosine Magdelaine[2] filiam Joannis Nicolet.

Anno D[omi]ni 1642 die 19 Januarii, ego Bartholomaeus Vimond soc[ieta]tis Jesu baptizavi solemniter in capella S[anc]ti Josephi apud Religiosas S[anc]tae Ursulae Victorem *8echkine* aliter *K8abisagapisi* et Mariam *8ki8ichim8k8e* conjuges; patrinus fuit Oliverius Letardif, matrina Maria Giffard, filia [ ] Giffard.[3]

[J. Duperon]

1 **viduam**: inscrit au-dessus d'un mot raturé.

2 Eufrosine-Madeleine, fille de Jean Nicolet et d'une Népissirienne (TRUDEL, M. ***La pop. du Canada en 1663***, p. 28).

3 Marie, fille de **Robert** Giffard.

[25]

Anno D[omi]ni 1642 die 21 Januarii, ego Joannes Dequen soc[ieta]tis Jesu baptizavi solemniter in ecclesia Kebecensi *Chibanat8es* patria lingua dictum rudimentis Christianae doctrinae sufficienter tinctum annum circa vigesimum quintum agentem natione de Tadousac. Patrinus fuit Robertus Giffart.

[J. Dequen]

Anno D[omi]ni 1642 die 31 Januarii, ego Josephus Duperon societatis Jesu baptizavi solemniter in capella[1] S[anc]ti Josephi apud religiosas S[anc]tae Ursulae Augustinum *8abigar8* alias *Pesek8si8it*[2] a Gallis dictum *Castillon*, rudimentis Chr[ist]ianae doctrinae sufficienter instructum annum circa vigesimum quintum agentem natione Algonquinum. Patrinus fuit Oliverius Le Tardif.

[J. Duperon]

Anno D[omi]ni 1642 die 30 Martii, ego Bartholomaeus Vimont soc[ieta]tis Jesu baptizavi solemniter in sacello S[anc]ti Michaelis vulgo à Puiseaux[3] Paulum *Atondo* natum annum circiter 36 et Joannem Baptistam *Okhuk8andoron*[4] natum circiter annum 25, utrumque ex pago S[anc]ti Michaelis patria lingua dicto *8kanonaeutat* apud Hurones; uterque rudimentis Christianae doctrinae erat sufficienter instructus. Patrinus fuit Paulus [de Chomedey][5] vulgo de Maisonneuve. Matrina vero Joanna de Mance.

[B. Vimont]

Anno D[omi]ni 1642 die 27 Aprilis, ego Joannes Dequen soc[ieta]tis Jesu baptizavi solemniter in sacello Xenodochio infantem tres menses natum ex patre Henrico *Nape8ich* et matre Elisabeth *8r8aban8k8e*; huic nomen Antonii impositum est. Patrinus fuit Carolus Cadieu.

[J. Dequen]

Anno D[omi]ni 1642 die 4 Maii, ego Joseph[us] Duperon soc[ietatis] Jesu sacerdos baptizavi solemniter in sacello Xenodochio infantem *Nimageik* dictum[6] duos annos

---

1 **capella** remplace **ecclesia** qui a été rayé.

2 Les mots **alias Pesek8si8it** sont ajoutés au-dessus de la ligne.

3 Il ne s'agit pas encore de la chapelle Saint-Michel de la mission Saint-Joseph de Sillery, dont la construction ne commencera qu'en 1644, mais de la chapelle installée dans la maison de Pierre de Puiseaux, située près de la Pointe à Puiseaux; c'est cette maison qui fut mise à la disposition de Maisonneuve au cours de l'hiver 1641-1642 (BERNIER, A. ***Le vieux Sillery***, Les Cahiers du Patrimoine 7, 1977, p. 15 et 19).

4 Le baptême de ces deux Hurons est raconté par la ***Relation*** de 1642, 23-26; au cours de leur hivernement à Sillery, ils furent instruits par le P. de Brébeuf.

5 Laissé en blanc dans l'original.

6 **Nimageik dictum**: ajouté au-dessus de la ligne.

natum ex patre *Arinitik8en* et matre [ ] filia Franciscae[1] *Pire8ens* aetatis provectae patria Tadousensis vel *Aïechkinek*. Huic nomen Petri impositum est. Patrinus fuit Martin Prevost.

[J. Duperon][2]

Anno D[omi]ni 1642 die 18 mai[3], ego Josephus Duperon soc[ietatis] Jesu sacerdos baptizavi solemniter apud Ursulinas Claram *Aiamik8e* 8xorem Eustachii *K8kinape8i*.

Item Theresiam *Nitaisk8ech* uxorem Marci Ant[onii] *N8techimat*. 1ae nomen dederunt Charles *Meiachka8at* et[4] Maria Olivier *8chista8ichk8e*; 2ae Theresia *Kionhrcha* Huronensis et Joan[nes] Bapt[ista] *Etinechka8at*.

[J. Duperon][5]

Anno D[omi]ni 1642 die 1 Junii, ego Bartholomaeus Vimond soc[ietatis] Jesu sacerdos baptisavi solemniter in sacello Xenodochii infantem recens natam ex patre Roberto *Mitah8meg8ch* et matre Magdalena *Amisk8eban*; huic nomen Franciscae impositum est. Patrini fuere Claudius Fichet Sabaudus[6] et Francisca Giffard.

[26]

Anno D[omi]ni 1642 die 2 Junii, ego Josephus Duperon soc[ietatis] Jesu sacerdos baptizavi solemniter in sacello Xenodochii duos infantes natos ex conjugibus Salomone *Pentasam8setch* et *8ki8ahan8k8e*; uni nomen Alexis impositum est a patrinis Franciscus Lesguillon dicto Lachapelle et Francisca Giffard; alteri vero Blandinae nomen datum est a patrinis Joanne Joly et Maria Giffard.

Anno D[omi]ni 1642 die 7 Junii, ego Bartholomaeus Vimond soc[ietatis] Jesu sacerdos baptizavi solemniter in sacello Xenodochii Mariam *8achachk8eian*, sororem [ ] *8inachk8ch*[7], nepotem Annae *8machkig8k8e* annum circiter 17um agentem; Matrina fuit Maria Giffard.

---

1 **Franciscae**: ajouté au-dessus de la ligne.

2 Les trois premiers mots de l'acte sont de l'écriture du P. Dequen.

3 **Mai**: ajouté au-dessus de la ligne.

4 Après **nomen**, le rédacteur a rayé **dedit** et ajouté au-dessus les mots **dederunt Charles Meiachka8at et**. La marraine Marie Olivier 8chista8ichk8e est peut-être la future femme de Martin Prévost (3 novembre 1644).

5 Les onze premiers mots de l'acte sont de l'écriture du P. Dequen.

6 **Sabaudus**: de Savoie.

7 Les mots **sororem [ ] 8inachk8ch** sont ajoutés au-dessus de la ligne.

Anno D[omi]ni 1642 die 24 Junii, ego Bartholomaeus Vimond soc[ietatis] Jesu sacerdos baptizavi solemniter Kebeci in n[ost]ro sacello Joannem Baptistam *Ne8eia* filium Caroli *Pachirini*, et Mariae *8ki8eiaban8k8e* conjugum. Patrini fuere [ ] Martial et Maria Magdalena de Repentigny.

Anno D[omi]ni 1642 die 29 Junii, ego Josephus Duperon societatis Jesu sacerdos batizavi solemniter in n[ost]ro templo Mariam Magdalenam [ ] recens natam ex conjugibus Joakimo *8iebabegit* et Annae *Taik8e* alias *Tchipaïk8eban* dicta. Patrinus fuit [ ] Prevost.

Anno D[omi]ni 1642 die 10 Julii, ego Joseph[us] Duperon soc[ietatis] Jesu sacerdos baptizavi solemniter in sacello Xenodochii Antonium [ ] recens natum, filium N [ ] patris, patria 8abanaki, et Elisabethae *8nimita* matris[1]; huic nomen dedere patrini Antonius Derosiers Gallus et Apolonia *8pimas8ek8e*[2] silvestris.

Item ego baptizavi eodem die et anno Gertrudem filiam N [ ] patris, patria 8abanaki et matris *8abanakik8e* vulgari idiomate sic dicta a suis, patria vero Sadiseg8k vulgo de Tadousac; huic nomen dedere Nicolaus Goupil Gallus et Apolonia *8pimas8ek8e* Helena *8tichk8eiaban8k8e*[3].

[J. Duperon]

[27]

Anno D[omi]ni 1642 die 20 Julii, ego Joannes Dequen soc[ieta]tis Jesu sacerdos baptizavi solemniter in sacello S[anc]ti Josephi vulgo Sillery infantem recens natum ex matre *8abmek8e* vulgo *La tresse blanche borgnesse*, patre incognito; huic nomen Georgii impositum est.

[J. Dequen]

Anno D[omi]ni 1642 die 18 Augusti, ego Josephus Duperon societatis Jesu sacerdos baptizavi solemniter in sacello Xenodochii Doroteam puellam duos circiter menses natam ex conjugibus *Pita8ikinac* patre et *K8ekich* matre Tadoucensibus. Patrini fuere Philippus *Sakap8an* et Maria *Ir8in*.

[J. Duperon]

---

1 Après **matris**, rature de quatre mots.

2 Les mots **Apolonia 8pimas8k8e** sont ajoutés au-dessus de **Helena 8tichk8eiaban8k8e** qui ont été rayés.

3 Le rédacteur avait interverti les noms des marraines des deux derniers actes. Il a fait la correction dans l'acte précédent, mais il a omis, ici, de rayer les mots **Apolonia 8pimas8k8e.**

Anno D[omi]ni 1642 die 7 Octobris, ego Franciscus Josephus Bressani soc[ieta]tis Jesu baptizavi solemniter in sacello S[anc]ti Josephi Vulgo Sillery infantem recens natum ex patre Philippo *Sakap8an* et matre Maria *8pik8amich*, cui nomen impositum est Dionisii.

Item infantem recens natam ex patre Dominico *A8echek*, matre Joanna [ ], huic nomen impositum est Rosalia. Primi patrinus fuit Nicolaus Colson, secundae Armandus Joannes *Huro*.

Anno D[omi]ni 1642 die 2 Novembris, ego Jacobus Buteux soc[ieta]t[is] Jesu baptizavi sine caeremoniis infantem in periculo mortis ex patre Eustachio *Koki8inape8* et matre Clara *Aiamihek8e*, cui postea ceremoniae adhibitae sunt[1].

Anno D[omi]ni 1642 die 4 Decembris, ego Josephus Bressani baptizavi cum caeremoniis in sacello S[anc]ti Josephi apud Ursulinas puellas duas de la nation des Attikameg[2] annos natas septem quam una est Maria nomine *Kakegamik8k8e* ex patre *Kestabikiska8atch* et matre vero *Mechagamehin8k8e*, altera Barbara nomine *Kaestin8k8e* ex matre[3] *Massinaban8k8e* et patre *Memia8inatch* defuncto.

Anno D[omi]ni 1642 die 10 Decembris, ego Jacobus Buteux soc[ieta]t[is] Jesu caeremonias adhibui in sacello Xenodochii infanti ex patre *K8ki8nape* et matre *Aiamihek8e*, huic nomen [ ][4] impositum est et Ludovica infanti ex matre *8tchi8ek8e* natione insulensi.

Anno D[omi]ni 1642 die 10 Decembris, ego Jacobus Buteux soc[ieta]t[is] Jesu baptizavi solemniter in Xenodochio infantem patria idiomate *Michabous* ex matre [ ] et patre *8rateg8anon* natione Attikameg vulgo Poisson blanc, huic nomen impositum est Ignatius et puellam annum agentem quartum ex matre *Pichi8* et patre *Kaka8te* Poisson blanc, huic Gertrudis nomen impositum est.

[ ]

1 Les cérémonies seront supplées le 10 décembre 1642; voir l'avant-dernier acte de la page [27] de l'original.

2 Après **Attikameg**, rature du mot **circa**.

3 **matre** a remplacé le mot **patre**, raturé.

4 Lecture difficile.

[28]

Anno Domini 1642 die 24 Decembris, ego Bartholomaeus Vimont soc[ietat]is Jesu sacerdos baptizavi solemniter Quebeci in sacello S[anc]ti Josephi apud Ursulinas Ignatium *Saoüaretchi* Huronem ex oppido S[anc]ti Ignatii Taenhatentaron dicto, 18 annum circiter natum. Patrinus fuit D[ominus] Martialis Piraube. Avunculus ejus vocatur *Otoroti* ex eodem oppido Taenhatentaron.[1]

[B. Vimont]

Anno Domini 1642 die 29 Decembris[2], ego Bartholomaeus Vimont soc[ieta]tis Jesu baptizavi solemniter in sacello Xenodochii prope oppidum S[anc]ti Josephi vulgo de Silleri infra scriptos: Michaelem *Anik8chi* natione Attikameg vulgo de la nation des Poissons blancs, annum agentem circiter vigesimum quintum et Mariam *Aïamihat* patrio idiomate Attikameg vulgo Poissons blancs ex matre *Pik8atichk8echin8* fructo patre *P88agan.* Patrinus fuit Carolus Huault de Montmagni in hac regione prorex, matrina fuit ducissa d'Aiguillon vulgo de Combalet[3].

Anno D[omi]ni 1643 die 2 Februarii, ego Joannes Dequen soc[ieta]tis Jesu baptizavi solemniter in sacello S[anc]ti Josephi apud Ursulinas infantem recens natum ex patre Francisco *8massinaban8ich* et matre Margarita[4] *Chichiganik8e*, huic nomen datum est Simeon. Patrinus fuit Robertus vulgo François des Ursulines.

Anno D[omi]ni 1643 die 3 Martii, ego Bartholomaeus Vimont vices agens parochi soc[ieta]tis Jesu baptizavi solemniter in Xenodochio prope Sillerinum infantem recens natum ex patre Stephano *Pigar8ich* et matre Margarita [ ]; huic nomen impositum est Ludovicus. Patrinus fuit Nicolaus Colson.

Anno D[omi]ni 1643 die 6 Martii, ego Joannes Brebeuf soc[ieta]t[is] Jesu vices fungens parochi baptizavi solemniter in Xenodochio infantem recens natum ex patre Thoma [ ] et matre Marguareta *K8ek8etchimatch.* Nomen huic impositu[m] est Franciscus. Patrinus fuit D[ominus] Franc[iscus] Faulx sacerdos.

[J. Dequen]

---

1 Ignace Souaretchi avait hiverné à Sillery et il avait été instruit par le P. de Brébeuf; son baptême est raconté dans la ***Relation*** de 1643, 29.

2 **decembris**: ajouté après coup.

3 «*Ce jeune homme donc fut choisi avec une jeune fille sa parente, âgée d'environ quinze ans, fort modeste, d'un bon esprit, et très instruite, afin d'estre comme des prémices de la foy entre les autres de cette nation du Nord [les Attikamek].*» (***Rel.*** 1643, 22).
Marie-Madeleine de Vignerot, duchesse d'Aiguillon, mariée au marquis de Combalet, était la fondatrice de l'Hôpital, alors installé à Sillery (LE JEUNE, L. ***Dictionnaire général*** I, 32-33).
Cet acte est répété à la page [136-137] de l'original, mais il est daté du 30 décembre 1642.

4 **Margareta**: correction en surcharge.

Anno Domini 1643 die 8 Martii, ego Bartholomaeus Vimont vices agens parochi baptizavi solemniter in Xenodochio prope Sillerinum Petrum *Otarenti* Huronem ex oppido Arrente filium *Andentaanrens* [?] natum circiter 22 annos. Patrinus fuit D[omi]n[us] Petrus Le Gardeur dictus de Repentigny[1].

[B. Vimont]

[29]

Anno D[omi]ni 1644 die 19 Januarii, ego Leonardus Garreau societatis Jesu baptizavi solemniter in ecclesia Xenodochii adolescentem 25 annos natum ex patre N. & matre *Ka8akatechig*, huic nomen impositum est Jacobus. Patrinus fuit Jacobus Junier. Vocatur patrio idiomate *Atchinino8en* ex natione Hiroquetorum.

Anno D[omi]ni 1644 die 22 Januarii, ego Joannes Dequen soc[ieta]tis Jesu baptizavi solemniter in capella S[anc]ti Josephi apud Ursulinas infantem recens natam ex patre *Mahingan* et matre *Nagacha8ek8e*. Patrina fuit Francisca Giffart, huic nomen Angelica impositum est.

Anno D[omi]ni 1644 die 30 Janu[arii], ego Joannes Dequen soc[ieta]tis Jesu baptizavi solemniter in capella S[anc]ti Josephi apud Ursulinas adolescentem[2] patrio idiomate *Trontcha* annum agentem duodecimum, patre ac matre orbum, ejus curam habet amita nomine *8raban8k8e*; huic impositum nomen est Stephanus. Patrinus fuit Stephanus Chartier sacerdos[3].

Anno D[omi]ni 1644 die 27 Febr[uarii], ego Jo[annes] Dequen soc[ieta]tis Jesu vices agens parochi baptizavi solemniter in Xenodochio infantem recens natum ex patre *Anarah8i* et matre Maria *Ak8antak8ch*; huic nomen impositum est Jacobus. Patrinus fuit Jacobus de la Poterie.

[J. Dequen]

Anno D[omi]ni 1644 die 18 Aprilis, ego Leonardus Garreau soc[ieta]tis Jesu vices agens parochi baptizavi solemniter in aede nostra S[anc]ti Josephi adolescentem natum annos 18 natione Hiroquetarum patrio idiomate

---

1 Pierre Otarenti est l'un des Hurons instruits par le P. de Brébeuf pendant l'hiver 1642-1643. Son baptême est raconté dans la ***Relation*** de 1643, 30.

2 Après **adolescentem**, un mot rayé.

3 Pour **René** Chartier, chapelain des Ursulines de 1643 à 1648, voir ALLAIRE, ***Le clergé...*** I, p. 115.

8mitchikens. Patrinus ej[us] fuit Robertus Hache[1], de cuj[us] nomen Robertus quoque nuncupatus est.

Ego Leonardus Garreau soc[ieta]tis Jesu vices agens parochi baptizavi solemniter in aede S[ancti] Josephi puellam recens natam filiam Claudii *Mata8achkarini* et [ ] *8tchi8ire8e8ek8e*; huic nomen impositum est Renata. Patrinus fuit Nopces domesticus noster anno D[omi]ni 1644 28 Junii.

Anno D[omi]ni 1644 die 26 Martii, ego Bartholomaeus Vimont baptizavi solemniter in aede Xenodochii senem natione Iroquetaru[m] patrio idiomate *Nehirochek*. Patrinus fuit D[ominus] de St Sauveur[2] a quo Bonaventura nominatus est.

[L. Garreau]

[30]

Anno D[omi]ni 1644 die 5ª Maii, ego Natalis Chabanel[3] soc[ieta]tis Jesu vices agens parochi baptisavi solemniter in eccle[si]a S[ancti] Josephi vulgo Sillery infra scriptos: Carolum ex patre[4] Natali *Tek8erimat* et matre Agnete *Apitchime8*; Ludovicum ex patre Jo[anne] Bapt[ista] *Etinechka8at*[5] et matre Martha[6] *Mitchimini8e*; Justinam ex patre Joanne *Kakike8* et matre *Ment8k8e8itch*; Carlottam ex patre Henrico *Nape8itch* et matre Elizabetha *8e8aban8k8e*; Catharinam ex patre *Anik8taban* et matre *Matchik8e*, omnes infantes ab aliquot mensibus in sylvis natos. Patrini fuere Carolus Giffart, Ludovicus Couillart et Robert[us] Hache.

[N. Chabanel]

Anno D[omi]ni 1644 die 6 Maii, ego Natalis Chabanel soc[ieta]tis Jesu vices agens parochi baptisavi solemniter in ecclesia S[anc]ti Josephi vulgo Silleri infantem ex patre

---

1 Robert Hache: d'abord domestique des Jésuites, puis donné (TRUDEL, M. ***Catalogue des immigrants 1632-1662***, Montréal, Hurtubise HMH, 1983, p. 29). Plusieurs mentions comme parrain dans le ***Registre de Sillery*** (p.[30], [31], [36], [54] et [140] de l'original). À ne pas confondre avec l'Amérindien du même nom.

2 Bonaventure Nehirochek était un «*fameux sorcier*» Iroquois. Il fut baptisé le samedi saint 26 mars 1644 (***Rel.*** de 1644, 5-6).
Jean Le Sueur dit de Saint-Sauveur (1598?-1668) était chapelain de l'hôpital (***DBC*** I, 482-483).

3 Après **Chabanel**, rature du mot **vices**.

4 Après **patre**, rature du mot **Tek8erimat** repris après **Natali**.

5 **J.-B. Etinechka8at**: écrit au-dessus des mots **Henrico Nape8itch** qui ont été rayés.

6 **Martha**: ajouté au-dessus du mot **Elizabetha** rayé.

Augustino *8abigarou*[1] et matre Francisca *K8echa*[2], cui nomen Dorothea impositum est. Patrinus fuit Robertus Hache.

Anno D[omi]ni 1644 die 6 Junii, ego Joannes Dequen soc[ieta]tis Jesu sacerdos vices agens parochi baptisavi solemniter in ecclesia supra dicta infantes Artus ex patre Antonio *Massinabano* et matre Angelica *Ek8esense8*.

Item Ludovicam ex patre Carolo *Meiachka8at* et matre barbara *Tachtamake8*. Patrinus fuit Artus *Ekoutek*, matrina Ludovica *Kitchik8enan*.

[J. Dequen]

Anno D[omi]ni 1644 die 16 Julii, ego Leonardus Garreau soc[ieta]tis Jesu baptizavi solemniter in aede n[ost]ra S[anc]ti Josephi vulgo Sillery adolescentem annos natum circiter 25, *8menabano*[3] patrio no[m]i[n]e dictum ex natione Montagnensiu[m], huic nomen impositum est Petrus a D[omi]no De Piseaux.

Anno D[omi]ni 1644 die 22 Julii, ego Leonardus Garreau soc[ieta]tis Jesu baptizavi solemniter in aede S[anc]ti Josephi apud Ursulinas[4] adolescente[m] 15 annos natu[m] ex na[ti]o[n]e Nipissirinioru[m], parentibus orbum, huic nomen impositu[m] e[st] Josephus a D[omi]no Godefroy[5]; vocat[u]r proprio idiomate *Memench*[6].

[L. Garreau]

Anno Domini 1644 die 18 Augusti, ego Paulus Le Jeune societ[atis] Jesu sacerdos solemniter baptisavi in aede S[anc]ti Josephi infantem natum praecedenti[7] die ex patre Eustachio *K8khinape8* et matre Clara *Ma8inek8e*, matrina fuit Margareta Le Gardeur uxore Jacobi Leneuf vulgo de La Poterie, nomen infanti datum est Catharina.

[P. Le Jeune]

---

1 **Augustino 8abigarou**: ajouté au-dessus d'un mot raturé.

2 **Francisca K8echa:** écrit au-dessus de **Matchik8e** raturé.

3 Le baptême de Pierre Oumenabano est raconté dans la ***Relation*** de 1644, 6-7.

4 **Apud Ursulinas**: ajouté au-dessus de la ligne.

5 Jean-Paul Godefroy (1602?-1668?) fut interprète, commis de la traite à Trois-Rivières, commerçant, contrôleur général de la Communauté des Habitants, commandant de vaisseau, etc. (***DBC*** I, 349-350).

6 Joseph Memench, jeune catéchumène Nipissirien, dont on craignait l'inconstance, fit écrire une lettre au P. B. Vimont, supérieur des Jésuites de Québec, et alla la porter lui-même (***Rel.*** 1644, 7).

7 **praecedenti**: ajouté au-dessus d'une rature.

[31]

Anno D[omi]ni 1644 die 19 Augusti, ego Josephus Poncet soc[ieta]tis Jesu sacerdos baptisavi solemniter in ecclesia Kebecensi puellam *Ass8ban* nomine patrio[1] annum agentem decimum octavum sufficienter instructam ex patre Salomone *Pentachtam8setch* et matre Apollinari [ ]; huic nomen datum est Maria. Matrina fuit Maria Magdalena Le Gardeur.

Anno D[omi]ni 1644 die 14 Sept[embris], ego Gabriel Druillet soc[ieta]tis Jesu sacerdos baptizavi solemniter in ecclesia S[anc]ti Josephi vulgo Silleri infantem[2] in cunis ex patre Salomone *8matisik8e* olim[3] *Pentachtam8setch* et matre Clara *8ki8e8anok8e*. Patrinus fuit Thomas Godefroy[4] qui nomen ei[5] Urbanus imposuit[6].

[J. Dequen]

Anno Domini 1645 die 12 Februarii, ego Paulus Le Jeune societatis Jesu sacerdos vices agens parochi hujus ecclesiae S[anc]ti Josephi vulgo Sillery baptizavi infantem mense Novembri proxime praecedenti natum ex patre Thoma *Isk8ekhichik8* et matre Elizabetha *8tabitanipin8-k8e* conjugibus cui impositum est nomen Robertus. Patrinus fuit Robertus Hache patrum societatis domesticus.

Anno Domini 1645 die 19 Aprilis, ego Paulus Le Jeune societatis Jesu sacerdos vices agens parochi hujus ecclesiae S[anc]ti Josephi vulgo Sillery baptizavi infantem mense Februario[7] natam ex patre Dominico *A8echak* et Anna *8ki8achtan8k8e* conjugibus, cui nomen Anna dedit Maria Magdalena Le Gardeur vulgo de Repentigny.

Anno Domini 1645 die 26 Aprilis, ego Paulus Le Jeune societatis Jesu sacerdos vices agens parochi ecclesiae in Residentia de Sillery constitutae baptizavi infantem mense Decembri[8] praecedentis anni natum ex matre Maria *Chichiganik8e*; pater ejus ignotus est *Kamik8asigetch* vocari ait faemina ab eo decepta futuri matrimonii promis-

1 Les mots **Ass8ban nomine patrio** sont ajoutés en marge et au-dessus de la ligne.

2 Après **infantem**, rature du mot **Urbanum**.

3 Après **8matisik8e**, on a rayé **et** et on a ajouté **olim**.

4 Thomas Godefroy de Normanville (1610?-1652), interprète, commerçant et collaborateur des Jésuites, s'était établi dans la région de Trois-Rivières; il remonta le Saint-Maurice avec le P. Jacques Buteux en 1651 jusqu'au pays des Attikameks; il fut massacré par les Iroquois en 1652; il était le frère de Jean Godefroy de Lintot et parent de Jean-Paul Godefroy (***DBC*** I, 351).

5 Le mot **ei** est ajouté au-dessus de la ligne.

6 Les mots **qui nomen ei Urbanus imposuit** ont été ajoutés après coup.

7 Les mots **mense Februario** sont ajoutés au-dessus d'une rature.

8 Après **decembri**, rature de **praed** repris dans **praecedentis**.

sione. Patrinus fuit Robert Hache, qui Georgium nomen infanti dedit.

Anno Domini 1645 die 2 Maii, ego Paulus Le Jeune societatis Jesu sacerdos baptizavi in ecclesia vulgo[1] Silleri constituta infantem 30 Aprilis natum ex patre Petro Masse et Maria Pineste conjugibus. Patrinus fuit Benignus Vienot et Maria Leneuf matrina nomen infanti Dionysium dederunt.

[P. Le Jeune]

[32]

Anno D[omi]ni 1644 die 12 Nov[embris], [ego Gabriel Druilletes][2] societatis Jesu in sylvis baptizavi puellam recens natam in periculo mortis constitutam ex patre Bartholomaeo *8erabikisitch* et matre Augustina *8chikabean8k8e*; eidem ceremonias contuli 29 Junii. D[omi]na d'Alleboust[3] matrina Catharinae nomen imposuit in ecclesia Reside[nti]ae Silleriacensis[4].

Eodem anno 4 Dec[embris], baptizavi quoq[ue] puellam in sylvis[5] recens natam ex patre Ignace *8etatar8ech* et matre Joanna[6] *Kakekaba8k8e*; eidem cerem[onias] contuli 29ª Junii. Matrina fuit D[omi]na d'Alleboust, Barbarae nomen imposuit, in eadem ecclesia Reside[nti]ae Silleriacensis.

Eodem anno 21 Dec[embris], baptizavi quoq[ue] infantem in sylvis recens natam ex patre Roberto *Chinkamikisitch* et matre Magdalena *Amisk8eian*; eidem cerem[onias] contuli ibidem eodem die quo supra 29ª Junii. Patrinus fuit D[omi]nus de La Barre[7] Josephi nomen imposuit.

---

1 Après **vulgo**, rature du mot **de**; après **Silleri**, rature de trois lettres.

2 Le nom du rédacteur a été coupé par un collectionneur d'autographes!
En 1644-1645, le P. G. Druilletes hiverna dans la forêt avec un groupe d'Algonquins dirigés par Noël Negabamat alias Tek8erimat. « *Tout cela*, dit la ***Relation*** de 1645, 17, *avec quelques baptêmes que le Père a fait au milieu des bois, assaisonné de la piété des bons néophytes dont je viens de parler [ ].* » Les cérémonies de ces baptêmes furent supplées une fois les Algonquins revenus à Sillery.

3 **Domina d'Ailleboust**, c'est-à-dire Marie-Barbe de Boullongne, épouse de Louis d'Ailleboust de Coulonge, gouverneur de la Nouvelle-France de 1648 à 1651 (***DBC*** I, 43 et 114).

4 Les mots **in ecclesia Residentiae Silleriacensis** ont été ajoutés après coup.

5 **in sylvis**: ajouté au-dessus d'une rature.

6 **Joanna**: ajouté au-dessus de la ligne.

7 Ce La Barre fut un Tartuffe avant la lettre (TRUDEL, M. ***Montréal, la formation d'une société, 1642-1663***, Montréal, Fides, 1976, p. 97).

Anno D[omi]ni 1645 die 2 Julii, ego Gabr[iel] Druilletes soc[ietatis] Jesu vices agens parochi in ecclesia Reside[nti]ae Silleriacensis infantem in sylvis natum solemniter baptizavi ex patre *Achigan* et matre[1] *P8t8chk8e8ich*. Patrinus ejus D[omi]nus de La Barre Ludovici nomen imposuit.

Eodem anno 8 Julii, baptizavi quoq[ue] solemniter[2] infantem in sylvis natu[m] ex matre Eliz[abetha] *8nimitau*[3] et patre incognito 8abanaki. Patrinus D[omi]nus d'Alleboust Nicolai nomen dedit.

Eodem anno et die, baptizavi infantem in sylvis natu[m] ex patre *Ki8chich* et matre [ ]; ceremonias non contuli.

[G. Druilletes]

Anno D[omi]ni 1645 die 2 octavo Octobris, ego Joannes Dequen soc[ieta]tis Jesu vices agens parochi ecclesiae S[anc]ti Josephi vulgo Silleri baptizavi solemniter infantem recens natum ex patre Carolo *Manit8gach* Tadousensi ex matre Brigitta *Kakegamig8k8e8*; huic nomen impositum est Alexandri.

Anno D[omi]ni 1645 die 12 mensis Octobris, ego Gabriel Druillettes soc[ieta]tis Jesu sacerdos vices agens parochi ecclesia S[anc]ti Josephi vulgo Silleri baptizavi infantem recens natum ex Francisco *Massinaban8ich* et Margarita [ ] conjugibus hujus parochiae ex patria Algonquinorum, cui impositum est nomen Gabriel a Jacobo Junié[4].

Anno D[omi]ni 1645 die 11 Nov[embris], ego Gabriel Druillettes baptizavi in manifesto mortis periculo in casa sua adolescentem annum agentem vigesimum sufficienter instructum natione 8abanakeorum Jo[annem] Bapt[istam] *Peponiketch* tunc habitantem, paulo post mortuus est eodemque die in coemeterio Silleriaco sepultus.

Anno D[omi]ni 1645 die 28 Dece[mbris], ego Jo[annes] Dequen baptizavi Mariam Angelica[m] *K8etachit* Tad8sensem; vide in baptisterio de Tadoussac[5].

Anno D[omi]ni 1646 die 1 Aprilis, ego Gabriel Druillettes soc[ieta]tis Jesu baptizavi solemniter in cappella Monialium S[anc]tae Ursulae Kebeci infantem recens natum ex

1 Après **matre**, un mot rayé.
2 Le mot **solemniter** est ajouté au-dessus de la ligne.
3 Les mots **Eliz. 8nimitau** sont écrits au-dessus de **8abanakik8** raturé.
4 **a Jacobo Junié**: ajouté après coup. Jacques Junié était domestique **ad vitam** chez les Jésuites (***JJ***, p. 6).
5 Ce serait le premier registre de Tadoussac, voir INTRODUCTION.

patre Stephano *Pigar8ich* et matre Margareta *Pata8aban8k8e*, huic nomen impositum est Maturinus.

[J. Dequen]

[33]

Anno 1646 eodem anno 15ª die Aprilis[1], Ego Gabriel Druilletes societ[ati]s Jesu vices agens parochi baptizavi solemniter in ecclesia Sancti Josephi vulgo Silleri infantem recens natum ex patre Claudio *Mata8ahkarini* patria 8abanakensi et matre Margareta *8tchiri8ek8e*, huic Noel *Tek8erimat* nomen Michel imposuit[2].

[G. Druilletes]

Anno D[omi]ni 1646 die 23 Aprilis, ego Gabriel Druilletes soc[ieta]tis Jesu baptizavi solemniter in ecclesia S[anc]ti Josephi vulgo Sillery[3] infantem recens natum ex patre Claudio *Mata8achkarini* patria 8abanakic et matre Margareta *8tchiri8ek8e*, ei nomen Michel imposuit Noel *Tek8erimatch.*

[J. Dequen et G. Druilletes]

Anno D[omi]ni 1646 die 26 Aprilis, ego Gabriel Druilletes societatis Jesu vices agens parochi baptizavi solemniter in ecclesia Monialium S[anc]tae Ursulae Kebeci puellam recens natam ex patre Philippo *Sakabohan* et matre Maria *8pik8anich*, ei nomen Mariae *Calliopik8e*[4] dedit D[omi]na de[5] La Pelterie nomine D[omi]nae de Cuse.

Anno D[omi]ni 1646 die 29 Aprilis, ego Gabriel Druilletes soc[ieta]tis Jesu vices agens parochi baptizavi solemniter in ecclesia S Josephi vulgo Sillery infantem recens natum ex patre Henrico *Messinach8tch* et matre Elizabetha *8r8aban8k8e*, ei nomen Andreae imposuit Jacques Junié.

Anno D[omi]ni 1646 die 29 Aprilis, ego Gabriel Druilletes soc[ieta]tis Jesu vices agens parochi baptizavi solemniter in ecclesia S[anc]ti Josephi vulgo Sillery puellam recens natam ex patre *Miaresitetch* olim *At8re* dicto et matre

1 Les mots **Anno 1646 eodem 15a die Aprilis** sont inscrits en marge. Les mots **Anno 1646** sont d'une autre écriture.

2 Cet acte est annulé par des bâtons obliques, sans doute à cause de ses nombreuses ratures. Il est repris immédiatement après.

3 Les mots de cet acte jusqu'au mot **Sillery** sont d'un autre rédacteur (P. Dequen?). Le reste de l'acte et les trois actes qui suivent sont du P. Gabriel Druilletes.

4 La première lettre du mot **C** repris à la fin de la ligne semble être une surcharge de la lettre k .

5 Après **de**, rature du mot **Cuse** repris à la fin de la ligne.

Kakincha8ik8e, ei nomen Annae imposuit Joseph *Memench*.

[G. Druilletes]

Anno D[omi]ni 1646 die 5 Maii, ego Gabriel Druillettes soc[ieta]tis Jesu vices agens parochi baptizavi solemniter in ecclesia S[anc]ti Josephi vulgo Silleri infantem recens natum ex patre *Kimich8misinam* et matre *8minag8tchin8-k8e*, cui Petri nomen impositum est.

[J. Dequen]

Anno D[omi]ni 1646 die 24 Junii, ego Gabriel Druilletes soc[ietatis] Jesu vices agens parochi baptizavi solemniter in ecclesia S[anc]ti Josephi vulgo Sillery infantem recens natum ex patre Joachimo *8iebabeghit* et Anna *Itaik8e*, cui Joannis Baptistae nomen imposuit Jo[annes] Baptista *Etineska8at*.

Anno D[omi]ni 1646 die 26 Junii, ego Gabriel Druilletes societ[atis] Jesu vices agens parochi baptizavi solemniter in ec[c]l[esia] S[anc]ti Josephi vulgo Sillery *8k8intikanich* viduam natam annis circiter 25, cui nomen Franciscae imposuit Florencia filia du Picard[1].

[G. Druilletes]

[Anno Domini] 1646 die 13 Julii, ego Gabriel Druilletes societ[atis] Jesu sacerdos[2]..
....

[ ]

[34]

Anno[3] D[omi]ni 1646 die 10 Augusti, ego Adrianus d'Aran societ[atis] Jesu sacerdos baptizavi infantem uno circiter anno natum ex patre patrio no[m]i[n]e vocato *Terikaman* defuncto ex Gaspesia regione et matre *Erig8ch* hujusce loci uxore, cui nomen Laurentius impositum est. Patrinus fuit Jacobus Junier.

Anno D[omi]ni 1646 die 14 Augusti, ego Adrianus d'Aran societatis Jesu sacerdos baptizavi ho[min]em 33 annis

---

1 **Le Picard**: surnom de la famille Gareman; voir **infra**, p. [37] de l'original (acte du 5 juillet 1648).

2 Le dernier tiers de la page est déchiré: il manque les baptêmes inscrits entre le 13 juillet et le 10 août 1646, au total trois ou quatre actes. Selon le ***Journal des Jésuites***, p. 58, le 14 juillet 1646, le P. G. Druilletes partit pour Montréal avec le P. I. Jogues et deux Amérindiens chrétiens.

3 Au haut de la page [34], le rédacteur a rayé les mots **Ego Adrianus d'Haran soc.**

circiter natum in sacello Ursulinarum Kebeci; vocabatur patrio nomine *Kamik8achigetch*; Victor ei nomen datum est. Patrinus fuit Renatus Chartier[1] sacerdos Ursulinaru[m] capellanus.

[P. Le Jeune]

Anno D[omi]ni 1646 die 12 Septembris[2], ego Adrianus Daran societatis Jesu sacerdos baptisavi infantem recens natum ex patre Ignatio *Passe8igan* et matre Christina *Cascamanik8e8* natione Aticamegue, cui nomen Joannes impositum est. Patrinus fuit [ ].

[A. Daran]

Anno D[omi]ni 1646 die 25 Septemb[ris], ego Paulus Le Jeune societ[atis] Jesu sacerdos baptizavi adolescentulum sex circiter annis natum filium Ignatii *8pase8igan* natione Attikamegue cui nomen datum fuit Franciscus; *Namch8ak8chka8a* vocabatur; Patrinus fuit de Courteray [?][3].

Anno D[omi]ni 1646 die 14 Octo[bris], P. Amabilis de Fretat baptizavit solemniter 11 Octo[bris] natum ex patre Renato Mezeré vulgo [ ][4].

[P. Le Jeune]

Anno Domini 1646, 17 Novembris, ego Gabriel Lalement soc[ietatis] Jesu sacerdos baptizavi infantem adhuc in cunis 3 circiter menses natu[m] ex patre natio[n]e[5] Abnaquaeo et matre *8ra8intimicuecue*, cui nomen [ ][6].

[G. Lalement]

---

1 René Chartier, aumônier des Ursulines de Québec de 1643 à 1648 (Allaire, ***Le clergé...***, I, p. 115).

2 Le rédacteur avait d'abord écrit **Augusti**, qu'il a rayé.

3 Après **fuit**, les prénoms **Jean Henry Auguste** ont été rayés, de même que **Joannes** qui avait été ajouté au-dessus de la ligne. Serait-ce le Courtené du ***Journal des Jésuites***, p 65-66?

4 René Mézeré portait le surnom de **Nopce** (TRUDEL, M. ***La pop. du Canada en 1663,*** p. 234). Cet acte est inscrit dans la marge de gauche; il est incomplet, à cause d'une déchirure du feuillet. Toutefois, grâce au doublet de la page [122] de l'original, on peut en connaître le contenu:
Anno D[omi]ni 1646 die 14 Oct[obris], ego Amabilis Defratas societ[at]is J[esu] sacerdos parochi huj[us] agens vices ec[c]l[es]iae vulgo Syllery baptizavi infante[m] solemniter 11 Oct[obris] natu[m] ex p[at]re Renato Mezere dicto Nosse a Gallis et matre Nicolaa conjugib[us] huj[us] parochiae, cui nomen impositu[m] e[st] Michael, patrini fuere Michael Le Neuf, filius D[omi]ni de La Poterie, matrina Genevefa de Mole.

5 **Natione**: ajouté après coup au-dessus de la ligne.

6 Le dernier tiers du feuillet est déchiré; manquent les baptêmes inscrits entre le 17 novembre 1646 et le 26 janvier 1647, soit environ trois ou quatre actes.

[35]

Anno D[omi]ni 1647 die 26 Jan[uarii], ego Amabilis Defretat societ[at]is Jesu sacerdos baptizavi infantulam recens natam ex patre *Chich8tibik*[1] et matre *8minise-g8k8e* conjugibus, cui nomen Franciscae impositum est. Matrina fuit Francisca *8nnain8k8e8* mulier silvestris.

[A. Defretat]

Anno Domini 1647, 3ª Feb[ruarii], ego Gabriel Lalement societ[atis] Jesu sacerdos baptisavi infantulum recens natum ex patre Ignatio *Etataroesing* et matre Joanna *Kakeba8ith* conjugibus, cui nomen Salomon impositu[m] est. Patrinus fuit Salomon *8matisek8e.*

Anno Domini 1647, 5ª Febr[uarii], ego Gabriel Lalement soc[ietatis] Jesu sacerdos baptisavi infantulum recens natum ex patre Antonio *Massinabano* et matre Angelica *Ek8esensi8itch* conjugibus, cui nomen Gabriel impositu[m] est. Patrinus fuit [?][2].

Anno Domini 1647 die nono Maii[3], ego Gabriel Lalement soc[ietatis] Jesu sacerdos baptisavi infantem unius mensis circiter ex patre Cypriano *8tik8an* et matre restitua *8ch8ch8aban8k8e*, cui nomen datum fuit Simon. Patrinus fuit Simon *Mata8ach.*

Anno Domini 1647 die item nono Maii, ego Gab[riel] Lalement s[ocietatis] Jesu sacerdos baptisavi puerum duorum annorum ex matre *8abnakek8e* patre defuncto nomen ei datum est Bartholomeus. Patrinus ide[m] qui supra.

Anno D[omi]ni 1647 die 2° Junii, ego Gab[riel] Lalement s[ocietatis] Jesu sacerdos baptisavi mulierem 35 circiter annis natam in ecclesia S[anc]ti Michaelis[4]. Anna nomen[5] habuit, patrio nomine dicitur *8abanakik8e.* Patrinus fuit Gallus cui[6] Nopce cognomen est, matrina fuit Marie *Ass8ban.*

---

1 La troisième syllabe **ti** est une addition.

2 Lecture difficile.

3 Les mots **die nono maii** sont ajoutés dans l'interligne.

4 C'est la première fois (2 juin 1647) que le ***Registre de Sillery*** mentionne l'église Saint-Michel. "*Une personne de mérite et de piété, ayant fait une aumosne pour dresser en ces nouvelles contrées une petite chapelle, sous le nom de Sainct Michel, nous nous sommes efforcez de suppléer à ce qui manquoit, pour en bastir une petite Eglise dédiée à Dieu, sous le titre de ce glorieux Archange.* " (***Relation*** de 1647, 42). La bénédiction de la chapelle avait eu lieu le 8 mai 1647 (***JJ.***, p. 85)

5 Les mots **Anna nomen** ont été ajoutés au-dessus d'une rature.

6 Les mots **Gallus cui** sont ajoutés au-dessus de la ligne. **Nopce** est le surnom de René Mezeré.

Eodem die et anno, ego Amabilis de Fretat soc[ietatis] Jesu sacerdos baptisavi puerum 7 aut 8 annoru[m] filium praedictae mulieris Anna *8abanakik8e*, nomen ei datu[m] est Joseph. *Se8skisik* patrio cognomine dicitur. Patrinus ejus fuit Joseph *Met8eiachich*.

[G. Lalement]

Anno Domini 1647, 21 Junii, ego J[oseph] I[mbertus] Duperon soc[ietatis] Jesu sacerdos baptizavi in articulo mortis sine ceremoniis *Petchi8* annos circiter agentem 18, natione Aiechkimau, huic nomen Joseph destinatum fuit, postridie Kebecum deductus, duobus post diebus obiit et sepultus est in coemeterio Xenodokii.

[J. I. Duperon]

Anno Domini 1647, 25 Augusti, ego Jacobus Bonin soc[ietatis] Jesu sacerdos baptisavi puerum novem aut decem dierum natum ex conjugibus Barnaba *Petchehat* sive *Mistikoman* et Christina *Kiiig8k8e*, Laurentius dictus fuit a patrinis Josepho *Mete8achis* et Sebastiana [ ][1] uxor Mathei Chouret.

[J. Bonin]

Anno D[omi]ni 1647, 25 Augusti, ego Adrian[us] Grelon societ[atis] Jesu sacerdos baptizavi solemniter Mariam *Achami8eko8e* muliere[m] adulta[m] 24^r^ circiter annoru[m]. Patrini fuerunt Stephan[us] *Piresi* alias *Pigar8ich* et Agnes *Apitchime*.

[A. Grelon]

[36]

Anno D[omi]ni millesimo sexcentesimo 47°, vigesimo octavo die mensis Augusti, ego Gabriel Druilletes[2] societatis Jesu sacerdos vices agens parochi baptizavi solemniter in ecclesia Monialium S[anc]tae Ursulae *Sitohigan*[3] adolescentem natione Abnaquiensem 16 circiter annos natum, nomen ei[4] dedit Joannes [ ] artifex apud Ursulinas agens, Franciscus Xaverius dictus est.

---

1 Sébastienne Veillon, femme de Mathieu Choret (TANGUAY, Cyprien. ***Dictionnaire généalogique des familles canadiennes depuis la fondation de la colonie [...]***, Québec, E. Sénécal, I, 128).

2 Le P. Gabriel Druilletes a hiverné chez les Abénaquis d'Acadie. Il est revenu à Québec le 16 juin 1647, après une absence de neuf mois.

3 **Sitohigan**: ajouté au-dessus de la ligne.

4 Après **ei,** le rédacteur a rayé le mot **datum**.

Item eodem anno[1] et eadem ejusdem mensis die, ibidem, ego Gabriel Druilletes baptizavi solemniter infantem novem circiter annos natum natione Abnaquiensem *8chimesk* nepotem[2] sub[3] Joannis Baptistae tutela viventem, Augustini nomen ei dedit [ ] Mathurinus apud Ursulinas degens.

[G. Druilletes]

Anno D[omi]ni 1647 Octob[ris] 6, infans filius Joa[nnis] Bapt[istae] *Etineschka8at* baptizatus est Kebeci et scriptus est in libro baptizatoru[m] in ecclesia Kebecensi, Ludovicus ei nomen datu[m] est[4].

[P. Le Jeune]

Anno D[omi]ni 1647, 10 Septemb[ris], ego Josephus I[mbertus] Duperon societatis Jesu sacerdos vices agens parochi baptizavi solemniter in n[ost]ro templo Sancti Michaelis Carolum [ ] sex dies agentem parentib[us] [ ] 8abanakensi et matre Bernardina *Mikisi8ek8e*. Patrini fuere Joseph *Met8eiachich* et Catharina *Sasaki8it8k8e*.

Anno D[omi]ni 1647 11 Septemb[ris], ego idem baptizavi solemniter in nostro templo puellam eodem die quo nata est ex conjugibus Mauritio *Ganatchik8e* alias *Kapenamkana* et Helena *8kipitchi8an8k8e*. Maria dicta est a patrinis D[omi]no de Maisonneuve et Brigitta *Kakegamik8k8e8*, obiit aliquib[us] ab hinc diebus.

Anno D[omi]ni 1647, 12 Sept[embris], ego idem baptizavi *Gaiachkans* in periculo mortis sufficienter dispositum, huic destinatum est nomen Joseph.

Item eodem die et hora baptizavi etiam sine ceremoniis *8atakonia* sufficienter dispositum, cui nomen destinatum est Franciscus, obiit paulo post.

[J. I. Duperon]

Anno D[omi]ni 1647, 16 Sept[embris], ego Gabriel Druilletes soc[ietatis] Jesu sacerdos vices agens parochi baptizavi sine ceremoniis captivu[m] natione Agnonguerronon vulgo Iroquois mox comburendum,[5] ei nomen Isaaci datum est.

[G. Druilletes]

---

1 Après **anno,** un mot rayé.

2 Le rédacteur avait d'abord écrit **filium** qu'il a raturé et remplacé par **nepotem**.

3 **sub**: ajouté au-dessus d'une rature.

4 Cet acte a été inséré en partie en marge et en partie entre les actes du 28 août et du 10 septembre. D'après le ***PRDH***, cet acte ne se trouve pas au ***Registre de Notre-Dame de Québec.***

5 Ce prisonnier baptisé sous le nom d'Isaac, en l'honneur du P. Isaac Jogues, (dont il était peut-être le meurtrier), fut brûlé le même jour (***JJ.*** , p. 95). Le fait est raconté dans la ***Relation*** de 1647, 73-74, et par Marie de l'Incarnation (OURY, Dom Guy. ***Correspondance***, p. 338).

Anno D[omi]ni 1647, 18 Septembris, ego Josephus I[mbertus] Duperon soc[ietatis] Jesu sacerdos vices agens parrochi baptizavi solemniter in ecclesia Monialium S[anc]tae Ursulae annosam mulierem patrio nomine *Ek8e8ich*, Maria dicta est a matrina Jaquelina [ ][1] uxore D[omi]ni Bourdon.

Item baptizavi eadem hora et loco Carolam *8minesa-g8k8e* 30[ta] circiter annorum hujus patrini fuere D[omi]nus Nicolet[2] sacerdos et Maria Giffard.

Item baptizavi eadem hora et loco Elizabetam *8ki8e-tin8k8e* mulierem adultam, matrina fuit Maria Marsolet.

Anno D[omi]ni 1647, 20 Septemb[ris], ego J[osephus] I[mbertus] Duperon soc[ietatis] Jesu sacerdos vices agens parrochi baptizavi solemniter in ecclesia Kebecensi[3] puellam recens natam ex conjugibus Joanne *8iasapmat* alias *Kepitenat*[4] et Francisca *Peiokon* quae post partum ipsius in sylvis obiit. Patrini fuere Stephanus Lessart et Ludovica Marsolet, puellae nomen Ludovica datum est.

[J. I. Duperon]

Vide sequentem paginam duos infantes baptizatos in Acadia 10 Maii[5].

[P. Le Jeune]

Anno D[omi]ni 1648, 12 Maii, ego A[drianus] Daran soc[ietatis] Jesu sacerdos vices agens parrochi baptizavi solemniter in ecclesia n[ost]ra S[anc]ti Michaelis puellam[6] recens natam ex[7] Augustino *8abigaro* et *Kakis8g8e* non-dum baptisata. Patrinus fuit Artus *Ta8abanon* nomen puellae Anna datum est.

[A. Daran]

Anno D[omi]ni 1648, 18 Junii, ego Gabriel Druilletes soc[ietatis] Jesu sacerdos vices agens parochi baptizavi solemniter in ecclesia Kebecensi[8] puellam in sylvis natam 19 Octobris anni 1647 ex Michaele *Ch8min* et Antonia *8abiskitek8e*. Patrinus fuit Carolus Gadieu, ei Catharinae nomen imposuit.

---

1 Il s'agit de Jacqueline Potel, première femme de Jean Bourdon (***DBC*** I, 116).

2 L'abbé Gilles Nicolet, frère de Jean Nicolet, découvreur du Mississippi; il retourna en France en 1647 (Allaire, ***Le clergé...***, I, p. 399; ***JJ.***, p. 95).

3 Après **Kebecensi**, rature du mot **Ludovicam**, repris plus loin.

4 Différent du chef montagnais Capitanal, ami de Champlain (***DBC*** I, 166-170).

5 Cette note est inscrite à la fois en marge de gauche et entre les deux actes.

6 **puellam**: ajouté au-dessus de **Annam**, raturé.

7 Après **ex**, rature de **conjugibus**.

8 **Kebecensi**: ajouté au-dessus de **n[ost]ra S[anc]ti Michaelis**, qui a été rayé.

Eodem anno et die, ego Gabriel Druilletes soc[ietatis] Jesu sacerdos ibidem solemnes ceremonias adhibui nuper in sylvis nato et baptizato sine cerimo[niis] ineunte Februario anni 1647 ex patre *Agrecha*[1] nondum baptizato et matre Jordana *Akik8itich*. Patrinus Rob[ertus] Hache ei Petri nomen imposuit.

Ego Gabr[iel] Druil[letes][2] anno D[omi]ni 1647, 4 Oct[obris], baptizavi *Chig8ench* uxorem *K8etabikisitch* sine ceremoniis in sylvis.

[G. Druilletes]

[37]

Anno D[omi]ni 1648, 19 Junii, ego Adrian[us] Grelon soc[ietatis] Jesu sacerdos vices agens parochi baptizavi solemniter in ecclesia S[anc]ti Michaelis Sylleriacensi pueru[m] quatuor circiter annos natum *Mokmanens*[3] dictum, filiu[m] *Kakesig8k8e*[4], patre defuncto. Patrin[us] fuit Jacob[us] Desfossés qui ei Jacobi nomen imposuit.

[A. Grelon]

Anno D[omi]ni 1648, 20 Junii, ego Gabr[iel] Druilletes soc[ietatis] Jesu sacerdos vices agens parochi baptizavi solemniter in ecclesia Kebecensi adultum *Agrecha* dictum 20 circiter annos natum. Patrinus fuit D[omi]nus Bourdon, Antonii nomen ei imposuit[5].

[G. Druilletes]

An[n]o D[omi]ni 1648, 28 Junii, ego A[drianus] Daran soc[ietatis] Jesu sacerdos vices gerens parochi baptizavi solemniter in ecclesia Monialiu[m] S[anct]ae Ursulae puellam *Kakiatchi8inok8e* dictam 12 circiter annos natam; Matrina fuit D[omi]na Bourdon, Mariae Margaritae nomen ei imposuit[6].

[A. Daran]

Anno D[omi]ni 1648, 5° Julii, ego Gabr[iel] Druilletes soc[ietatis] Jesu vices agens parochi baptizavi solemniter

---

1 Le nom **Agrecha** signifie **Anglais** (SILVY, A. ***Dictionnaire montagnais-français***, Presses de l'Université du Québec, 1974, p. 10).

2 Les mots **Ego Gabr Druil** ont été ajoutés en marge.

3 Devant **Mokmanens**, rature de **vulgo**.

4 La deuxième moitié du mot est une correction ajoutée au-dessus de la ligne et dont la lecture est difficile.

5 Ce baptême est aussi inscrit au ***Registre de Notre-Dame de Québec***, p. 59, avec renvoi au ***Registre de Sillery***.

6 Acte aussi inscrit au ***Registre de Notre-Dame de Québec***, p. 59.

in ecclesia Sancti Michaelis vulgo de Silleri puerum tres circiter menses natum in sylvis ex patre Armando *8mata8au* et Catharina[1] *8chitchi8an8k8e*. Patrinus fuit D[omi]nus La Crapaudière[2] et ei Pauli nomen imposuit.

Geneviève Mezeres (Nopces)

Eodem anno et die, ego baptizavi quoque solemniter ibidem[3] puellam recens natam ex patre Renato Mezeres vulgo dicto Nopces et Nicolaa Garman filia Le Picard[4] vulgo dicti. Patrinus fuit Carolus Gabin dictus Courville[5] et Genovefa Aïot matrina fuit, ei Genovefae nomen impositum est.

[G. Druilletes]

Anno D[omi]ni 1648 Julii 9, mihi Paulo Le Jeune societ[atis] J[esu] sacerdoti redditum est testimonium quo significat R. P. Cosmas de Mante[6] capucinus a se bap-

---

1 **Catharina**: correction inscrite au-dessus de **Elizabetha**, rayé.

2 La Crapaudière était commandant au fort Richelieu en 1646 (***JJ.***, p. 50).

3 ***Ibidem*** : ajouté au-dessus de la ligne.

4 Nicole, fille de Pierre Gareman dit Le Picard, deuxième épouse de René Mezeré dit Nopce (TRUDEL, M. ***La pop. du Canada en 1663***, p. 234).

5 Charles Gabin dit Courville; "*C'est lui et non Charles Cadieu qui menaça en 1650-1651 la femme de Ruette d'Auteuil* (TRUDEL, M. ***Catalogue des immigrants,*** p. 164)." À ne pas confondre avec Charles Cadieu dit Courville.

6 Le P. Cosme de Mantes était supérieur des Capucins d'Acadie en 1650 (ALLAIRE, ***Le Clergé...,*** I, p. 360). Selon TANGUAY, ***Répertoire du clergé canadien***, p. 41-42, le P. Cosme serait venu à Québec en 1648 et aurait administré le baptême dans l'église Saint-Joseph de Sillery. Cette affirmation est fondée sur une mauvaise lecture du ***Registre de Sillery,*** où il est question du témoignage provenant d'une lettre du P. Cosme de Mantes, non de sa venue à Sillery.

Dans son hivernement de 1646-1647 avec les Abénaquis d'Acadie, le P. Gabriel Druilletes avait eu contact avec les Capucins et il avait été bien accueilli par le P. Ignace de Paris (***Relation*** de 1647, 52). Il faut noter toutefois que le P. Druilletes avait empiété sur le territoire des Capucins; c'est ce qui explique le passage suivant du ***Journal des Jésuites:***

"*Le 3 ou 4 [juillet 1647]. les abénaquois demandent à me parler pour me remercier du voyage du P. Druilletes, & me prier de le laisser retourner; mais les derniers venus des Abénaquois ayant aporté lettres des PP. capucins qui nous prioient de n'y plus retourner, je leur refusé, & fils la response qui se trouvera dans une lettre que j'éscrivis sur ce sujet aux Capucins...*" (p. 91)

La ***Relation*** de 1651, 14, avait admis: "*A vray dire ce district là n'estoit pas de nostre ressort, sinon autant que le zele nous obligeoit de ne pas abandonner des gens de bonne volonté, disposez à la foy, mais qui n'avoient présentement que nous pour les instruire*".

En 1647-1648, le P. Druilletes hiverna avec les Algonquins et les Montagnais de Sillery dans la région de Tadoussac et de Matane (***Rel.*** 1648, 27-32; 50-51).

Mais en 1648, le P. Cosme de Mantes avait de nouveau écrit aux PP. Jésuites pour les inviter à *"missionner"* sur le territoire des Capucins: "*Mesme si en passant à la rivière de Kinibequi vous y rencontriez des nostres vous nous ferez plaisir de leur manifester vos besoins.*" (***Rel.*** 1651, 14-15).

Le P. Druilletes retournera chez les Abénaquis en 1650, cette fois comme ambassadeur de la Nouvelle-France auprès de la Nouvelle-Angleterre (***DBC*** I, 290).

tizatum esse[1] in Acadia ad flumen S[anc]ti Joannis[2] infantem ex patre *Mak8ns* nondum christiano et Jaquelina [ ]. Patrinus fuit D[ominus] Carolus [ ][3] Acadiae moderator, nomen infanti Carolum dedit die 10 Maii 1648 quo baptizatus est infans aliquot mensibus natus.

Anno D[omi]ni 1648 Augusti 2, mihi Paulo Le Jeune societatis Jesu sacerdoti redditum est testimonium quo significat R. P. Cosmus de Mante superior missionum Capucinorum in Acadia a se baptizatam e[ss]e ad flumen S[anc]ti Joannis infantem quatuor circiter mensibus natam ex patre Bernardo *Micheminitik* et matre Francisca *8k8integanich*. Patrinus fuit D[ominus] Carolus [ ] Acadiae moderator, nomen Francisca infanti datum est, die 10 Maii 1648 baptizata est.

[P. Le Jeune]

Anno D[omi]ni 1648 Aug[usti] 6, ego Gabr[iel] Druilletes soc[ietatis] J[esu] sacerdos vices agens parochi solemniter baptizavi in ecclesia Kebecensi Conceptae V[irgi]nis puellam tres circiter menses natam ex patre Josepho *Chibaïabikisitch* et matre Maria. Matrina fuit Maria Magd[alena] Marchand et Mariae Magd[ale]nae nomen imposuit.

Anno D[omi]ni 1648 Sept[embris] 6, ego Gabr[iel] Druilletes vices agens parrochi solemniter baptizavi in ecclesia S[ancti] Michaelis vulgo Sillery puerum recens natum ex patre [ ] Aeskimensi vulgo de Gaspé et matre Maria *Mir8chk8ech*. Patrinus Joseph *Met8eachit* no[min]e Caroli *Kakiskatisichtch*, ei nomen Caroli imposuit.

Anno D[omi]ni 1648 Sept[embris] 26, ego Gabr[iel] Druilletes soc[ietatis] vices agens parochi ibidem[4] baptizavi sine cerimoniis in periculo mortis faeminam dictam *Kakis8k8e*, Augustini *Chibaïabano* uxorem, ei Theresiae nomen destinatum est.

[38]

Ego Gabriel Druilletes soc[ietatis] Jesu sacerdos vices agens parochi anno D[omi]ni 1648, 29 Sept[embris],

---

1 **esse**: correction ajoutée au-dessus d'une rature.

2 Les Capucins avaient une importante mission à la rivière Saint-Jean, dont le principal centre était Medoctek (DE VALIGNY, P. Pacifique. ***Chroniques des plus anciennes Eglises de l'Acadie***, Montréal, 1944, p. 45).

3 Charles de Menou d'Aulnay, 6e gouverneur de l'Acadie (1636-1650) (***DBC*** I, 514-517).

4 **ibidem**: ajouté au-dessus de la ligne.

puero septem circiter menses nato, ex matre Marg[arita] et ex patre mortuo Claudio *Mata8eskarini* Abnaquiensi[1] et sacris aquis abluto a R. P. Gabriele de Joinville[2] Ordinis RR PP Capucin[orum] missionario apud Abnaquie[n]ses ad fluviu[m] Kenebeki degentes, solemniter adhibui ceremonias in ec[c]l[esia] S[anc]ti Michaelis vulgo de Sillery, ei nomen Michaelis imposuit D[omi]nus Guill[elmus] Vignard[3] apud Moniales S[anc]tae Ursulae Kebeci praepositus.

B
Pierre
Boucher

Ego idem, ibidem et eodem anno ac die supra dicto, puerum recens natum ex patre Francisco Boucher et matre Florentia[4] Garman solemniter baptizavi. A patrino Petro So[u]mande cum matrina Anna Archambault[5] ei nomen Petri datum est.

[G. Druilletes]

Anno D[omi]ni 1648, 2 Octob[ris], ego Josephus Imbert[us] Duperon societatis Jesu sacerdos vices agens parrochi solemniter baptizavi in ecclesia S[anc]ti Michaelis vulgo de Sillery infantem recens natum ex parentibus Georgio *Et8et* defuncto a duobus aut tribus mensib[us] et Theresia *8ki8ab8g8k8e8* matre superstite, Mauricius dictus fuit a patrina Francisca *8tagamisk8e8* uxore Lucae Roger[6].

Anno D[omi]ni 1648, 24 Decemb[ris] ego Josephus I[mbertus] Duperon soc[ietatis] Jesu sacerdos vices agens parrochi solemniter baptizavi in ecclesia S[anc]ti Michaelis vulgo de Sillery infantem 4^{or} [7] dies natum ex parentibus Renato *Miaresitetch* et [ ] *Matchihaban8k8e*. Aegidius dictus fuit a patrino Aegidius Bacon[8], hujusce regionis incola.

---

1 Les noms des parents avaient été d'abord inscrits au-dessus de la ligne. Le rédacteur les a rayés, puis il a inscrit la correction en marge.

2 Le P. Gabriel de Joinville était missionnaire chez les Abénaquis en 1648 (ALLAIRE, ***Le clergé...***, I, p. 42); en 1652, il fut emprisonné à Port-Royal avec le P. Cosme de Mantes par Emmanuel Le Borgne, puis emmené en France (***DBC*** I, 445).

3 Guillaume Vignaud (aussi Vignar, Vignard, Vignart, Vignal) avait succédé à René Chartier en 1648 comme chapelain des Ursulines. Plus tard il se fit sulpicien et mourut en 1661, tué par les Iroquois (***DBC*** I, 678).

4 François Boucher, fils de Marin Boucher, et Florence Gareman dit Le Picard (TRUDEL, M. ***La pop. du Canada en 1663,*** p. 172)

5 Anne Archambault, dont le prétendu mari Michel Chauvin dit Sainte-Suzanne s'était enfui en 1650, quand on eut appris qu'il avait laissé sa femme en France. Plus tard elle épousa Jean Gervaise (TRUDEL, M. ***La pop. du Canada en 1663,*** p. 85 et 303).

6 Le 7 août 1649, quatre domestiques, dont Roger, partent chez les Hurons (***JJ.,*** p. 128).

7 4^{or}: ajouté au-dessus de la ligne.

8 Gilles Bacon était à Trois-Rivières en 1646 d'où il rapporta de prétendus échantillons d'or; à la fin d'août il se rendit chez les Hurons avec Pierrot Cochon, Daniel Carteron, Jean Le Mercier, des Groseillers, Racine et Eustache Lambert (***JJ.,*** p. 64).

Anno D[omi]ni 1649, 18 Januarii, ego Josephus I[mbertus] Duperon soc[ietatis] Jesu sacerdos vices agens parrochi solemniter baptizavi in ecclesia S[anc]ti Michaelis vulgo de Sillery puellam natam 30 Decembris anni 1648 ex conjugib[us] Thoma *ka8as8etch* alias *Isk8ekichik* et Elizabetha *8tabitanipin8k8e*. Maturina dicta fuit a Francisca Pinguest uxore D[omi]ni de Launai.

[J. I. Duperon]

Anno D[omi]ni 1649, Februarii 13, ego Paulus Le Jeune societ[atis] Jesu sacerdos solemniter baptisavi in ecclesia S[anc]ti Michaelis in Reductione Sancti Josephi puerum sex circiter annos natum ex natione 8paninachi8eksi, cum mortuis parentibus eum vellent interficere Tadousaci eju[s]dem nationis incolae mulier christiana no[m]i[n]e Maria *8tchestig8k8e* eum alendum suscepit, ejus patrinus fuit Joannes Raguiau Bituricensis qui se eum ex sacro fonte suscipere dixit no[m]i[n]e N. [ ] De Chabenas Biturigibus bene noti; Carolus puero nomen inditum est[1].

Anno D[omi]ni 1649, 13 Februarii, ego Paulus Le Jeune societatis Jesu sacerdos solemniter baptizavi in ecclesia S[anc]ti Michaelis in Reductione S[anc]ti Josephi infantem nono die ejusdem mensis natam ex patre Barnaba *Tchimatasa* et matre Antonia *8pimas8ek8e8* conjugibus. Nomen infanti Maria datum est a Petro Bruël Bituricensi qui se eam ex sacro fonte suscipere dixit no[m]i[n]e Mariae [ ] uxoris D[omi]ni Pinette defuncti olim Bituricensis.

[39]

Anno D[omi]ni 1649 die primo Maii, ego Paulus Le Jeune societatis Jesu sacerdos solemniter baptisavi in ecclesia S[anc]ti Michaelis in Reductione S[anc]ti Josephi infantem mense Novembri praecedentis anni natum ex patre Josepho *Met8e8achit*[2] et matre Jaquelina *8niganatchi8an8k8e8*, conjugibus, nomen infanti datum est Jacobus Simon. Patrinus fuit Bartholomaeus *8erabikisitch* Tadoucensis.

[P. Le Jeune]

---

1 Si notre lecture est bonne (cum... eum vellent interficere Tadousaci ejusdem nationis incola...), on aurait voulu tuer (interficere) cet enfant de 6 ans de la nation des Papinachois; ce qui est étonnant, car les missionnaires ne manquent jamais de louer les moeurs des Papinachois.

2 Quatre lettres raturées devant **Met8e8achit**.

Anno D[omi]ni 1649 die 1° Maii, ego Gabriel Druilletes soc[ietatis] Jesu sacerdos vices agens parochi solemni ritu baptizavi in ecclesia S[anc]ti Michaelis in Reductione S[anc]ti Josephi vulgo Sillery infantem mense Februario natam ex patre *Nigam8r8ta8at* et matre Margarita *8papi8ek8e*. Nomen Franciscae dedit patrinus Daniel Carteron[1] Patrum domesticus.

Eodem anno et die, ego idem Gabr[iel] Druilletes ibidem solemni ritu baptizavi infantem natam[2] mense[3] Febr[uario] ex patre *Achikirini8ich* et matre Joanna *Misameg8k8e*, ei nomen Angelae[4] dedit Angerik8e *8titebab8g8k8e* matrina.

[G. Druilletes]

B Nicolas Pelletier

Anno D[omi]ni 1649 die 2 Maii, ego Paulus Le Jeune societ[atis] Jesu sacerdos solemni ritu baptisavi in ecclesia S[anc]ti Michaelis in Reductione S[anc]ti Josephi infantem ultimo die Aprilis praecedentis natum ex patre Nicolao Peltier et Joanne de Vousy, conjugibus. Nomen infanti datum est Nicolaus[5]. Patrinus fuit Nicolaus Goupil et matrina Anna Convent uxor Jacobi Maheu.

[P. Le Jeune]

Anno Domini 1649 die 8 Maii, ego Petrus Bailloquet socie[ta]tis Jesu sacerdos solemni ritu baptizavi in ecclesia S[anc]ti Michaelis in Reductione S[anc]ti Josephi infantem 4o Maii natum anni 1649 ex patre Bartholomaeo *8eabikisitch* et Aug8stina *8ki8em8g8k8e*, conjugibus, nomen infanti datum est Michael. Patrinus fuit Michael Le Neuf, filius D[omi]ni de La Potherie.

[P. Bailloquet]

Anno D[omi]ni 1649 die 4 Julii, ego Paulus Le Jeune societatis Jesu sacerdos solemni ritu baptisavi in ecclesia S[anc]ti Michaelis in Reductione S[anc]ti Josephi infantem sexto ante die natum ex patre Francisco *K8ek8eibab8g8ch* et matre Barbara *Kakesig8k8e*, nomen infanti datum est Franciscus. Patrinus fuit Carolus[6] Roger, Gallus.

Anno D[omi]ni 1649 die 18 Julii, ego Paulus Le Jeune societatis Jesu sacerdos solemniter baptizavi in ecclesia

---

1 Daniel Carteron: plusieurs mentions dans le ***Journal des Jésuites:*** séjourne chez les Hurons, habite Trois-Rivières, accompagne le P. Jacques Buteux chez les Attikameks en 1651 (***JJ.***, p. 64, 115 et 145).

2 Le mot **recens** a été rayé devant **natam**.

3 **mense** a été ajouté au-dessus d'une rature.

4 **Angelae**: ajouté au-dessus de la ligne.

5 Nicolas Pelletier mourut, dit-on, presque centenaire; plusieurs mariages avec des Montagnaises; voir ***Saguenayensia***, 1965, vol. 7, no 2, p. 26-33; 1982, vol. 24, no 1, p. 17-22.

6 **Carolus** a remplacé **Franciscus**, rayé.

S[anc]ti Michaelis in Reductione S[anc]ti Josephi infantem 16to ejusdem mensis et anni natum ex patre Antonio *Agrescha* et matre Jordana *8akik8tis* conjugibus; nomen infanti Paulus datum est. Patrinus fuit D[ominus] Guillel[mus] Vignal sacerdos.

B
Cath.
Le Gardeur

Anno D[omi]ni 1649 die 9 Augusti, ego Paulus Le Jeune societ[atis] Jesu sacerdos solemni ritu baptizavi in ecclesia S[anc]ti Michaelis in Reductione S[anc]ti Josephi puellam eodem[1] die natam ex patre Carolo Le Gardeur[2] Trium Fluminum moderator et matre Genovefa Juchereau ejus uxore, nomen infanti Catharina datum est. Patrinus fuit Nicolaus Juchereau et Catharina Cordé matrina infantis avia vulgo Domizella de Tilly.

[P. Le Jeune]

[40]

Anno D[omi]ni 1649 Aug[us]ti 18[3], ego Gabriel Druilletes soc[ietatis] Jesu sac[erdos] vices agens parochi in eclesia S[anc]ti Mich[aelis] in Red[uctione] S[anc]ti Josephi baptizavi infantem ex patre Abnaquiensi *8nara8agamig8ng* dicto et matre *8ra8intimik8e* conjugibus. Laurentii nomen ei destinatum est. Kebeci solemnes cerimoniae sunt adhibitae a Patre Jos[epho] Duperron.

Anno D[omi]ni 1649 Aug[usti] 27, ego[4] Gabr[iel] Druilletes soc[ietatis] Jesu vices agens parochi ibidem baptizavi sine ceremoniis qm [quidem?] in articulo mortis infantem octo circiter menses natu[m] ex patre natione 8etechemi dicto a suis *Norimabamit* et ex matre Ursula *8t8ribik8e*. Jacobi[5] nomen ei destinatum est.

Eodem die et anno, in eadem eclesia S[anc]ti Mich[aelis], ego[6] qui supra baptizavi sine cerimoniis infantem recens

---

1 **eodem**: suit la rature des mots **preacedenti mense**.

2 Charles Legardeur de Tilly (1614-1695), fils de René Legardeur de Tilly et de Catherine Cordé, personnage important de la Nouvelle-France; il fut gouverneur de Trois-Rivières de 1648 à 1650; il était marié à Geneviève Juchereau, soeur de Nicolas Juchereau de Saint-Denis, enfants de Jean Juchereau de Maur et de Marie Langlois (***DBC*** I, 413-414; 458-459). Le parrain Nicolas Juchereau est donc beau-frère de Charles Legardeur et la marraine Catherine Cordé dite Mademoiselle de Tilly est la grand-mère de l'enfant; cette dernière reçoit des étrennes des Jésuites le 1er janvier 1651 (***JJ.***, p. 148).

3 **Aug[ti] 18:** ajouté au-dessus de la ligne.

4 Devant **ego**, un mot raturé.

5 **Jacobi**: surcharge.

6 Devant **ego**, rature de **babpti**.

natum ex patre natione[1] 8etechemi dicto a suis [ ] et matre Maria *Chichig8anik8e*. Antonii nomen illi destinatum est.

Anno D[omi]ni 1649, 7 Sept[embris], ego Gabr[iel] Druilletes soc[ietatis] Jesu sac[erdos] vices agens parochi in eclesia S[anc]ti Mich[aelis] in Red[uctione] S[anc]ti Josephi baptizavi sine[2] cerimoniis adultu[m] 15 circiter annos *8atag8c* dictu[m], natione Abnaquiensem adoptatu[m] a Joanne *8sak8ahin8*.

[G. Druilletes]

Anno D[omi]ni 1649 Sept[embris] 23, ego Paulus Le Jeune societatis Jesu sacerdos solemni ritu baptizavi in sacello Ursulinarum Kebeci faeminam natam circiter viginti annos vulgari no[m]i[n]e *Kakhisk8e8*, filiam *Misk8eritikhi* ejus matris, patria Papinachi8i; ei nomen datum est Perinna seu Petronilla, ejus matrina fuit Catharina Cordé vulgo Domizella de Tilly.

[P. Le Jeune]

Anno 1649, 29 Sept[embris], ego Gabr[iel] Druilletes soc[ietatis] Jesu sac[erdos] vices agens parochi in eclesia S[anc]ti Mich[aelis] ad Reduct[ionem] S[ancti] Josephi baptizavi solemni[3] ritu infantem recens natam ex patre *Ka Pimijatch* et matre Maria *Ass8ban*; Margarita *8tchi-8iri8ek8e* matrina fuit et Michaelae nomen imposuit.

[G. Druilletes]

Anno D[omi]ni 1650, 24 Jannuarii, ego Josephus I[mbertus] Duperon soc[ietatis] Jesu solemniter baptizavi in sacello n[ost]ro Kebecensi Jacobum natum 12 Jan-n[uarii] 1650 ex conjugibus Mauricio *Pemegaba8ich* et Maria *8tchik8e8ich*; patrini fuere D[omi]nus Joannes Le Sueur vulgo de St Sauveur[4] et Genovefa Bourdon[5], filia D[omi]ni Jo[annis] Bourdon.

[J. I. Duperon]

---

1 **natione**: ajouté au-dessus de la ligne.

2 **sine**: suit un mot raturé.

3 **solemniter**: a remplacé **sine ceremoniis**, raturé.

4 Jean Le Sueur dit abbé de Saint-Sauveur, chapelain de l'Hôtel-Dieu de Québec (***DBC*** I 482-483).

5 Geneviève Bourdon sous le nom de Mère Marie-de-Saint-Ignace, deviendra la première Ursuline d'origine canadienne (***DBC*** I 116).

B
Jean
Gandin

Anno D[omi]ni 1650, 6o Februarii, ego Martinus Lyonne soc[ieta]tis Jesu sacerdos solemni ritu baptizavi in ecclesia S[anc]ti Michaelis in reductio[n]e Sancti Josephi puerum pridie natum ex patre Bartholomaeo Gandin[1] et matre Martha Cougnat ejus uxore. Nomen infanti datum est Joannes. Patrinus fuit Joannes Bonard et matrina Maria Pelletier.

[M. Lyonne]

Anno D[omi]ni 1650, 7 Aprilis[2], ego Joseph[us] I[mbertus] Duperon soc[ietatis] Jesu solemniter baptizavi in sacello S[anc]ti Michaelis in reductione S[anc]ti Josephi infantem duodecim circiter menses natum ex parentib[us] [ ] *Assonho8ich* huronensi et Maria *8apmig8k8e*, Joannes dictus est a patrinis Carolo Cabin dicto Courville, et Maria filia Joannis Bapt[istae] *Ekineschka8at.*

Anno D[omi]ni 1650, 19 Aprilis, ego J[osephus] Imb[ertus] Duperon soc[ietatis] Jesu sacerdos solemniter baptizavi in ecclesia S[anc]ti Michaelis in residentia S[anc]ti Josephi puellam 4or circiter annos ex parentib[us] *Mitik8e8ebison* defuncto et *8ra8abik8k8e* matre superstite. Haec puella patrio nomine dicitur *8minag8tchin8k8e*; Maria dicta est a patrinis Petro Juneau Gallo, et Maria *Kaneg8stig8anchis.*

[J. I. Duperon]

[41]

Anno D[omi]ni 1650, 29 Apr[ilis], ego Gabriel Druilletes vices agens parochi in eccl[esia] S[anc]ti Mich[aelis] ad Reduct[ionem] S[anc]ti Jos[ephi] solemnes adhbui cerimonias infanti 9 ejusdem mensis baptizato tunc recens nato ex patre Carolo *Kariskatisitch*[3] et matre Barbara *8tachamake.* D[omi]na de Monceaux ei nomen Fr[ancisci] Xaverii dedit.

Eodem anno et die, ego Gabriel Druilletes ibidem infanti 19 Nov[embris] anni 1649 baptizato in sylvis solemnes adhibui cerimonias, ejus pater Fr[anciscus] Xav[erius] *lata8es8*, mater autem *Pechis8* natione Pakinachienses dicu[n]tur a suis, D[omi]na d'Auteuil[4] ei nomen Marcelli-Josephi dedit.

[G. Druilletes]

---

1 Barthélemy **Gaudin** (TRUDEL, M. ***Catalogue des immigrants,*** p. 131). Excepté une fois, ce patronyme est orthographié **Gandin** et **Gandain** dans le ***Registre de Sillery***.

2 **Aprilis**: reprise de **Aprili**, raturé.

3 La ***Relation*** de 1650, 32-33, fait son éloge et raconte sa mort.

4 **Domina d'Auteuil**: Claire-Françoise de Clément de Vault (ou Vuault), fille de Jean, sieur de Monceaux, épouse de Denis-Joseph De Ruette d'Auteuil (***DBC*** I, 598).

B

Anno D[omi]ni 1650, 17 Augusti, ego Joseph[us] Imb[ertus] Duperon soc[ietatis] Jesu vices agens parrochi in ecclesia S[anc]ti Michaelis ad reductionem S[anc]ti Josephi solemniter baptizavi Joannem[1] Mezerie recens natum ex conjugib[us] Renato Mezerie et Nicola Garmand. Patrini fuere Joannes Maheu fili[us] Jacobi Maheu et Joanna Richer uxor Joannis Bonar dicti Lafortune.

Anno D[omi]ni 1650, 3 Sept[embris], ego Joseph[us] I[mbertus] Duperon soc[ietatis] Jesu sacerdos in ecclesia n[ost]ra S[anc]ti Michaelis solemnes adhibui ceremonias baptismi adulto anno superiori baptizato a Patre Gabriele Druilletes, natione 8abanakensi dicto a suis *8atag8k*, nunc autem Joannes Baptista dictus fuit a patrinis Henrico *Messinas8tch* et D[omi]na de Monceaux.

Anno D[omi]ni 1650, ego idem supra scriptus 16 Septemb[ris] baptizavi solemniter in templo n[ost]ro S[anc]ti Michaelis infantem eodem die natum ex conjugib[us] Michaele *Ch8min* et Antonia *8abiskitek8e*. Carolus dictus fuit a patrinis Carolo Cabin dicto Courville, Gallo, et Ludovica *Tchipaïs* silvestri.

Anno D[omi]ni 1650, 23 Sept[embris], ego Josephus Imb[ertus] Duperon societatis Jesu sacerdos baptizavi solemniter in sacello Urselinarum Kebeci duos adultos patria 8etesimik, Eustachium *E8aintak* conjugem Dyonisiae *8ta8as[sa]* et Jacobum *8ebabegit* conjugem Annae *Taïk8e*. D[omi]nus Joannes Bourdon et D[omi]na Barbara de Boulogne[2] uxor D[omi]ni d'Ailleboust primum nominaverunt, alterius autem patrini fuere D[omi]nus Olivier Le Tardif et D[omi]na Maria Marguerie uxor D[omi]ni Jac[obus] Hertel[3].

[J. I. Duperon]

Anno D[omi]ni 1650, 25 Sept[embris], ego Carolus Albanel societatis Jesus sacerdos baptisavi solemniter puellam 1 mensis ex conjugibus Victore *Ka mak8achig8etch* et Joanna *8pimapm8ek8e*. Maria dicta a patrinis Joanne Hayot et Maria Pelletier in templo n[ost]ro S[anc]ti Michaelis.

[C. Albanel]

---

1 **Joannem**: correction de **Renatum**, rayé.

2 Barbe de Boullongne, femme de Louis d'Ailleboust, gouverneur de Montréal en l'absence de Maisonneuve de 1645 à 1647 et de la Nouvelle-France de 1648 à 1651. Après la mort de son mari en 1660, Barbe de Boullongne entra chez les Ursulines mais en sortit après huit ou neuf mois pour "reprendre au milieu du monde sa vie de bonnes oeuvres et d'édification." (***DBC*** I, 114).

3 Jacques Hertel de La Fresnière, père du célèbre Fançois Hertel (***DBC*** I, 379).

Anno D[omi]ni 1650, 11 Octob[ris], ego Joseph[us] I[mbertus] Duperon societatis Jesu sacerdos baptizavi solemniter in nostro templo puellam sexdecim dierum natam ex patre Franc[isco] *K8ek8eribab8g8ch* nunc *8taët8t* et matre *8teta8iseg8k8e*. Agnes dicta fuit a patrinis Aegidio Henard et Genovefa Haÿot.

[J. I. Duperon]

B

Anno Domini 1650, 27 Octobris, ego Petrus Bailloquet societatis Jesu sacerdos solemni ritu baptizavi in sacello Silleriacensi infantem recens natum ex patre Jacques Goulet et ex matre Margarita Mulier[1]. Patrinus fuit Renatus Meserie, matrina Francisca Bigot, Renatum infantem nuncupaverunt.

Proxime seq[uen]ti die, pater Josephus Duperon silvestrem quem dicunt *Estinerichis* solemniter baptizavit in ecclesia majori Kebeci; patrem habet *Pachag8echikang*, natus est annos 10; hunc Carolus Roger patrinus et Maria Marsolet matrina nominaver[unt] Carolum.

[42]

B
Nicole
Dumay

Anno Domini 1650 Novembris[2] 18, ego Petrus Bailloquet sacerdos societatis Jesu in ecclesia S[anc]ti Michaelis Silleriaci caerimonias adhibui puellulae recens natae ex conjugibus Estienne Dumais et Francisca Moré[3] paulo ante domi baptisatae ob instantem necessitatem et recte q[ui]dem baptisatae quod mihi relatum est, hanc nominaverunt Franciscus Boucher et Nicola Garmand Nicolam.

B
Marin
Boucher

Anno[4] Domini 1650 Decembris 16, ego Petrus Bailloquet caerimonias adhibui[5] infanti jam ante baptizato nato ex conjugibus François Boucher et Florence Garmand. Patrinus fuit Marin Bouché, matrina [ ] Marinum appellaverunt infantem.

---

1 **Mulier**: aussi **Mailler** (TRUDEL, M. ***La pop. du Canada en 1663***, p. 205).
2 **Novembris**: correction ajoutée au-dessus d'une rature.
3 **Moré**: aussi **Morin** (TRUDEL, M. ***La pop. du Canada en 1663***, p. 192).
4 Avant le début de l'acte, le rédacteur a raturé une demi-ligne: **Anno Domini 1650 ineunte hyeme**.
5 Devant **adhibui**, le mot **infanti**, anticipé, a été rayé.

Anno 1651

Anno 1651[1] Januarii 26, baptizavi duas mulieres solemni ritu in ecclesia S[anc]ti Michaelis Silleriaci, aetate provectiorem hoc est annos natam circiter 20 vocant Silvestres *8ki8g8tchin8k8e*, alteram vero *Antabik8e* annos natam circiter 17. Ludovica Pelletier primam nuncupavit suo nomine Ludovicam; alteram vero vocaverunt Jacobus Junier et Francisca Pelletier Franciscam[2].

Januari 27, baptisavi puellulam cum caeremoniis natam ex conjugibus *Sakap8an* et Maria *8pik8anich*, Margarita *8nataisk8ech* eam nuncupavit Margaritam.

[P. Bailloquet]

B Dorval

Anno D[omi]ni 1651 die 1° Martii, ego Joannes Dequen soc[ieta]tis Jesu sacerdos baptizavi sine caeremoniis in periculo mortis infantem recens natam ex patre Dorval[3] et matre Genovefa Aïot.

B Mie Genev. Guillebout

Anno D[omi]ni 1651 die 4° Martii, ego Joannes Dequen soc[ieta]tis Jesu sacerdos baptizavi sine caeremoniis in periculo mortis infantem recens natam ex patre Carolo[4] Gilboust et matre Francisca Bigot conjugibus.

Mie Genev.

Anno D[omi]ni 1651 die 5 Martii, ego Joannes Dequen soc[ieta]tis Jesu caeremonias adhibui in ecclesia S[anc]ti Michaelis[5] in vico Silleriensi infanti recens natae ex patre Carolo Gilboust et Francisca Bigot conjugibus. Huic nomen impositum est Maria Genovefa. Patrinus fuit Nicolaus de Morre[6] et Genovefa de More[7].

[J. Dequen

[43]

Anno Domini 1651 die 25 Aprilis, ego Petrus Bailloquet socie[ta]tis Jesu sacerdos baptisavi solemniter infantem

---

1 Les mots **Anno 1651**, inscrits en marge, corrigent les deux premiers mots de la ligne **Eodem anno**, qui ont été raturés.

2 **Franciscam:** correction ajoutée au-dessus de **Gabrielem**, rayé.

3 **Dorval,** c'est-à-dire Claude Bouchard dit D'Orval (TRUDEL, M. ***La pop. du Canada en 1663,*** p. 171).

4 **Carolo**: ajouté au-dessus de la ligne. Dans le ***Registre de Sillery,*** le patronyme Gilboust est aussi orthographié Gilbourg, Guilbourg, Guilboust, Guillebout, Guillibout, Guillebourg, etc.

5 Après **Michaelis**, un mot raturé.

6 **Nicolas de Morre**: il s'agit de Nicolas Juchereau de Saint-Denis, fils de Jean Juchereau de Maur et de Marie Langlois; marié à Marie-Thérèse Giffard (***DBC*** I, 413-414).

7 Geneviève, soeur du précédent, épouse de Charles Legardeur de Tilly (LE JEUNE, L. ***Dictionnaire général,*** I, p. 847).

natum ex conjugibus Noël *Tek8erimatch* et Agnete *Apitchime*. Patrinus fuit Nicolaus de Maure, qui Nicolaum apellavit infantem.

Anno Domini 1651 die 3 Junii, ego Petrus Bailloquet socie[ta]tis Jesu sacerdos baptisavi solemniter infantem natum ex matre Charlotte *8maniteg8k8e*. Matrina[1] fuit Elisabeth *8ki8etin8k8e* infantem Cosmam appellavit.

Anno Domini 1651 die 10 Julii, ego Petrus Bailloquet socie[ta]tis Jesu baptisavi solemniter infantem natum ex Bernado *Micheminitik* et ex Francisca *8k8ntiganich* conjugibus. Patrinus fuit Joannes Caron qui de no[m]i[n]e suo Joannem appelavit infantem.

B
Jeanne
Gandin

Anno Domini 1651 die 30 Julii, ego Petrus Bailloquet socie[ta]tis Jesu baptisavi solemniter puellulam natam ex Bartholomaeo Gandin[2] et Martha Coygnac conjugibus. Patrinus fuit quem vulgo dicunt Maître Pierre-le-Ta[i]llandier[3], matrina Margarita Langlois; Joannae nomen puellulae imposuerunt.

Sub idem tempus, ego Petrus Bailloquet baptisavi solemniter infantem natum ex *Pacheg8itikang* et Angela *8titibab8g8e* conjugibus, Jacobi nomen dedit infanti Jacobus Jumier.

Ineunte Augusto anno 1651, baptisavi solemniter puellulam natam ex Andrea *Piresi* et Spe *8ra8kiiig8k8e* conjugibus. Patrinus fuit Jacobus Jumier qui nomen Joannae puellulae dedit.

Anno Domini 1651, ego Petrus Bailloquet supplevi caerimonias puellulae jam ante baptizatae ab Gabriele Druillettes, patrem habet *8e8eramek*, matrem vero Elizabetham *8nimita*. Patrinus fuit Noce[4] qui puellam nuncupavit Nicolam.

Anno Domini 1651, ego Petrus Bailloquet baptisavi solemniter puellula[m] natam ex conjugibus Antonio *Agrecha*[5] et Jordana *Magik8tich*. Matrina fuit Domina Susanna Lescalopier[6], quae Susannae nomen dedit puellulae.

---

1 **Matrina**: surcharge de **Patrinus**.

2 Orthographié **Gaudin** dans M. Trudel, ***La pop. du Canada en 1663***, p. 200.

3 Pierre Soumandre maître-taillandier (TRUDEL, M. *Communication du 7 août 1986* et ***Catalogue des immigrants***, p. 168-169).

4 **Noce**: pour Nopce, surnom de René Mezeré, plusieurs fois parrain déjà.

5 **Antonio Agrecha**: ajoutés au-dessus d'une rature.

6 **Lescalopier**: ajouté au-dessus d'un nom raturé.

1652 — Anno Domini 1652, ego Petrus Bailloquet supplevi caerimonias Josepho *Patchag8ichikang* et Mariae Annae *8abmig8k8e* annos circiter 40 jam natis, hos jam ante baptisaverat R. P. Buteux ubi Tria confluunt flumina utrumq[ue] nuncupaverunt Dominus Joseph d'Oteuil[1] et Domina Maria Anna de Monceau[2].

[44]

Aprilis 12 — Anno Domini 1652, ego Petrus Bailloquet socie[ta]tis Jesu sacerdos baptisavi infantem natum die proxime superiori ex parentibus Josepho *Kichkikahiganich* et Jordana *Ki8b8g8k8e*. Patrinus fuit Jacobus Jumier qui eum nuncupavit Franciscum.

Eodem anno et die supplevi caerimonias puellulae 2 annorum[3] quam ante baptisaverat R. P. Gabriel Druillettes; nata est puellula ex matre *8abanakik8e*, Elisabeth nuncupata est a Jacobo Jumier.

Junii 6. B Charlotte Anne D'Auteuil — Anno Domini 1652, ego Petrus Bailloquet socie[ta]tis Jesu sacerdos baptisavi duas puellulas uno partu susceptas ex conjugibus Domino d'Auteuil et filia[4] Dominae de Monceau, unius q[ui]dem patrinus et matrina fuerunt Carolus Legardeur et Anna de Monceau; Carolam Annam appellaverunt puellam, altera innominata baptisata est.

[P. Bailloquet]

Anno D[omi]ni 1652, ego Gabriel Druilletes soc[ietatis] Jesu sac[erdos], vices agens parochi in ecclesia S[ancti] Mich[aelis] baptizavi solemni ritu infantem tres circiter menses natu[m] ex p[atre] Gaspardo *Pantikeïaching* et matre Romana *Pimak8echi8ek8e*[5] conjugibus, ei Jacobi Isidori nomen dedit D[omi]na d'Auteuil.

[G. Druilletes]

---

1 **Joseph d'Oteuil**: Denis-Joseph de Ruette d'Auteuil, mari de Claire-Françoise de Clément du Vault, fille de Jean, sieur de Monceaux (***DBC*** I, 598).

2 **Marie-Anne de Monceaux**: Anne Gasgnier, veuve de Jean de Clément du Vault, sieur de Monceaux. Elle avait accompagné sa fille Claire-Françoise et son gendre Denis-Joseph de Ruette d'Auteuil à Québec. Elle deviendra la deuxième épouse de Jean Bourdon (***DBC*** I, 598).

3 Le rédacteur avait d'abord écrit **unius anni**; il a ensuite inscrit **2** au-dessus de **unius** qu'il a rayé et **anni** est devenu **annorum**.

4 Claire-Françoise de Clément du Vault, fille de Jean, sieur de Monceaux et d'Anne Gasgnier (***DBC*** I, 598).

5 Les dernières syllabes **i8ek8e** ont été ajoutées au-dessus de la ligne.

7bris — Anno Domini 1652, ego Petrus Bailloquet socie[ta]tis Jesu baptisavi solemniter puellulam pridie natam[1] ex Michaele *Kapimichatch* et Margarita *Isk8amipirik8e*. Matrina fuit Elizabeth *8ki8etin8k8e* quae infantem suo no[m]i[n]e Elizabeth nuncupavit.

7bris 15. — Anno Domini 1652, ego Petrus Bailloquet socie[ta]tis Jesu sacerdos baptisavi solemniter in ecclesia S[anc]ti Michaelis Silleriaci puellulam tres circiter annos natam ex conjugibus *8tchitchak* et *Kit8ean8k8e*. Matrina fuit Thérèse *Ki8ab8g8k8e* quae suo nomine Theresiam nuncupavit.

Anno Domini 1652, 7bris 18, ego Petrus Bailloquet societatis Jesu sacerdos baptisavi solemniter in ecclesia Silleriacensi infantem 4 circiter annos natum et duas puellulas, alteram 5 annos, aliam vero duos circiter menses, natas ex conjugibus *8tab8n8tchi8an8* (*Im8atch*)[2] et *Eg8chite* (*8michtig8chi*)[3] nondum baptizatis, bene tamen[4] affectis ergo baptizatos. Matrinae fuerunt Anne *Mastik8e8*, Marie *8pik8anich*, Marguerite *8pita8aban8k8e*. 1ª marem nuncupavit Ludovicum; 2ª puellulam natu maiorem appellavit Mariam; 3ª nuncupavit natu minimam Margaritam.

Anno Domini 1652 Octobris 1°, ego Petrus Bailloquet socie[ta]tis Jesu sacerdos baptisavi solemniter in ecclesia Silleriacensi infantem unius anni et puellam 5 annorum natos ex *Kachka8sana8a* et *Kaianichi* conjugibus nondum baptizatis. Patrinus fuit Alexander *Cha8achkesi* qui infantem suo nomine Alexandrum nuncupavit. Matrina fuit Maria *Ik8eabig8k8e* quae suo nomine nuncupavit puellam Mariam.

[P. Bailloquet]

Eodem anno et mense, ego Gabr[iel] Druilletes baptizavi sine cerimoniis vetulam sexagenariam dicta[m] *Pissag8noni*. Paulae nomen ei destinatum est.
In sylvis mortua 1654[5].

[G. Druilletes]

---

1 Après **natam**, rature de **natam**, que le rédacteur avait répété.
2 **im8atch:** écrit par le P. Druilletes au-dessus de **8tab8n8tchi8an8**.
3 **8michtig8chi**: inscrit par le P. Druilletes au-dessus de **Eg8chite**.
4 Lecture difficile; texte probable: **bene tamen**.
5 Note inscrite dans la marge de gauche.

[45]

Anno Domini 1652 Octobris 6, ego Petrus Bailloquet societatis Jesu sacerdos in ecclesia Silleriacensi baptisavi puellulam recens natam ex patre *Ateatak* et ex matre Jacobina *Nabikisi8ek8e* conjugibus. Matrina fuit Louyse *A8itir* quae eam nuncupavit Mariam.

Anno Domini 1652, 17 Octobris, ego Petrus Bailloquet societatis [Jesu] sacerdos in ecclesia Silleriacensi baptisavi infantem ante aliquot menses natam ex patre *Ka8abminag8titch* et matre *Mina8iek8e*; 4° vero Novembris[1] caerimonias adhibui, matrina fuit Carola vulgo nuncupata[2] quae matrem habet *Kakaki8achink*, infantem nuncupavit Carolam.

Anno Domini 1652, 18 Octobris, ego Petrus Bailloquet societatis Jesu sacerdos in ecclesia Silleriacensi baptisavi solemniter tres infantes quorum duo nati sunt ex patre *Ag8achte* et ex matre *8r8tin8k8e* conjugibus, alter ex patre *Neparig8nis* et matre Francis[ca] *8k8ekaban8k8e*, primo nomen dedit Robertus *Irini8ek* qui eum Robertum n8ncupavit, alteri[3] nomen dedit Catharina filia *Pachirini* quae eam Catharinam nuncupavit, tertio nomen dedit Joannes Baptista filius *Pachirini*, qui eum Joannam Baptistam suo nomine nuncupavit.

[P. Bailloquet]

B
M^ie^
Boucher

Anno Domini 1652, 30 Octob[ris], ego Joannes Dequen soc[ieta]tis Jesu sacerdos baptizavi solemniter in ecclesia Silleriana infantem recens natam ex patre Francisco Boucher et matre Florentia Garman conjugibus, huic nomen Mariae deditum est. Patrinus fuit Stephanus [ ], matrina Maria Gacher vidua D[omi]ni Dupont[4].

[J. Dequen]

Anno Domini 1652, 31 Octobris[5], ego Petrus Bailloquet socie[ta]tis Jesu sacerdos baptisavi solemniter in ecclesia Silleriana puellulam natam ante aliquot menses ex patre Eustachio *8etechemin* et Dyonisia *8ta8assa* conjugibus; matrina fuit Magdalena *Apitchik8e8itch* quae Elizabetam nuncupavit.

[P. Bailloquet]

---

1 Correction ajoutée au-dessus de **octobris**, rayé.
2 **nuncupata**: correction de **nuncupavit**.
3 Le rédacteur avait d'abord écrit **secundo**, qu'il a rayé.
4 Jean Dupont et Marie Gacher, aussi orthographié Gaulchet (TRUDEL, M. ***La pop. du Canada en 1663***, p. 193).
5 **31 Octobris**: correction de **1° novembris**.

Anno eodem 20. Oct[obris], ego Gabr[iel] Druilletes baptizavi sine ceremoniis moribu[n]du[m] dictu[m] a suis *Essababikisitch* 40 circiter annos natum.
21. Oct[obris] mortuus et sepultus in coemeterio Silleriace[n]si.[1]

[G. Druilletes]

Anno D[omi]ni 1652, 4 Nov[embris], ego Petrus Bailloquet societatis Jesu sacerdos baptisavi solemniter in ecclesia Silleriana[2] S[anc]ti Michaelis pueru[m] quinq[ue] circiter annoru[m] ex patre Etechemiensi dicto a suis *Metchinno* et ejus uxore *Metchinn8sk8e*. Eustachii nomen ei dedit ejus avu[n]culus Eustachius *E8a8intac*, Dyonisiae *8ta8assa* conjux. Mortuus et sepultus in coemeterio Silleri[acensi] 20. Dece[m]br[is][3].

[P. Bailloquet et G. Druilletes]

Item cerimonias adhibui[4] puero 4.^{r} circiter annos nato[5] ex patre Etechemiensi dicto a suis *Norimabamit* et ex matre Ursula *8t8ribik8e* conjugibus[6], ei Jacobi nomen dedit Jacobus *8ebabeghit* avu[n]culus. Fuerat baptizatus 1649.

Item pueru[m] 6. circiter menses natu[m] ex patre *Ka8p8g8sit* et ex matre *K8ekachi8ek8e*, ei Caroli nomen dedit Carolus filius Natalis *Tek8erimatch*.

Item puellam 6. circiter annos natam ex matre *Minahi8ek8e*, vidua, ei Margaritae nomen dedit Margarita [ ], filia Mariae *8tisk8ehabik8k8e*.

Item puella[m] 3. annos nata[m] ex patre *Norimabamit* et matre Ursula *8t8ribik8e*, ei nomen Mariae dedit Maria *8tisk8ehabik8k8e*[7].

Item solemnes adhibui cerimonias puellae sex annos natae ex matre *8na8ataban8k8e* filia *Et8et* defuncti, vidua *Emiramit* Etechemie[n]sis[8]; baptizata fuerat Februario ineu[n]te a P. Gabriele Druilletes in missione

---

1 Cet acte est inséré entre ceux du P. Bailloquet. La dernière ligne (depuis **21 oct. mortuus...**) est une note marginale.

2 Après le mot **Silleriana**, l'écriture du P. Bailloquet fait place à celle du P. Druilletes.

3 Les mots **mortus et sepultus**... sont inscrits dans la marge de gauche par le P. Druilletes.

4 Les mots **cerimonias adhibui** ont été ajoutés au-dessus de la ligne.

5 **puero** et **nato**: correction de **puerum** et **natum**.

6 **conjugibus**: correction de **legitimis**, qui a été rayé.

7 Baptisée sans cérémonies **in articulo mortis** le 27 août 1649 (***Registre de Sillery,*** p. [40] de l'original), où le nom du père est orthographié **Mabamitet**.

8 Les mots **Emiramit Etechemiensi** sont inscrits en marge de gauche.

Assu[m]ptionis circa N[ovam] Angliam[1]. Luciae nomen ei dedit Anna [ ] filia Elizab[etae] *8tabitanipin8k8e*.

Item puellam 3. circiter annos natam ex patre Simone *Manit8akik8ch* et matre *Massinahaban8k8e*, Carolae nomen ei dedit Carola filia Mariae *Kakachi8achitch*.[2]

[G. Druilletes]

[46]

B
Jean
Bouchard

Anno Domini 1652 Novembris 21, ego Petrus Bailloquet socie[ta]tis[3] sacerdos[4] caeremonias adhibui in ecclesia Silleriacensi infanti jam antea domi baptisato ob periculum mortis ut videbatur instantis nato ex parentibus Claudio Bouchar quem jam mutato nomine Dorval[5] nuncupant et Marguareta Benard. Patrinus et matrina fuerunt Joannes Hayot et uxor Domini Montpellier[6], Joannem nuncupaverunt infantem.

[P. Bailloquet]

B
Noël
Jos.
Charland

Anno D[omi]ni 1652 Novembris die 27, ego Joannes Dequen soc[ieta]tis Jesu sacerdos baptizavi solemniter in ecclesia Silleriana infantem recens natum ex patre Claudio Charlant vulgo Francoeur et Jacobina Ruel conjugibus. Patrinus fuit Natalis Pinguet, matrina Anna Legasnier[7]; huic nomen impositum est Natalis Josephus.

[J. Dequen]

---

1 Le P Druilletes est allé chez les Abénaquis de la Nouvelle-Angleterre le 1er septembre 1650; il en est revenu au commencement de juin 1651; voyage très pénible avec des difficultés de toutes sortes. Quinze jours plus tard, il était reparti pour le même endroit (***Rel.*** de 1651, 15).

En 1651-1652, le P. Druilletes hiverna avec les Abénaquis de l'Acadie et en compagnie de Noël Tekouerimat, il se rendit en Nouvelle-Angleterre en qualité d'ambassadeur de Québec pour demander du secours contre les Iroquois en faveur des Hurons et des Algonquins. Il revint à Québec le 8 avril 1652. Les Abénaquis de Naranchouek l'avaient *"naturalisé et incorporé à leur Nation"* (***Rel.*** de 1652, 22-26, 30-31).

2 Voir **supra** le 17 octobre 1652, où le P. Bailloquet orthographie ce nom **Kakaki8achink**.

3 Après **societatis**, rature du mot **Jesu**.

4 Après **sacerdos**, le rédacteur avait d'abord écrit **baptisavi**, qu'il a rayé.

5 Claude Bouchard dit d'Orval, marié en premières noces à Geneviève Hayot et en secondes noces à Marguerite Besnard (TRUDEL, M. ***La pop. du Canada en 1663,*** p.171).

6 Denise Sevestre, femme d'Antoine Martin dit Montpellier; devenue veuve en 1659, elle épousa Philippe Nepveu en 1659 (TRUDEL, M. ***La pop. du Canada en 1663***, p. 232, 237).

7 Sans doute Anne Gasgnier, veuve de Jean de Clément du Vault de Monceaux, et épouse de Jean Bourdon (***DBC*** I, 598).

B
Ths
Mezeres

Anno D[omi]ni 1652 Decembris 4.[1] Ego Petrus Bailloquet societatis Jesu sacerdos baptisavi solemniter in ecclesia Silleriacensi infantem recens natum ex Renato Mezerio et Nicola Garman conjugibus. Patrinus fuit Thomas Touchet et Magdalena Dupont, Thomam infantem dixerunt.

[P. Bailloquet]

B
Pierre
Noël
Le Gardeur

Anno D[omi]ni 1652 die 24 Decembris, ego Joannes Dequen soc[ieta]tis Jesu sacerdos baptizavi solemniter infantem ex patre Carolo Legardeur[2] et Genevefa de Morre conjugibus. Patrinus fuit Joannes Baptista de Repentigni[3], huic nomen imposuit Petrus Natalis.

[J. Dequen]

Anno D[omi]ni 1652 die 26 Dece[m]bris, ego Gabriel Druilletes soc[ietatis] Jesu sacerdos baptizavi sine ceremoniis adolescentem moribu[n]du[m][4] 18 circiter annos natu[m] dictu[m] a suis *Nen8sinat*, Fr[ancisci] Xaverii nomen ei destinatu[m] est.
29 Dec[embris] mortuus et sepultus in coemeterio Silleriacensi[5].

[G. Druilletes]

1653

Anno D[omi]ni 1653 die 5[6] Januarii, ego Joannes Dequen soc[ieta]tis Jesu sacerdos baptizavi sine ceremoniis in periculo mortis infantem recens natum ex patre Victore *Ka mik8atisiket* et matre Joanna[7] *8pimami8k8e*.

Anno D[omi]ni 1653 die Jan[uarii], ego Gab[riel] Druillettes[8] soc[ieta]tis Jesu baptizavi sine caeremoniis in periculo mortis infantem ex patre incognito et matre Ludovica *A8itir,* huic nomen Vincentii destinatum est.

Anno D[omi]ni 1653 die Jan[uarii] ego Gab[riel] Druillettes baptizavi sine caeremoniis mulierem *Ta8isagapik8e* uxorem *8chab8akamig8*, huic nomen Agnes destinatum est.

Eodem die et anno, puellam 12 annos natam filiam *Mite8achamat*, dictam *Sakata8abikachit*, huic nomen Paula destinatum est.

[J. Dequen]

---

1 Les mots **Anno Domini 1652 Decembris** sont inscrits en marge de gauche.
2 Charles Legardeur de Tilly (1614-1695), marié à Geneviève Juchereau de Maur (***DBC*** I 458-459).
3 Le parrain **Jean-Baptiste** (1632-1709) est fils de Pierre Legardeur de Repentigny, donc cousin germain du nouveau-né (LE JEUNE, L. ***Dict. général,*** II, p. 518-519).
4 **moribundum**: ajouté au-dessus de la ligne.
5 La dernière phrase de l'acte est une note marginale.
6 **5**: correction de **12**, qui a été raturé.
7 **Joanna** suit le mot **Marguarita** qui a été raturé.
8 Cet acte et les deux qui suivent sont de l'écriture du P. Dequen.

[47]

Anno D[omi]ni 1653 ineunte[1] Februario, ego Petrus Bailloquet socie[ta]tis Jesu sacerdos caerimonias[2] adhibui in ecclesia Silleriacensi infanti paucis ante diebus baptisato nato ex Victore *Ka Mik8achiketch* et ex Joanna *8pimami8ek8e* conjugibus: huic nomen suum imposuit Henricus *Messinas8tch*.

Ejusdem anni et mensis die 14, ego item Petrus Bailloquet socie[ta]tis Jesu sacerdos caerimonias adhibui in ecclesia nostra Silleriacensi duobus infantibus recens natis pauloq[ue] ante baptisatis. Primis natus est ex *Nad8e8itch* et Appolaria *8nepiter8k8e* conjugibus. Patrinus[3] fuit Petrus *Abita8irini* qui Petrum nuncupavit. Alter natus est ex matre Ludovica *A8itir;* patrinus fuit Henrycus *8abatik* qui Henricum nuncupavit.

Anno Domini 1653 die 21 Februarii, ego Petrus Bailloquet socie[ta]tis Jesu sacerdos in ecclesia Silleriacensi caerimonias adhibui puellulae 9° hujusce mensis baptisatae, nata est ex parentibus *Ka 8abminag8sitch* et ex Antonia *Riga8ig8k8e*, matrina fuit Margarita *Sasaki8it8k8e* quae suo no[m]i[n]e Margaritam nuncupavit.

B
Etienne
Dumais

Anno Domini 1653 die 7 Martii, ego Petrus Bailloquet socie[ta]tis Jesu sacerdos baptisavi solemniter in ecclesia Silleriacensi infantum natum 1ª die hujusce mensis Martii ex Stephano Dumais et uxore ejus. Patrinus fuit Carolus dictus Boisverdum[4] et matrina Florentia Garman. Stephani nomen imposuerunt infanti.

B
Anne
Goupil

Anno Domini 1653 die 8 Martii, ego Petrus Bailloquet socie[ta]tis Jesu sac[er]dos in ecclesia Silleriacensi caerimonias adhibui puellulae pridie natae et baptisatae. Nata est ex Nicolao Goupille[5] et Maria Pelletier conjugibus. Patrinus fuit Joannes Pelletier et filia unica Thomae Ayot, Annae nomen imposuerunt puellulae.

Anno Domini 1653 circa initium Martii, ego Petrus Bailloquet socie[ta]tis Jesu sac[er]dos in ecclesia Silleriacensi baptisavi[6] solemniter puellulam recens natam ex Bartholomaeo *Aauaua8i* et Margarita *Sakit8ik8e* conjugibus. Patrinus fuit Gallus cui nomen est Larose, nomen Mariae dedit puellulae.

---

1 Devant **ineunte**, le mot **die** a été rayé.
2 Devant **caerimonias**, rature de **bap**.
3 Après **Patrinus**, rature de **huic**.
4 Charles Gaultier dit Boisverdun.
5 Nicolas Goupil dit Laviolette (TRUDEL, M. ***La pop. du Canada en 1663***, p. 205).
6 Devant **baptisavi**, rature de **Caerimonias**.

12 Aprilis

Anno Domini 1653, ego Petrus Bailloquet socie[ta]tis Jesu sacerdos in ecclesia Silleriacensi baptisavi solemniter mulierem silvestrem, cui nomen est *8na8ataban8k8e*; patre[m] habuit *Estobet*; Patrinus fuit Dominus De Tilli et Domina de Monceau; Carolam nuncupaverunt.

[P. Bailloquet]

May 21

Ego Joannes Dequen baptizavi solemniter puellam 8 annorum cui nomen est *8r8anabig8k8e*, neptis *Arisab8*. Magdalenae nomen impositum est.

Ego Gabriel Druillettes baptizavi sine ceremoniis infantem unius mensis ex patre Josepho *Patchak8isigan* et matre Angela *8tetibig8k8e*. Ceciliae nomen destinatum est.

[48]

1653
Maii 24.

Ego Gabriel Druillettes soc[ieta]tis [Jesu] sacerdos baptizavi sine caeremoniis infantem recens natum huronem natione ex patre *Onontahat* et matre *Tohann8n*, huic nomen destinatum Josephi[1], nomen impositum est a muliere Algonquina no[m]i[n]e *Mitchabeoe* idq[ue] solemniter et cum caeremoniis.

[J. Dequen et P. Bailloquet]

Aug[usti]
12

Ego Gabr[iel] Druilletes soc[ieta]tis J[esu] sac[erdos] baptizavi solemni ritu infantem recens natu[m] ex patre Guillemo *Ping8ch* et matre Christina *8kigig8k8e*, ei nomen Andreae dedit Benedictus Bouscher.

[G. Druilletes]

Ego Joseph[us] I[mbertus] Duperon soc[ietatis] Jesu sacerdos baptizavi solèmniter in n[ost]ro sacello Josephum [ ] tres dies natum ex conjugibus Philippo *Sakap8an* et Maria *8pik8anich*. Patrinus fuit D[omi]nus Dauteuil. 27 Aug[usti] 1653.

B
Louis
Goulet

Ego idem Anno 1653, 28 Augusti, baptizavi solemniter in n[ost]ro templo infantem pridie natum ex parentibus Jacobo Goulet et Margareta Mulie[2]. Ludovicus dictus fuit a patrinis Ludovico Houdes et Maria Le Tavernier.

[J. I. Duperon]

---

1 Devant **Josephi**, le mot **Michael** a été rayé. Jusqu'à **destinatum**, le texte est de l'écriture du P. Dequen ; ensuite, l'écriture est celle du P. Bailloquet.

2 Aussi **Mailler** (TRUDEL, M. ***La pop. du Canada en 1663***, p. 205).

Septem[bris] 13 Anony. Ruette d'Auteuil

Ego Joannes Dequen soc[ieta]tis Jesu baptizavi infantem sine caeremoniis in periculo mortis ex patre Josepho Ruette et matre Clara Gagnier[1] conjugibus.

[J. Dequen]

B Angélique Poisson

Ego J[osephus] I[mbertus] Duperon soc[ietatis] Jesu sacerdos contuli ceremonias baptismi Angelicae Poisson jam antea baptizatae in periculo vitae ad Tria Flumina anno 1651 mense Jannuario natae ex conjugibus Joanne Poisson[2] defuncto et superstite matre Jacobina Chamboy. Patrini fuere D[omi]nus de Villeray[3] loco D[omi]ni Petri Boucher et Domicella Clara Francisca du Clement du Vuault, uxor D[omi]ni d'Auteuil, die 18 Oct[obris] 1653.

Anno D[omi]ni 1653, 2 Novemb[ris], ego Josephus I[mbertus] Duperon soc[ietatis] Jesu sacerdos baptizavi mulierem adultam viginti circiter annorum vulgari nomine *8ra8ab8g8k8e*, Maria dicta fuit a patrinis Jacobo Cottret vulgo Pontoise et Francisca Bigot, uxor N. Guillebout[4] hujusce regionis incolae.

[J. I. Duperon]

Anno Domini 1653 Novembris 3°, ego Petrus Bailloquet socie[ta]tis Jesu sacerdos baptizavi solemniter in ecclesia Silleriacensi puellulam recens natam ex conjugibus Laurentio *Mak8gan* et Caecilia s[im]pliciter dicta. Matrina fuit Agnes *Apitchime* quae[5] puellulam nuncupavit no[m]i[n]e suo Agnetem.

[P. Bailloquet]

Anno D[omi]ni 1653, 6 Novemb[ris], ego Joseph[us] I[mbertus] Duperon soc[ietatis] J[esu] sacerdos baptizavi solemniter in templo parrociae Kebecensis adultum sexdecim circiter annorum patria lingua *Chantaganongis* dictum natione 8abanaki nepotem Margaritae *Papi8ak8e*, Tussanus dictus fuit a patrino D[omi]no Joanne Bourdon.

[J. I. Duperon]

Novemb[ris] 16

Anno D[omi]ni 1653 Nov[embris] 16, ego Joan[nes] Dequen soc[ieta]tis Jesu sacerdos baptizavi solemniter in ecclesia Silleriaca infantem recens natum ex patre Huberto *Achitie* et Francisca *Papi8ek8e* conjugibus, huic impositum est nomen Franciscus. Patrinus fuit Joannes Haiyot.

---

1 Le rédacteur semble avoir confondu Claire-Françoise de Clément du Vault avec sa mère Anne Gasgnier; voir l'acte suivant.

2 Jean Poisson avait été amené captif par les Iroquois à Trois-Rivières (***Rel.*** de 1652, 35; ***JJ.***, p. 175).

3 Louis Rouer de Villeray (1629-1700) était à cette époque l'homme de confiance de Pierre Boucher, gouverneur de Trois-Rivières (***DBC*** I, 593).

4 Charles Guillebourg (TRUDEL, M. ***La pop. du Canada en 1663***, p. 207).

5 Après **quae** les lettres **nun** anticipées ont été rayées.

[49]

Anno 1653

Novembris 27, ego Joannes Dequen soc[ieta]tis Jesu baptizavi sine caeremoniis[1] in insula d'Orléans[2] infantem recens natum ex patre *Tillara* et matre *8echmichtig8chiou*. Franciscus nomen destinatum est.

Eodem die, in eadem insula baptizavi infantem recens natum ex patre *8chab8agamig8* et matre Agnete *Te8esegapik8e*, huic nomen Joannes Franciscus destinatum est.

Nov[embris] 30, ego Jo[annes] Dequen soc[ieta]tis Jesu baptizavi solemniter in ecclesia Silleriana infantem recens natum ex patre Antonio *Ne8eia* et matre Bernardina *Mikisi8ek8e*; huic nomen impositum[3] est Joannes Franciscus.

B
An[no] 1654
Chs
Guillebout

Martis 9, ego Joannes Dequen soc[ieta]tis Jesu sacerdos baptizavi solemniter in ecclesia Silleriana infantem recens natum ex patre Carolo Guilbour et matre Francisca Bigot, huic nomen impositum est Carolus. Patrinus fuit Carolus Legardeur et matrina Clara Francisca Clement[4].

[J. Dequen]

Hoc eodem anno et mense, Carolus Albanel baptisavit sine caeremoniis filium *Matchigaba8itch*.

Anno 1654

April 19, ego Petrus Bailloquet societatis Jesu sacerdos baptisavi solemniter 3 infantes[5]: 1us natus est ex patre *8neg8rak* et matre ejusdem conjuge, cui nomen dedit Thomas Ayot Thomam nuncupavit. Alter natus est ex *Manit8ek8ch* ejusq[ue] uxore *8massimaban8k8e*; hujus matrina fuit uxor[6] supradicti Thomae Ayot quae infantem appelavit Joannem; 3 puella est nata ex *8esabam8tchi-8an8* ejusq[ue] conjuge, cujus puellae[7] matrina fuit Anna Ayot quae puellam nominavit Genovefam.

Eodem anno Aprilis 2°, ego Petrus Bailloquet societatis Jesu sacerdos baptisavi solemniter in aede nostra Silleriana puellulam natam ex Andrea *Misabe* et Spe *8ra8kiiig8-k8e* conjugibus. Illi matrina fuit Theresia *8ki8ab8g8k8e* quae eam nuncupavit Mariam.

---

1 **sine caeremoniis** a remplacé **solemniter** qui a été raturé.

2 Après **Orléans**, rature des mots **in cap[ella]**.

3 Devant **impositum**, rature de **dest[inatum]**.

4 Claire-Françoise de Clément du Vault, femme de Denis-Joseph de Ruette d'Auteuil.

5 Rature après **infantes**.

6 La femme de Thomas Hayot était Jeanne Boucher (TRUDEL, M. ***La pop. du Canada en 1663***, p. 210).

7 Après **puellae**, rature de **nomen**.

Die proximo sequenti, ego idem baptisavi solemniter[1] infantem natum ex Huronis et Theresia *8pimag8atchi8an8k8e* conjugibus. Patrinus fuit unus ex filiis Marini Bouchier, qui eum nuncupavit Jacobum.

Eodem anno Maii 14, ego idem baptisavi solemniter infantem natum ex Antonio *Agrecha* et Jordana *8akik8tich* conjugibus. Patrinus fuit Aegidius Hainard[2] qui Aegidii nomen infanti imposuit.

[50]

Anno Domini 1654, 30 Junii, ego Petrus Bailloquet socie[ta]tis Jesu sacerdos baptisavi solemniter in sacello nostro Silleriaco duos infantes: unum natum ex Charolo *Pachirini* et Maria N. [ ], conjugibus quem Paulum nuncupavit Agnes *Apitchime* matrina. Alterum natum ex Roberto *8itaketcha* et Margarita *Natabichk8ech* conjugibus; huic nomen Bernardi imposuit Bernardus *Micheminitik* ejus patrinus.

[P. Bailloquet]

Ego Gabr[iel] Druilletes sine solemni ritu baptizavi sequentes moribu[n]dos[3] in insula Anseru[m] vulgo des Oyes, anno 1654, 1°. Junii, Helenam filiam Theresiae *8r8atchi8an8k8e* et patris *8nak8an*[4].

Adultum no[min]e *Kaska8anak8at* 40. circiter annos natu[m], ei Cypriani nomen destinatu[m] fuit. Mortuus est Aug[usto] pr[o]x[im]o[5].

Item puellam *Sakita8abikachich* dicta[m] 15. annos nata[m], sub conditione rebaptiza[n]da[m] ob dubiu[m], etc.

Item vetulam sexagenaria[m] dictam *8timagamik8e*, sub co[n]ditione rebaptizari p[otui]t[6].

Item filiu[m] m[a]x[im]um[7] natu *8titchac*, *Nite8achamat* dictu[m] 13, circiter annos natu[m].

---

1 **solemniter:** ajouté au-dessus de la ligne.

2 Aussi **Esnard**.

3 **moribundos**: ajouté au-dessus de la ligne.

4 **8nak8an**: corrige une rature.

5 **mortuus est Aug prxo**: ajoutés dans la marge de droite.

6 **pt**: suivi d'une rature. Selon CAPELLI, ***Dizionario di Abbreviature...***, l'abréviation **pt** peut se résoudre en **possit** ou **potuit**. Ici, plutôt **potuit**, puisque le "*rebaptême* " a eu lieu.

7 **mxum**: au-dessus d'une rature.

Item uxorem *Kichemite8achamat*, *Isk8etam* dicta[m] moribu[n]dam.

Item filiu[m] ejus *Mite8ameg* dictu[m] 10. annos circiter natu[m].

Solemnes quoq[ue] ritus adhibui *8massimhaban8k8e*[1] uxori Simonis *Manit8akik8ch* et Margaritae nomen dedit uxor D[omi]ni Macar[2], et uxori *8chab8akamig8*, dictae a suis *Ta8isegapik8e*, ei Agnetis nomen dedit La Mo[n]tagne nepos D[omi]ni Macar[3].

[G. Druilletes]

Anno Domini 1654 Augusti X, ego Petrus Bailloquet socie[ta]tis Jesu sacerdos baptisavi solemniter in sacello nostro Silleriacensi, infantem natum ex Nicolao Patenotre et ex [ ][4] conjugibus. Patrinus fuit Joannes Pelletier, matrina uxor[5] Thomae Ayot, Joannis nomen imposuerunt infanti.

Eodem die, baptisavi solemniter[6] puellulam natam ex Henryco *Mestinat8tch* ejusque uxore Elisabet[h]a, cui nomen Barbarae dedit Julianus Guertin patrinus.

Item alteri natae[7] caerimonias adhibui[8] ex *Ka8p8k8sitch* ejusq[ue] uxore [n]o[n]dum Xanis [christianis], Suzannam eam nuncupavit uxor Joannis Noüet[9].

Item puellula[m] baptizavi[10] nata[m] ex Simone *8ask8ta8etch* ejusq[ue] uxore nondum Xana [christiana], ei Mariae nomen destinatum est[11].

[P. Bailloquet et G. Druilletes]

---

1 **8massimhaban8k8e**: ajouté au-dessus d'une rature.

2 Nicolas Macart dit Champagne, mari de Marguerite Couillard, elle-même veuve de Jean Nicolet (TRUDEL, M. ***La pop. du Canada en 1663***, p. 229).

3 Noël Jérémie dit Lamontagne, fils de Claude et d'Hélène Macart, donc neveu de Nicolas Macart.

4 Nicolas Patenôtre était marié à Marguerite Breton (TRUDEL, M. ***La pop. du Canada en 1663***, p. 241).

5 La femme de Thomas Hayot était Jeanne Boucher (TRUDEL, M. ***Ibid.***, p. 210).

6 **solemniter**: ajouté après coup au-dessus de la ligne.

7 Le rédacteur avait d'abord écrit **alterum natum**, qu'il a ensuite corrigé en **alteri natae**.

8 **caerimonias adhibui:** ajouté au-dessus de la ligne.

9 **Noüet:** pour Jean Noël, sans doute, dont la femme était Suzanne Barbeau (TRUDEL, M. ***La pop. du Canada en 1663***, p. 238) .

10 Le rédacteur avait d'abord écrit **caerimonias adhibui puellae jam baptisatae natae**. Il a corrigé en raturant **caerimonias adhibui** et **jam baptisatae**, puis en construisant **puellam...natam** et en ajoutant au-dessus de la ligne **baptizavi**.

11 Après **Xana** [Christiana], le texte est de l'écriture du P. Druilletes.

Augusti 14. P. Vimont baptizavit in Xenodochio Kebecensi adulta[m] vidua[m] no[min]e *Gaïanichitch* 39. annos nata[m]; mortua est sepulta Kebeci.

Anno D[omi]ni 1654 Aug[usti] 21, ego Gabr[iel] Druilletes[1] baptizavi adultum 18 circiter annos natu[m] no[min]e *Ganatchik8e* moribundu[m], ei nomen Ignatii destinatu[m] est, dum solemni ritu baptizabitur.

B Guill De Nevers — Ego ide[m] Gabr[iel] [Druilletes] Aug[usti] 25. baptizavi[2] filiu[m] recens natu[m] ex[3] Stephano Denevers vulgo Brentigny et Anna Hayot; Guillelmus Audouard et D[omi]na Jacqu[eline] Potel uxor D[omi]ni Bourdon[4], ei nomen Guillelmi dederunt.

[G. Druilletes]

Septemb[ris] 11. — Ego Joannes Dequen soc[ieta]tis Jesu baptizavi solemniter in ecclesia Silleriana infantem recens natum ex patre N. *A8achich* et matre Catharina *8abichtanich*, matrina fuit Theresia *8ki8ab8g8k8e*, huic nomen imposuit Susanna.

[J. Dequen]

Sept[embris] 25. — Ego Gabr[iel] Druilletes vices agens parochi solemniter baptizavi in ec[c]l[e]sia S[anc]ti Mich[aelis] infantem recens natam ex patre *8nak8aro* et Eliz[abetha] *Qui8etin8k8e*; ei Clarae nomen dedit Clara *8ki8ehan8k8e*.

[G. Druilletes]

Octob[ris] 5. — Ego Joannes Dequen baptizavi solemniter in ecclesia S[anc]ti Michaelis infantem 5 [?] mensium ex patre Simone *8echinkinaganich* et matre Jacoba *8nigatchi8an8k8e*, huic nomen impositum est Guilelmus.

[51]

1654 Octobris 9 Anony Frs Boucher — Ego Joannes Dequen soc[ieta]tis Jesu baptizavi sine caeremonis infantem recens natam ex patre Francisco Boucher et matre Florentia German. Difficultas defferendi infantem ad ecclesiam fuit in causa cur in parentum domo sine caeremonis baptizata sit.

[J. Dequen]

---

1 **ego Gabr Druilletes**: ajouté au-dessus de la ligne.

2 **baptizavi** : ajouté.

3 Après **ex**, rature du mot **Brentigni**, repris plus loin.

4 Guillaume Audouard dit Saint-Germain, notaire; Jacqueline Potel, femme de Jean Bourdon.

18

Ego Gabr[iel] Druilletes soc[ietatis] Jesu baptizavi sine ritu solemni cum essent in procinctu ad bellu[m] adeoq[ue] in p[raese]nti mortis periculo duos adultos: *Ka8p8g8sitch* dictu[m] unu[m], 35. circiter annos natu[m], et alteru[m] *8tapim8atchi8anon* dictu[m], 30. circiter annos natu[m].

[G. Druilletes[1]]

Anno Domini 1654, 3 Novembris, ego Petrus Bailloquet societatis Jesu caeremonias adhibui infanti jam ante baptisatae, natae ex Jacobo *8ebabegitch* et Anna *Tahik8e* conjugibus. Uxor Domini Sevestre[2] nomen illi Mariae imposuit.

[P. Bailloquet]

Ego Gabr[iel] Druilletes soc[ietatis] Jesu sac[erdos] sine solemni ritu baptizavi filiam *Maskinag8si* viduae *Kaska8anak8at* 6. circiter annos natam et ejus filiu[m] in cuniis, Kebeci 20 nov[embris].

[G. Druilletes]

Decem[bris]
9
B
Mie
Bouchard

Ego Joannes Dequen soc[ieta]tis Jesu baptizavi infantem recens natam sine caeremoniis p[ro]pter difficultatem temporis ex patre Claudio Bouchar vulgo Dorval et matre Marguaritae Besnar. Pater[3] Bailloquet supplevit caeremonias. Dominus Dauteuil et uxor[4] Thomae Ayot Mariam nuncupaverunt.

[J. Dequen et P. Bailloquet]

1655
Jan[uarii] 31.
B

Ego Joannes Dequen soc[ieta]tis Jesu baptizavi sine caeremoniis infantem 8 dierum ex patre Stephano Dumets et matre Francisca Morin.

[J. Dequen]

Febr[uarii] 13.
B
Frse
Goupil

Ego Joannes Dequen soc[ieta]tis Jesu baptizavi sine caeremoniis infantem 7 dierum ex patre Nicolao Goupil et matre Maria Peltier. Caeremonias[5] adhibuit P[ater] Bailloquet. S.t Germain[6] et Francisca Pelletier Francisca[m] no[m]i[n]averunt.

[J. Dequen et P. Bailloquet]

---

1 Les quatre actes du P. Druilletes de la page [51] de l'original ont été insérés après coup et sont d'une écriture extrêmement fine.

2 La femme de Charles Sevestre était Marie Pichon, mariée en premières noces à Philippe Gaultier dit Comporté (TRUDEL, M. ***La pop. du Canada en 1663***, p. 201 et 254).

3 À partir de **Pater**, le texte est une addition du P. Bailloquet.

4 Jeanne Boucher.

5 À partir de **Caeremonias**, le texte est une addition du P. Bailloquet.

6 Sans doute Guillaume Audouart dit Saint-Germain, notaire, qui fait un baptême à l'acte suivant.

16 Guilelmus Audouart baptizavit sine caeremoniis in periculo mortis infantem recens natum ex patre Carolo[1] Charlant et matre Jacoba [Borde].

18 Huic caeremonias adhibuit in ecclesia Sillerienci P[ater] Carolus Albanel.

19 Sepultus est in coemeterio Sillerienci per me Joannem Dequen soc[ieta]tis Jesu.

[J. Dequen]

Ego Gabr[iel] Druilletes sine solemni ritu moribundos baptizavi in insula Aureliane[n]si, Januario exeunte adultam 35. annos natam, *Mitim8sens* dicta[m], et puellulam recens nata[m] ex patre Jos[epho] *Ago[n]tarisate* et *Pitta8ikigig8k8e*, filia *8titchac*. Obiit adulta[2].

[G. Druilletes]

Aprilis 2 B Mezere — Ego Joannes Dequen soc[ieta]tis Jesu baptizavi infantem 8 dierum sine caeremoniis ex patre N. Mezere[3] vulgo Noces et matre Nicolaa German, conjugibus[4].

[J. Dequen]

3 Ego Gabriel Druilletes soc[ietatis] Jesu[5] in majori ec[c]l[es]ia[6] kebecensi solemnes baptismi ritus adhibui duabus adultis *8nahikigig8k8e* et *Aikikanasikek8e* uxori Caroli *Irina[n]tac*. 1^{ae} nomen Mariae dedit D[omi]na d'Ailleboust[7], 2^{ae} Clarae Fr[ancis]cae nomen dedit uxor[8] D[omi]ni D'Auteuil.

Maii 15 Ego Gabr[iel] Druilletes soci[etatis] Jesu sacerdos vices agens parochi sine ritu solemni baptizavi in n[ost]ro templo insulae Aurelianensis, adolescentem 17 annos natu[m] ex patre *Sake8ichens* et ex matre *8cheneha-banok8e*, *K8ing8schakens* dictu[m].

Item ejus sororem 14. annos nata[m] *N8t8kech* dictam.

---

1 Distraction du rédacteur! Il faut lire **Claude** et non **Charles** Charlant. Á la page [142] de l'original, le rédacteur a corrigé lui-même son erreur.

2 Ces deux derniers mots sont une addition dans la marge de gauche.

3 René Mezeré dit Nopce, marié en secondes noces à Nicole-Madeleine Gareman (TRUDEL, M. ***La pop. du Canada en 1663***, p. 234).

4 **conjugibus**: correction ajoutée au-dessus de **parentibus**, qui a été rayé.

5 Après **Jesu**, rature de **baptizavi** et de **solemnes caere**, que le rédacteur avait ajoutés au-dessus de la ligne: il s'agit bien de cérémonies supplées et non d'un baptême solennel.

6 Après **ecclesiae**, rature de **Silleriacensi,** qui a été remplacé par **Kebecensi**.

7 Il s'agit de Barbe de Boullongne, femme de Louis d'Ailleboust, gouverneur de la Nouvelle-France de 1648 à 1651, retiré à ce moment dans sa propriété de Coulonge (***DBC*** I, 43-46)

8 Claire-Françoise de Clément du Vault.

Anno Domini 1655

Ego Petrus Bailloquet societatis Jesu sacerdos caeremonias adhibui...[1]

Ego Joannes Dequen baptizavi sine caeremoniis in periculo mortis infantem 3 dierum ex patre Francisco Boucher et matre Florentia German[2].

[P. Bailloquet]

Septemb[ris] 28 B Eliz Tru

Ego Joannes Dequen soc[ieta]tis Jesu baptizavi solemniter infantem unius diei ex patre Mathurino Tru et Margareta Garmand conjugibus, in ecclesia Silleriana, huic nomen imposuit Elizabetha Boucher. Sequenti die mortua et sepulta.

[J. Dequen]

Non amplius hic confunduntur Galli cum Silvestribus.
Vide igitur gallos ad calcem.[3]

Silvestres

[52]

Octob[ris]

Die 22, ego Joannes Dequen soc[ieta]tis Jesu baptizavi solemniter in ecclesia Kebecensi infantem recens natum ex matre Maria *Ass8ban* et patre incognito. Matrina fuit Maria Magdalena Sevestre, quae nomen ei imposuit Maria Magdalena.

[J. Dequen]

Anno Christi 1655 ineunte Novembri, ego Petrus Bailloquet societatis Jesu baptisavi solemniter in ecclesia Silleriana infantem recens natam ex Philippo *Sakap8an* et Maria *8pik8anich* conjugibus. Matrina fuit Agnes *Apitchime* quae Jacobam nuncupavit.

Anno Domini 1655, 19[?][4] Novembris, ego Petrus Bailloquet societatis Jesu baptisavi solemniter in ecclesia Silleriana infantem recens natum ex Charolo *Irinantak* et Ludovica ejus uxore. Patrinus fuit Natalis *Tek8erimat*, qui infantem no[m]i[n]e suo nuncupavit Natalem.

[P. Bailloquet]

---

1 Cette ligne est raturée dans l'original.

2 Le texte de cet acte est raturé au complet: il était un doublet du premier acte de la page [51] de l'original, qui comporte **infantem recens natum** au lieu de **infantem 3 dierum**.

3 Page [142] de l'original, où le texte est disposé **tête-bêche**.

4 Lecture difficile: surcharge.

Anno[1] 1655, 28 Dec[embris], ego Petrus Bailloquet baptizavi qui sequu[n]tur solemni ritu ibidem, filiu[m] Fr[ancis]ci *Kachitak8at8* et Rosalie *Ki8agamik8g8e* Nipissiriniensibus dictu[m] *Nentakegami* 5 circiter annoru[m]; Roberti nomen ei datu[m] est a Paula *Ching8si8itch*.

Item filiu[m] Eustachii *Arim8eskan* et *8kinohatchi8an8k8e*[2] dictu[m] *Narisig8* 3 circiter annorum Fra[n]cisci nomen ei datu[m] est a Fra[n]cisco *Kachitak8at*.

Item puella[m] ex matre *K8ekich* vidua, dicta[m] *Antch8h8k8e* 7 circiter annoru[m] ei nomen Elizabethae dedit Elizabetha *Mat8abeghina[n]* uxor *Kiri8abehat*.

Item puellam 4. circiter annoru[m] ex patre *Ganatchahes* et matre Liduvina *8niat8etchi8an8k8e*, *8asakik8e* dicta[m], nomen ei dedit Mariae Marie *Calliope* filia *Sakaboan*.

Item puella[m] *8atchitchi8an8k8e* dicta[m] 3 circiter annoru[m] ex patre *8nehettag8nc* et matre Agnete *Kakis8emik8e*, ei nomen Dorotheae dedit Dorothea *8nahaban8k8e*.

Omnes hi sunt Nipissirinienses[3]. Ante quos baptizati sunt qui sequu[n]tur:

Sept[embris] 8.mo

Ego Joannes[4] Dequen soc[ietatis] Jesu sacerdos baptizavi solemni ritu qui sequu[n]tur in ecclesia Silleriacensi: Theresia[m] *8ra8atchi8an8k8e* ex matre Eliz[abeta] *Mat8ebaghina[n]* et patre *Kili8abihat* 3 circiter annoru[m] Agnes[5] *Apitchime* nomen ei dedit.

Paulu[m] *Ak8iteh8a* 16 mensiu[m] ex patre Fra[n]c[isco] *Kachitak8at8* et matre Rosalia *Ki8agamig8k8e*, Maria uxor *Pachirini* nomen ei dedit Pauli[6].

Genofvefam *Arimas8ek8e* 4.r circiter annoru[m] ex p[atre] Dionysio *Malitag8sit* et matre Maria *Pepeghi8ichench*, Genofvefa *8mata8etchi8n8k8e* nomen ei dedit.

---

1 Tout le texte de la page [52] de l'original est de l'écriture du P. Druilletes, bien que les baptêmes aient été faits par les PP. Bailloquet et Dequen.

2 Correction ajoutée au-dessus de la ligne.

3 Nipissiriens: habitaient les rives du lac Nipissing (***DBC*** I, 15).

4 **Joannes**: correction en surcharge de **Gabriel**; **Druilletes** a été rayé.

5 **Agnes**: addition au-dessus de la ligne.

6 **Pauli** : correction ajoutée au-dessus de **Mariae**, qui a été rayé.

Mar[gar]ita[m] *8tisk8egigig8k8e* 3. circiter annoru[m] ex patre *Ka Pim8setch* et matre *8ch8ncha8agamig8k8e*, eadem *8mata8atchi8an8k8e* nomen ei dedit Marg[ari]tae.

Item Jacquelina[m] *Nipa8ik8e* 2. circiter annoru[m] ex patre *8etamihe8et* et matre Nicola *8massinikigig8k8e*, Agnes *Apitchime* nomen ei dedit.

Carolu[m] *Sis8beghina[n]* nu[n]c *Pakighin* dictu[m] 5. circiter annoru[m] nu[n]c 1u[m] cum[1] solemni ritu ex patre *Apitas8etch* et matre Jo[anna] *Pilesi8aban8k8e*, Carolus filius *Tek8erimatch* ei nomen dedit.

Item Stephanu[m] *8e8ïak8aha[n]g* 8. circ[iter] mensiu[m] ex patre *Ganatchahes* et matre Liduvina *8mat8etchi8an8k8e*, Stephanus *Eita8ikigic* ei nomen dedit.

Item Jo[annem] Bap[tistam] *Kent8sahat* 3 circ[iter] annoru[m] ex patre Jac[obo] *Ka8itagamig8eska[n]g* et matre Lucia *8minisik8e*, Jo[annes] Bapt[ista], filius *Pachirini*, nomen ei dedit.

Item nu[n]c 1u[m] solemni ritu baptizavi Carolu[m] *Nabikk8nch* ex patre *Ganatchahes* et matre Liduvina *8mat8etchi8an8k8e*, 6. circ[iter] annoru[m], Agnes *Apitchime* nomen ei dedit.

Item Agnetem 12. circiter[2] menses nata[m] ex patre Kantino *Kahig8an* et matre Cath[ari]na *8isakik8e*, Agnes *Apitchime* nomen ei dedit.

Item nu[n]c 1.u[m]solemni ritu[3]

[G. Druilletes]

[53]

Kebeci obiit et sepulta est 4 Feb[ruarii] 1656

Anno D[omi]ni 1656 Jan[uarii] 4, ego Petrus Bailloquet soc[ietatis] J[esu] sacerdos baptizavi sine caeremoniis vidua[m] 35. circiter annos nata[m] in articulo mortis *K8ekich* dicta[m] ex matre *Na[n]t8k8essi* vetula Timiskamiensem[4].

---

1 **1um cum**: ajouté après coup au-dessus de la ligne.

2 **circiter**: ajouté au-dessus d'une rature.

3 Ces quatre derniers mots sont rayés.

4 Le baptême est du P. Bailloquet, mais l'écriture est du P. Druilletes.

Eodem anno 24[?] Janu[arii], ego Jo[annes] Dequen Kebeci solemni ritu baptizavi infantem recens natu[m] ex matre Theresia *8tisg8agamig8k8e* et ex patre *Ka 8p8-g8sitch* Petrus Duquete ei nomen Petri imposuit[1].

Eodem anno 29 Jan[uarii], ego Gabr[iel] Druilletes Kebeci solemni ritu baptizavi infantem recens natu[m] ex patre Carolo *8tchigabe* et matre Fr[ancis]ca[2] Angela *Mitig8k8e*, ei Germani nomen imposuit Germanus Morin.

Eodem anno 29 Febr[uarii], ego Gabr[iel] Druilletes Kebeci solemni ritu baptizavi infantem recens natum ex patre *8nak8aro* et matre Margareta *Chichig8aniK8e*, ei Ludovici nomen imposuit Petrus Duquet.

Eodem anno 11 Martii, ego Gabr[iel] Druilletes soc[ietatis] J[esu] sac[erdos] Kebeci solemni ritu baptizavi infantem recens nata[m] ex patre Ant[onio] *Ne8eia* et Bernardina *Mikisi8ek8e*, ei nomen Antoniae dedit Antonia *8abis-kitek8e*.

Eodem anno 12. Martii, ego Gabr[iel] Druilletes solemni ritu ibidem baptizavi infantem recens natu[m] ex patre N. [ ] *Apikanich* et matre [ ]. Ei nomen Caroli dedit Carolus Couillard.

Eodem anno 29. Martii, ego G[abriel] Druilletes sine solemni ritu ob periculu[m] instans baptizavi Kebeci infantem 8. circiter mensiu[m] *8tchibench* dictu[m] a suis filiu[m] *8nehettag8c* et Agnetis *Kakis8ini8ek8e*, ei Gabrielis nomen destinatu[m].

obiit statim

Item eodem die filiu[m] (6. circiter annoru[m]) *Ka Pim8-setch* et *8ch8cha8agamig8e* dictu[m] a suis *Nitchaga*, ei Michaelis nomen destinatum[3].

[G. Druilletes]

1656 Jan[uarii] 28

Ego Joannes Dequen Soc[ieta]tis Jesu baptizavi solemniter in cappella beatae Virginis in insula Aurelianensi infantem ex patre *Ping8s* et matre *8keiik8k8e*. Petri nomen ei datum est.

Ibidem Febr[uarii] 1 die, infantem ex patre Hurone et matre *Pipan8k8e* Petri nomen ei datum est.

Ibidem Febr[uarii] 2 die, Franciscum infantem ex patre *Matchigaba* et matre *A8enik8et8k*.

---

1 Le rédacteur de cet acte est également le P. Druilletes.

2 **Fr[ancis]ca**: écrit au-dessus de **Maria**, raturé.

3 Cet acte a été rayé.

Ibidem Febr[uarii] 13, juvenem 16 annorum patrio no[m]i-[n]e *Kunebik* dictum ex patre *Missanig8ch*. Joannes Baptista vocatus est.

Ibidem Febr[uarii] 15, infantem 6 circiter annorum ex patre *Kapim8setch* et matre *8ch8ch8agamik8e*. Roberti nomen ei datum est.

Ibidem die 3 Martii, Alexium *8rak8i* 16 annorum juvenem ex matre *8matchi8an8k8e*.

Ibidem Martii 15, Catharinam *R8tin8k8e* 25 annos circiter natam, *Missanig8ch* nuptam.

Ibidem eodem die, gemellos infantes ex patre *8anak8anag8ch* et matre *Arig8k8e* conjugibus, quorum primus Francisci nomen habet. Alter Catharina vocatur.

[J. Dequen]

[54]

Anno D[omi]ni Apr[ilis] 5. 1656 — Ego Gabr[iel] Druilletes soc[ietatis] Jesu sacerdos vices agens parochi in ecclesia Kebecensis paroeciae solemni ritu baptizavi i nfantem recens natum ex patre Ant[onio] *8ab8kima* et matre Barbara [ ], ei nomen Lud[ovi]ci dedit D[omi]nus Villeray.

[G. Druilletes]

Aprilis 26 — Ego Joannes Dequen baptizavi Kebeci puellam 20 annorum sine caeremoniis in periculo mortis sufficienter instructam patrio idiomate *Eschi* dictam ex patre *Ka pin8setch*.

Maii — Ego Joannes Dequen soc[ieta]tis Jesu baptizavi sine caeremoniis Kebeci Catharinam [ ] uxorem *Pepam8setch* graviter aegrotantem.

Junii 18 — Ego Joannes Dequen soc[ieta]tis Jesu baptizavi solemniter in ecclesia Kebecensi infantem recens natam ex patre Victore *Ka8anta8e* et matre[1] Antonia *Miesk8mimich* conjugibus; huic impositum est nomen Helena.

[J. Dequen]

---

1 **Matre**: ajouté au-dessus de la ligne.

Augusti 20

Ego Gabriel Druilletes soc[ietatis] Jesu sacerdos solemnii ritu baptizavi in ecclesia Silleriacensi S[anc]ti Michaelis infantem recens natam ex patre *Earim8eskan* et matre [ ], cui nomen Agnetis dedit Robert Hache patrinus.

Item eodem die et anno, ego idem solemni ritu ibidem baptizavi infantem recens natam ex patre Carolo *Pachirini* et ex matre Maria, cui Joannae nomen dedit D[omi]nus Madry[1] cum Maria *Ass8ban*.

Oct[obris] 23.

Ego Gabr[iel] Druilletes soc[ietatis] Jesu sacerdos solemnii ritu baptizavi in ecclesia Silleriace[n]si S[anc]ti Michaelis duos gemellos ex patre Fr[ancisco] *Tigarakhe* et Joanna *8kakigaba8k8e* recens natos, alteri Jacobi nomen dedit Jac[obus] Lamothe mercator, alter[a]m Mariam vocavit D[omi]na Byssot. 23 oct[obris] 1656.

1657, 16 Jan[uarii]

Ego Gabr[iel] Druilletes soc[ietatis] Jesu sacerdos solemnii ritu baptizavi infantem recens natu[m] Kebeci in n[ost]ro templo ex patre [ ] et matre Carola *Menisig8k8* Petri nomen ei datu[m] est a Petro *Chigac*. Jan[uarii] 16, 1657.

Maii 13°

Ego Gabr[iel] Druilletes soc[ietatis] Jesu sacerdos solemni ritu baptizavi infantem Kebeci natu[m] 4.r [2] circiter menses ex patre Kentino *Kahik8an* et ex matre Cath[ari]na *8isakik8e*, nomen Lud[ovi]ci datu[m] est ipsi a D[omi]no Villeret[3] et D[omi]na Dupont[4].

Item filiu[m] Josephi *Patchak8tchigan* et Angelae *8tetipab8g8k8e* duos circiter me[n]ses natu[m] in eodem[5] templo Kebecensi, Ignatii nomen ei dedit Ignatius Repe[n]tigny cu[m] D[omi]na de More, no[min]e D[omi]nae Bourdon.

Item filiam Henrici *8massatik8e* et Elizabethae [ ], quinq[ue] circiter menses nata[m], matrina fuit D[omi]na Anna [ ][6], vidua D[omi]ni Repentigny, Anna dicta est. Maii 13° 1657.

---

1 **Jean Madry** (vers 1625-1669): caporal et chirurgien de la garnison de Trois-Rivières de 1653 à 1655; personnage en vue à Québec (***DBC*** I, 489-490).

2 Devant **4.r'** rature du mot **recens**.

3 **Villeret**: correction de **Villaret**.

4 Marie Gaulchet (TRUDEL, M. *Communication du 7 août 1986* et ***Catalogue des immigrants***, p. 242).

5 Après **eodem**, une rature.

6 Il s'agit de Marie Favery, veuve de Pierre Legardeur de Repentigny, décédé en 1648 (TRUDEL, M. *Communication du 7 août 1986* et ***Catalogue des immigrants***, p. 58).

Julii 22 — Ego Gabr[iel] Druilletes soc[ietatis] Jesu sac[erdos] solemni ritu in ecclesia Kebecensis paroeciae baptizavi filiam Ant[onio] *Agrecha* et Jordanae *Akik8tit* 6. menses circiter nata[m] M[ariae] Magdalenae nomen ei datum est a D[omi]na Sevestre. Julii 22.

Oct[obris] 18. — Ego Gabr[iel] Druilletes soc[ietatis] Jesu sacerdos in ecclesia paroeciali solemni ritu baptizavi infantem recens natu[m] ex Huberto *Achitie* et Marg[ari]ta *8papi8ek8e*, Michaelis nomen ei datu[m] est a D[omi]no La Gareine incola.

Nov[embris] 1. — Ego Gabr[iel] Druilletes soc[ietatis] Jesu sacerdos 1o Nov[embris] solemni ritu baptizavi infantem recens natam ex Francisco *8kachitak8at8* et Magd[alena] *Apisik8e8ich*, nomen Maria datu[m] est ei a D[omi]na Du Plessis vidua[1], Patrinus fuit D[omi]nus De Tilly.

Item ibidem alterum infantem solemni ritu baptizavi uno circiter me[n]se natum ex Carolo *Irina[n]tac* et Francisca [ ], Lud[ovi]ci nomen ei datum est a D[omi]no de Villaret, et D[omi]na Magd[alena] Le Gardeur D[omi]ni Godefroy[2] uxore.

Dec[embris] 18. — Ego Gabr[iel] Druilletes soc[ietatis] Jesu sac[erdos] solemni ritu ibidem baptizavi infantem recens natu[m] ex Margarita *Natahisk8ech* uxore Alexii *Niatah8lat*, ei nomen datu[m] est Jo[annis] Fr[ancisci] a D[omi]no Jacobo Lamothe no[min]e D[omi]ni Jo[annis] Fr[ancis]ci [ ] in Gallia degentis.

Anno 1658 Aug[usti] 1o — Ego Gabr[iel] Druilletes soc[ietatis] Jesu sacerdos ibidem solemni ritu baptizavi qui sequu[n]tur:

Filiu[m] Guill[elmi] *Pip8nask8ch* et Magd[alenae] *Gan8nanik8ech* recens natu[m], ei Caroli no[m]en dedit Carolus *Kikinohatchi8anich*[3] filius Noelis *Tek8erimatch*.

Item filiu[m] Jo[annis] *8ratchi8anon* et Rosae [ ] 16.menses natu[m], ei Roberti nomen dedit Robertus *Irini8t*.

---

1 Etiennette Després, veuve de Guillaume Guillemot Duplessis-Kerbodot, gouverneur de Trois-Rivières de 1651 à 1652, tué par les Iroquois en 1652 (***DBC*** I, 359).

2 Marie-Madeleine Legardeur de Repentigny, épouse de Jean-Paul Godefroy.

3 La terminaison **ich** est ajoutée au-dessus d'une rature.

Silvestres

[55]

Item filiam Laurentii *Mak8gan* et Caeciliae *8pitchi8it8k8e* 7. menses natam, ei Helenae nomen dedit pro Noel La Mo[n]tagne[1] nepote suo D[omi]na Macar.

Item filiam Emerici *Katchakim8nah8net* et Theresiae [ ] 16 menses nata[m], ei Margaritae nomen dedit Marg[arita] *8abistanich*.

Item filiam Josephi *Ta8iskaron* et Cath[arina] *8kitchitchi-8an8k8e* recens natam, ei Mariae nomen dedit D[omi]na Maria de Bekencour[2].

Aug[usti] 21. Ego Gabr[iel] Druilletes soc[ietatis] Jesu sac[erdos] ibidem solemni ritu baptizavi qui seq[uu]nt[ur]:

Filiu[m] Angelae *Ek8esensi8itch* et Ant[onii] *Ne8eia*[3] 6. circiter menses natu[m], ei Laurentii nomen dedit Jo[annes] Fr[anciscus] Byssot.

Item filiam Jac[obi] *8ebabeghit* et Annae *Itaik8e* 3. circiter menses natam, ei Marg[ari]tae nomen dedit D[omi]na Macar.

Item filiam *Tebichimit* et Martinae [ ] sororis Marg[a-ri]tae[4] *Chichig8anik8e* 3. circiter annos nata[m], ei Mariae nomen dedit Jo[annes] Fr[anciscus] Bourdon.

Item eoru[m]dem filiam unu[m] circiter annu[m] natam, ei Magd[ale]nae nomen dedit Amador [ ] filius Abraha-mi [ ][5].

Item infantem recens natam ex patre Guill[elmo] *Ping8ch* et Lud[ovi]ca *8nipetir8k8e*, ei nomen Mariae dedit Jo[an-nes] Fr[anciscus] Byssot.

---

1 Le rédacteur a rayé **ejus**, qu'il a remplacé par **suo**. La marraine est soeur d'Hélène Macart, mère de Noël Jérémie dit Lamontagne.

2 Marie-Anne Leneuf de La Poterie, femme de René Robinau de Bécancour (TRUDEL, M. ***Catalogue des immigrants***, p. 60.)

3 Les mots **Ant. Ne8eia** sont ajoutés au-dessus de la ligne.

4 **Marg[ari]tae**: ajout.

5 Amador Martin, fils d'Abraham Martin dit L'écossais et de Marguerite Langlois (TRUDEL, M. ***La pop. du Canada en 1663***, p. 268). Né en 1648, il n'a encore que 10 ans; il sera le deuxième canadien à être ordonné prêtre (***DBC*** I, 480).

Sept[embris] 1. Ego Gabr[iel] Druilletes soc[ietatis] Jesu sac[erdos] ibidem solemni ritu baptizavi infantem recens natam ex Gabriele *8tak8ami* et Magd[alena] *8chk8ch*; Annae nomen ei dedit Jo[annes] Fr[anciscus] Bourdon.

7.° Ego Gabr[iel] Druilletes soc[ietatis] Jesu sac[erdos] ibidem solemni ritu baptizavi infantem recens natum ex Lud[ovi]co *Katachkitiet* et Adriana *Isk8echa*, ei Jacobi nomen dedit miles [ ] dictus Laverdure[1].

Item puellam recens natam ex Ant[onio] *Ne8eia* et Bernardina *Mikisi8ek8e*, ei nomen dedit Mariae Carolus Des Colo[m]biers.

11. Ego idem Gabr[iel] Druill[etes] Kebeci sine solemni ritu baptizavi moribu[n]du[m] infantem ex patre Victore *Kamik8asiketch* et Joanna [ ] defuncta, tres circiter annos natu[m], qui eodem die obiit, ei Jo[annis] Bapt[ist]ae nomen destinatu[m] fuit.

21. Ego idem Gabr[iel] Druilletes soc[ietatis] Jesu sac[erdos] vices agens parochi ibidem solemni ritu baptizavi infantem 6. circiter annos natam ex patre defu[n]cto 8etchemi natione, et ex matre *8cha8an8k8e* dicta et natione Ono[n]tchatarro[n]ghensi[2], ei Cath[ari]nae nomen dedit D[omi]na Cath[arina] Sevestre uxor D[omi]ni de Villaray.

Item alteram infantem ex eisdem pare[n]tibus natam duos circiter annos natam eodem die ibidem solemni ritu baptizavi, ei Agnetis nomen dedit Agnes Duquet.

Ego Gabr[iel] Druilletes soc[ietatis] J[esu] sac[erdos] baptizavi solemni ritu filiam recens natam ex Carolo *Pataheg8nes* et Antonia *8abiskitek8e*, ei nomen Marg[ari]tae dedit D[omi]na Godefroy.

Ego Gabr[iel] Druilletes soc[ietatis] Jesu sac[erdos] solemni ritu baptizavi infantem recens natam ex patre Philippo *Sakaboan* et Maria *8pik8anich*, ei Mariae nomen dedit J[oannes] Fr[anciscus] Byssot.

Nov[embris] 15. Ego idem ibidem solemni ritu baptizavi infantem natu[m][3] 5. circiter menses ex patre *Matchigaba8i* et Cath[ari]na *A8enik8et8ch*, ei Caroli nomen dedit Car[olus] Amyot.

---

1 Peut-être Jacques Bussière dit Laverdure.

2 **Onontchatarronghensi**: Les Onontchataronons étaient une bande d'origine iroquoise, mais algonquinisée (les Iroquets) (CAMPEAU, L. ***Catastrophe démographique sur les grands lacs,*** Cahiers d'histoire des Jésuites 7, Montréal, Bellarmin, 1986, p. 142).

3 Devant **natum**, rature de **recens**.

Item pueru[m] 2. circiter menses natu[m] ex patre Nic[olao] *Tessak8sitch* et Fr[ancis]ca *Ik8esench*[1] sine solemni ritu in periculo mortis.

Dec[embris] An[no] 27. Ego Gabr[iel] Druilletes ibidem solemni ritu baptizavi recens natu[m] ex Jac[obo] *Tchakabech* et Marg[arita] *8ghichestig8k8e*, ei Jo[an]nis nomen dedit Jo[annis] Grignon filius[2]

Ego Gabr[iel] Druilletes soc[ietatis] J[esu] sac[erdos] ibidem solemni ritu baptizavi infantem recens natum ex patre *Matchigaba8i* et matre Cath[arina] *A8enik8et8ch*, ei Caroli nomen dedit Carolus Amyot[3].

1659 Apr[ilis] 10. Ego Gabr[iel] Druilletes filiu[m] Guill[elmi] *Ping8ch* et Christinae *8kigig8k8e* recens natu[m] sol[emni] ritu baptizavi, Renati[?] nomen dedit D[omi]nus Bekencour[4].

1659 Apr[ilis] 20. Item solemes ritus adhibui[5] 7. menses nato ex Nicol[ao] *Tessak8sitch* et Fra[n]cisca *Ik8sench*, Jo[annes] Paulus Mahu[6] patrinus fuit et Jo[annis] Bapt[istae] nomen ei dedit.

[G. Druilletes]

Anno Domini 1659, 7. Maii ego Petrus Bailloquet societatis Jesu[7] adhibui caeremonias duabus infantibus puellis uno partu editis ex Antonio *Agrecha* et Jordana ejus uxore. Patrinus prius editae fuit Ignatius de Repentigni qui Monicam nuncupavit. Matrina 2ae fuit uxor[8] Jacobi Mahu, quae suo no[min]e Annam appellavit.

Silvestres

[56]

Anno Domini 1659 Maii 10, ego Petrus Bailloquet socie[ta]tis Jesu sacerdos baptisavi solemniter in nostro sacello Kebecensi infantem duobus ante mensibus natum in

1 Après **Ik8esench**, un mot rayé.
2 **dedit Jo. Grignon filius**: addition au-dessus de la ligne.
3 Acte raturé et annulé parce qu'il est un doublet d'un acte du 15 novembre précédent.
4 Acte raturé. René Robinau de Bécancour.
5 Après **adhibui**, rature de **Jo Bapt.**
6 **Mahu?**, lecture difficile.
7 Après **Jesu**, une rature.
8 Anna Convent, épouse de Jacques Maheust (TRUDEL, M. ***La pop. du Canada en 1663***, p. 229-230).

silvis ex Andrea *Pasegan* et Margarita *8iechibmatch* conjugibus. Patrinus fuit Joannes Madrit, qui Jo[annis] no[min]e infantem nuncupavit.

[P. Bailloquet]

Maii 12. Eodem anno ibidem, ego Gabr[iel] Druilletes soc[ietatis] Jesu sac[erdos] solemni ritu baptizavi infantem recens natam ex Henrico *8massatik8eïe* et Jordana Maria [ ] ei nomen Mariae Carolae dedit[1] Joannes Fr[anciscus] Bourdon cum Lud[dovi]ca *Tchipaich*.

Junii 12. Ego Gabr[iel] Druilletes soc[ietatis] Jesu sac[erdos] solemni ritu baptizavi infantem recens natu[m] ex patre Jos[epho] *Ago[n]tarisate* et *Pitta8ikigig8k8e*, ei Jo[annis] Fr[ancis]ci nomen dedit Jo[annes] Fr[anciscus] Byssot no[min]e Jo[annis] Fr[ancisci] Bourdon.

Julii 25. Ego Gabr[iel] Druilletes soc[ietatis] Jesu sac[erdos] Kebeci in n[ost]ro sacello solemni ritu baptizavi infantem recens natu[m] ex p[atre] Andrea *Missabe* et matre[2] *Netta8ikitch*, ei Lud[ovi]ci nomen dedit Lud[ovi]cus Prevost cu[m] Theresia *8r8atchi8an8k8e*.

Julii 29. Ego Gabr[iel] Druilletes soc[ietatis] Jesu sac[erdos] ibidem solemni ritu baptizavi infantem natam ex patre Kentino *Kahik8an* et Cath[ari]na *8isakik8e* 5. circiter abhinc mensibus; ei Annae nomen dederu[n]t D[omi]nus Niel cum D[omi]na Duplessis vidua[3].

Aug[usti] 6. Ego Gabr[iel] Druilletes soc[ietatis] Jesu sac[erdos] ibidem solemni ritu baptizavi infantem recens natam ex patre [ ] Hurone et ex matre Maria *Miakate8ing8ech*, ei Magd[ale]nae nomen dedit D[omi]na Dupont.

Item solemnes eodem die ritus adhibui puero no[min]e *8t8ragamitch* ex patre *Matchiba8i* et ex matre Cath[ari]na *A8enik8et8ch*, Caroli nomen ei dedit Carolus Descolo[m]biers; ab anno 1654 fuerat ablutus.

Oct[obris] 18. Ego Gabr[iel] Druilletes soc[ietatis] Jesu sac[erdos] ibidem solemni ritu baptizavi infantem recens natam ex Simone *8ssata8it* et Clara *Pimag8tchin8k8e*, ei Theresiae nomen dedit D[omi]na Desprès vidua D[omi]ni Duplessis[4].

---

1 Après **dedit**, rature du mot **Ludovici**, qui avait été anticipé.
2 Les mots **Andrea Missabe et matre** sont une addition au-dessus de la ligne.
3 Etiennette Després, veuve de Guillaume Guillemot Duplessis-Kerbodot.
4 Etiennette Després, veuve de Guillaume Guillemot Duplessis-Kerbodot.

Nov[embris] 6. Ego Gabr[iel] Druilletes soc[ietatis] Jesu sacerdos solemni ritu baptizavi infantem 3. circiter menses natu[m] ex patre Simone *Ka8sk8ta8ets* et ex *Kitteh8an8k8e* [n]o[n] baptizata, Guillelmi nomen ei dedit Jo[annes] Fr[anciscus] Byssot in templo coll[egii] Kebecensis.

Ego Gabr[iel] Druilletes ibidem eodem die sol[emni] ritu quoq[ue] baptizavi infantem 4.r circiter annos natam ex eodem Sim[one] *Ka8sk8ta8etch* et ex s[upra] dicta matre *8kitteh8an8k8e*, ei idem Jo[annes] Fr[anciscus][1], Mariae nomen dedit.

18. Ego Gabr[iel] Druilletes soc[ietatis] Jesu sacerdos sine ceremoniis baptizavi in casa sua[2] infantem recens natu[m] in p[raese]nti periculo mortis ex patre Simone *Manit8akik8ch* et ex matre Margarita[3]. Obiit statim.

12. Ego Petrus Bailloquet[4] soc[ietatis] Jesu sacerdos solemni ritu baptizavi Kebeci in templo nostro infantem[5] natu[m] duos circiter menses ex Ambrosio *8a8ias8etch* et Angela *8nassika8ench* Joannis ei nomen dedit D[omi]nus Madry.

19. Ego Gabr[iel] Druilletes soc[ietatis] Jesu sac[erdos] solemni ritu baptizavi infantem 20. circiter dies natu[m] ex patre Laur[entio] *Mak8gan* et Caecilia [ ], ei Petri nomen dedit D[omi]nus Petit.[6].

22. Ego Gabriel Druilletes soc[ietatis] Jesu sacerdos ablui[7] in periculo positas duas gemellas infantes 6. circiter menses natas ex patre *8misit8se* olim *8tapim8atchi8anon* et ex matre [ ], alteri Margar[itae] nomen destinatum est, alteri vero Magd[ale]nae, dum solemnes ei ritus adhibebu[n]tur.

Item alterum infantem 4.r circiter annos natu[m] ex eodem patre et ex eadem matre sine solemni ritu[8] sacris undis baptismi ablui, ei Clementis nomen destinatum est.

---

1 Jean-François Bissot.
2 **In casa sua**: addition au-dessus de la ligne.
3 Après **Margarita**, rature de **statim**, repris après **obiit**.
4 Cet acte, comme ceux qui précèdent et ceux qui suivent, est de l'écriture du P. Druilletes.
5 Après **infantem**, rature du mot **recens**.
6 **Pierre Petit dit Lajeunesse** selon TRUDEL,M. *Communication du 7 août 1986.*
7 **ablui**: addition au-dessus de la ligne.
8 Après **ritu**, rature de **adhibui**.

1660 Jan[uarii] 6. R[everen]dissimus et Illustrissimus Ep[isco]pus Petrensis[1] solemni ritu baptizavit in templo n[ost]ro infantem recens natu[m] ex Fr[ancisco] *8kachitak8at8e* et ex matre Magd[alena] *Apisik8e8es*, ei Caroli nomen dedit Math[aeus] Giraud et Joanna Le Boesme.

Item eodem die idem et ibidem sol[emni] ritu baptizavit adolesce[n]tem 13. circiter annos natu[m] natione Agnongherronensem, cui Fr[ancis]ci nomen dedit D[omi]nus De Charny[2] cu[m] D[omi]na La Ferté[3], a Maria *Mitig8k8e* fuit adoptatus.

Silvestres

[57]

1659 Decembris 16. Solemni ritu baptizati sunt a P[atre] Fr[ancisco] Mercier in sacello Castri Richardi[4] infantes recens nati: 1° ex Guill[elmo] *Pip8nask8ch* et Mag[dalena] *Gan8nanik8ich*[5], nomen dedit D[omi]nus[6] Fr[anciscus] Bella[n]ger; 2dae ex Jac[obo] *Kaki8ab8g8t* et Christina *Kachkamanik8e*, nomen dedit Joanna Abraham uxor D[omi]ni Cochon[7].

1660 Febr[uarii] 10. Ego Gabr[iel] Druilletes soc[ietatis] Jesu sac[erdos] solemni ritu baptizavi infantem recens natam ex[8] Carolo *Irina[n]tac* et Clara Francisca *Pikika* [ ][9], ei nomen Mariae dedit D[omi]na Sevestre vidua defuncti D[omi]ni Sevestre in templo Coll[egii] Kebecensis.

---

1 Mgr François de Laval arriva à Québec le 16 juin 1659, avec le titre de vicaire apostolique en Nouvelle-France et d'évêque de Pétrée, **in partibus infidelium**. Il sera évêque du siège de Québec en 1674 (***DBC*** I, 374).

2 Charles Lauson de Charny (TRUDEL, M. ***Catalogue des immigrants***, p. 261).

3 Marie-Madeleine Giffard, épouse de Jean Juchereau de La Ferté (TRUDEL, M. ***Catalogue des immigrants***, p. 37).

4 Après **Richardi**, un mot raturé.

5 La deuxième moitié du mot a été reprise en suscrit.

6 Lecture difficile.

7 Jean Cochon, marié en secondes noces à Jeanne Abraham (TRUDEL, M. ***La pop. du Canada en 1663***, p. 182).

8 Le mot **ex** est répété dans l'original.

9 Le mot est inachevé.

24. Ego Gabr[iel] Druilletes soc[ietatis] Jesu sacerdos ibidem[1] solemnes ritus adhibui infanti 15. circiter dies nato ex sacris undis abluto a P[atre] Fr[ancisco] Mercier ex patre Fr[ancis]co *Pepamisetch* nu[n]c *8a8a[n]g8ch* dicto et ex matre Maria *Ik8esench*, ei Jacobi nomen dedit D[omi]nus Lamothe mercator.

26. Ego Gabr[iel] Druilletes soc[ietatis] J[esu] sacerdos solemni ritu baptizavi ibidem[2] infantem recens natam ex Chrystophoro *Nipin8kechi* et Mathurina *Tchieng8c*, ei Magdalenae nomen dedit vidua defuncti La Fangere[3].

Martii 28. Ego Gabr[iel] Druilletes societatis Jesu sacerdos solemni ritu baptizavi in n[ost]ro templo infantem recens natum ab 8.vo hujus mensis ex Josepho *8nentakhithe* et Benedicta filia Renati *Miaresitetch*, ei nomen Ignatii dedit [ ] Loyer seu D[omi]nus Latour civis hujus oppidi Kebecensis.

Aprilis 10. Ego Gabr[iel] Druilletes soc[ietatis] Jesu sacerdos ibidem solemni ritu baptizavi infantem recens natam ex Thoma *Ondakont* hurone et ex Margarita *Sakata8aganachitch*, ei nomen Annae imposuerunt Anna Duplessis cum Jo[anne] Fr[ancisco] Bourdon.

Julii 12. Ego Gabr[iel] Druilletes soc[ietatis] J[esu] sacerdos vices agens parochi ibidem solemni ritu baptizavi infantem recens natu[m] ex patre Petro *Nanch8ape8it* et Angela *K8etachit*, ei nomen Joannis dedit D[omi]nus Jo[annes] Grignon.

17. Ego Gabr[iel] Druilletes soc[ietatis] Jesu sacerdos ibidem solemnes ritus adhibui duobus infa[n]tibus sacris undis ablutis natis ex patre Guill[elmo] *Nenta8ach* et Dyonisia [ ]: alteri 3. annos natae nomen Mariae dedit filius Fr[ancisci] Bellanger et alteri 3 menses nato Caroli nomen idem imposuit.

Julii 19. Ego Gabr[iel] Druilletes soc[ietatis] Jesu sacerdos vices agens parochi solemni ritu baptizavi infantem recens natum ex Petro *Manah8chit* et Maria Angela *K8etachit*, ei Joannis nomen dedit D[omi]nus Jo[annes] Grignon mercator, in templo Kebecensi societatis nostrae[4].

---

1 **ibidem**: addition au-dessus de la ligne.

2 **ibidem**: addition au-dessus de la ligne.

3 Peut-être Marie Gaschet, veuve de Pierre Nolin dit LaFougère (TRUDEL, M. ***La pop. du Canada en 1663***, p. 238).

4 Cet acte, rayé obliquement, est un doublet; voir deux actes plus haut.

Aug[usti] 12.

Ego Cl[audius] Jo[annes] Allouez[1] soc[ietatis] Jesu sac[erdos] vices agens parochi solemni ritu baptizavi infantem recens natam ex patre Andrea *Misabe* et ex matre Spe *8ra8ikigig8k8e*, ei Mariae nomen dedit D[omi]na Le Vallon, in templo Kebecensi societatis n[ost]rae

Oct[obris] 4.

Ego Gabr[iel] Druilletes societatis Jesu sacerdos vices agens parochi solemni ritu baptizavi Kebeci in templo societatis nostrae puerum recens natum ex patre Lud[ovico] *Apikanich* et matre Theresia *8kisis8k8e8e*, ei Francisci nomen dedit Franciscus du Buysson[2].

20.

Ego Gabr[iel] Druilletes societatis Jesu sacerdos solemni ritu baptizavi puerum recens natum ex patre Jacobo *Tchakabech* et ex matre Maria *8ghichestig8k8e*, ei Fra[n]cisci-Marcelli nomen dedit D[omi]nus La Gareine, Kebeci in templo societatis n[ostr]ae.

Nov[embris] 17. obiit

Ego Gabr[iel] Druilletes soc[ietatis] J[esu] sacerdos ibidem solemni ritu baptizavi infantem recens natam ex patre N [ ] *Andakakïahont* et ex matre Gabriela *8pip8n8k8e*, ei nomen Mariae Fra[n]ciscae dedit D[omi]na Madry, Maria Fr[ancis]ca Duquet[3].

Oct[obris] 4. Vide supra

Ego Gabr[iel] Druilletes soc[ietatis] sac[erdos] solemni ritu ibidem baptizavi infantem recens natu[m] ex patre Lud[ovico] *Apikanich* et ex matre Theresia *8kisis8k8e*, ei Fra[n]cisci nomen dedit Fr[anciscus] Du Buysson filius D[omi]ni Du Buysson[4].

Dec[embris] 2. obiit

Ego[5] Gabr[iel] Druilletes soc[ietatis] Jesu moribundam vetulam 60 annos natam no[min]e *8sa... aban8k8e*[6] dictam natione 8tabitibensem sine cerimoniis baptizavi Fr[ancis]cae nomen ei destinatum est.

Item hujus filiam 20. circiter annos natam moribu[n]dam, ei Agnes destinatum est.

---

1 Acte de l'écriture du P. Druilletes, comme ceux qui précèdent et qui suivent.

2 Après **Buysson**, rature de **filius**.

3 Marie-Françoise Duquet, épouse de Jean Madry (TRUDEL, M. ***La pop. du Canada en 1663***, p. 229).

4 Cet acte rayé obliquement est une répétition; voir trois actes plus haut.

5 Avant **ego**, rature de **vetula**, repris plus loin.

6 Lecture difficile.

28. Ego Gabriel Druilletes societatis Jesu sacerdos in templo nostro solemni ritu baptizavi duos infantes recens natos, alterum ex patre Josepho *Anika8abamat* et matre Joanna *8chakatag8k8e*, ei Joannis nomen dedit D[omi]nus Madry; alterum ex patre *Skena* et ex matre Anna *8nipetir8k8e*, ei nomen Antonii dedit idem D[omi]nus Madry.

28.
obiit
Ego Gabri[el] Druilletes sine solemni ritu baptizavi faemina[m] 20. circiter annos natam in periculo mortis instantis, ei Fra[n]ciscae nomen destinatum est. *Chibaseg8k8e* dicitur a suis.

obiit
Eodem die ego Carolus Albanel[1] sine cerimoniis baptizavi infantem recens natu[m] ex patre incognito et ex matre *A... Sinich*[2], ei Caroli nomen destinatum est.

Item infantem recens natam ex patre N. *8tapim8atchi8anon* et Dionysia *8k8etaban8k8e* moribu[n]dum[3].

[58]

1661
Jan[uarii]
25.
Ego Gabr[iel] Druilletes soc[ietatis] Jesu sine solemni ritu baptizavi adultum nomine *K8chk8abikisitch*[4] moribundum 8tabitibensem natione 13. circiter annos natum Pauli nomen ei destinatum est.

27. Ego Gabr[iel] Druilletes solemni ritu baptizavi adultum moribu[n]dum[5] 25. circiter annos natu[m] no[min]e *Ki8anakichkan*, Paulu[m][6].

Febr[uarii]
4.
Ego Gabr[iel] Druilletes soc[ietatis] Jesus sacerdos solemni ritu baptizavi infantem recens natum ex Carolo *Kaki8ebat8chitch* et matre Maria Theresia *Kinig8anik8e*, ei nomen Renati dedit D[omi]nus Bekencour.

Aprilis
27.
Ego Carolus Albanel[7] solemni ritu baptizavi infantem recens natum ex Jo[anne] *8ra8atchi8ano[n]* et Rosa [ ].

---

1 Écriture du P. Druilletes.
2 Lecture difficile.
3 On attendrait **moribundam** à cause de **natam**.
4 Mot en partie complété au-dessus de la ligne.
5 **moribundum**: addition au-dessus de la ligne.
6 Acte inséré après coup entre deux autres actes; écriture très fine.
7 Écriture du P. Druilletes.

Ego Gabri[el] Druilletes soc[ietatis] Jesus sacerdos vices agens parochi solemni ritu baptizavi infantes recens natas: alteram ex patre Victore *Kamik8asiketch* et ex matre Theresia *8ki8ehab8g8k8e*, ei Fanciscae nomen dedit Noel La Ferté[1] no[min]e sororis suae Fra[n]ciscae.

Alteram autem ex patre Petro *Ch8andoeskon* hurone et ex matre Fr[ancis]ca *Antabik8e*, ei Mariae nomen dedit D[omi]na Duplessis vidua D[omi]ni Duplessis[2].

30. Ego Gabr[iel] Druilletes sine solemni ritu moribundum baptizavi 25. circiter annos natum *8abanise8itch* nomine, 8tabitibensem natione, ei Fr[ancis]ci Xav[erii] nomen destinatum est.

Ego Josephus Chaumonot[3] solemni ritu baptizavi infantem recens natum ex Alexandro *Cha8askesi* et Joanna *Ka8sa8istig8anchitch*, ei Simonis nomen datu[m][4] fuit.

Maii 6. Ego Gabr[iel] Druilletes soc[ietatis] Jesu sacerdos baptisavi solemni ritu in templo nostro Kebecensi infantes qui sequu[n]tur:

infantem 5. circiter annos natam ex Eustachio *E8aintac* et Dyonisia *8ta8assa*, ei Mariae nomen dedit D[omi]na L'Espiné.

infantem 5. circiter annos natam ex patre *Tebichimit* et *Tebichitimik8e* ejus uxor, ei Elizab[etae] nomen dedit Josephus du Buisson.

infantem 3. circiter annos natam ex eodem *Tebichimit*, ei nomen Mariae dedit Steph[anus] Veron.

infantem decem circiter dies natam ex eodem *Tebichimit* et s[upra] dicta ejus uxore, ei nomen dedit Fr[ancis]cae N. [ ] Poisson.

infantem unius anni ex *Tebichimit* et Martina [ ], ei Jo[annis] Baptistae nomen dedit Germanus Morin.

infantem recens natum ex defuncto Josepho *Kinig8anir8ten* et Adriana [ ], nomen dedit Fr[ancis]ci Xav[erii] [ ] Poisson.

---

1 Noël Juchereau de La Ferté.

2 Etiennette Després, veuve de Guillaume Guillemot Duplessis-Kerbodot.

3 Écriture du P. Druilletes.

4 **datum**: correction de **destinatum**, rayé.

infantem unius mensis natam ex patre Malo *Ment8a-bamat* ex Anna [ ] ei nomen dedit M[ariae] Magda-l[enae] Fr[ancis]cus Chavigni.

infantem undecim menses natam ex *Tchitchirini8* et Marg[arita] *At8gan*, ei Nicolai[1] nomen dedit D[omi]nus Nicol[aus] S.t Denys[2].

infantem septem circiter menses[3] natum ex Ambrosio *Carakona* et Catharina ei Claudii nomen dedit D[omi]na Charron.

[G. Druilletes]

10. Ego Jacobus Fremin soc[ietatis] Jesu sacerdos baptisavi solemni ritu in templo nostro Kebecensi infantes qui sequu[n]tur:

infantem 3 circiter annos natam ex patre *Hek8aham8chet* Hetechmin et Elisabeta *8minitau* Algon[quina], cui nomen Catarinae *8eresk8chit* impositum est.

Item infantem 3 circiter annos natam ex patre Philip[po] *Sesega*, Tadoussacensi, et matre Suzanna *8isipisig8k8e*, Tadoussacensi, eique nomen Mariae *Nat8k8mi8k8e* impositum est.

Item infantem 5 menses natam ex patre Joanne *Nagani-rimir* et matre Anna *8ki8astan8k8e* Algonq[uina], eique nomen Margaritae *Pimitchigan* impositum est.

14. Ego Jacobus Fremin baptisavi solemniter in nostro templo Kebecensi infantem masculum recens natum, cui nomen Jacobi [ ] impositum est parentibus Joseph *Ta8iskaron* et Catharina *8kichilchi8nn8k8e* Algonq[inis].

Junii 29. Ego Jacobus Fremin soc[ietatis] Jesu sacerdos baptisavi solemniter in nostro templo Kebecenci infantem mascu-lum recens natum cui nomen Joannis Baptistae impositum est sine cognomine, parentibus Carolo *8tchikape* et Franciska *Mitig8k8e* Algonqu[inis].

[J. Frémin]

---

1 **Nicolai**: addition au-dessus de la ligne.
2 Nicolas Juchereau de Saint-Denis.
3 **menses**: en surcharge de **annos**.

Eodem mense

Baptizatos in via ad Missionem S[ancti] Fr[ancisci] Xa-v[erii] versus mare Septentrionale in 7ª pagina alterius partis hujus libri seorsum habes descriptos[1].

[G. Druilletes]

[59]

Julii 3

Ego [Jacobus Fremin][2] soc[ietatis] J[esu] sacerdos baptisavi solemniter Kebeci[3] adultum Jacobum *Chabonti-habnit* natum circiter 11 annos Hetechemin, cujus avuncula vocatur Elisabet[4] *8nimitau* Algonq[uina].

Junii 29.

Petrus *Nalan88negan*, natione Mahingan baptisatus est solemniter a Reverendissimo Episkopo D[omi]no de Pétré[5] in ecclesia Monialum Hospitalariarium.

Augus[ti]

Ego Jacobus Fremin S[ocietatis] J[esu] sacerdos, 13 ejus-de[m] mensis[6] baptisavi solemniter in nostro templo Kebecensi infantem recens natu[m] ex patre Ludovico *8inansak* et matre Ludovica *Mikinak* eiq[ue] Jacobi nomen dedit Jacobus de La Meterie.

[J. Frémin]

1662

Anno 1662. 1° Jan[uarii]. Ego Gabriel Druilletes soc[ie-tatis] Jesu sacerdos vices agens parochi solemni ritu baptisavi in templo[7] oppidi vulgo Chasteau Richer qui sequu[n]tur:

puer 5. circiter annos natus *P8k8a8* dictus ex patre *8mamich* ex natione Amik8ensi et ex matre huronissa *Mameg8ch* dicta, ei Simonis nomen dedit Simon Guyon.

Puella 7. circiter annos nata ex iisdem parentibus *Sakimak8e* dicta, ei Lud[dovi]cae nomen dedit Ludovica Morin uxor Caroli Cloustier.

---

1 Page [141] dans la pagination actuelle de l'original. Il s'agit des baptêmes faits par les PP. Claude Dablon et Gabriel Druilletes en juin 1661 au cours de leur voyage à la mer du Nord (baie d'Hudson), qu'ils interrompirent au lac Nekoubau (Nicabau), ligne de partage des eaux (***Rel.*** 1661, 11-21; ***DBC*** I, 290).

2 Le nom a été coupé et enlevé!

3 **solemniter Kebeci**: addition au-dessus d'une rature.

4 **Elisabet**: addition au-dessus de la ligne.

5 Mgr François de Laval, évêque de Pétrée.

6 **ejusdem mensis**: le mois de juin, d'après l'acte précédent; mais il y a l'indication **Augus-[ti]** dans la marge de gauche.

7 **templo**: ajouté au-dessus d'une rature. Le rédacteur avait d'abord écrit **in castro Sti Richardi**.

Puella 5. circiter dies nata ex patre Guill[elmo] *Sipi8ich* et ex matre Joanna [ ], ei Annae nomen dedit Anna *8mentar8ni*.

Vidua 36[1] circiter annos nata *K8ekachi8ek8e* dicta, ei Magdalenae nomen dedit Magdalena uxor D[omi]ni Thibaud[2].

Qui sequu[n]tur olim baptisatis sine solemni ritu[3] solemnes ritus adhibui:

Pintiketchi8an8k8e 18. annos nata[4] filia Mariae *Arokek8e*, ei nomen Lud[ovi]cae dedit Lud[ovi]ca Gagnier uxor Chapleau.

Sakita8abikachich 18. circiter annos nata ex patre N. [ ] *Mite8achamat* et matre N. [ ] *Isk8eta[n]*, ei Lud[ovi]cae nomen dedit eadem uxor Chapleau.

K8etaban8k8e 22 circiter annos nata ex patre Michaele *Eg8assetz* et Maria [ ], ei Clarae nomen dedit Magdalena [ ][5] uxor D[omi]ni Thibaud.

Ek8esensi8itch 3. circiter annos nata ex supradictis parentibus, ei Joannae nomen dedit Martha Gaignon uxor Jo[annis] Doyon.

8pachitaban8k8e 9. circiter annos nata ex iisdem parentibus ei Magdalenae nomen dedit G[u]illelmus Boucher.

Attikouch 9. circiter annos natus ex patre mortuo *Ka8tekamig8* et ex matre Clara *K8etaban8k8e* supradicta, ei Joannis nomen dedit Jo[annes] Plante.

Hujus quoq[ue] sorori 2. circiter annos natae ex patre Jo[anne] Baptista *K8ik8ing8etchi8anon* Mistassiriniensi, Mariae nomen dedit Claudius Plante.

Achkimaneab 8. circiter annos natus ex matre Anna *8tisk8egamig8k8e* nu[n]c vidua, ei nomen dedit Guill[el]mi, Guillelmus Boucher.

---

1 **36**: surcharge de **40**.

2 **Madeleine Lefrançois**, épouse de Guillaume Thibault (TRUDEL, M. ***La pop.du Canada en 1663***, p. 256).

3 **ritu**: addition au-dessus de la ligne.

4 **18. annos nata**: addition.

5 Madeleine Lefrançois.

Ejus frater *Mitchikench* dictus 6. circiter annos natus ex iisdem pare[n]tibus, ei Laure[n]tii nomen dedit Nicol[aus] St Laurens.

Filius Magd[alenae] *K8ekachi8k8e* et *Ka8r8g8sich* mortui[1], 3. circiter annos natus, ei Jo[annis] Bapt[istae] nomen dedit Jo[annes] Doyon et Vincentia de Varieu uxor Petri Gaignon.

8che8abig8k8e 4. circiter annos nata ex pater N.[ ] *8misit8se* et ex matre *8mich8g8chi,* ei nomen dedit Margaretae Jean Gaignon.

Kakencha8ek8e 4. circiter annos nata ex iisdem parentibus, ei nomen Magdalenae dedit Magdalena Gaignon.

Martii 2° Ego Gabriel Druilletes sine solemni ritu baptizavi infantem recens natam in oppido castri sancti Richardi ex patre Antonio *Agrecha* et ex matre Jordana *Akik8tich*, ei Mariae nomen destinatum est.

Martii 20. Ego Gabr[iel] Druilletes soc[ietatis] Jesu sacerdos solemnes ritus adhibui Kebeci[2] in templo nostro societatis, filiae recens natae ex patre Laurentio *Mak8gan* et ex Caecilia [ ], ei Margaritae nomen dedit uxor D[omi]ni Byssot.

Aprilis 11. Ego Gabriel Druilletes soc[ietatis] Jesu sacerdos ibidem[3] in templo n[ost]ro solemni ritu baptizavi qui sequu[n]tur:

Infantem recens natum ex patre *8maminch* et ex Magd[alena] *Mitim8sench*, ei Laurentii nomen dedit D[omi]nus Madry.

Item infantem 20. circiter dies natam ex patre *Kinebikouch* et ex Clara *Petaban8k8e*, ei Theresiae nomen dedit [ ][4] du Quet, uxor D[omi]ni Madry.

Item infantem 6. circiter menses natam ex patre Lud[ovi]co *Kataskitiech* et ex matre Adriana [ ], ei Mariae nomen dedit eadem [ ][5] Duquet uxor D[omi]ni Madry.

[G. Druilletes]

---

1 **Ka8r8g8sich mortui**: addition après coup.
2 **Kebeci** : addition au-dessus de la ligne.
3 **ibidem**: addition après coup.
4 **Françoise Duquet**, femme de Jean Madry.
5 Françoise Duquet.

24o Aprilis — Ego Claudius Dablon soc[ietatis] Jesu sacerdos in paroecia Kebecensi solemni ritu baptizavi infantem recens natum ex patre Alexandro *Micha8askechi* et Maria Joanna *Ka 8sa8ichig8ang*, ei Petri nomen dedit D[omi]nus Petrus Dubois Davaugour gube[r]nator[1].

[Cl. Dablon]

[60]

1662

28 Junii — Ego Jacob[us] Fremin soc[ietatis] Jesu baptizavi [solemni ritu in n]ostro[2] templo Kebecensi puellam 3 menses natam ex patre Jacobo *Nanates* et matre Ludov[ica] *8ki8g8tchin8k8e*, patrinus fuit Joannes Gaignon, matrina [Jeanne] Crevier[3] Domini Boucher uxor, eique nomen dederunt Ludovicae-Franciscae.

[J. Frémin]

Oct. 29[4] 1662 — Ego Gabriel Druilletes societatis Jesu sacerdos solemni ritu baptizavi infantem 10 circiter menses natam ex patre N. [ ] *Mite8achamat* et ex matre N. *Isk8etam*, ei M. Magd[alen]ae nomen dedit N. [ ] Bellenger no[min]e sorori suae M. Magd[alenae] Bellenger uxoris D[omi]ni La Gareine[5].

[G. Druilletes]

15 Decemb[ris] — Ego Jacobus Fremin s[ocietatis] J[esu] baptizavi solemni ritu in nostro templo Kebecensi puellam 10 menses natam ex patre *Hek8aham8setes*, Estechemin, et matre Elisabeta *8nimitam*, eique Mariae nomen impositum est.

19 Decemb[ris] — Ego Jacobus Fremin s[ocietatis] J[esu] baptisavi solemni ritu in nostro templo Keb[ec]ensi puerum recens natum ex patre Renato *8na8abano* et matre Tecla *Irinabik8k8e*, patrinus fuit Dominus Du doüit[6] sacerdos, eique nomen Joannis impositum est.

[J. Frémin]

---

1 Pierre Dubois Davaugour, 6e gouverneur de la Nouvelle-France de 1661 à 1663; rappelé en France à cause de ses démêlés avec Mgr de Laval.

2 Lacune due à une coupure du feuillet.

3 Jeanne Crevier, épouse de Pierre Boucher.

4 **29**: correction au-dessus d'une rature.

5 Bertrand Chesnaye dit Lagarenne.

6 Jean Dudouyt, prêtre, premier procureur du Séminaire de Québec fondé en 1663 (***DBC*** I, 298).

Ego Gabriel Druilletes societatis Jesu sacerdos vices agens parochi baptisavi sine solemni ritu infantes qui sequu[n]tur tanquam in pr[o]x[im]o periculo constituos; variis in locis circa oppidum Chateau Richer dictum:

Nov[embris] 23 — Puerum 6. circiter annos natum ex mortuo patre [ ] 8etechemensi et ex matre Carola [ ] *8na8ataba-n8k8e*[1] filia defuncti *Et8et*, ei Sergii[2] nomen destinatum est.

9 Dec[embris] — Puellam 12. circiter annos natam ex patre *Eli8echat* et ex matre [ ] defuncta *Kakesig8k8e* a suis dictam, ei Fra[ncis]cae[3] nomen destinatum.

Item puellam ex iisdem parentibus natam 17. circiter annos natam no[min]e *K8ek8ich*, Agnetis nomen ei destinatum est.

Item puellulam ejus sororem 7. circiter annos natam *M88irini* dictam Caeciliae nomen ei destinatum.

Item infantem ex iisdem parentibus natum 5. circiter annos ex iisdem parentibus Lud[ovi]ci nomen ei destinatu[m].

Item puellam 14. circiter menses natam ex patre Simone *Mabit8akik8ch* et ex matre Margarita.

Item puellam 12. circiter menses natam ex patre *Matchigaba8i* et ex matre Cath[ari]na *K8enik8et8ch*. Februarii 4. 1663 solemnes ritus adhibui, Mariae nomen ei dedit D[omi]na Charron[4].

Item filium Josephi *Anika8abamat* et Joannae *8abak8nch* 8. circiter menses natum.

15 Dec[embris] — Item filium Josephi *8nentanhite* et Benedictae[5], filiae Renati *Miaresitech*, 7. circiter menses natum.

---

1 **8na8ataban8k8e**: correction en surcharge.
2 **Sergii**: correction de **Stephani**, rayé.
3 **Franciscae**: correction en surcharge.
4 Cet acte a été inséré après coup (encre plus foncée).
5 **Benedictae**: correction de **Annae**.

17 Dec[embris] — Item filiam 4. annos[1] natam ex *Garaon*, 8timagamiensi, et matre *Cha8erik8e*.

Item filiam 4 annos natam ex patre *Mach8ach8chk8kach* et matre *Chab8ek8e*[2].

Item filium 12. circiter menses natu[m] ex patre *Negaba8ig8i* et ex matre *Tchag8esing*.

25 Dec[embris] — Puellam 8. circiter annos natam ex patre defuncto *Eg8ani8setch* et ex matre Maria *Chichig8anik8e*.

Item infantem 8. circiter menses natum ex patre Gaspardo *Tess8ehat* et ex matre Caecilia *8tchah8nench*.

Febr[uarii] 4. — Ei solemnes ritus adhibui, Eustachii nomen dedit Eustachius La[m]bert[3].

Item *Miskinak8ch* uxorem *K8eskagaban8k8e* 50. annos natam.

17 — Solemnes ritus adhibui in templo n[ost]rae societatis Kebecensi filio 8. circiter menses nato ex patre *8nak8aro* et ex matre Caecilia *8tabitakigig8k8e*, ei Josephi Arnaldi nomen dedit D[omi]nus d'Azemat[4].

1663 — Item filiae 12. circiter menses natae ex patre Antonio *Ne8eïa* et ex matre Bernardina *Mikisi8ek8e*, ei Joannae nomen dedit D[omi]nus de La Chaussée.

[?] 16. — Solemnes quoq[ue] ritus adhibui ibidem[5] filiae Kentini *Kahik8an* et Cath[ari]nae *8isakek8e* recens natae 30. Dec[embris] 1662. Ei D[omi]na uxor La[m]bert[6] Eustachii Mariae nomen dedit.

Item filiae 8. circiter menses natae ex defuncto patre Guill[elmo] *Ping8ch* et matre Chri[s]tina *8kigig8k8e*, ei Magdalenae nomen dedit uxor D[omi]ni Marsolets.

[G. Druilletes]

---

1 **annos**: correction de **menses**.

2 **Chab8ek8e**: correction en partie au-dessus d'une rature.

3 La dernière ligne de l'acte (**ei solemnes ritus...**) a été insérée après coup.

4 Probablement Joseph-Arnaud Dazemat (TRUDEL, M. ***Catalogue des immigrants***, p. 483).

5 **ibidem**: ajouté au-dessus de la ligne.

6 Marie Laurence, femme d'Eustache Lambert (TRUDEL, M. ***La pop. du Canada en 1663***, p. 216); **uxor** a été ajouté après coup, ce qui explique l'inversion.

[61]

27 No[vembris] 1662 — Item puerum recens natum ex Ludovico *Apikanis* et Theresia *8sis8k8e* solemni ritu baptizavi in templo Castri Ricardi; ei Damiani nomen dedit D[omi]nus Descourbieres chirurgus, 27 Novembris 1662.

[H. Nouvel]

1663 — Januarii 23. Ego Petrus Bailloquet societatis Jesu baptisavi solemniter infantem recens natum ex Guillelmo *Pip8nak8ch* et Magdal[ena] *Gan8nanik8ech* conjugibus. Patrinus fuit Carolus Boquet, qui no[m]i[n]e suo Carolum infantem nuncupavit.

15 Februarii Pater Jacobus Fremin[1] baptisavit solemniter in nostro templo Kebecensi infantem 7 menses natum ex Josepho *Anika8abamat* et Joanna *8abakons* conjugibus. Patrinus fuit Eustachius Lambert[2].

17 Febr[uarii] idem qui superius ibidem baptisavit solemniter puellulam X mensium ex patre Simone *Manit8akik8ch* et matre *M8sanapik8k8e*. Matrina fuit Francisca Duquet.

Et 27 Febr[uarii], ibidem, caerimonias adhibuit Mariae 3^bus annis natae ex matre *8tach8aban8k8e*. Matrina fuit Magdalena Bélanger.

Et puellulae 3^bus ante mensibus natae ex matre item infideli, cui nomen *Keta8ikitch*. Matrina fuit Francisca Duquet quae Mariae nomen illi imposuit.

Et 11 Martii, puellulae natae ex Magdalena *8pita8abig8k8e*. Matrina fuit Guillelma Hébert[3], Margaritam appellavit.

Et puellae 8 annos natae ex matre Maria *Chichig8anik8e*, Matrina fuit Guillelma Hébert, Catharina nuncupata est.

[P. Bailloquet]

Febr[uarii] 27 — Ego Gabriel Druilletes vices agens parochi solemni ritu adhibui iis[4] qui sequu[n]tur, in nostro te[m]plo Kebecensi:

Mariae *8ta8assa*, Maria Boucher ei nomen dedit, 20. circiter annos natae.

---

1 Écriture du P. Bailloquet.

2 **Eustache Lambert** (1618-1673), fut donné des Jésuites et interprète jusqu'en 1651, puis colon et traiteur de fourrures; marié à Marie Laurence (***DBC*** I, 426-427).

3 Guillemette Hébert, fille de Louis Hébert et de Marie Rollet.

4 **adhibui iis**: addition au-dessus de la ligne.

Elizabethae *Metchagahesek8e* 22 annos natae, Eliz[abetha] Boucher, uxor Dyonisii Guyon[1], ei nomen dedit.

Genovefae *Pissag8anon* 24. annos natae, ei nomen dedit Genovefa Marsolet cu[m] Fr[ancis]co Auger.

4 Martii. Nicolao *Achepi* 45. annos nato, ei nomen dedit D[omi]nus Marsolet.

Michaeli *Mak8gan* 34. annos nato, ei nomen dedit D[omi]nus Fillion.

Solemni ritu nu[n]c [prim]um baptizavi *8nak8aro* 45. annos natu[m], ei Eustachii nomen dedit Eustachius La[m]bert.

Matchigaba8 48. circiter annos natu[m], ei Jo[annis] Bapt[ist]ae nomen dedit Jo[annes] Levasseur.

12. Sine solemni ritu ablui versus Castru[m] S[ancti] Ricardi, qui sequu[n]tur:

8ettik8ch 50. annos natu[m], ei Jo[annis] Bapt[istae] nomen destinatum est.

Ap8atchagan 65. annos natu[m], ei Simeonis nomen destinatu[m] est.

Menit8ambe8it 13. circiter annos natu[m], ei Andreae nomen destinatu[m] est.

Chab8ek8e 40. annoru[m][2], uxorem *Maïaochkich* (*Maïachk8kitch*)[3], ei Margaritae nomen destinatu[m].

8ki8r8s8n8k8e 10. circiter annos natae ex *Maï8skich* et *Chab8ek8e*[4], ei Caeciliae nomen destinatu[m].

A8ki8esahi8ek8e[5] ex iisdem pare[n]tibus 5. circiter annos natae, ei Agnetis nomen destinatu[m].

13. *Kihask* 30. circiter annos nata[m], uxorem *Misk8ak8atouch*, ei Mariae nomen destinatu[m] est.

---

1 Denis Guion (Guyon), maître armurier, fils de Jean (TRUDEL, M. ***La pop. du Canada en 1663***, p. 209).

2 **40. annorum**: addition au-dessus de la ligne.

3 Le nom **Maï8chkich** est repris partiellement au-dessus de la ligne, mais sans rature, de sorte que la forme longue du nom devient **Maïachk8kitch**.

4 **Maï8skich** et **Chab8ek8e**: ajoutés au-dessus de la ligne.

5 **A8ki8esahi8ek8e**: correction ajoutée au-dessus d'une rature.

Cha8egachich 28. annos natam, ei Margaretae nomen destinatu[m] est.

Ejus quoq[ue] filiam 14. menses natam, Magdalenae nomen ei destinatum[1].

Chag8esing, uxorem *Ilegaba8i,* 22 annos natam, ei Lud[ovi]cae nomen destinatu[m].

Ejus quoq[ue] filium 14. menses natum, Pauli nomen ei destinatum est; *8stig8anigan* no[m]i[n]e[2].

Machikorench 20. circiter annos natum, Joannis ei nomen destinatu[m] est.

8nipin8k8e 55. annos natam, ei Mariae nomen destinatu[m].

14. *8nikar8tc,* matrem *Cha8egachich,* 60. annos natam, ei Cath[ari]nae nomen destinatu[m] est.

8sa8iteg, vetulae supradictae filiu[m], 9. circiter annos natu[m], Lud[ovi]ci nomen ei destinatu[m].

Tak8atchi8an8k8e, matrem *Misk8ak8atouch*, 70. circiter annos natam, Annae nomen ei destinatu[m].

Cha8ikirik8e 40. circiter annos natam, uxorem *Earaon*, ei Monicae destinatu[m] est nomen.

Ejus quoq[ue] filiam *K8ekich* dicta[m], 6. annos natam, Agnetis nomen ei destinatum[3].

8asab8g8k8e 19 circiter annos natam, uxorem *Nigam8-r8ta8at*, ei Mariae nomen destinatu[m] est.

Ejus quoq[ue] filiu[m] 10. circiter menses natu[m], ei Thomae destinatu[m] est.

8sipi 25. annos natum, certius erit si baptizetur sub conditione, du[m] docebitur plenius sicut et ejus uxor *Nab8chich*.

Eorum filiae 10. circiter menses natae, Annae nomen destinatum.

It8t8kechit, *Chab8ek8e* filiam, 20 annos nata[m], ei Magd[alenae] nomen destinatum est.

---

1 Acte inséré après coup; écriture extrêmement fine.
2 Acte inséré après coup; écriture extrêmement fine.
3 Acte inséré après coup; écriture extrêmement fine.

[62]

Martii 15. Kebeci sine solemni quoq[ue] ritu ablui qui sequu[n]tur:

8chkatic 25. circiter annos natu[m] filium *8ettik8ch*; ei Petri nomen destinatu[m].

Che8iseg 22. circiter annos natu[m], ejus fratrem, ei Michaelis nomen destinatu[m].

8nipinouch 21 [?] annos natu[m], ei Joannis nomen destinatu[m].

Pilesi8ich, *Ap8atchagan* filiu[m], 20. circiter annos natu[m], ei Jo[annis] Francisci nomen destinatu[m].

8machask8kich 48 annos natu[m], ei Fr[ancisci] Xaverii nomen destinavit D[omi]nus Byssot[1].

Pemi8irat, hujus filiu[m], 20 circiter annos natum, Guillelmi nomen ei destinatu[m] est.

30. *8maminch* 35. annos natum, ei Eustachii nomen destinavit Eustachius Lambert.

Aprilis 16. Solemnes ritus adhibui *8matchitchi8an8k8e* 60 annos natae, Mariae nomen ei datum est a D[omi]na Byssot[2].

Solemni ritu baptizavi *8tach8aban8k8e* 40. circiter annos natam, ei dedit nomen Annae D[omi]na Bourdon[3].

8kittehan8k8e 40. circiter annos nata[m], ei nomen Magdalenae datum est a Lud[ovi]ca Byssot[4].

Netta8ikitch 40. circiter annos natam, ei Lud[ovi]cae nomen dedit Lud[ovi]ca Byssot.

18. Ibidem sine solemni ritu baptizavi qui sequu[n]tur:

Ili8ehat 45. annos natum, ei Eustachii nomen destinatu[m] est.

---

1 **François Byssot (Bissot) de la Rivière**, marié à Marie Couillard; joua un rôle important dans le commerce des fourrures et l'exploitation de la pêche à la morue et au phoque (***DBC*** I, 149-150).

2 **Domina Byssot**: Marie Couillard, cinquième enfant de Guillaume Couillard et de Guillemette Hébert (***DBC*** I, 149).

3 **Domina Bourdon**: Anne Gasgnier, veuve de Jean de Clément du Vault de Monceaux et seconde épouse de Jean Bourdon, dont la première femme était Jacqueline Potel.

4 **Louise Byssot**: fille de François Byssot et de Marie Couillard; future femme de Séraphin Margane, sieur de La Valtrie (LE JEUNE, L. ***Dict. général,*** II, p. 110).

[ ] hujus filius 20. circiter annos natum, ei Thomae nomen destinatu[m] est.

Miskinak8ch 58. circiter annos natum, ei Jacobi nomen destinatur.

Tchak8abikisitch 22. circiter annos natum, hujus et Mariae *K8egaban8k8e* filiu[m], ei nomen Eustachii destinatu[m] est.

K8essihan 19. circiter annos natu[m], hujus fratrem, ei Gabrielis nomen destinatur.

8tchak8aki 30 circiter annos natam, horum sororem, ei Mariae Magd[alenae][1], nomen destinatu[m].

Ego Jacobus Fremin[2] solemni ritu baptizavi infantem recens natam ex matre Angela *Ek8esensi8itch* , ei Mariae nomen dedit Maria *Miakate8ing8etch.*

[G. Druilletes]

3 Maii. Ego Petrus Bailloquet societatis Jesu baptisavi solemniter in ecclesia Silleriacensi puellulam recens natam ex Mattaeo *Kan8ataha* et Joanna Labarre conjugibus. Matrina fuit Magdalena Garmand, quae puellulam no[m]i[n]e suo nuncupavit.

22 Julii. Ego Petrus Bailloquet societatis Jesu baptisavi solemniter in eccles[i]a Silleriacensi puellulam recens natam ex Andrea *Misabe* et Spe *8ra8ikiig8k8e* conjugibus. Matrina fuit Francisca Bigot qu[a]e suo no[m]i[n]e Franciscam nuncupavit.

13 Julii. Ego Jacobus Fremin[3] societatis Jesu baptisavi solemniter puellulam recens natam ex Victore *Ki8enta8e* et Antonina *Misk8minitch* conjugibus, cui nomen Mariae Magdalenae impositum est. Matrina fuit Maria [ ][4], uxor Domini Lambert.

1 **Mariae**: remplace **Agn[es]**, rayé. **Magd[alenae]**: ajouté au-dessus de la ligne.

2 Écriture du P. Druilletes.

3 Écriture du P. Bailloquet..

4 Marie Laurence.

A[nno] 1663

Anno 1663 7^{bri} — Ego Petrus Bailloquet societatis Jesu exeunte septembri, caerimonias adhibui 3^{bus} seq[uen]tibus Silvestribus: jam provectae aetatis, *Sakirichens*, *8chineaban8k8e*, *8timagamik8e*; 1us Jacobus, 2^{a} Anna, 3^{a} Maria nuncupati sunt ab Rolino Desnay.

[P. Bailloquet]

Ego Henricus Nouvel societatis Jesu exeunte Septembri anni 1663, caerimonias adhibui Jacobo *Kamichikitik* triennii nato ex patre *Ka8kak8tit*[1] et matre Attikameg8, *8stig8anis*. Jacobus nuncupatur a Francisco *Apicanis*.

[H. Nouvel]

9^{bris} 20 — Ego Petrus Bailloquet societatis Jesu baptisavi[2] solemniter in eccl[esi]a Silleriacensi tres sequentes infantes, duos q[ui]dem primos natos ex matre Nicola *Nemi8ek8e* et unum ex patre *Pik8etching*[3], 8etechemin, alterum ex patre *Normamin*, natione quoque 8etechemin, 3^{ium} vero natum ex matre Martina *Nig8tesi* et patre Roberto *Nekechka8at*, natione 8abanaki. Stephanum Brentigni[4] nuncupavit 1um quinquennem Stephanu[m]; Matturinus Trud 2um et 3um Petrum et Nicolaum.

[63]

1664 2 Martii — Ego Petrus Bailloquet societatis Jesu baptisavi solemniter in sacello Silleriacensi puellulam recens natam ex Francisco *8ang8ch* et Maria *Ik8esens* conjugibus. Margarita Maurisseau suo no[m]i[n]e Margaritam nuncupavit.

Sequenti die, ego etiam baptisavi solemniter puellulam recens natam ex Ludovico *Katachkitietch* et Adriana *Isk8echich* conjugibus. Joannes Tibauge ei Joannae nomen dedit.

Eodem anno 1° Junii, ego Petrus Bailloquet societatis Jesu baptisavi solemniter infantem recens natum ex Caro-

---

1 Début du mot: lecture difficile.

2 **baptisavi:** suit la rature de **caerimonias.**

3 La rédaction est compliquée: Les deux premiers enfants sont de la même mère Nicole Nemi8ek8e, mais de deux pères différents Pik8etching et Normamin.

4 **Brentigni**: ajouté au-dessus de la ligne. Il s'agit d'Étienne Denevers dit Brentigny (TRUDEL, M. ***La pop. du Canada en 1663***, p. 188).

lo *8massina8atchi8anon* et Maria *8kihig8k8e* conjugibus. Patrinus fuit Renatus Mezere qui Renatum nuncupavit.

Eodem anno Junii X, ego Petrus Bailloquet societatis Jesu baptisavi solemniter duos infantes, primum ex Malo *Menit8abamat* et Elizabetha *8atisk8eimat*, alterum ex Petro *Mana8i8chit* et Maria *K8etachit*, conjugibus, utrumq[ue] no[m]i[n]avit suo no[m]i[n]e Carolus filius *Tek8erimat*.

Junii 14, baptisavi solemniter puellulam pridie natam ex patre cui nomen Denys, de Gaspé[1], et ex matre Theresia *Achimin8echk8ech*, Susanna *8tchah8nich* eam no[m]i[n]e suo nuncupavit Susannam.

[P. Bailloquet]

Anno D[omi]ni 1664 Aug[usti] 4, ego Henricus Nouvel societatis Jesu sacerdos baptisavi solemniter, in Silleriacensi templo[2], infantem recens natum ex Roberto *Negask8achits* et Maria *Calliope* conjugibus. D. D.[3] Dauteuïl ei Dominici nomen dedit.

Anno D[omi]ni 1664 Sept[embris] 5, ego Henricus Nouvel societatis Jesu sacerdos baptisavi solemniter in templo Silleriacensi infantem recens natum ex Stephano *Neïabamat* et Michaela *K8ekits*. Franciscus Pelletier ei Francisci nomen dedit.

[H. Nouvel]

Anno D[omi]ni 1664 Sept[embris] 10, ego Gabriel Druilletes soc[ietatis] Jesu sacerdos solemni ritu baptizavi in templo Silleriacensi S[anc]ti Michaelis infantem recens natam ex Michaele *Mak8gan* et Caecilia *Kakis8m8k8e*, ejus uxore, ei nomen Joannae dedit Joanna Pelletier, uxor Lamo[n]tagne[4].

[G. Druilletes]

Eodem anno Septembris 23, ego Petrus Bailloquet societatis Jesu baptisavi solemniter infantem eodem die natum ex Eustachio *8mamens* natione Nepissirini et Magdalena *Mitim8sench*, conjugibus; matrina[5] fuit uxor Domini S[t.] Severin[6], Jacobum nuncupavit. Obiit puer.

---

1 **de Gaspé**: inscrit en marge de gauche.

2 **In Silleriacensi templo**: inscrit dans la marge de gauche.

3 **D. D.**: abréviation de **Dominus Dominus**; pourrait se traduire par Son Excellence. Ruette d'Auteuil fut un des premiers membres du Conseil Souverain (***DBC*** I, 598).

4 Noël Jérémie dit Lamontagne.

5 **Matrina**: inscrit au-dessus de **patrinus**, rayé.

6 **uxor Domini St-Severin**: ajoutés au-dessus d'une rature. Il s'agit vraisemblablement de Séverin Ameau dit Saint-Séverin, dont l'épouse était Madeleine Baudoin (TRUDEL, M. ***La pop. du Canada en 1663***, p. 267).

Item puellam quinquennem nata[m] ex *8minak* natione 8nepissirini et ex *8nipetir8k8e* conjugibus. Matrina fuit Magdalena Seigneuret, Magdalenam nuncupavit.

Item adolescentem X annorum ex *Chenapimitens* natione 8etechemin et Carola *8na8taban8k8e* conjugibus caeremoniis initiavi. Matrina fuit filia Domini Godefroy natu minima. Georgium appellavit.

[P. Bailloquet]

Eodem anno 1. Oct[obris], Gabriel Druilletes vices agens parochi solemni ritu in ecclesia Collegii Kebecensis baptizavi infantem recens natum ex Kentino *Kahik8an* et Cath[ari]na *8isakik8e*, conjugibus.

[G. Druilletes]

Anno Domini 1664 Octobris 26, ego Petrus Bailloquet societatis Jesu baptisavi solemniter in sacello nostro Silleriacensi puellulam recens natam ex Ludovico *8inassec* et Ludovica *Mikinac*, conjugibus. Matrina fuit Margarita Morisseau quae suo no[m]i[n]e puellulam Margaritam nuncupavit.

[64]

Anno 1664 Decembris 12

Ego Petrus Bailloquet societatis Jesu baptisavi solemniter in nostro sacello Silleriacensi puellulam recens natam ex matre Catharina *Boucci* et patre *Chiba8ans8* natione 8abanaki; matrina fuit Carola *8na8taban8k8e* quae eam suo no[m]i[n]e Carolam nuncupavit.

Anno Domini 1664 Novembris 28, ego Petrus Bailloquet societatis Jesu sacerdos baptisavi solemniter in sacello nostro Silleriacensi 1° puellulam recens natam ex Simeone *8sita8e*, natione Huron, et Jacobina *Nigatchi8an8k8e* conjugibus. Matrina fuit Maria Pelletier, quae Mariae nomen puellae imposuit; 2° puellulam recens natam ex Carolo filio *Tek8erimatch* et Elisabeta *Matchik8e8ich* conjugibus. Matrina fuit Magdalena Garman, quae Magdalenae nomen puellae imposuit.

[P. Bailloquet]

Die 23 Dec[em]b[ris] 1664

Ego Ludovicus Nicolas baptizavi pueru[m] recens natum in mortis periculo versante[m]; adhibuit postea caerimonias P. Bailloquet; discessit statim post baptismu[m]. Sebastianus fuit nuncupatus. Natus est ex Dyonisio Labrière et Fra[n]cisca Bigot, conjugibus[1].

[L. Nicolas]

Anno 1665 Janu[arii]

Anno Domini 1665 Januarii 13, ego Petrus Bailloquet societatis Jesu baptisavi solemniter in sacello nostro Silleriacensi duos infantes natos ex *Amanakam* et Coletta *8chik8enich*, conjugibus, natione 8abanakik. Patrinus fuit Franciscus Poisson, qui puerum Francisci, puellam Joannae no[m]i[n]e nuncupavit.

Aprilis

Eodem anno Aprilis 20, ego Petrus Bailloquet societatis Jesu caerimonias adhibui infanti recens nato jam ante a me baptisato, nato ex *Anik8* et Maria *8tach8aban8k8e*, conjugibus. Patrinus fuit Mons[r] Dauteill, qui eum Josephum nuncupavit.

Die proxime sequenti, ego item baptisavi solemniter infantem recens natum ex Antonio *8ab8kima* et Barbara *8gapemik8e*, conjugibus. Patrinus fuit Monsr Levalon, matrina Marguarita Lemieux, qui nomen Antonii dederunt infanti.

Eodem anno Aprilis 22, ego Petrus Bailloquet baptisavi solemniter infantem 5 circiter mensium natum ex Alexandro *Cha8achkesi* et Joanna *Ka8sa8stig8ank*, conjugibus. Francisco Poisson[2] vices[3] supplens Joannis Peré Joannem nuncupavit infantem.

[P. Bailloquet]

Maius

Anno Domini 1665 Maii 11[a] die, ego Ludovicus Nicolas societatis Jesu sacerdos baptisavi solemniter in sacello nostro Silleriacensi puellulam recens natam ex Jacobo *Tjacabech* sive *Rikachirini* dicto et Jacobina, conjugibus. Patrinus fuit Franciscus Magdelene Fortuné Ruete[4], filius Domini Dauteuil, matrina fuit Marie Magdelene Morin, filia Domini Morin; puellulae nomen impositum fuit Marie Magdelene; nata est die 9[a] ejusdem mensis et anni supra &c post meridiem.

Eodem anno ejusdem mensis die 16[a], ego Lud[ovicus] Nicolas solemniter baptizavi in sacello n[ost]ro Silleriacensi infantem recens natum ex Jacobo *Nanates* et Ludovica

---

1 Cet acte a été inséré après coup entre deux actes .

2 **François Poisson**: donné des Jésuites (***JJ.*** , p. 308).

3 **vices**: écrit au-dessus de la ligne.

4 François-Madeleine-Fortuné de Ruette d'Auteuil (1657-1737), fils de Denis-Joseph et de Claire-Françoise de Clément du Vault (***DBC*** I, 598).

8ki8a8tchin8k8e, conjugibus Franc[iscus] Poisson vices supplens D[omini] Jac[obi] Lamotte infanti nomen impositum fuit[1] Joseph; natus est die 14ª. ejusdem menses et anni supra &c.

[65]

Aprilis 1666

Ego Ludovicus Nicolas s[ocietatis] J[esu] s[acerdos] puerum recens natum in mortis periculo versantem baptizavi eodem die solemni ritu caerimonias adhibui in sacello n[ostro] Silleriacensi puerulo, nomen Stephani inditu[m]; patrinus fuit Stephanus Papillon, matrina Joanna Chapeau; puer natus est ex Dyonisio Labruiere et ex Francisca Bigot, die 19ª[2] ejusdem mensis et anni, eode[m] die obiit infans.

[L. Nicolas]

Die 13 Maii 1666

Ego Julianus Garnier societatis Jesu sacerdos solemni ritu baptizavi in nostro sacello Silleriacensi puellulam recens natam ex conjugibus [ ] Nepisiriniano adhuc catechumeno et Genovefa *Pichagano*; puellulae nomen Elizabeta; patrinus fuit Ludovicus Salin.

[J. Garnier]

Die Junii 4 1666

Ego L[udovicus] Nicolas s[ocietatis] J[esu] s[acerdos] solemni ritu baptizavi in n[ost]ro sacello Silleriacensi puellulam recens natam ex conjugib[us] Joanne Duran et Catharina Sylvestri[3] Hurona. Patrinus fuit Stephanus Le Teiller et matrina Marie Meseret, Marie Catharinae nomen puellulae impositu[m] fuit.

[L. Nicolas]

Die 18 Junii 1666

Ego Julianus Garnier societatis Jesu sacerdos baptizavi ritu solemni in n[ost]ro sacello Silleriacensi puerum recens natum ex Francisco *Atonriches* Hurone et Jacobina [ ] Algonquina, conjugibus. Patrinus Joannes Peltier, pueri nomen Joannes Baptista.

---

1 À cause du nominatif (Franc[iscus] Poisson **supplens**), on attendrait la forme active **imposuit,** au lieu du passif **impositum fuit.**

2 Après **die 19ª**, le rédacteur a laissé un espace rempli par trois traits, mais il ne semble pas y avoir de mots passés (**Aprilis** étant indiqué en marge).

3 **Catherine Annennontak**, mariée à Jean Durand à Notre-Dame de Québec le 26 septembre 1662; revient quatre autres fois dans le ***Registre de Sillery:*** p. [146] de l'original (Catharina Sylvestri); p. [153] (C. Annennonta); p. [165] (C. Annonta, femme de Jacques Cousturier); p. [160] (C. la Huronne, femme de Jean Cousturier).

Die 21	Ego Julianus Garnier societatis Jesu sacerdos baptizavi in n[ost]ro sacello Silleriacensi puellulam recens natam ex [ ] *Sesegan* et [ ], conjugibus. Patrinus fuit Ludovicus Salin, puellae nomen est Theresia. [J. Garnier]
Die 29 Jun[ii] 1666 B Eliz Ursule Pinel	Ego Thierricus Bechfer[1] s[ocietatis] J[esu] s[acerdos] in nostro Silleriacensi sacello puellulam recens natam ex conjugibus Aegidio[2] Pinel et Anna Ledepte. Patrinus fuit Franciscus Magdalene Fortuné Ruete[3], matrina Elizabeth Denevers puellulae nomen Elisabeth Ursulae impositu[m] fuit.
Eode[m] die et anno B Magd Martin	Ego Thierricus Bechfer solemni ritu baptizavi in n[ostro] Silleriacensi sacello puellula[m] recens nata[m] ex conjugibus Pietro Martin et Joachina Lafleur. Patrinus fuit Joannes Pelletier et matrina Magdalena Mezeret; puellulae nomen Magdalenae impositu[m] fuit.

[66]

Die I. Jul[ii] 1666 B M[ie] Anne Hamel	Ego L[udovicus] Nicolas soc[ietatis] J[esu] s[acerdos] caerimonias baptis[mi][4] adhibui solemni ritu in n[ostro] Silleriacensi sa{c}ello puellulae recens natae ex conjugibus Joanne Hamel et[5] Marie Auvray. Patrinus fuit Nicolas Gaudry, matrina Marie Duval (patrini p[rop]rie no[n] sunt q[uia] puellula fuit baptizata domi ab Helena Desportes[6] obstetrice, in mortis periculo versab[a]tur), puellulae nomen Mariae Annae[7] impositum fuit. [L. Nicolas]
Die 16 Julii 1666 aïskimecsi	Julianus Garnier soc[ietatis] Jesu sac[erdos] baptizavit ritu solemni in n[ost]ro Silleriacensi sacello duos infantes mares et gemellos fratres[8] fere unius anni et puellulam 6 fere mensium, o[mn]es ex gente Guaspensi vulgo Aïskimecsi; illi nati sunt ex Ludovico *Metat* et Dionysia [ ], conjugibus; haec ex Alexandro *Nabricat* et Margarita *Tagochin8t* item conjugibus. O[mn]ium patrinus fuit

1 Cet acte et le suivant sont de l'écriture du P. Louis Nicolas.
2 **conjugibus Aegidio**: en surcharge.
3 François-Madeleine-Fortuné de Ruette d'Auteuil, fils de Denis-Joseph.
4 **Baptis[mi]:** ajouté après coup au-dessus de la ligne.
5 Après **et**, le rédacteur a rayé le mot **matre**, faisant pléonasme avec **conjugibus**.
6 Hélène Desportes, sage-femme, épouse de Guillaume Hébert (fils de Louis Hébert) (***DBC*** I, 272).
7 Entre **Maria** et **Annae**, rature de **et**.
8 **et gemellos fratres**: addition au-dessus de la ligne.

Ludovicus Salin, puerorum nomina Louys, François Xavier et Marie.

[J. Garnier]

Die 29 Sept[embris] 1666

Pater Bruyas[1] baptizavit solemni ritu Silleriaci Hiroqueam adultam die S[ancti] Michaelis[2] 1666. Maria Theresia fuit nuncupata.

Eode[m] die et anno, aliam baptizavit ja[m] adultam Pater Marquette ibidem, Michaela Carlota fuit nuncupata.

Die Oct[obris] 24 1666

Pater Garnier[3] puellulum jam d{uo}bus mensib[us] natu[m] baptizavit Silleriaci; Josephus fuit nuncupatus filius *Irinantak* et filiae Domini Boyer, Ludovicus Salin fuit patrinus.

Die 2 Nov[em]b[ris] 1666

Ego Ludovicus Nicolas s[ocietatis] J[esu] s[acerdos] solemni ritu baptizavi in n[ostro] Sill[eriacensi] sacello puellulam recens nata[m] ex conjug[ibus] *Carcomichich* et Barbara. Joannae nomen inditum fuit puellulae a Domina Joanna Aiot matrina.

[L. Nicolas]

Anno Dom[ini] 1667 21. Feb[ruarii]

21 Februarii ego Henricus Nouvel[4] societatis Jesu baptisavi solemniter Kebeci puellulam ex Barnaba *Tess8ehat* et Catharina [ ] conjugibus susceptam, cui nomen Annae dedere Joannes Madrit et Anna Gaultier.

16 Januarii

Infantem natum ex Luc *8aïe* et Anna ejus uxore, cui nomen Jacobi dedere Jacobus Mainville et Anna de La Mare.

1667 Martii[5] 31.

Ego Petrus Bailloquet societatis Jesu baptisavi solemniter infantem recens natum ex Ludovico *8inassek* et Ludovica *Mikinac*, conjugibus. Patrinus fuit Ludovicus Salin, Ludovici nomen dedit.

9 Aprilis

Baptizavi solemniter infantem recens natum ex Ludovico *Apikanich* et Theresia *8kissis8k8e*, conjugibus. Patrinus fuit Dominus D'Auteuille, qui Josephi no[m]i[n]e infantem nuncupavit.

---

1 Écriture du P. Louis Nicolas.

2 La Saint-Michel se célébrait le 29 septembre et servait de repère pour l'échéance des engagements, l'acquittement des dettes, etc.

3 Écriture du P. Louis Nicolas.

4 Écriture du P. Pierre Bailloquet.

5 **Martii:** correction de **Aprilis**, raturé.

12 Aprilis — Infantem recens natum ex Matturino *Ik8eakik* et Benedicta conjugibus. Patrinus Ludovicus Salin Bernardum nuncupavit.

[67]

28 ejusdem mensis Aprilis et anni 1667, ego Petrus Bailloquet societatis Jesu baptisavi solemniter puellulam recens natam ex Carolo et Elizabet[h]a *Matchik8e8ich*, conjugibus; matrina Ludovica Pelletier Ludovicam nuncupavit.

Anno Domini 1667 Maii 22, ego Petrus Bailloquet societatis Jesu sac[er]dos baptisavi solemniter puellulam recens natam ex *8isamermint* et Lucia *8etechimik8e*, conjugibus. Patrinus fuit Joannes Denys, Mariam nuncupavit.

Anno Domini 1667 Junii[1] X°, ego Andreas Richard[2] societatis Jesu baptisavi solemniter in ecclesia Silleriacensi i[n]fantem recens natum ex Michaele *Mak8gan* et Caecilia *8echa8egamig8k8e*, conjugibus. Patrinus fuit Monsieur d'Auteuille, qui Josephum nuncupavit.

[P. Bailloquet]

Anno D[omi]ni 1667, ego Gabriel Druilletes societatis Jesu sacerdos vices agens parochi solemni ritu baptizavi die 16 Oct[obris] duos infantes recens natos, alteru[m] ex Roberto *Hache* et Maria *Calliopa Nista8is*, conjugibus, ei Abrahami nomen dedit D[omi]nus Abraham Maximy (hujus locu[m] eum tenuit Stephanus *Nehabamat).* Fra[n]cisca Bigot matrina fuit[3]. Alterum autem natum ex Th8ma *Sesikisit* defuncto et Apollonia *8e8echiat*, conjugibus, ei Dyonisii nomen dederu[n]t Guillelmus Guyet et eadem Fra[n]cisca Bigot, uxor Labryere[4].

Eodem anno 1667 Oct[obris] 23, ego Gabriel Druilletes, societatis Jesu sacerdos vices agens parochi in ec[c]l[es]ia Silleriacensi solemni ritu baptizavi infantem 6° Septembris natum in sylvis ex patre Kentino *Kahik8a[n]* et Cath[ari]na *8isakik8e*, conjugibus, ei Josephi nomen dedit D[omi]nus de Ruette d'Auteuil cum Genovefa Pelletier.

[G. Druilletes]

---

1 **Junii** suit la rature de **Maii**.

2 Le P. Bailloquet, rédacteur de cet acte, a rayé son nom pour le remplacer par celui du P. André Richard.

3 **Francisca Bigot matrina**: ajouté après coup dans l'interligne.

4 Denys Labrière.

Anno 1667 die 30 Oct[obris], ego Andreas Richard soc[ieta]tis Jesu sacerdos baptizavi solemniter in ecclesia Silleriacensi infantem natum mense Junio ex patre *Nejoguet* dicto *Capitaine Arche*, et Magdelena *Nejoguedechk*, conjugibus. Patrinus fuit D[ominus] Josephus de Ruette d'Auteuil qui Joseph nu[n]cupavit.

Eodem die et anno, idem qui supra baptizavi eodem ritu solemni puellulam anno superiore natam ex patre *Agon* et Francisca *Tab8chk8an*, conjugibus quam idem qui supra patrinus Mariam nuncupavit.

Eodem die et anno, idem qui supra baptizavi similiter puellulam tribus annis natam ex Francisco *Iasipsidem* et Maria, conjugibus, quam idem qui supra patrinus Annam nuncupavit.

[A. Richard]

1667
17 Nov[embris]
Obiit
27

Ego Gabriel Druilletes soc[ietatis] Jesu sacerdos vices agens parochi Neophytoru[m] in ec[c]l[es]ia S[ancti] Michaelis Silleriaci sine solemni ritu baptizavi adultum in proximo mortis periculo no[m]i[n]e *Nigam8rr8ta8at* 35. circiter annoru[m], ei Dyonisii nomen destinatum fuit.

1668

Ego Gabr[iel] Druilletes societatis Jesu sacerdos vices agens parochi in templo Silleriacensi sine solemni ritu 6ª Janu[arii] baptizavi adultum 20. circiter annos natu[m] natione Abnaquiensem in periculo versantem no[m]i[n]e patrio [ ], ei nomen Fr[ancisci] Xaverii destinatu[m] fuit.

1668
24 Febr[uarii]

Ego Gabr[iel] Druilletes soc[ietatis] Jesu sacerdos solemni ritu baptizavi ibidem[1] infantem pridie nata[m] ex conjugibus Carolo Nicolao *Nen8s8nat* et Maria, conjugibus[2]. Joannae nomen ei dederat Guill[elmus] Guyet et Maria Pelletier uxor Joannis Denys[3].

---

1 **ibidem**: addition au-dessus de la ligne.

2 **conjugibus**: répétition ajoutée au-dessus de la ligne par distraction.

3 **Denys** remplace **Dionysii,** que le rédacteur avait d'abord écrit. S'agit-il bien de Jean **DENIS** ou de Denis **JEAN** ? Le 3 septembre 1664, p. [145] de l'original, Marie Pelletier est épouse de Denis JEAN; (mariage le 30 août 1655, TANGUAY, C. ***Dict. généalogique,*** I, 470).

1 Apr[ilis] Ego Gabriel Druilletes soc[ietatis] Jesu sacerdos vices agens parochi solemnes ritus adhibui ibidem infanti 25. dies nato ex patre Renato *Miaresitetch* et ex Jacobina *R8tinaban8k8e*, conjugibus in periculo mortis; sacris undis fuerat ablutus a Patre Juliano Garnier societatis Jesu; nomen Ignatii ei dedit Ignatius filius Dyonisii Joannis et [ ][1].

15 Apr[ilis] Ego Gabriel Druilletes eodem et anno mense societatis Jesu sacerdos vices parochi hujus ec[c]lesiae Silleriacensis solemni ritu baptizavi infantem 30. circiter dies natam ex Josepho *8nentakhite* et Benedicta, conjugibus ex natione Atouchatarronensium, cui Mariae Magdalenae nomen impositu[m] est. Matrina fuit uxor D[omi]ni[2] Eustachii La[m]bert.

22 Apr[ilis] Ego Gabriel Druilletes societatis Jesu sacerdos ibidem[3] solemni ritu baptizavi infantem duobus circiter abhinc mensibus in sylvis natam ex Roberto *Negheska8ant8* Abanaquensi et ex Martina *Nik8techit*, conjugibus, ei Magdalenae nomen dedit uxor D[omi]ni Eustachii Lambert Maria De Laurencay.

[68]

Maii 11 Ego Gabriel Druilletes societatis Jesu sacerdos vices agens parochi in templo S[anc]ti Michaelis circa neophytos solemnes ritus adhibui[4] infanti nato ex Jacobo *Tchakabech* et ex Lud[ovi]ca *A8erichens* conjugibus, que[m] P. Henricus Nouvel sacris undis abluerat uno circiter abhinc mense Tadousaci[5], ei nomen Lud[ovi]ci Caroli dedit D[omi]nus Mignarde[6] per Joannem Fortuneau, ejus vices gerentem, cum D[omi]na Maria de Laurencay, uxore D[omi]ni Lambert.

15. Ego Gabriel Druilletes societatis Jesu sacerdos vices agens parochi in templo S[anc]ti Michaelis Silleriacensis circa neophytos solemni ritu baptizavi infantem recens na-

---

1 Le nom inscrit après **et** a été rayé mais non corrigé.

2 Marie Laurence.

3 **Ibidem** ajouté au-dessus de la ligne.

4 **adhibui:** surcharge de **baptizavi**.

5 En 1667-1668, le P. Henri Nouvel hiverna dans les environs de Tadoussac avec des Amérindiens de Tadoussac, de Sillery, de Gaspé et des Papinachois (***Rel.*** de 1668, 22).

6 **Mignardé** ou **Mignardet** (prénom inconnu), officier du régiment de Carignan-Salières (Trudel, M. *Communication du 7 août 1986)*.

tam ex Joanne *Nipi* Aeskimensi et ex Magdalena *Gan8-nanik8ech*, conjugibus, ei Cath[ari]nae nomen dederu[n]t D[omi]nus Petrus Nolan et Cath[ari]na Oüart[1], hujus nomine astitit Suzanna *Ekintas8tch*.

Junii 10.

Ego Andreas Ricardus[2] societatis Jesu sacerdos in eadem ec[c]l[es]ia Silleriacensi solemni ritu baptizavi puellam 6. circiter menses natam ex Carolo [ ] natione Aeskimensi et ex Margareta *Kok8aetigahas8* conjugibus, ei Magdalenae nomen dederunt Guill[elmus] De Nevers et Theresia *8ki8ehab8g8k8e*, nomine Magdalenae De Chavigny, uxoris Caroli Amyot[3].

Septembr[is] 8°

Ego Gabriel Druilletes societatis Jesu sacerdos vices agens parochi circa neophytos in ec[c]l[es]ia Silleriacensi S[anc]ti Michaelis solemni ritu baptizavi puellas duas ex patre Abnaquensi *P8kamighino* a suis dicto et ex matre conjuge[4] Joanna *Misamig8k8e*; alteri 6. circiter annos natae nomen Mariae[5] dedit Petrus[6] Masse Junior cu[m] Fra[n]cisca Bigot, alteri vero q[uatuo]r circiter menses natae nomen Fr[ancis]cae dedit idem Petrus Masse cum Fr[ancis]ca Bruyere.

Eodem anno 1668, 27°. Octobris ego Gabriel Druilletes societatis Jesu sacerdos vices agens parochi neophytoru[m] in ec[c]l[es]ia S[anc]ti Michaelis Silleriacensis baptizavi solemni ritu infantem 10. circiter menses natam ex patre Abnaquensi *Amik8irini* a suis dicto et ex matre Angela conjugibus, cui impositu[m] est Franciscae nomen; patrini fueru[n]t Michael Desorsich et Fr[ancis]ca Hibou ex paroechia Silleriacensi.

[G. Druilletes]

Novembris 28. 1668

Ego Carolus Albanel societatis Jesu sacerdos vices agens parochi neophitorum in ecclesia S[anc]ti Michaelis Silleriacensis baptisavi solemni ritu infantem unius diei ex patre Jacobo *Nanatech* et ex matre Ludovica *8ki8g8tchin8k8e* conjugibus, D[omi]nus Dionisius Josephus d'Auteu[i]l et Maria Pelletier ei nomen Mariae dederunt.

---

1 Pierre Nolan et Catherine Houart sont mari et femme (TRUDEL, M. ***La pop. du Canada en 1663***, p. 238).
2 Écriture du P. Druilletes.
3 On attendrait Geneviève de Chavigny mariée à Charles Amiot le 2 mai 1660 (***DBC*** I, 59-60).
4 **conjuge**: ajouté au-dessus de la ligne.
5 **Mariae**: addition.
6 **Petrus**: correction de **Pierre**.

Anno D[omi]ni 1669	Ego Carolus Albanel societatis Jesu sacerdos vices agens parochi[1]. [C. Albanel]
Anno D[omi]ni 1671	Ego Henricus Nouvel societatis Jesu sacerdos vices agens parochi in ecclesia Silleriacensi baptizavi solemni ritu puellam tres annos circiter natam ex patre Jacobo *8epapichit*, Ouetesimio, et ex matre Magdalena *Chi8i-cheïask8* conjugibus. D[omi]nus Dionisius Joseph Dauteuil et Domina Maria de Gaigné Bourdon ei nomen Mariae Annae dederunt, 1 Maii 1671.
26 Julii 1671	P. Carolus Albanel[2] baptizavit solemni ritu *Negaska8at* infantem unius diei ex patre Jacobo [ ] et matre Maria *Apitik8e8ech* conjugibus. Patrinus fuit Jo[annes] Baptista *8sti8anich*, nominavitq[ue] Jo[annem] Bap[tis]tam. [H. Nouvel]

[69]

1670	Die 14 Maii, ego Lud[ovicus] Nicolas solemni ritu[3] baptizavi puerulu[m] 4 men[sium] natu[m] ex patre *Na8atin8et* 8abanaki et ex matre *Missamag8k8e* Nehiroik8e; Josephu[m] nominavit Dominus Dauteuil.
	Eodem die et anno, ego idem solemni ritu[4] bap[tizavi] puellula[m] 3 men[sium] nata[m] ex patre *Abisk8rini* mortuo 8abanaki et matre *Ki8assin8k8e* Nehiroik8e; Mariannam nominavit Domina Bourdon.
1670	Die 6 Junii, ego Lud[ovicus] Nicolas baptizavi puellula[m] unius diei natam Marguaretae nomen impositu[m] est, ex patre Mathurino Gregoire et ex Fra[n]cisca Loyseau conjugibus, patrinus fuit Dionysius Labruière, matrina Marguareta Garman. Paulo post baptismu[m] mortua est puella.

1 Acte incomplet.

2 Écriture du P. Henri Nouvel.

3 Les mots **solemni ritu baptisavi** sont inscrits verticalement dans la marge de gauche et valent pour les deux baptêmes du 14 mai 1670.

4 Les mots **solemni ritu baptisavi** sont inscrits verticalement dans la marge de gauche et valent pour les deux baptêmes du 14 mai 1670.

1670

Pater Chaumonot[1] baptizavit, die 9. Junii 1670, Josephu[m] Romainum unius diei natu[m] ex patre Petro Mauffais et Maria du Val, conjugibus, patrinus fuit Romanus du Val, matrina Maria Bonhomme.

[L. Nicolas]

1670
B
Genev
Migneron

Die 26ª Junii, ego Ludovicus De Beaulieu, baptisavi puellulam quatuor dierum natam Genovefae nomen impositum ex est patre Joanne Migneron et matre Maria Pavie conjugibus. Patrinus fuit Symon Rocheron, matrina Maria Genovefa Manouely[2].

[L. De Beaulieu]

1670
B
Jeanne
Clautrau

Die 3ª Junii, ego Josephus Maria Chaumonnot baptizavi puellulam unius diei Joannae nomen impositum est ex patre Vincentio Clautrau et matre Joanna Cotquin conjugibus[3]. Patrinus fuit Jacobus Girard, matrina Joanna Yvonne[4].

[J.-M. Chaumonnot]

[Die ... ego Ludovicus][5] Nicolas bapti[zavi] puellula[m] unius diei natam [... ex] Michaele Homme[6][...].

[L. Nicolas]

[70]

Octob[ris]
13.[7]
[1672]

Ego Carolus Albanel baptizavi solemniter infra scriptos: Josephum *Kobetch* puerum 6. mensium ex patre Petro *Pehiron*, ex matre Antonia *Pigar8igesk8*, conjugibus[8], cui nomen dedit Josephus Jean.

---

1 Écriture du P. Louis Nicolas.

2 Marie-Geneviève Manouelly de Réville (aussi Manonvilly, Mononvilley, de Rainville, de Reinville), noble, épouse de Jean Pelletier, simple habitant; plusieurs apparitions au ***Registre de Sillery*** comme marraine (TRUDEL, M. *Communication du 7 août 1986* et ***Catalogue des immigrants,*** p. 462).

3 Vincent Clautreau ou Crotteau marié à Jeanne Cotquin ou Godequin (TANGUAY, C. ***Dict. généalogique***, I, 150).

4 **Joanna**: addition au-dessus de **Maria**, raturé.

5 Cet acte est incomplet, la seconde moitié de la page manque. Elle devait contenir quatre ou cinq actes.

6 Baptême de Marie-Barbe, fille de Michel Homme ou L'Homme et de Marie-Barbe Valade, baptisée le 3 juillet 1670 (TANGUAY, C. ***Dict. généalogique*** I, 393; TRUDEL, M. ***La pop. du Canada en 1663,*** p. 228).

7 L'année **1672**: le P. Charles Albanel a quitté Québec le 6 août 1671 et ne sera de retour de la baie d'Hudson qu'à la fin de l'été 1672 (***DBC*** I, 49-50).

8 **conjugibus**: addition au-dessus de la ligne.

Item eodem die Mariam *8bestik8ch* puellam 6 mensium ex iisdem parentibus. Matrina fuit Maria Peletier.

Item eodem die Franciscam *Malonguetch* puellam 18 mensium ex patre Alexandro *Tabenamiguet*, ex matre Marguarita *Te8nin8tch* conjugibus, cui nomen dedit Maria Peletier.

Item eodem die Genovefam *8timigatch* puellam 4° puella dierum[1] ex patre Jacob[o] *Tchakabech*, ex matre Joanna *Elegna* conjugibus, matrina fuit Maria Peletier.

[C. Albanel]

29 Junii 1673 — Ego Jacobus Vaultier societatis Jesu sacerdos baptisavi Josephum *Mat8etagaham* virum adultum in periculo mortis positum, nullis adhibitis caerimoniis.

11. Novemb[ris] 1673 — Ego Jacobus Vaultier soc[ietatis] J[esu] sacerdos baptisavi solemniter in ecclesia S[anc]ti Michaelis Silleriacensis infantem 9 circiter mensium natam ex patre Francisco *Meg8e8atek* Abnaquensi et matre Elisabetha *8tchah8n* Algonquina, nomen Franciscae dederunt Jacobus Daultray[2] et Francisca Deslongchamps.

15 Decemb[ris] 1673. — Ego Jac[obus] Vaultier soc[ietatis] J[esu] sac[er]dos baptisavi solemniter in ecclesia S[anc]ti Michaelis Silleriacensis infantem unius diei natam ex patre [ ][3].

[J. Vaultier]

---

1 La construction exigerait l'"adjectif cardinal 4^{or} (quatuor).

2 Jacques Bourdon d'Autray, fils de Jean Bourdon et de Jacqueline Potel, titulaire de la seigneurie d'Autray ou de Lanoraie (***DBC*** I, 117).

3 La dernière moitié de la page [70] (verso de la page [69] de l'original) manque. En plus de cet acte incomplet, il s'y trouvait le début des actes du P. François de Crespieul, qui vont jusqu'à la page [73] de l'original. Comme les actes du P. de Crespieul se trouvent également dans le ***Second registre de Tadoussac***, fol. 4R et 4V (Édition de LAROUCHE, L., p. 5-10), il est facile de restituer ici les sept actes qui manquent.

1672

[TADOUSSAK]

17 maii 1672 1 Ego Franciscus de Crepieul Societatis Jesu Sacerdos solemni ritu baptizavi Mariam Michaelem natam4 menses filiam J. B. *8chti8anis* et Susannae *Kiask.* 8irig8ban*, patrinus fuit Monsr de St-Denys; 8ireu, matrina Michelle *K8ekis.*

ISLETS DE L'ASCENSION

[71]

5 Jun[ii] ex Papinach.	Margaritam ex Andrea *Kakkirassit* et Maria *Kat8tgeu*. Patri[ini]: Isaac Jonkas de Bergeras et Christina *Cheches8*.
	Martinum *Echineska8at* 1. an. ex Mauritio *Manit8* et Magdal[ena] *K8ekis*. Patr[ini]: Martin *Echineska8at* et Mich[aël] *Tetibeianok8e*.
	Mariam Magdalenam 6 mens. ex Jos[epho] *Kosoes* et Francisca *Ki8etinok8e*. Pat[rini]: Georgius Pelletier et Marg[arita] *Kechistim*.
9 Jul[ii] ex 8ik8atge8ets	Josephum 2 an. ex Marg[arita] *Achistim*. Patr[ini]: Georgius Pelletier et Maria *Kichis8*.
10 ejusd[em] ex Mystasiny	Mariam Joannam 2 ann. ex Petro *Teabita8at* et Margarita *8pemi8einok8e*. Pat[rini]: Petrus du Fresne et Maria Magdal[ena] *Pita8abinok8e*.
10 ejusd[em]	Mariam Magdal[enam] *Kakimistek* 1 ann. ex *8kak8*. Pat[rini]: Petr[us] du Fresne et Mar[ia] Magd[alena] *Pita8abinok8e*.

	2	Ego Franciscus de Crepieul pastoris vices agens ecclesiae Taducensis, et Papinachensis eos solemni ritu baptizavi infrascriptos circa fluvium Ka Menisti8isek.
2 juin	3	Mariam Elisabetham 6 dierum, patre *Ka Kinapiset* matre Maria Michaele *8anibinokeu*. 8rig8ban, patrino Martino *Echineeska8at*, et 8ireu Francisca *Abik8s8*.
3 ejusd.	4	Margaritam 3 mens. natam, patre Fr. Xaverio *Eiask8abamat* et Christina *Enikas8mat* matre. Patrinus fuit Martin *Echineeska8at* et Margarita *Achistim*.
4 ejusd.	5	Franc. Xaverium 4 mens., patre Nicolao *Manö8eiat* papinachenseset matre Margarita *Ne8aninok8e*. Patrinus fuit François LaRue et Christina *Ennekas8mat*.
Item	6	Mariam natam 1 anno et 3 mens., patre Ludivico *Nigam8s8*, 8kimau [chef], et matre Maria *8a8asam*. Patrinus fuit Antoine Foretier et matrina, Maria *Tanisk8a*, 8abanak8eu [abénaquise].
Item	7	Noëllem 2 ann. natum, patre *Pem8irat* et matre Maria *Ne8isinamat*. Patrinus fuit Noël de Mirande.

* *"Du verbe **ni 8irau**, je nomme quelqu'un. **8rig8ban**: elle fut nommée par...(parrain); **8irau**: elle la nomma... (marraine)."* (LAROUCHE, L. ***Second registre de Tadoussac***, Presses de l'Université du Québec, 1972, p. 5, note 1).

EX LACU S[ANCTI] JO[ANN]IS PEOK8AGAMI

21 Julii ex K8ak8it - k8echi8at	Jo[ann]em Bapt[istam] *Kacherini8*, 10 ann. Ceciliam *Achichi8eu*, 60 ann. Patrini D[ominus] de Lespiné[1] et Maria *Calliope*. Ludovicum 1 mens. ex. Jo[ann]e *Ita8isegabi* et Ludovica *Massatik8eu*. Annam *8ta8atkas*, 12 ann. Mariam *Isk8eu*, 11 ann. ex Franc[isco] *Ki8emisk* et Cathar[ina] *Ki8emisk8ta8an*[2] Mariam Magdal[enam] *Eïarimask8t*, 9 ann. Ceciliam *8pima8ek8eu*, 2 ann. Patr[ini]: D[ominus] de Baubisson[3] et M. *Calliope*.
22 Julii ex Papinach.	Ludovicum 10 mens. ex Carolo *Ta8atakamig8* et Cecilia *Matchiragan*. Patr[ini]: D[ominus] de Lespiné et *Calliope*.
27 ejusd[em] sine ceremoniis ex K8ak8chi8ets	Ludovicum *Kichem8k8tagan*. Mariam Theresiam *Chin8takan* uxor[em]. Jacobum *8nkanchis* filius. Elisabetha[m] *8sagatik8anok8eu*. Paulum *8akichikinig8*. Franciscum *Ki8emisk*. Petrum *Chab8nteka8at*. Franciscam *Chichip*. Catharinam *8abistanich*. Annam *8pik8tachis*. Guillielmum *Aan88s*. Mariam *8etatik8anik8eu*. Carolum *Stenan*. Paulum *Sagabichet*. Nomen dedit D[ominus] Couillart de Lespiné.
29 ejusd[em] solemni ritu	Annam *Kakichek88n* et Paulum *8akichikinig8*[4]

---

1 Louis Couillard de Lespinay (1629-1678) exploita la pêche à la morue et la chasse au phoque dans le golfe Saint-Laurent. Son bateau faisait la navette entre la Côte Nord et Québec (***DBC*** I, 244-245).

2. La disposition du texte original permet de déduire que François Ki8misk et Catherine Ki8emisk8ta8an sont les parents à la fois de Marie Isk8eu et de Marie Madeleine Eïarimask8t et peut-être même de Cécile 8pima8ek8eu.

3 Louis-Marin Boucher dit Boisbuisson.

4 Paul 8akichikinig8 a été baptisé sans cérémonie deux jours plus tôt, le 27 juillet. À propos de ces baptêmes administrés sans cérémonie, le ***Second registre de Tadoussac***, (fol. 4V, Édition de LAROUCHE, L. , p. 7), ajoute: *"Omnes adulti sunt et instructi a R. P. Albanel qui eos misit ad baptiz."*

CHEG8TIMY solemni ritu baptizavi:

2 Augusti — Joannam 2 mens. ex Aegidio[1] *8tasteki8ano* et Christina *Rarabanok8eu*. Pat[rini]: D[ominus] de Lespiné et Cecilia *Echinag8sit*.

4 Aug[usti] — Dominicum *8kestich*, 20 ann. Abanaquy. Patr[ini]: D[ominus] de Lespiné et Cathar[ina] *Arabi*.

ISLETS DE JEREMIE 1672 solemni ritu

9 Octob[ris] — Margaritam 10 mens. ex Nicolao *Pit8as8* et Maria *Ki8etin8at*. Patr[ini]: Carolus Duquet et Margar[ita] *Achistim*.

[72]

CHEG8TIMI

17 Octob[ris] ex Taduss. — Jo[ann]em Franciscum 1 mens. ex Petro Courpon vel *8erabistichit* et Barbara *Mina8itchi8an8k8eu*. Patr[ini]: D[ominus] Jac[obus] Dautré et Elisab[etha] *Sakimeu*.

19 ex Sillery — Jacobum 4 mens. ex Carolo *Tek8erimat* vel *Nita8abistinagan* et Elisabetha *8rak8akamigok8eu*. Pat[rini]: Jac[obus] Dautré et Barbara *Ta8ik8eu*.

22 ex 8etechemins — Mariam Magdalenam 10 ann. ex *Nichaba8iat* et Maria Magd[alena] *Ke8achek8eu*. Patr[inus]: Elias Susau de la Fleur.

22 ex Gaspée — Ludovicum 10 mens. ex Carolo *Ki8ita8in8* et Maria Magdal[ena] *Pira8bikok8eu*.

1673

28 Janu[arii] — Ego Franciscum de Crepieul soc[ieta]tis Jesu sacerdos pastoris Taduss. et Papinach. eccl[es]iae vices agens solemni ritu baptizavi:

ex Sillery — Jo[ann]em Franciscum *Anik8icha8irini8* 3 dieb. ex Augustino *Manitöiat* et Magdal[ena] *Tegochik*. Patr[ini]: Simon *Karomisit* et *8ra8ikamik8eu*.

---

1 **Aegidio** ajouté au-dessus d'une rature.

26 Febr[uarii] — ex fluvio 8ak8ani 1673 absque ceraemoniis.

Ignatium 3 mens. ex Roberto *Aesquimeu* et Joanna *Tak8atik8ek8eu.*

22 Febr[uarii] in lacu cir. ex Etech. — Dominicum 2 mens. ex Lud[ovico] *Kematchigaba8it* et Barbara *8machiek8eu.*

2 mars — *Piresi8it* filius baptizatus fuit ab Ign[atio] *8kestes.*

A QUINNOGAMING

ex Taduss. — Carolum 2 mens. ex Matthaeo *Quebatenas* et Elisab[etha] *Sakimeu.*

ex Papin. — Franciscum Xaverium ex Pet[ro] *Achistim* et Mar[ia] *Tchachak8chis.*

Solemni ritu bapt[izavi][1]
JUXTA FLUVIUM PIRISTIBIK [= RIVIÈRE AUX RATS]

13 Junii ex Papinach. — Mariam 3 ann.[2] ex Fr[ancisco] *Missiminaik* et Maria *8ennik8eu.*

Carolum 16 mens. ex iisd[em][3]. Patr[ini]: Carolus Cadieu de Courville et Agnes *Nigabananok8eu.*

Antonium 1 mens. ex Petro *Nataskamik* et Magdal[ena] *Isk8echis.* Patr[inus]: Ant[onius] Forestier.

14 Junii — Ludovicum 1 ann. ex *Pemi8irat* et Maria *Mem8ratitik8eu.* Patr[ini]: Elias Susau de la Fleur et Maria *8ap8s8.*

Jo[ann]em Franciscum 6 mens. ex Franc[isco] *Mir8tgim* et Elisab[etha] *Kigan.* Patr[inus]: Marin de Baubisson.

ex 8ik8atge8ets 15 Jun[ii] — Margaritam 6 mens. ex Lud[ovico] *Nigam8s8* et M. *8kinikiskis.* Patr[inus]: Ant[onius] Forestier.

17 Jun[ii] — Catharinam 9 mens. ex Jo[ann]e *Namestek* et Cathar[ina] *Nara8isk8eu.* Pat[rini]: Ant[onius] Forestier et *8tanisk8-anibinok8eu.*

---

1 **bapt[izavi]:** ajouté au-dessus de **Cheg8timy**, rayé.
2 **3 ann.**: ajouté au-dessus d'une rature.
3 **ex iisd[em]**: ajouté au-dessus de la ligne.

20 ejusd[em] ex 8kestig8ets — Joannam *8ap8s8*, 53 ann.
Franciscum *8e8iatam*, 50.
Jacobum *8akasine8*, 40.
Franc[iscum] Xaverium *Nanairini8*, 12 ann. Patr[ini]: D[ominus] de Courville et Maria *Kikahabanok8eu*.

21 ejusd[em] ex Papinach. — Nicolaum 1 diei ex Michaele *T8st8p* et Cathar[ina] *8tanik8ek8eu*. Patr[ini] D[ominus] de la Fleur et Susanna *Ka8patak8eu*.

[73]

CHEG8TIMY 1673 sol[emni] ritu

22 Octob[ris] — Carolum ex Matth[aeo] *Quebatenas* et *Sakimeu*.

2 Nov[embris] — Tussanum 2 dieb. ex Gisleno *8tatchaki8ano*. Patr[ini]: Carolus Cadieu et *K8ekis*.

QUEBECI 4 Octob[ris] 1673 sol[emni] ritu

ex Etech. — Franciscum 2 ann. ex Simone *Echa8eg8* et Joanna *8pimasi8ek8eu*. Patr[ini]: D[ominus] Fr[anciscus] Jorret et Cath[arina] Huart.

A KASTITE8NANICH sol[emni] ritu

14 Decemb[ris] ex 8tabitibe8ets — Mariam Joannam ex *8nipin8s* et [ ]. Patr[ini]: Jacobus Prevost vel *K8ask8tit* et Maria *8sab8ek8eu*.

[Fr. de Crepieul]

1674

14 Dec[embris] 1674 B Chs Bernard — Ego Joan[nes] Bapt[ista] Boucher soc[ietatis] Jesu sacerdos solemni ritu baptizavi[1] in eccl[esi]a S[ancti] Michaelis Silleriacensis Carolum infantem ex patre Joanne Bernard, Germano[2], et Maria Bur; nomen dederunt Carolum Carolus Arcqueville et Maria Duval.

---

1 Après **baptizavi**, rature du mot **Carolum**.

2 **Germano**: inscrit au-dessus de **Gallo**, qui a été annulé. En fait, Jean Bernard était originaire de la paroisse de Sainte-Croix de Thionville, diocèse de Trèves, en Allemagne (***Registre de Notre-Dame de Québec***, 27 décembre 1666).

26 Dec[embris] 1674 B Pierre Alain

Ego Joan[nes] Bapt[ista] Boucher soc[ietatis] Jesu sacerdos solemni ritu baptizavi in eccl[esi]a S[ancti] Michaelis Sylleriacensis Petrum infantem ex patre Simone Alain et matre Joanna Maufait. Nomen dederunt Petrus Maufait et Magdalena Adriana Leclerc.

[J. B. Boucher]

5 Maii 1675

Ego Jacob[us] Vaultier soc[ietatis] Jesu sac[er]dos vices agens parochi neophytorum in ecclesia S[anc]ti Michaelis Silleriacensis baptisavi solemni ritu infantem 14 dierum natum ex patre Jacobo *Nanatech* et matre Ludovica *8ki8g8tchin8k8e* conjugibus, Algonquinis. Dionysium nominarunt Dionysius Jean et D[omi]na Maria Gaigné.

[J. Vaultier]

B Frse Eliz Renault 17 Januarii 1675

Ego Joan[nes] Baptista Boucher soc[ietatis] Jesu sacerdos solemni ritu baptizavi in ecclesia S[ancti] Michaelis Sylleriac[ensis] Franciscam Elisabetham infantem aliquot dierum filiam Petri Renaut et Franciscae Desportes conjugum Gallorum[1]. Nomen dederunt D[ominus] Franc[iscus] Ruette Montceaux et D[omina] Elisabetha Damour.

[Ego Joannes Baptista Boucher] soc[ietatis] Jesu sacerdos solemni [ ][2].

[J. Boucher]

[74]

SYLVESTRES

27 Maii 1675

Ego Jac[obus] Vaultier soc[ietatis] Jesu sac[er]dos fungens vices parochi neophytorum Algonquinorum baptisavi solemni ritu in ecclesia S[anc]ti Michaelis Silleriacensis infantem 4 circiter mensium natam ex Joanne *Chematasam8ketch* et Maria Magdalena *Gan8nanik8ech* conjugibus. Michaelae Annae nomen dederunt Michael Bastard et D[omi]na Maria Gaigné.

---

1 **conjugum Gallorum**: ajouté au-dessus de la ligne.

2 Cet acte incomplet est de l'écriture du P. Jean-Baptiste Boucher. Le dernier tiers de la page manque: il devait s'y trouver trois ou quatre actes.

30 Jun[ii] — Quebeci in[1] primario templo baptisatus est a D[omi]no De Bernières[2], parocho et vicario generali D[omi]ni Episcopi adolescens Nipicirininus 20 fere annorum natus, nomine gentili *Irini8ich* dictus, ex patre Nipicirinino *8tisk8agami* dicto et matre ad Nipicirinina[3] *Nimi8ek8e* dicta. Nomen ei[4] Ludovici dederunt Illustrissimus D[omi]nus Ludovicus de Buade, comes de Palüau et Frontenac[5] toti Canadensi regioni praefectus et D[omi]na Margarita Denis.

26 Sept[embris] — Ego Jacob[us] Vaultier soc[ietatis] J[esu] baptisavi solemni ritu in ecclesia S[anc]ti Michaelis Silleriacensis infantem unius diei natam ex matre Maria *Abisk8e8ich* Algonquina. Magdalenam Genofvefam nominarunt D[omi]nus Franciscus Magdalenus Ruette de Monceaux[6] et D[omina] Anna Gagné.

B
26 Sept[embris]
Jos.
Berthéaume — Ego Jacob[us] Vaultier soc[ietatis] J[esu] baptisavi solemni ritu in ecclesia S[anc]ti Michaelis Silleriacensis infantem [ ] natum ex patre Jacobo Bertheome et matre Catharina Bonhomme. Josephu[m] nominarunt Petrus Maufaix et Catharina Bonhomme.

4 Oct[obris] — Ego Jac[obus] Vaultier soc[ietatis] J[esu] baptisavi solemni ritu in ecclesia S[anc]ti Mich[aelis] Silleriac[ensis] infantem duodecim circiter dierum natum ex patre Francisco *Meg8e8at8k*, Abnaquensi et matre Elisabetha *8tchah8n*, Algonquina, conjugibus[7]. Joan[nem] Franciscu[m] nom[i]narunt Franciscus Du Sault et Maria Denis Jean.

29 Oct[obris]
Joanna
Aegidia
Mitig8k8e — In maiori templo Quebecensi baptisata solemni ritu[8] ab Ilustrissimo Episcopo Quebecensi puella 12 circiter[9] annorum nata ex patre *Tabisimintch*, 8etechemïo et matre Martina dicta Algonquina. Joannam Aegidiam nomina[runt] D[omi]nus [ ][10].

[J. Vaultier]

---

1 Après **in**, le rédacteur avait d'abord écrit **ecclesia**, qu'il a rayé pour le remplacer par **primario templo**.

2 Henri de Bernières (1635-1700) arrivé au Canada en 1659 avec Mgr de Laval, dont il fut un important collaborateur: vicaire général, curé de Québec et premier supérieur du Séminaire de Québec (***DBC*** I, 94-95).

3 **ad Nipicirinina**: ajouté au-dessus de la ligne.

4 Après **ei**, rature des mots **dederunt Illstrissimus**,anticipés.

5 Louis de Buade, comte de Frontenac et de Palllüau, gouverneur du Canada de 1672 à 1682 et de 1689 à 1698 (***DBC*** I, 137-146).

6 **de Monceaux:** ajouté au-dessus de la ligne.

7 **conjugibus**: addition au-dessus de la ligne.

8 **Solemni ritu**: addition.

9 **circiter**: addition.

10 Cet acte incomplet est de l'écriture du P. Jacques Vaultier. Le dernier tiers de la page manque: il pourrait s'agir d'environ trois ou quatre actes.

75]

SYLVESTRES

Joannes
filius Lud.
Kant8i
4 Decemb[ris]

Ego Jacob[us] Vaultier soc[ietatis] J[esu] sac[er]dos vices agens parochi neophytoru[m] S[anc]ti Michaelis Silleriacensis baptisavi solemni ritu in ecclesia ejusdem S[anc]ti Michaelis infantem unius circiter anni cum dimidio natum ex patre Ludovico *Kant8i* et matre Margarita *Memetchi* conjugibus, Gaspesianis. Joannem nominavit Joannes *Chematasamiketch*.

[J. Vaultier]

1674

Mystasinyts

Ego[1] Franciscus de Crespieul pastoris parochi[2] vices agens solemni ritu baptizavi ad Lacum vel flumen M8-chau 8raganich[3]:

2 Apr[ilis]

Jacobum ex *Teabita8im* et *Pima8inok8e8* natum 13 mens.
Joannam 3 mens. ex *Neïape8inat*.
Mariam 3 ann. ex *K8ek8ki8ano* et *8natakomok8eu*.
Carolum 10 mens. ex iisd[em].
Petrum 3 ann. ex *Eata8erimat* et *Ki8abek8eu*.
Joannem Baptistam 14 mens. ex *Met8e8ab8t* et *Ki8abek8eu*.
Patrinus fuit Jacobus Prevost et *K8ekis*.

Carolum 2 ann. ex *Ka8istaska8at* et *Ta8asa8ek8eu*.
Patr[inus]: Carolus *Pip8napeu*.

Jo[ann]em Franciscum 1 mens. ex Francisco *8nkanchis* et Elisabetha *8sagatik8anok8eu*.
Genovefam 10 mens. ex *Kakemistit* et Maria *8kak8*.
Patr[inus]: Jacq[ues] Prevost.

4 Aprilis

Margaritam 10 mens. ex *Kinochesis* et [ ].
Mariam Joannam 2 ann. ex *Piresi8* et Agnete.
Jacobum, 1 ann. ex *Ka8inask8pet* et *Pechabanok8eu*.
Henricum, 11 mens. ex *Tchakabes* et *Mechitachit*.
Claudium, 4 ann. ex *Eiata8erimat* et *Ka8mikipis8*.
Jo[ann]em Baptistam, 2 ann. ex *Tchakabes* et *Isk8echis*.

---

1 Tous les actes du P. François de Crespieul qui suivent (p.[75]-[81] de l'original) se retrouvent également dans le ***Second registre de Tadoussac,*** (fol 5V-8V, édition LAROUCHE, L. , p. 11-20).

2 **parochi**: correction au-dessus de **pastoris**, rayé.

3 Sur le site de **M8chau 8raganich**, voir SIMARD, Jean-Paul. **M8chau 8raganich et la traite de Tadoussac,** dans **Saguenayensia**, vol. 19, no 4, septembre-octobre 1977, p. 104-110; aussi dans ***Recherches Amérindiennes au Québec***, vol. 6, no 2, été 1976, p. 3-16.

5 Apr[ilis] ex K8AK8CHI88ETS

Jacobum, 4 mens. ex *Sahi8heu* et *8mikisabanok8eu.*
Petrum, 2 ann. ex *8tachi8itino* et *Attisaoïan.*
Jacobum, 4 ann. ex *Keiakepi* et *Nitatan.*
Josephum, 10 mens. ex *Kinochesis* et Maria.
Jacobum, 2 ann. ex *Keiakepi.*
Jo[ann]em Baptistam, 5 ann. ex iisd[em].
Margaritam, 1 ann. ex *8tisk8ekamig8* et *Isk8et8k.*
Henricum, 5 ann. ex iisd[em].

Genovefam, 7 ann. Jacobum, 1 an. Annam, 2 ann.	ex *Nagah8ta8hat* et *K8ik8echis.*
Petrum, 3 ann. Stephanum, 9 mens. Mariam, 8 ann.	ex *Ka8chit* et *Nimi8ek8eu.*
Jacobum, 4 ann. Joannam, 2 ann. Joannem Baptistam, 8 ann.	ex *Che8igaba8is* et *Aper8kigikas8.*

[76]

Margaritam 3 ann. ex *Nikik* et *8ske8ikem8k8eu.*

6 Apr[ilis] 1674

6 Apr[ilis] 8papinachi88ets

Catharinam, 2 ann. Joannam, 8 ann.	ex *Apichichit* et *8matchik8etimau.*

Magdalenam, 14 mens. ex *Ka8iribestichet* et *Mechitachi8.*

Jo[ann]em Baptistam, 10 mens. ex *K8etaki8* et *8kisk8eu.*

8 Aprilis Adultos

8 Aprilis

Joachimum *Arek8an*, 50 ann. Annam *Maniki8mina*, 52 ann.	8tabitibe88ets.

Puellas ex K8AK8CHI88ETS

Mariam *8iechichibabanok8eu*, 20 ann Catharinam *Kicheisk8eu*, 19.	ex KA MISTASIHANET.

Claram *Isk8echis*, 21 ann. ex *8kebinosit*.
Mariam *Ma8irinira* vel *Ma8irin* ex *Eri8atiribamanit*.

Juvenes

Henricum *8echichig8na8it*, 18 ann.
Thomam *Atch8ganit* ex *Pirisimabamit*.
Albertum *8abise* ex *Aber8chens*.

9 Apr[ilis]
Adultos

9 Apr[ilis] Antonium *Keterini8*.
Mariam *Meg8skabanok8eu*.
Jo[ann]em *Chech8setisk8at*.
Annam *8ta8asabanok8eu*, 70 ann.

10 Aprilis
ex K8AK8CHI88ETS

10 Apr[ilis] Ludovicum *Ka Mystasihanet* et ducem.
Helenam *Tesserau*.
Henricum *8tisk8akamig8*, filium Ludovici et [ ].
Barbaram *Isk8et8k*.
Josephum *8sseban*, 65 ann. et
Annam *8tchabanoch*, quae paulo post obiit [✝]
Jacobum *Achis8*.
Ceciliam, 12 ann. ex *Pemitabekisit*.
Catharinam ex *Ka8istaska8at*.

11 Aprilis
Adultos

11 Apr[ilis] Mariam *Nita8inok8k8eu*.
Annam *8tisk8eu*.
Magdalenam *Kichik8k8eu*.
Catharinam *Chab8ek8eu*.

Pueros ex MYSTASINYTS

Jo[ann]em ex *Pekineheu* et *Pechisk8eu*.
Mariam, 1 ann. ex *Sesiba8rat* et *Namisk8ta8au*.

[77]

Petrum et
Jacobum, 2 ann. ex *8iechibabamat* et *Nas8sp8eu*.
Ignatium, 1 ann. ex *8agatat* et *Atitehik*.

Catharinam ex Carolo *Stenan* et *Mahikan*.
Jo[ann]em Baptistam ex *K8techis* et *Kakichehetau*.

12 Aprilis 1674

12 Apr[ilis] Adultos ex K8ASK8CHI88ETS

Nicolaum *8samiska8at*.
Thomam *Nagah8tahat*.
Magdalenam *K8ik8echi8*.
Michaelem *Kim8tasa*.
Franciscum *Nikik*.
Mariam *K8ekasim8k8at*.

13 Apr[ilis] 13 Apr[ilis]
Adultos

Alexium *Ka8set*.
Mariam *8animi8ek8eu*.
Magdalenam *Askichirau*.
Dominicum *8tach8etino*.
Catharinam *Attisaöian*.
Annam *Aber8chens*.
Agnetem *8raki8anok8eu*.
Franciscum *Keiakepi*.

14 Apr[ilis] 14 Apr[ilis]
Adultos MYSTASSINY
EX LACU SUPERIORE

Ludovicum *Sesiba8rat* et ducem.
Mariam *8staganik8eu*.
Nicolaum *8agatat*.
Magdalenam *8titahich*.

16 Apr[ilis] 16 Aprilis
Adultos

Josephum *Apitich*.
Annam *Arikisk8eu*.
Catharinam *Apichisk8eu*.
Mariam *Nas8ik8eu*.
Jo[ann]em Baptistam *K8techis*.

17 Apr[ilis]

17 Apr[ilis]
Adul[tos]

Jo[ann]em Baptistam *Naka8ekigit* filium Josephi *Kapimasa8et*.

19 Apr[ilis]

19 Apr[ilis]
Adul[tos]

Agnetem *Ki8abanok8eu* ex Papinach.
Ceciliam *Isk8echis* ex Mystas.

21 Apr[ilis]

21 Apr[ilis]

Carolum, 2 dierum ex Josepho *8ra8as* et Maria *8nicha8abanok8eu*. Patr[inus] Carolus Cadieu.

23 Apr[ilis]

23 Apr[ilis]

Mariam, 12 ann. ex Francisco *Keiakepi*.
Patrinus fuit Carolus Cadieu vel Courville filius D[omini] de Courville.

[78]

1 Maii 1674

Adul[tos] ex ALGONK SUPER.

Philippum *Ka Nagapichit* ducem, filium *Kapimasa8et* baptizatum a R. P. Albanel.
Jacobum *Kachabeu*.
Annam *8sakihi*, 60 ann. quae paulo post obiit [†].

12 Maii in ECHITAGAMAT

12 Maii
ad Lacum
Echitagamatch

Carolum *Ki8e8ea8abano*, 2 mens. ex Francisco *Pirechi8it*.
Patr[inus]: Carolus Cadieu.

27 Maii CHEG8TIMY

27 Maii
Cheg8timy

Joannam, 5 mens. ex *Ganna8itat*.
Margaritam, 4 mens. ex *Makate8chit* et *8pemehisok8eu*.
Patr[inus]: Jacobus Prevost.

Carolam, 1 ann. ex Francisco *Missabeu* et *Met8amatesk8*.
Patr[inus]: D[ominus] Carolus Couillart Desislets[1].

3 Junii

3 Junii

Filium 2 dier[um] Caroli *Tek8erimat* qui postea solemni ritu fuit baptizatus Quebeci a D[omino] de Berniers, patrino D[omino] Ludovico comite de Frontenak gubernatore et matr[ina] D[la] Margarita Denys. Ludovicus est appellatus[2].

24 Junii TADUSSACI

24 Junii
Tadoussak

Joanem, 3 mens. ex Andrea *Hoyer*, papinach. Patr[inus] Jacob[u]s Prevost.

Jo[ann]em Baptistam, 1 ann. ex Xaverio *Eli8as8abamat*. Patr[inus]: D[ominus] Cadieu de Courville.

6 Julii, ex KA PICHINADA8ASTI

6 Julii

Mariam Joannam, 4 dier[um] ex Ignatio *8kestis*. Patr[inus]: Jacobus Prevost.

21 Octobr[is] CHEG8TIMY

21 Octob[ris]
Cheg8timy

Ignatium, 2 mens. ex Ludovico *Ka Matchigaba8it* et Barbara *8pimasa8ek8eu*. Patr[inus]: D[ominus] Juchereaux de St Denys[3] et *K8ik8s8*.

Petrum Dominicum ex iisd[em]. Patr[inus]: de La Vallée.

---

1 Charles Couillard Desislets, né en 1647, fils de Guillaume Couillard et de Guillemette Hébert (TRUDEL, M. ***La pop. du Canada en 1663***, p.184).

2 Selon le ***Second registre de Tadoussac,*** éd. de L. Larouche, p. 17, où le même acte se trouve, mais plus complet, ce baptême solennel a eu lieu à Québec, le 16 juin mais il ne figure pas au ***Registre de Notre-Dame de Québec,*** selon le ***PRDH***.

3 Nicolas Juchereau de Saint-Denis (1627-1692) joua un rôle important dans le commerce des fourrures et l'exploitation de la pêche à Tadoussac (***DBC*** I, 413-414).

18 Octob[ris]

18 Oct[obris] | Elisabetham 15 dieb[us] ex *Paulchis* et Anna *8mab8-k8k8eu*. Patr[inus]: Carolus *Tek8erimat* et Marg[arita] *Sakita8aganach*.

Carolo solemnes caeremonias adhibui, parentib[u]s Matthaeo *Quebatenas* et Eisabetha *Sakimeu*. Patr[inus]: *Tek8erimat* et *K8ik8s8*.

25 Octob[ris]

25 Octob[ris] | Joannam, 3 dier[um] ex Algonk, vulgo *Grand Jacq[ues]* et Maria. Patr[ini]: Nicolaus Peltier et *K8ik8s8*.

9 Nov[embris] au Lacq St Jean | Ad LACUM S[ANC]TI JO[ANN]IS PEOK8AGAMI solemni ritu baptizavi:

[79]

9 Novemb[ris] ad LACUM S[ANC]TI JOANNIS

9 Nov[embris] Peok8agamy | Jacobum 2 mens. ex Roberto *Negaska8at* et Martina *Ag8techens*. Patr[ini]: Jacob[u]s Prevost et Magdalena *Tegochik*, uxor Nicolai Peltier.

Mariam Joannam, 3 mens. ex Jo[ann]e *Ita8esekepi* et Catharina *8masitok8eu*. Patr[ini]: Jacq[ue]s Prevost et M [ ] *8pima8ek8eu*.

1675

1675 Peok8agamy | Ad LACUM S[ANC]TI JO[ANN]IS PEOK8AGAMING solemni ritu baptizavi pastoris vices agens:

28 Aprilis

28 Apr[ilis] | Catharinam, 3 dieb[us], ex Philippo *Ka Naganapichit* et M. *N8t8kes*. Patr[ini]: Jacq[ue]s Prevost et *P8rim8k8eu*.

Jacquelina, 1 mens. ex Francisco *Attikamek* et Francisca. Patr[ini]: Jacobus Prevost et Maria *8anibinok8eu*.

18 Maii

18 Maii — Barnabam, 2 mens. ex Gabriele *8inask* et *8mikipisk8t*. Patr[inus]: Barnabas *8inask*, pater Gabrielis.

25 Maii

25 Maii — Carolum *Koes* adultum, Abanaki. Patr[inus]: Carolus *Tek8erimat*.

30 Maii in Navi

30 Maii Vers la Grande Anse — Ludovicum, 6 mens. ex Ludovico *Kestabistichit* et Catharina Christina *K8ekis*. Patr[ini]: Ludovicus Charbonnier dictus La Fleur et Ludovica *8etechimisk8eu*.

2 Junii

2 Junii — Ludovicum, 5 mens. ex Jo[ann]e Baptista *8chti8anis* et Susanna *Kias*. Patr[inus]: La Fleur.

PAPINACHENSES

À LA RIVIÈRE DE L'ASSOMPTION VEL AUX RATS

8 Junii

8 Junii *Ka Pirebistichit* — Mariam, 3 mens. ex *Eiatah8rat* et [ ].
Ludovicum, 2 ann. ex Guillielmo *Net8ameu* et Maria *N8t8kes*.
Patr[ini] Ludovicus Marinus de Baubisson et Maria *Kat8keu*.

Ludovicum, 4 mens. ex Xaverio *Erich8abamat* et Maria *Mauk8sk8eu*.
Brigittam, 2 ann. ex Carolo Francisco *Eri8as8* et Joanna *8ap8s8*. Patr[inus]: Ludovicus La Fleur.

9 Junii

9 Junii — Barnabam, 1 ann. ex Andrea *Anik8tche* et Catharina *8anibinik8e*.

Ludovicam, 1 mens. ex Francisco *Missiminaik* et Maria *Miki8akitcheu*. Patr[ini]: D[ominus] Carolus Cadieu de Courville et Maria *Kat8keu*.

[80] 9 Junii

9 Junii

Mariam Magdalenam, 2 ann. ex Ludovico *Nigam8ch8* et Maria *8k8antitchis*.
Elisabetham, 2 ann. ex Jacobo *Machinapeu* et Margarita *Ma8is8*.
Patr[inus]: Elias Dusau[1] dictus La Fleur.

13 Junii

13 Junii

Mariam Magdalenam, 3 mens. ex Jo[ann]e *Namestek* et Catharina *Nara8isk8eu*. Patr[ini]: Nicolaus Le Fevre et Maria *Kat8keu*.

Ex 8MAMI88ETS

Jo[ann]em Franciscum, 10 ann. *Missiminake*. Patr[inus]: Jo[ann]es Fardelle.

Guillielmum, 8 ann. *8kiskag* ex *K8etatchichis* et *Kipaisk8eu*. Patr[inus]: Guillielmus Fardelle.

Mariam Joannam, 1 mens. ex [ ] et *Arakonek*. Patr[ini]: Petrus Sauteur et Maria *Kat8keu*.

22 Junii TADUSSAKI

22 Junii
Tadoussak

Elisabetham, 1 ann. ex Jo[ann]e *Nest8abano* et Francisca *Kat8keu*. Patr[inus]: D[ominus]. de Baubisson.

Carolum, 8 mens. ex Carolo *Lesquimau* et [ ]. Patr[ini]: D[ominus] Carolus Desislé et Maria *K8ekis*.

---

1 La lecture *"Dusau"* est certaine; cependant il faut corriger par *"Susau"* qui revient deux fois à la page [72] de l'original: *"Elias Susau de la Fleur"* les 22 octobre 1672 et 14 juin 1673. De plus, le ***Second registre de Tadoussac***, qui comporte ces mêmes actes du P. de Crespieul, donne trois fois *"Elias Susau"* (LAROUCHE, p. 8 (orig. f. 4v), p. 9 (orig. f. 5r), et p. 19 (orig. 8r).

3 Julii CHEG8TIMY

3 Julii Cheg8timy — Mariam, 6 mens. ex Roberto *Lesquimau* et [ ]. Patrinus fuit Nicolaus Gaus.

Claram, 1 ann. ex Nicolao *Maniöiat* et [ ]. Patr[inus]: Paul Augustin Juchereau dictus La Ferté[1].

Mariam Theresiam, 15 mens. ex Mauritio *Manit8* et Maria *K8ekis*. Patr[inus]: Franciscus Noël.

2 Julii ad LACUM S[ANC]TI JO[ANN]IS PEOK8AGAMY

2 Julii Peok8agamy — Barbaram, 21 dier[um] ex Henrico *Pietik8eskak* et Ludovica *8tissabimi8ek8eu*. Patr[ini]: Simon *Karomisy* et Dionysia *Aesquimau*.

Dionysiam, 2 mens. ex *Mask8r8mini* et Coleta, ex Abanakits. Patr[ini]: Jacobus Prevost et Dionysia[2].

18 Julii, ad FLUMINUM NEK8BAU

18 Julii Nek8bau — Ludovicum, 1 ann. ex Henrico *8sak8an* et Agnete.

21 ad FLUVIUM KAKISEGAN

21 Julii KaKisegan — Barbaram ex Ludovico *Pichisti8atan* et Maria *Tatchak8sis*. Patr[inus]: Simon *Karomisy*.

22 Julii

22 ejusd[em] — Mariam Magdalenam *Ka8mikipisk8eu*, 25 ann. Patrinus fuit Jacobus Prevost et Theresia *8ekita8ek8eu*.

30 Jul[ii], ad FLUVIUM AMISK8SAGUÉ

30 Jul[ii] Amisk8sagué — Ignatium, 6 mens. ex Henrico *8sak8an* et Barbara *Isk8et8k*. Patr[ini]: Jacob[u]s Prevost et Helena *Tesserau*.

---

1 Paul-Augustin Juchereau de La Ferté, fils de Jean et de Marie-Françoise Giffard (TANGUAY, C. ***Dict. généalogique***, I, 328).

2 Denise Aesquimau: voir acte précédent.

[81]

31 Julii Manit8nag8ch[1]	31 Julii, ad LACUM S[ANC]TI JOANNIS PEOK8AGAMING Ignatium *Kiskambeuirini8*, 8abanaki. Patr[inus]: Jacobus Prevost.
	18 Aug[usti] PEOK8AGAMY
18 Aug[usti]	Jacobum, 3 dieb[us] ex Francisco *Ki8emisk* et [ ]. Patr[ini]: Jacobus Prevost et Theresia *8abinok8e*.
	25 Decemb[ris] ad S[ANC]TAM ANNAM
25 Decemb[ris] à Ste Anne	Mariam Theresiam, 7 ann. ex *Keneuet* vel *Kenibeu* et Margarita *Me8adsk8*, 8etchemins. Patr[ini]: Jean Piquart et Margareta Suret.
	Mariam Magdalenam adultam, filiam *A8atich*. Patr[ini]: Pierre Gagnon et Marie Magdeleine Gagnon.
	26 Decemb[ris]
26 Decemb[ris]	Stephanum, 6 ann. *Ekinabamit* ex *Keneuet*, supr[a] [dicto]. Patr[ini]: Silvanus Vion et Margareta Guerdin.
	29 Decemb[ris]
29 Decemb[ris]	Josephum 10 ann. ex iisd[em]. Patr[inus]: Georgius Peltier. [F. de Crespieul]
1676 30 mars, une fille de Louys *Kant8i*, gaspésien	Ego Jacob[us] Vaultier soc[ietatis] Jesu[2] vices agens parochi neophytorum Silvestrium baptisavi solemni ritu in ecclesia S[anc]ti Michaelis apud Silleriacum infantem 2 circiter mensium natam ex patre Ludovico *Kant8i* et matre Margarita *Memetchi*, conjugibus, Gaspesianis. Mariam Annam no[min]arunt Franciscus Dusault et Anna Masse.
Theresia filia ex *Pik8akik* 13 Apr[ilis] 1676	Ego Jacob[us] Vaultier soc[ietatis] J[esu] sac[er]dos vices agens parochi neophytorum Silvestrium, baptisavi solemni ritu in ecclesia S[anc]ti Michael[is] apud Silleriacum infantem 2 dierum natam ex patre Mathurino *Pik8akik* et Rosa *8etechimik8e* conjugibus. Theresiam nominavit Maria Pelletier.

---

1 **Manit8nag8ch**: Ile aux Couleuvres en face de l'anse de Roberval (LAROUCHE, L. ***Le Second Registre de Tadoussac***, Presses de l'Université du Québec, 1972, p. 144, note 8).

2 **soc[ietatis]Jesu**: ajouté au-dessus de la ligne.

Franciscus filius *Kepitaka8at* 13 Maii 1676

Ego Jac[obus] Vaultier baptisavi solemni ritu in ecclesia S[anc]ti Mich[aelis] infantem 4 circiter mensium natum ex Josepho *Kepitaka8at* et Maria Magdalena [ ], conjugibus. Franciscum nominavit Franciscus Du Sault.

Sebastianus et Maria nati ex *Mata8a8ich* 12 Jul[ii] 1676

Ego Jac[obus] Vaultier baptisavi solemni ritu in eccles[ia] S[anc]ti Mich[aelis] duos infantes, unum 2 circiter annorum natum[1], alteram quinque annorum natam ex Nicolao *Mata8a8ich*, 8etechemin[2], et Catharina Senensi; Sebastianum alterum, alteram Mariam nominarunt Sebastianus Gingreau et Maria Pelletier.

Josephus 26 Jul[ii]

Ego Jac[obus] Vaultier solemni ritu baptisavi infante[m] 5 circiter annoru[m] natum ex patre [ ] *G8spancet* et matre[3] *Apitg8amisk8e*, conjugibus. Josephum nominavit Josephus Jean.

[82]

31 Jul[ii] Ignatius

Ego Jac[obus] Vaultier s[ocietatis] J[esu] sac[er]d[o]s baptisavi solemni ritu in ecclesia S[anc]ti Mich[aelis] infantem 2. circiter annorum natum ex patre[4] *8achehambamit*, Abnaquensi[5], et matre *8ripenemich*, Abnaquensi, conjugibus infidelibus. Ignatium nominavit Nicolaus Vaslin.

14 Aug[usti] Maria Algonq.

Ego Jac[obus] Vaultier s[ocietatis] J[esu] sac[er]d[o]s vices agens parochi neophytoru[m] Algonquinorum baptisavi solemni ritu in eccles[ia] S[anc]ti Michaelis apud Silleriacu[m] infantem 15 dierum natam ex Barnaba *Tess8ehat* et Catharina [ ], conjugibus. Mariam nominavit Francisca Pelletier dicti Durbois[6] uxor.

16 Aug[usti] Mar. Magd Abn.

Item Mariam Magdalenam 10 circiter dies[7] natam ex patre *Kisik8anne8* et matre *Teghig8nama8a*, conjugibus infidelibus Abnaq[uensibus] baptisavi solemni ritu Mariam Magdalenam nominarunt Josephus Jean et Mar[ia] Magdal[ena] Mauffaix.

---

1 **natum:** addition au-dessus de la ligne.
2 **8etchemin**: addition.
3 **matre**: addition.
4 **patre**: ajouté au-dessus de la ligne.
5 **abnaquensi** : addition au-dessus de la ligne.
6 Sébastien Liénard (Léonard) dit Durbois.
7 **circiter dies**: ajouté au-dessus de la ligne.

21 Aug[usti] Michael Abn.	Ego Jac[obus] Vaultier s[ocietatis] J[esu] sac[er]d[o]s baptisavi solemni ritu in eccl[esia] S[anc]ti Mich[aelis] infantem natum 20 circiter dierum ex patre *Nipin8het* et matre *Aahamesk8e*, conjugibus infidel[ibus] Abnaq[ensibus]. Michaelem nominavit Vitalis Caron.
24 Aug[usti] Ludovica	Ego Jac[obus] Vaultier solemni ite[m] ritu baptisavi infante[m] 3 dierum natam ex patre Joan[ne] *Honnac8atexa*, Iroquaeo, et matre[1] Maria *Ta8ehann8k8e*, Algonquina, conjugibus. Ludovicam nominavit Ludovica Morel.
28 Aug[usti] *Mata8a8ich* 3 filiae Barbara Mar. *Calliope* et Mar. Magd.	Ego Jacob[us] Vaultier s[ocietatis] J[esu] sac[er]d[o]s solemni ritu baptisavi in ecclesia S[anc]ti Mich[aelis] 3. sorores adultas nempe: *Hepitetch* 17. ann. natam quae Barbara vocata fuit a Barbara *8tachahamake*; *N8ksk8e8itetch* 11. ann. natam, quae Maria *Calliope* vocata fuit a Maria *Calliope Maskig8k8e*. Denique *Cha8an8sk8e* 9. ann. natam quae Maria Mag[dalena] voc[ata] fuit a Mar[ia] Magdalena *8ki8etchi8an8k8e*. Idem trium[2] pater est Nicolaus *Mata8a8ich*, 8etechemiensis[3], mater Catharina Senensis *N8ncha8ich*, conjuges.
16 Sept[embris] Mariam Francisca Theresia Mar. Magd.	Ego Jac[obus] Vaultier soc[ietatis] [Jesu] sac[er]d[o]s baptisavi solemniter 3 puellas in ecclesia S[anc]ti Michaelis 1^{am} 15 circiter annorum; 2^{am} 10 circiter annorum natam; utramq[ue] ex eodem patre *Ambiga8e* et [ ]; 3^{am} 18 circiter annoru[m] natam ex patre[4] Abnaquensi mortuo *Sanseghihi8e* et matre [ ] Abnaquensi cathecumena; 4^{am} 25 circiter annorum natam ex patre *8dapeme8issan* Abnaquensi mortuo et matre *Ak8sk8e*. 1^{am} Mariam; 2^{am} Theresiam; 3^{am} Franciscam; 4^{am} Mariam Magdalenam nominavit Maria Pelletier.

[83]

5. Oct[obris] Anna Francisca Maria Susanna	Ego Jac[obus] Vaultier s[ocietatis] J[esu] sac[er]d[o]s baptisavi solemni ritu 4 adultos nempe vetulam Abnaquensem *8iroensk8e* dictam; suscepta fuit a D[omi]na Gagné et no[min]ata Anna Francisca; alteram puellam 20 circiter annorum *Pannich* dictam; suscepta fuit a D[omi]na Maria Susanna de Pere et no[min]ata Maria Susanna; 3^{am} puellam ite[m] 15 circiter annorum natam *K8eribisk8e8in*

1 **matre**: ajouté au-dessus de la ligne.
2 **trium**: ajouté au-dessus de **omnium**, raturé.
3 **8etechemiensis**: inscrit dans la marge de gauche.
4 **patre**: correction inscrite au-dessus de **matre**, rayé.

Joanna
Francisca

dictam; appellata[1] fuit Joanna a D[omi]na Joanna De Lettre[2], filia D[omi]ni Le Vallon[3]; 4[am] puella[m] ite[m] 18. circiter ann[orum] natam *8ambahisk8e* dicta[m]; suscepta fuit a Francisca Hubou et no[min]ata Francisca.

28. Oct[obris]
Anna

Ego Jac[obus] Vaultier solemni ritu baptisavi vetulam Abnaquensem dictam *Mahisk8e*. Annam nominavit Anna Masse.

3 Nov[embris]
Genovefa

Ego Jac[obus] Vaultier solemni ritu baptisavi vetulam Abnaquensem nomine *8tchimesk8e*. Genovefam no[min]avit Anna Masse.

Maria

Item puellam 20 circiter annorum nomine *Kech8sk8e*. Mariam nominavit eadem Anna Masse.

4 Nov[embris]
Thomas

Ego Jac[obus] Vaultier solemni ritu baptisavi adolescente[m] 20 circiter annorum Abnaq[uensem] *Sanghibanet8k* dictu[m]. Thomam no[min]avit Thomas Lefebvre.

Jacobus

Ite[m] pueru[m] 10 circiter annorum Abnaq[uensem] no[min]e [..........]. Jacobu[m] no[min]avit ide[m] Thomas Lefebvre.

8 Nov[embris]
Carolus
Ita8ennit

Ego Jac[obus] Vaultier solemni ritu baptisavi virum aetate provectu[m] Abnaq[uensem] dictum *Ita8ennit*. Carolus nominavit Sebasti[anus] Gingreau.

[J. Vaultier]

31 Octobris
1676
Maria
Joanna

Ego Anton[ius] Dalmas solemni ritu baptisavi infantem 3 dierum Abnaquiensem dictam [ ][4]. Mariam Joannam nominavit Joseph Besnard Bourgioly. Pater infantis *Abiganich* dicitur, mater *8ebsk8e*.

[A. Dalmas]

10 Nov[embris]

Mathaeus
Joannes
Baptista

Ego Jac[obus] Vaultier s[ocietatis] J[esu] s[a]c[er]d[o]s solemni ritu baptisavi duos adolescentes: alterum 18. circiter annos natu[m], alterum 15; Mathaeum alterum, alterum Jo[annem] Baptista[m] no[min]avit Mathaeus Deslonchamps. Frater utriusq[ue] est *Maskarominit* catechumenus Abnaquensis. Mater *Akitaan8sk8e* appellatur.

[J. Vaultier]

---

1 **appellata Joanna**: ajouté au-dessus de **suscepta**, raturé.

2 Jeanne Delestre, baptisée le 28 décembre 1657, fille de Thierry Delestre dit Le Vallon et de Marie Depéré (TRUDEL, M. ***La pop. du Canada en 1663***, p. 187-188).

3 Après **Le Vallon**, une rature.

4 Rature du nom **8esbk8e**, qui est celui de la mère.

10 Nov[embris] Anna Maria Magdalena	Ego Ant[onius] Dalmas s[ocietatis] J[esu] in ecclesia S[ancti] Michaelis apud Sylleriacum baptisavi solemni ritu duas infantes: alteram 2. circiter annorum, quae[1] Anna nominata est, alteram [ ] Mariam Magdalenam dictam a patrino Moyse Hilaret, utramq[ue] ex patre gentili *8trambe* dicto et mater catechumena *8t8bisk8e*.
10 Nov[embris] Martinus	Ego Ant[onius] Dalmas s[ocietatis] J[esu] ibidem solemni ritu baptisavi infantem Abnaquiens[em] [ ] annorum. Martinum nominavit patrinus Vitalis Caron. Pater infantis *Kegirrand* dicitur, mater cathecumena *(sic)*. [A. Dalmas]
13 Nov[embris]	Ego Jac[obus] Vaultier baptisavi sequentes Abnaquenses: Michaelem *Pir8akki*[2]; patri[nus]: Dionysus Jean. Franciscus *Neta8erimit*; patr[inus] : ide[m]. Joannem *Nitchabere*; patr[inus]: Vitalis Caron Franciscam *Tessaansk8e*, *Pir8akki* uxore[m]; matr[ina]: Francisca Pelletier. Mar[iam] Magdalenam *Ik8es*; matrina: Anna Masse. Mariam *Apimirresk8e*; matr[ina]: Maria Pelletier. [J. Vaultier]

[84]

1676 14 Nov[embris] Jacobus, 7 annorum Vitalis, 1 anni Joanna, 4 an. Margarita, 2 an.	Ego Andreas Bonnault s[ocietatis] J[esu] sacerdos baptisavi solemni ritu in ecclesia S[anc]ti Michaelis Silleriacensis duos pueros duasque puellas Abnaquienses[3]: primus Jacobi, alter Vitalis nomen accepit; altera puellarum Joanna, altera Margarita nominata est. Omnium patrinus fuit Vitalis Caron. Jacobi pater *8ampk8nt* dicitur, mater [ ], ambo gentiles. Vitalis pater, Franciscus *Neta8erimit*, mater Maria Magdalena *Ik8es*. Duarum puellarum mater Maria *Apimirresk8e* appellatur. [A. Bonnault]
15 Nov[embris]	Ego Jacob[us] Vaultier bapt[isavi] solemni ritu puella[m] 18. circiter ann[orum] *Ketamanghesk8e* dictam. Mariam nominavit Maria Pelletier.

---

1 Devant **quae**, rature du mot **alteram.**

2 Dans une lettre du 1er janvier 1677, le P. Jacques Vaultier fait l'éloge du chef *Pir8akki* et de sa femme [Françoise Tessaansk8e], ***Relations inédites de la Nouvelle-France*** (1672-1679), Montréal, Éditions Elisée, 1974, tome II, p. 143-145.

3 **Abenaquienses**: ajouté au-dessus de la ligne.

16 Nov[embris] — Ego Jac[obus] Vaultier solemni ritu baptis[avi] duos adolescentes: alterum 10 circiter annoru[m] natu[m] ex *8ampk8nt* Abnaq[uensi] dictum *Aramptehank*; alteru[m] 9. circiter annorum natu[m] ex matre christiana Abnaq[uensi] Maria *Apimirresk8e*. Alterum Petr[um], alterum Joan[nem] Baptista[m] no[min]avit Vitalis Caron.

20 et 21 Nov[embris] — Ego Jac[obus] Vaultier soc[ietatis] J[esu] baptisavi solemni ritu sequentes adultos:
Ignatium *8egambihat*
Ludov[icum] *8ambiganich*
Fr[anciscum] Xaver[ium] *Haanra8erimit*
Mariam
Barbaram *8e8ebisk8e*
Catharinam *8e8ebin8sk8e*
Agnete[m] *Aramesk8e*
Caeciliam *Pemah8ransk8e*.
O[mni]u[m] patrinus Vitalis Caron.

Ite[m] eode[m] die adolescente[m] Franc[iscum] *8dacheni*. Patrin[us] Fr[anciscus] Hubert.

[J. Vaultier]

21 Nov[embris] — Ego Andreas Bonnault soc]ietatis] J[esu] baptisavi solemni ritu in ecclesia S[anc]ti Michaelis Siller[iacensis] puerum 2 circiter annorum natum ex patre Ignatio *8egambihat* Abnaquiensi christiano et matre infideli. Josephum nominavit Josephus Dumay patrinus.

[A. Bonnault]

17. Novemb[ris] — Ego Joannes Enjalran soc[ietatis] Jesu baptisavi sine ceremoniis in ecclesia S[anc]ti Michaelis Siller[iacensis] puellam duodecim circiter annos natam ex patre mortuo [ ] et matre ite[m] mortua [ ] Abnaquiensibus non baptisatis. Maria Magdalena nominata fuit.

[J. Enjalran]

Alexis — Ego Anton[ius] Dalmas soc[ietatis] Jesu sacerdos baptisavi solemni ritu in ecclesia S[anc]ti Michaelis Silleriacensi infantem[1] anni unius et amplius natum ex patre *Pir8inne* et matre *Pi8sk8emikegit* Abnaquiensibus non baptisatis. Alexim nominavit patrinus Vitalis Caron.

Nicolaus — Ego idem qui supra solemni ritu baptisavi in ecclesia Sancti Michaelis Silleriaci infantem aliquot mensium natum ex patre [ ] et matre *8na8demisk8e* Abnaquensibus non baptisatis. Nicolaum nominavit patrinus idem Vitalis.

---

1 **infantem**: ajouté au-dessus d'une rature.

Lucia — Ego idem qui supra baptisavi in ecclesia S[anc]ti Michaelis Silleriaci infantem quinque aut circiter annorum natam ex patre *Madettagaham*, matre *Ap8m8red8sk8e*[1] Abnaquiensibus. Luciam nominavit idem Vitalis[2].

[A. Dalmas]

[85]

[1677]

13. Juill[et] — Ego Jac[obus] Vaultier s[ocietatis] J[esu] sac[er]d[o]s supplevi caeremonias 3 sequentibus jam antea baptisatis sine caeremoniis:

Michaeli *Mik8tangan* Abnaq[ensi] 20 circiter an[norum][3]. Patrinus: F. Ripoche.

Martinae *8ripenemich.*
Mariae Magdalenae. Matrina: Mar[ia] Mag[dalena]

[J. Vaultier]

22. Julii — Ego Andreas Bonnault s[ocietatis] J[esu] sacerdos baptizavi solemni ritu in eccl[es]ia S[anc]ti Michaelis Silleriacensis infantem eodem die natam ex patre *Manit8eremit* et matre *Meghena8e* Abnaquiensibus catecumenis (sic).

Helena — Helenam nominavit Petrus Vacquelin patrinus.

5 Aug[usti] — Ego A[ndreas] Bonnault s[ocietatis] J[esu] sacerdos baptizavi solemni ritu in ecclesia S[anc]ti Michaelis Silleriacensis tres puellas: primam *Pempsk8e8itch* dictam ex patre Francisco *Meg8e8at8k* et matre *Aghitiganisk8e* 9 circiter annos natam. Elisabetam nominavit Laurentius Frauger patrinus; alteram 5 annos natam ex patre *Metchin8k* et matre *Memansk8e8itch,* Radegondem; tertiam duos circiter annos natam ex eodem patre et matre. Ludovicam nuncupavit idem Laurentius Frauger patrinus.

13 Aug[usti] — Ego Andreas Bonnault s[ocietatis] J[esu] sacerdos baptizavi solemni ritu in ecclesia S[anc]ti Michaelis Sylleriacensis puellam *Abim8nazin* dictam 9 annos natam ex patre *8rigambahet* et matre *Ebidiganisk8e* defunctis. Ange-

---

1 **Ap8m8red8sk8e**: addition au-dessus d'une rature.

2 Vital Caron, bourgeois de Château-Richer, marié à Marguerite Gagnon, le 10 février 1686 (TANGUAY, C. ***Dict. généalogique*** I, 104).

3 **20 circiter an.**: ajouté au-dessus de la ligne.

licam nominavit Angelica D[omi]nus de St. Paul[1], filius D[omi]ni Lebert patrinus.

[A. Bonnault]

19 Aug[usti]
Coleta
Meguene8

Ego Jacob[us] Vaultier s[ocietatis] J[esu] sac[er]d[o]s solemni ritu baptisavi in ecclesia S[anc]ti Michaelis adultam nomine *Meguene8*, filiam dicti *Pambekkihi8e*, Abnaquensem. Coletam nominavit Coleta Abnaquensis.

13 Sept[embris]
Guillelmus
Penaz8rin8ch

Ego Jac[obus] Vaultier baptisavi sub conditione sine caeremoniis[2] Abnaquensem 30. circiter annorum, quem valde probabile erat, est non certum fuisse olim dum esset puer baptisatum a P[atre] Gabriele Druillettes. Guillelmum nominavit Guillelmus Boguin.

[J. Vaultier]

20 Septembris

Petrus
Paulus
Jacobus
Joannes

Ego Antonius Dalmas s[ocietatis] J[esu] solemni ritu baptisavi quatuor pueros Socquoquienses in ecclesia Silleriana S[anc]ti Michaelis: natu maximus nominatus est Petrus, proximus huic dictus est Paulus, tertius duoru[m] circiter annorum vocatus est Jacobus. Quartus in cunis appellatus est Joannes. Patrinus omnium fuit Patrinus Vacquelin. Pater[3] primi et secundi est *Mig8nambe* dictus, mater *Pisk8e* dicta; pater 3i. est *Ketatig8it* dictus, mater *Ans8ame* dicta; pater 4i. est *K8eskagant* dictus, mater *Psikangan8sk8e*.

[A. Dalmas et J. Vaultier]

[86]

Ego Jac[obus] Vaultier soc[ietatis] J[esu] sac[er]dos baptisavi sequentes adultos[4] graviter aegrotantes idq[ue] sine caerimoniis:
Genovefam[5], 3a die post baptismum mortua est.
Catharinam *8etinan8sk8ait*, 25. circiter annoru[m] suppletae sunt illi caeremoniae et Agnes Catharina no[min]ata fuit a Margarita *8eramini8e*.
Margaritam *Aghisk8sk8e*, 20 circiter annoru[m]; suppletae s[un]t illi ceremoniae. Matrina ejus fuit Maria *Apimirresk8e*. Clotildem *Hanseghih8esk8e* vetula.

---

1 Louis Leber, sieur de Saint-Paul, fils de Jacques Leber et de Jeanne Lemoyne; engagé avec son père dans le commerce des fourrures (***DBC*** II, 389-390).
2 **sine caeremoniis**: ajouté au-dessus de la ligne.
3 À partir de **Pater**, l'acte est rédigé par le P. Jacques Vaultier.
4 **adultos**: ajouté au-dessus de la ligne.
5 **Genovefam** est précédé et suivi d'une rature.

28 Oct[obris] Ego Jac[obus] Vaultier baptisavi cu[m] caeremoniis[1] infante[m] 6. circiter annoru[m] natum ex patre *Pemetag8abit* et matre *Atnatebemisk8e* Abnaq[uensibus][2] Item supplevi caeremonias infanti unius circiter anni, pridie baptisato. Pater ejus cathecumenus *(sic)* dicitur *K8ek8eribahbamit* Abnaquensis. Nicolaus appellatus fuit prior, posterior Simon. Patrinus utriusq[ue][3] Nicol[aus] Vaslin. Matrina Maria Pelletier.

31 Oct[obris] Ego Jac[obus] Vaultier soc[ietatis] J[esu] sac[er]d[o]s baptisavi sequentes cum caeremoniis:
Josephum *Eïta8ak8tching* Abnaq[uensem] virum aetate provectu[m] et uxore[m] ejus Mariam [ ]. Patrinus fuit Dominicus Milon.

Ejusde[m] mense Oct[obri] Baptisavi cum ceremon[iis][4] infantem unius circiter diei natu[m] ex patre Etechemiensi *Kenighis* et matre Etechemiensi *Ks8skit* dicta. Ludovicus appellatus est.

9. Nov[embris] Baptisavi cum caeremon[iis] duas adultas Abnaquenses 30. circ[iter] an[norum]:
Catharinam Senensem *Era8enamisk8e*.
Agatham *Mirisk8ech*.
Utriusq[ue] matrina Catharina Senensis *Ab8kesik8e*.

11 Nov[embris] Ego Jacob[us] Vaultier baptisavi cum caeremoniis sequentes: Genovefam *Ki8chk8e8ichit* infante[m] 3. circ[iter] an[norum], filiam Etechemiensium *Erenn8ïch* et *Ichiguenia8adesk8e* conjugum.
Claram *8enesk8e8it* 20. circiter ann[orum].
Utriusq[ue] matrina Genovefam *Tadj8*.

12 Nov[embris] Baptisavi sine caeremoniis:
Laurentium *Astra8eghin* 25. ann[orum] et matre[m] ejus Theresiam *Amaziask8e*. Utriusq[ue] matrina Genovefa *Tadj8*.

13 Nov[embris] Baptisavi cum caeremoniis Ludovicum *Ek8tch8sset*. Patrinus Ludovicus Delamare.

---

1 **cum caeremoniis**: inscrit au-dessus de la ligne.
2 **Abnaq[uensibus]**: addition au-dessus de la ligne.
3 **utriusque**: ajouté au-dessus de la ligne.
4 **cum caeremon[iis]**: ajouté au-dessus de la ligne.

[87]

21 Nov[embris] Ego Jacobus [Vaultier] soc[ietatis] J[esu] sac[er]d[o]s vices agens parochi neophytorum Algonquinorum et Abnaquensium baptisavi cum caeremoniis adultam 25. circiter annorum natam *8charankesk8e* dictam Abnaquensem. Mariam appellavit Dominicus Milon.

23 Nov[embris] Baptisavi cum caeremoniis Martinum *8enihigamba8in* Abnaquensem 30. circiter an[norum] natum. Patrinus Petrus Vaquelin.

24 Nov[embris] Baptisavi cum caeremoniis[1] Blandinam *Hangheneneme* vetulam Abnaquensem. Patrinus Ludovi[cus] DeLaMare.

29 Nov[embris] Baptisavi cum caeremoniis Andream *Mechighit8and* Abnaquensem plusquam nonagenarium. Patrin[us] Ludov[icus] deLaMare.

Eodem die baptisavi sine caeremoniis Christinam *Tabaamsk8e* 25. circiter annoru[m]; Susannam *N8pen8e* vetulam; Laurentium *Pechinessiman* 14. circiter annoru[m] et Birgittam *8r8akamig8k8e* vetulam Abnaquenses omnes.

19 Dec[embris] Supplevi caeremonias[2] Christinae *Tabaamsk8e*. Patrinus Mathurin Tru. Matrina Francisca Hubou.

9. Dec[embris] Baptisavi cum caeremoniis vetulam Abnaq[uensem] *Amekk8erimom*[?]. Claram nominavit Petrus Vaquelin.

8 Decemb[ris] Baptisavi sine caeremoniis infantem Abnaq[uensem] unius diei natum ex patre *Meskarominit* catechumeno Abnaq[uensi] et Coleta ite[m] Abnaq[uensi], conjugibus. Joan[nis] nomen ei destinatum est. Suppletae postea s[un]t ceremoniae 12 Decemb[ris]. Patrinus fuit dictus Desnoyers[3].

29 Decemb[ris] Baptisavi cum caeremoniis Claram *8tchiramansk8e* vetulam Abnaq[uensem]. Patrinus Ludov[icus] DeLaMare

Ite[m] puellam 8. circiter annoru[m] natam ex patre *Manchipin* et matre *8enanghemansk8e*, conjugibus, Abnaq[uensibus] catechumenis. Ursulam nominavit Francisca [ ] Abnaquensis.

---

1 Après **caeremoniis**, rature du mot **vetulam**, anticipé.

2 Après **caeremoniis**, rature des mots **faeminae Abnaq. 29 circiter ann**.

3 À la suite de cet acte, rature des mots **suppletae s[un]t caeremoniae**.

6 Janu[arii]
1678

Supplevi caeremonias infanti ante 3. dies baptisatae et ante 5 dies natae ex patre *B8echamimit* Abnaq[uensi] catechumeno et matre Agatha *Mirisk8ech* conjugibus[1]. Christinam nominavit Dominicus Milon.

15 Jan[uarii]

Baptisavi solemni ritu infante[m] pridie nata[m] ex *H8ah8e* gentili et Margarita *Aghig8sk8e*, conjugibus Abnaq[uensibus]. Genovefa[m] no[min]avit Ludo[vicus] deLaMare.

2 Feb[ruarii]
Theresia

Supplevi[2] caeremonias infanti ante octo dies baptisatae et natae ex patre Joanne *Nichabere* et Maria *Ketamanghesk8e*, conjugibus, Abnaq[uensibus]. Dominicus[3] Milon Theresiam appellavit.

[88]

12 Maii
1678

Ego Jacob[us] Vaultier soc[ietatis] J[esu] sac[er]d[o]s baptisavi solemni ritu in ecclesia S[anc]ti Michaelis tres faeminas aetate provectas Abnaquenses: 1$^{a[m]}$ Mariam *Amatambesinisk8e*; altera[m] Anna[m] *Kohisk8e*; 3^{am} Helena[m] *Ab8in8red8sk8e*. Matrina o[mni]u[m] fuit Maria Pelletier.

[J. Vaultier]

12 Maii
1678
Sebastianus

Ego Ant[onius] Dalmas baptisavi infantem triginta dierum natum ex Jacobo *Magno* et matre Maria Algonquinensibus conjugibus Christianis. Sebastianum nominarunt Sebastianus Lienard patrinus et Renata Hebert[4], uxor, Ripoche, matrina.

[A. Dalmas]

27 Maii
Carlota et
Claudia Maria

Ego Jac[obus] Vaultier Jesu sac[er]d[o]s baptisavi[5] solemniter in ecclesia S[anc]ti Mich[aelis] apud Silleriacum duas puellulas: alteram 5. circiter, alteram 2. circiter annoru[m], utramq[ue] ex patre Abnaq[uensi] cathecumeno *(sic)* dicto *8anbin8rke* et matre cathecumena *(sic)* Etechemiensi *Ki8abmetes8e* dicta. Priorem Carlotam no-

---

1 Après **conjugibus**, rature des mots **Patrinus Domi...** parce que Dominus Milon n'est pas vraiment parrain; il s'agit d'un baptême suppléé.

2 **Supplevi** suit la rature de **Baptisavi.**

3 Devant **Dominicus**, rature du mot **Patrinus** (voir **supra** note 3).

4 Selon René Jetté, ***Dictionnaire généalogique des familles du Québec,*** Montréal, les Presses de l'Université de Montréal, 1983, p. 980: Renée-Madeleine Hébert, ffemme de François Repoche dit Ducharme.

5 Après **baptisavi** rature du mot **duas**, anticipé.

[min]avit D[omi]nus Carolus De Vitré[1], posteriore[m] Claudiam Mariam no[min]avit Dominus Petrus Chevalier.

Blandina Franc. Xaver et Claudius

Ego Jac[obus] Vaultier baptisavi solemniter puella[m] 7. circiter annoru[m]; ite[m] puellu[m] 11. circiter annoru[m][2] natos ex patre Etechemiensi appellato *Erenn8ich* et matre ite[m] Etechemiensi no[min]e *Atibit8nsk8e*; ite[m] puel lu[m] unius circiter anni natu[m] ex eode[m] patre *Erenn8ich* et matre *Ichigenia8adesk8e*. Prima[m][3] Blandinam, 2u[m] Franciscu[m] Xaveriu[m], 3u[m] Claudiu[m] appellavit o[mni]u[m] patrinus Ludovicus DeLaMare.

19 Jun[ii]

Ego Jac[obus] Vaultier baptisavi solemniter sequentes infantes socquoquios:

Stephanum 8 circiter annoru[m] filium [ ]. Patrinus fuit Stephanus Sedilot, matrina Isabella Damour.

Guillelmu[m] *G8ache8anichit* 2. circiter annoru[m] natu[m] ex patre gentili *8anb8rag* et matre cathecumena *(sic) Seninesk8e*. Patrinus fuit Guillelmus Tardif. Matrina Maria Mag[dalena] Des Urcis.

Anna[m] 7. circiter ann[orum] nata[m] ex patre gentili *Ketatig8is* et matre ite[m] gentili [ ]. Patrinus Lauren[tius] Frojer. Matrina Anna Tru.

Joan[nam] Angelica[m] unius pene anni nata[m] ex patre gentili *Mate8ar8e* et matre *Bibine8* ite[m] gentili. Patrinus Joseph Denis, matrina Joanna Simon.

[89]

14 Aug[usti] Laurentius

Ego Jac[obus] Vaultier baptisavi cum caeremoniis sub conditione infante[m] jam baptisatu[m] in silvis 3. circiter mensiu[m] natu[m] ex patre Josepho *Eita8ak8tchig* Abnaq[uensi] et matre Maria *Ak8iran8sk8e* Abnaq[uensi]. Laurentiu[m] no[min]avit Petrus Gaillon.

---

1 Charles Denys de Vitré (1645-1703), propriétaire de plusieurs seigneuries, agent important dans l'exploitation des pêcheries, membre du Conseil Souverain (***DBC*** II, 186-187).

2 Après **annorum**, rature des mots **puellum item unius circiter anni**.

3 **Prima[m]**: correction de **primum**.

4. Sept[embris] Genovefa — Ego Jac[obus] Vaultier baptisavi solemni ritu in eccl[esia] S[anc]ti Mich[aelis] vetula[m] Abnaq[uensem] vocata[m] *Peresk8e*. Genovefam no[min]avit Genovefa Pelletier matrina.

7. Sept[embris] Ludovicus — Ego Jac[obus] Vaultier baptisavi solemni ritu in eccl[esia] S[anc]ti Mich[aelis] Abnaq[uensem] 50. circiter annoru[m] natu[m] *Pambigan8et* dictu[m] Ludovicu[m] appellavit Ludov[icus] deLaMare.

9. Sept[embris] Ignatius — Ego Jac[obus] Vaultier in eade[m] eccles[ia] solemni ritu baptisavi viru[m] Abnaq[uensem] 30. circiter annoru[m] *Ketchichie* dictu[m] no[min]e patrio. Ignatiu[m] appellavit Laurentius Frojer, patrinus.

22 Oct[obris] Gabriela et Theresia — Ego Jac[obus] Vaultier baptisavi solemni ritu in eade[m] ecclesia: Gabrielam *Memesk8ech* 5 circiter annoru[m] nata[m] ex matre Abnaq[uensi] gentili *Amess8kansk8e* et Theresiam unius diei nata[m] ex patre Abnaq[uensi] catechumeno no[min]e *Pemanghemachit* et Algonquina no[min]e Maria conjugibus. Utriusq[ue] patrinus Ludov[icus] DeLaMare.

9 Nov[embris] Appollonia *Abamenansk8e* — Ego Jac[obus] Vaultier baptisavi solemni ritu puellam 12. circiter annoru[m] natam Abnaq[uensem] *Abamenansk8e* dictam; mater ejus catechumena[1] vocatur *8eramihi8e*. Apolloniam nominavit Ludovicus DeLaMare.

19 Decemb[ris] Alexius Abnaq. — Ego Jac[obus] Vaultier baptisavi solemni ritu infantem unius diei natu[m] ex patre Fran[cisco] Xaverio *Haanra8eremit* Abnaq[uensi] et matre Maria Susanna *Annich* Abnaq[uensi], conjugibus. Alexiu[m] no[min]avit Claudius Cellier.

23 Dec[embris] — Ego Jac[obus] Vaultier baptisavi solemni ritu sequentes Abnaq[uenses] adultos:

Thomam *Abamesin*, 20 circiter an[norum].
Natalem *Epamh8met* 17 circ[iter] ann[orum].
Patrin[us] Claud[ius] Cellier.

Stephanum *Ehechambit* 15. circ[iter] an[norum].

Joannem *K8isk8itchihant* 14. circ[iter] an[norum].
Margarita[m] *8eramihi8e* vetula[m].
Agnete[m] *Santsemansk8e* 30. circiter an[norum].
Patrinus Ludov[icus] De La Mare.

Juliana[m] *Nep8sk8e* 30. circiter an[norum].
Patrin[us] Claudius Cellier.

---

1 **catechumena**: correction suivant la rature de **cathecum[ena]**.

[90] [1679]

9 Feb[ruarii]	Ego Jac[obus] Vaultier soc[ietatis] J[esu] sac[er]d[o]s solemni ritu baptisavi faeminam Cha8anakiam 19. circiter annoru[m] nata[m] dicti *Ansiteganassik* sorore[m]. Appolloniam nominavit Guillelmus Tardif. [J. Vaultier]
21 [ou 13] Aprilis 1679	Ego Ant[onius] Dalmas s[ocietatis] J[esu] sacerdos solemni ritu baptisavi virum Abnaquensem 40 circiter annorum nomine *G8ag8azoret* vel *Sanctorem*. Josephum nominavit D[ominus] Carolus Gaultier[1]. [A. Dalmas]
9. Maii Gregorius	Ego Jac[obus] Vaultier soc[ietatis] J[esu] sac[er]d[o]s solemni ritu baptisavi sub conditione infante[m] antea in silvis baptisatu[m] 4. circiter annoru[m] cum dimidio natu[m] ex patre Abnaquensi Ludovico *Pambigan8et* et matre it[em] Abnaq[uensi] Rosa, conjugibus. Gregoriu[m] no[min]avit Claudi[us] Cellier.
21 Maii Petrus	Ego Jac[obus] Vaultier solemni ritu baptisavi infante[m] 4. circiter mensiu[m] natam ex patre Guillelmo *Metang8r8t* et matre Maria Gaspesianis conjugibus. Petrus no[min]avit Guillelmus Masse.
27 Maii Maria Gaspes.	Ego Jac[obus] Vaultier solemni ritu baptisavi infante[m] 4. circiter mensiu[m] natam ex patre Ignatio *Pechkambe8rini8* Abnaq[uensi] et Ludovica Gaspes[iana], conjugibus. Maria[m] no[min]avit Ludovica Morel.
7 Maii Barbara	Ego Jac[obus] Vaultier solemni ritu baptisavi vetulam Cha8anaquensem nomine *Pakenesk8e*. Barbaram nominavit Claud[ius] Cellier.
16 Maii Ambrosius Socquocq.	Ego Jac[obus] Vaultier solemni ritu baptisavi infantem 9. circiter mensiu[m] natu[m] ex patre gentili Socquocquiensi appellato *8anb8rag* et matre *Chanchag8an8a* ite[m] socquocquia gentili, conjugibus. Ambrosiu[m] no[min]avit Ludov[icus] DeLaMare.
13 Jul[ii] Joanna	Ego Jac[obus] Vaultier supplevi caeremonias infanti ante quinque dies a me in periculo baptisatae et natae ex Joanne *8sis8nich* Algonquino et Ludovica *Aiarimask8e8* Mistasiniensi, conjugibus. Joanna[m] no[min]avit Ludovicus de LaMare.

---

1 Charles Gaultier dit Boisverdun, époux de Catherine Camus (TRUDEL, M. ***La pop. du Canada en 1663***, p. 201).

21 Jul[ii] Maria Magd. et Maria Josepha	Ego Jac[obus] Vaultier soc[ietatis] J[esu] sac[er]d[o]s solemni ritu baptisavi duas faeminas adultas 8soquocquias, altera[m] 20. circiter, altera[m] 23. circiter annoru[m]; nata[m] priore[m] Maria[m] Josepha[m], posteriore[m] Maria[m] Magdalena[m] nominavit D[omi]na Anna Gagnier.
23 Jul[ii] Ludov. Joseph. *8ereg8ssemit*	Ego Jac[obus] Vaultier solemni ritu baptisavi viru[m] 30. circiter an[norum] natu[m] *8ereg8ssemit* appellatu[m] Abnaquiense[m]. Ludovicu[m] Josephu[m] no[min]avit D[omi]nus Ludovicus De Villeray[1].

[91]

13 Jun[ii]	Baptisata est Quebeci solemni ritu a D[omi]no Petro Gagnon sacerdote puella aliquot dieru[m] nata ex patre Joanne *8se8spaancet* et matre Susanna [ ] Abnaq[uensibus]. Maria[m] Renata[m] no[min]arunt Renatus Senart et Maria Couture[2].
3 Aug[usti] Maria	Ego Jac[obus] Vaultier soc[ietatis] J[esu] sac[er]d[o]s baptisavi solemni ritu infante[m] 3. circiter mensiu[m] natam ex Joanne *Che8egatech* et matre Maria Joanna *Sabenimeneghedesk8e,* conjugibus Gaspesianis. Maria[m] no[min]avit Petrus Patenostre.
21 Aug[usti] Bernardus *Chi8cheghihant*	Ego Jac[obus] Vaultier soc[ietatis] J[esu] sac[er]d[o]s baptisavi solemni ritu adolescentem 14. circiter annorum natu[m] Abnaquensem no[min]e *Chi8beghihant.* Bernardu[m] no[min]avit Petrus Patenostre.
27. Sept[embris] Michael	Ego Jac[obus] Vaultier baptisavi solemni ritu infante[m] 3 annoru[m] natu[m] ex patre gentili *Msk8atk8* Socquoquiensi et matre [ ]. Michaele[m] no[min]avit Claudius Cellier.
20 Oct[obris] Claudius Simon et Anna	Ego Jac[obus] Vaultier solemni ritu baptisavi in ecclesia Silleriac[ensi] sequentes: Claudiu[m] uno circiter anno cu[m] dimidio natu[m] ex patre gentili *8nandaïn* Pineg8ransi et matre ite[m] gentili *8ghesk8*; ite[m] Simone[m]

1 Louis Rouer de Villeray (1629-1700) joua un rôle important dans la colonie au point de vue politique et commercial (***DBC*** I, 593-596).

2 Cet acte se retrouve en français à la page [150] bis de l'original.
Pierre-Paul Gagnon (1649-1711) fut missionnaire de la rive septentrionale du Saint-Laurent en bas de Québec de 1677 à 1685 (ALLAIRE, ***Le clergé...***, I, p. 223).
La marraine Marie Couture est femme de François Vessier; le parrain et la marraine habitent Québec.

6 fere menses natu[m] ex patre gentili *Ketateg8it* Socquoquio et matre gentili *8echamet8k* Socquoquia. Denique Anna[m] 2. annos circiter nata[m] ex patre gentili Abnaquio *8ramanambe* et matre Socquoquia christiana Maria Magdalena *Namphansk8e*. O[mni]u[m] patrinus Claudius Cellier.

22 Oct[obris]
Margarita

Ego Jac[obus] Vaultier baptisavi solemni ritu Margarita[m] *Trek8au* circiter duodennem Etechemiense[m]. Patrinus fuit Petrus Patenostre.

Circa
11 Nov[embris]
Susanna
Ki8abemetesk8e

Ego Jac[obus] Vaultier soc[ietatis] J[esu] baptisavi[1] sine caeremoniis trans flumen in silvis Susanna *Ki8abametesk8e* periculose aegrotante[m]. Postea eide[m] adhibui caeremonias in ecclesia Silleriacensi. Patrinus fuit Ludov[icus] Patenostre.

[1680]

20 Apr[ilis]
Catharina

Ego Jac[obus] Vaultier baptisavi solemni ritu puellam uno circiter mense natam ex *Ansiteganassik* gentili Ca8anaquensi et Maria *8charankisk8e* Abnaquensi christiana. Catharinam nominavit Renata Hubert.

[J. Vaultier]

[92]

19 Junii 1680
Maria

Ego Jac[obus] Bigot s[ocietatis] J[esu] sacerdos baptisavi solemni ritu infantem duorum circiter mensium natam ex patre Josepho *8ereg8assemit* et matre Maria *Apimirresk8ee*. Mariam nominavit Stephanus *Eschambamet*[2].

[J. Bigot]

5 Julii

Ego Jac[obus] Vaultier soc[ietatis] Jesu baptisavi solemni ritu sequentes:

Petru[m] *Besk8ich* 2. circiter annoru[m];
Franciscam *M8ss8bbienek* 5. circiter annoru[m], utriu[m]q[ue] ex patre gentili *Mem8chenant* Cha8anaquo et matre defuncta. Prioris patrinus fuit Dionysius Labriere, posterioris matrina fuit [Margarita Garmand][3];

---

1 Avant **baptisavi**, rature de **solemni ritu**.

2 Les mots **Apimirresk8e** et **Eschambamet** ont été ajoutés après coup par le P. Jacques Vaultier.

3 Après **fuit** une flèche renvoie à Marguerite Garmand, qui est marraine du troisième enfant.

Margarita[m] *Che8anitem8ch* 5. circiter an[norum] ex patre Cha8anaquo *Pepisk8achiganet* et matre *8enimine*. Matrina fuit Margarita Garmand.

24 Julii Jacobus — Ego Jac[obus] Vaultier baptisavi solemni ritu in ecclesia S[anc]ti Mich[aelis] apud Silleriacu[m] Jacobu[m] filiu[m] *8ramanambe* gentili[1] Socquoquiensis et Mariae Magdalenae *Nampehansk8e*, conjugu[m]. 3 circiter menses natus est. Patrinus fuit Petrus Vaquelin.

16 Augusti 1680 — Ego Jac[obus] Vaultier soc[ietatis] J[esu] sac[er]d[o]s baptisavi solemni ritu in ecclesia S[anc]ti Michaelis Apolloniam eodem die nata[m] ex patre Joanne *Nichaberet* Abnaquio et matre Maria *Ketemanghesk8e* Abnaquia, conjugibus. Matrina fuit Catharina Abnaq[uia].

[J. Vaultier]

14 Sept[embris] 1680 — Ego Jac[obus] Bigot s[ocietatis] J[esu] sacerdos baptisavi solemni ritu in ecclesia S[anc]ti Michaelis Josephum hesterna die natum ex patre Matthaeo[2] *8an8assa8ek* Abnaquio et ex matre Maria *8ketisk8e* Abnaquia, conjugibus. Patrinus fuit Pierre Vaclin.

[J. Bigot]

28. Sept[embris] — Ego Jac[obus] Vaultier soc[ietatis] Jesu sac[er]d[o]s baptisavi solemni ritu in eccles[ia] S[anc]ti Michaelis infante[m] fere unius anni natu[m] ex patre *8ranmeg8it* gentili 8socquaecquio et matre *Kech8sk8e* 8socquaecquia catechumena. Michaele[m] no[min]avit Jacobus *Ek8tchiaichit*.

[J. Vaultier]

11 Nov[embris] — Ego Jac[obus] Bigot s[ocietatis] J[esu] sacerdos baptisavi solemni ritu in ecclesia S[anc]ti Michaelis[3] Petrum *Nekteremet* infantem circiter annos 7 natum ex patre *Ania8anag* et matre *Aghera8an8sk8e*[4], gentilibus Abnaquaeis. Petrum nominavit patrinus Claudius Cellier.

15 Nov[embris] — Ego Jac[obus] Bigot s[ocietatis] J[esu] sacerdos baptisavi solemni ritu Michaelem *Psakk8ian*[5] infantem tres circiter annos natum ex patre *Pambema8kkeme* gentili et matre gentili [ ]. Michaelem nominavit patrinus Claudius Cellier.

[J. Bigot]

---

1 **gentilis**: addition au-dessus de la ligne.

2 **Mathaeo**: addition au-dessus de la ligne.

3 Après **Michaelis**, rature de **Michaelem.**

4 Les noms des père et mère **Ania8anag** et **Aghera8an8sk8e** ont été ajoutés après coup au-dessus de la ligne.

5 **Psakk8ian**: addition au-dessus de la ligne.

19 Novem[bris] 1680

Ego Vincentius Bigot s[ocietatis] J[esu] sacerdos[1] baptisavi solemni ritu in ecclesia S[anc]ti Michaelis Franciscum Xaverium infantem unius mensis natum ex Ignatio *Mameder8kket* Abnaquaeo et ex matre cathecumena *(sic) K8ssansk8a*; et Elisabetham infantem septem mensium natam ex patre Ignatio *8egamoiand*[2] et ex matre Juliana *Neb8sk8e*. Amboru[m] patrinus fuit et nominavit Petrus Vaclin.

25 Novemb[ris]

Ego Vincentius Bigot soc[ietatis] Jesu sacerdos baptisavi solemni ritu in ecclesia S[anc]ti Michaelis Catharinam *Kicha8iganst8ech* sex annos natam ex patre Ignatio *Mameder8kket* Abnaquaeo et ex matre cathecumena *(sic) K8ssansk8a*. Patrinus fuit Petrus Vaclin.

[V. Bigot]

[93]

1680 9 Decemb[ris]

Ego Jacobus Bigot soc[ietatis] Jesu baptisavi solemni ritu Silleriaci in ecclesia S[anc]ti Michaelis Paulum infantem trium annorum natum ex *Neghetnanan* cathecumeno *(sic)* Abnaquaeo[3] et ex matre catechumena *Nek8t8-sk8e8it* Abnaquaea.

Item simul baptisavi Dorotheam infantem trium mensium natam ex praedictis parentibus *Neghetnanan* et *Nek8t8sk8e8it*.

Item Mariam Magdalenam *Masannesek8a* quinque annoru[m] infantem ex patre gentili Abnaquaeo *8asanhambamet* et ex matre Abnaquaea catechumena *8a8an8iansk8e*.

Item Agatham infantem circiter novem annorum natam ex patre et matre gentilibus Sokoquaeis.

Sépultures omises

Menses Junio 1680[4] sepulta est in coemeterio adultorum Maria Abnaquaea mulier susceptis omnibus sacramentis.

Mense Septembri 1680 sepulta est Apollonia puella 15 annos nata susceptis omnibus sacramentis.

---

1 **sacerdos**: addition au-dessus de la ligne.
2 **8egamoland**: ajouté au-dessus d'une rature.
3 L'original comporte **Abnaquaea** (féminin) au lieu de **Abnaquaeo**.
4 **1680**: ajouté après coup.

Mense Novembri sub finem sepulta est Francisca Algonquina[1] puella novem circiter annos nata rite suscepto poenitentiae sacramento.

Die 17 Januarii sepultus est Josephus adolescens natus ann[os] circiter 10. Obiit 16. Jan[uarii] rite suscepto poenitentiae sacramento.

24 Jan[uarii] 1681 — Ego Jac[obus] Bigot soc[ietatis] Jesu sacerdos baptisavi solemni ritu in ecclesia S[anc]ti Michaelis Agnetem duos dies natam ex Joanne Francisco Durbois Gallo[2] et Paula Abnaquia. Patrinus fuit Claudius Cellier.

28 Jan[uarii] 1681 — Ego Jac[obus] Bigot soc[ietatis] Jesu sacerdos baptisavi solemni ritu Silleriaci in ecclesia S[anc]ti Michaelis Joannem Baptistam *Chebie8it* 10 circiter annos natum ex patre gentili *Eramkesset* Abnaquio et ex matre cathecumena *(sic) Amedanbasenisk8e* Abnaquia;

Item simul baptisavi Andream *Meni8eremit*[3] tres circiter annos natum ex patre gentili *8assahambamet* Abnaquio et ex matre catechumena *8a8an8i8ansk8e* Abnaquia[4];

Item Agnetem *8rig8nansk8e* 10 circiter annos natam ex patre gentili *Haspig8hie8it* Abnaquio et ex matre catechumena *Amasokannisk8e* Abnaquia;

Item Annam *8achabik8e*[5] unum circiter annum natam ex iisde[m] parentibus;

Ite[m] Magdalenam *Haianrassenenansk8e* 7 circiter annos natam ex patre gentili *Eramkesset* et ex matre *Amedambaserisk8e*. Omnium patrinus fuit Petrus Vaclin.

4 Feb[ruarii] 1681 — Ego Jac[obus] Bigot soc[ietatis] Jesu baptisavi solemni ritu Mariam *K8ssansk8e*, uxorem Ignatii *Mameder8ket*, 25 annos circiter natam Abnaquiam. Patrinus fuit Petrus Vaclin.

22 Feb[ruarii] 1681 — Ego Jac[obus] Bigot s[ocietatis] J[esu] baptisavi non adhibitis ceremoniis ecclesiae senem Abnaquaeum *8rambk8nt* gravissime aegrotantem. Josephus vocandus erat.

---

1 **Algonquina**: addition au-dessus de la ligne.
2 **Gallo**: addition au-dessus de la ligne.
3 **Meni8eremit**: addition au-dessus de la ligne.
4 **Abnaquia**: addition au-dessus de la ligne.
5 **8achabik8**: addition au-dessus de la ligne.

24 Feb[ruarii] 1681 — Ego Jac[obus] Bigot s[ocietatis] J[esu] baptisavi non adhibitis ceremoniis ecclesiae adolescentem 11 circiter annos natum ex patre *8assahambamet* gentili Abnaquaeo et ex matre catechumena *8a8an8i8ansk8e* gravissime aegrotantem.

[J. Bigot]

25 Feb[ruarii] 1681 — Ego Vincentius Bigot societatis Jesu sacerdos baptisavi solemni ritu in ecclesia S[anc]ti Michaelis Solangiam *8jakk8imis* infantem sex circiter annos natam ex patre *Metchikiss8s* gentili Abnaquaeo et ex matre *8da8sebenisk8e* cathecumena *(sic)* Abnaquaea. Patrinus fuit Petrus Vaclin.

[V. Bigot]

3 Martii 1681 — Sepultus est in coemeterio adultorum adolescens 11 circiter annos natus octo abhinc diebus baptisatus non adhibitis ecclesiae ceremoniis dum gravissime aegrotaret[1].

6 Martii 1681 — Sepultus est in coemeterio adultorum Josephus *8ambk8nt* senex Abnaquaeus[2].

[J. Bigot]

15 Martii 1681 — Sepultus est in coemeterio adultorum adolescens Abnaquaeus 18 circiter annos natus nomine Stephanus [ ]; is hesterna die mortuus est, susceptis rite sacramentis.

[V. Bigot]

[94]

24 Martii 1681 — Ego Jacobus Bigot s[ocietatis] J[esu] sacerdos baptisavi solemni ritu Mariam *8erinang8sit* vetulam mulierem Abnaquaeam et Elisabetam *8a8an8i8ansk8e* Abnaquaeam quoque mulierem. Utriusque matrina fuit Maria Genovefa Guilbourg.

29 Mart[ii] 1681 — Sepultus est in coemeterio adultorum senex Abnaquaeus Andreas *Neseghiltoant*[3] dictus centum fere annos natus, suscepto paenitentiae sacramento.

[signé] J. Bigot, S. J.

---

1 Il avait été baptisé sans cérémonies le 24 février 1681; voir deux actes plus haut, p. [93] de l'original.

2 Voir la note précédente.

3 **Neseghiltoant**: addition au-dessus de la ligne.

2 Aprilis 1681

Ego Jac[obus] Bigot s[ocietatis] J[esu] sacerdos solemni ritu baptisavi infantem hac nocte natum ex patre *8echanmimit* Abnaquaeo catechumeno et Agatha *Miresk8ech* Abnaquaea. Nominarunt eum Claudius Cellier et Joanna *K8erepesk8e8it*.

[signé] Jac. Bigot, S. J.

17 April[is] 1681

Sepulta est in coemeterio adultorum puella Abnaquaea Agnes *Arambesk8e* di[cta] quatuordecim annos nata susceptis omnibus sacramentis.

[signé] J. Bigot, S. J.

23 April[is] 1681

Sepulta est in coemeterio adultorum vetula centum annos nata Algonquina dicta Ludovica *Tchipai*, susceptis rite sacramentis.

[signé] Jac. Bigot, S. J.

5 Maii 1681

Ego Vincentius Bigot soc[ietatis] Jesu sacerdos solemni ritu baptisavi Stanislaum[1] infantem duos circiter annos natum ex patre *Ab8k8akameg8* gentili[2] Abnaquaeo et matre *Chem8sk8e* Abnaquaea gentili[3];

item Rosaliam *Ichiganisk8e* puellam novem circiter annos natam ex patre *8e8rimtes* Gaspesiano gentili et matre *Chiberenask8e* Abnaquaea cathecumena *(sic)*.

Item Monicam *Kittakesk8e* infantem annum unum circiter natam ex patre *Pepanm8anret* Abnaquaeo gentili et matre *8nera8atk8isk8e* cathecumena *(sic)* Abnaquaea. Patrinus fuit Petrus Vaclin, matrina Catharina *Agherisk8e*.

[signé] Vincentius Bigot, soc. Jesu

9 Maii 1681

Ego Vincentius Bigot soc[ietatis] Jesu sacerdos solemni ritu baptisavi Agnetem infantem duos menses natam ex patre Eustachio *Akhitchigamig8ino* Abnaquaeo[4] et matre Margarita *8ae8nis* Algonquina. Matrina fuit Maria Magdalena *Kan8nanik8echi* Montanensis.

[signé] Vincentius Bigot, S. J.

7 Maii 1681

Sepultus est in coemeterio parvulorum[5] infans Abnaquaeus [   ] fere duos annos natum. Item infans altera Gaspesiana [   ] tres annos nata. Obeirant duobus abhinc mensibus.

[signé] Jac. Bigot, S. J.

---

1 **Stanislaum**: addition au-dessus de la ligne.
2 **gentili** a été ajouté au-dessus de la ligne après le nom du père et celui de la mère.
3 Voir la note précédente.
4 **Abnaquaeo**: addition au-dessus de la ligne.
5 **parvulorum**: correction inscrite au-dessus de **adultorum,** rayé.

24 Maii

Ego baptisavi soc[ietatis] Jesu sacerdos solemni ritu baptisavi Stephanum *Neketnehante*, Agatham *Nek8-8sk8e8it*, dicti Stephani conjugem.

Item Anastasiam *Amesokanisk8e* Abnaquaeam feminam[1];

Item Apolloniam *8san8an8sk8e* puellam 14. circiter annos natam.

Tres priores nominavit Petrus Naulan et Joanna Renata Gourdot; duas posteriores nominavit Joannes Bapt[ista] Naulan et Maria Soumandre.

[signé] Jac. Bigot, S. J
P. Nolan
Jenne Gourdo
Jean Baptiste Nolan
Marie Soumande[2]

26 Maii
1681

Ego Vincentius Bigot soc[ietatis] Jesu sacerdos solemni ritu baptisavi Franciscum Salesium *Kikhi8ineide* et Paulinum *Ibin8s* fratrem Francisci supradicti, adultos: priorem annos 20, alterum 18 natum ex patre *Eramkesset* Abnaquaeo[3] gentili et matre *Amedambachinisk8e* cathecumena *(sic)*. Patrinus utriusque Petrus Vaclin.

[signé] Vincentius Bigot

28 Maii
1681

Ego Vincentius Bigot soc[ietatis] Jesu sacerdos solemni ritu baptisavi Augustinum *Ki8imet* adolescentem 15 annos circiter natum ex patre *Eramkesset* gentili et matre *Amedambachinisk8e* mox [et][4] *Amedambachinisk8e*.

---

1 **feminam**: correction de conjugem, rayé.

2 Un des rares actes où on a la signature des parrain et marraine.
Pierre Nolan dit Le Chevalier, époux de Catherine Houard (TANGUAY, C. ***Dict. généalogique*** I, 452-453).
Jean-Baptiste Nolan, son fils, se mariera avec Marie-Anne Lamarque en 1688.
Jeanne-Renée Gourdeau, épouse de Charles Macart, membre du Conseil Souverain (***DBC*** I, 355).
Marie Soumande, fille de Pierre Soumande et de Simone Côté, riche marchand de Québec (TANGUAY, C. ***Dict. généalogique*** 1, 552).

3 **Abnaquaeo**: addition au-dessus de la ligne.

4 Lacune causée par une déchirure du feuillet.

[95]

Patrinus utriusque Petrus Vaclin, matrina Anna *Kohesk8e*.

[signé] Vincentius Bigot

14 Junii 1681

Ego Vincentius Bigot societatis Jesu sacerdos solemni ritu baptisavi Ignatium Franciscum *8amoket*[1] 23 annos natum;

Marinam *Chiberi8iransk8e*[2] 40 annos natam;

Martinam *Kera8an8sk8e* 35 annos;

Martham *Akesisk8assinis* 20 annos;

Mariam Agnetam *Keskamian8andesk8e* 18 annos[3] supradicti Ignatii Francisci conjugem;

Theodoram *8ersk8ech*, filia[m] supradictae Marinae[4], 15 annos, gentiles Abnaquaaeos.

Patrinus unus omnium fuit Petrus Vaclin. Francisca *Tecorimansk8e* matrina fuit[5] Ignatii Francisci, Martinae et Mariae Agnetis. Matrina item fuit Marinae et Theodorae Agnes *Santzemansk8e*; item Marthae, Joanna *Ketchisk8essis*.

[signé] Vincentius Bigot

25 circiter Julii

Sepultus est in coemeterio puerorum Josephus vix 7. an[nos] natus.

[signé] J. Bigot, S. J.

10 Julii 1681

Obiit susceptis omnibus rite sacramentis Joannes Gaspesianus quadraginta circiter [annos] natus ac sepultus est prope tumulum *Tek8erimat*[6].

[signé] Jac. Bigot, S. J.

12 Julii 1681

Ego Vincentius Bigot soc[ietatis] Jesu sacerdos solemni ritu baptisavi Constantiam *Ekechisk8e*[7] 14 annos natam et Mariannam *8sekk8is* natam 13 annos, Abnaquaeam utramque ex parentibus cathecumenis *(sic)*. Matrina fuit Margarita *8eranmi8a*.

[signé] Vincentius Bigot

---

1 **8amoket:** correction inscrite au-dessous d'une rature.
2 **Chiberi** a été inscrit au-dessus des premières lettres de **8iramk8e**.
3 **18 annos**: addition au-dessus de la ligne.
4 Marinae **Chiberi8iransk8e**.
5 Après **fuit**, une rature.
6 Près de la tombe du célèbre Noël Tekouerimat, décédé en 1666.
7 **Ekechisk8e**: addition au-dessus de la ligne.

18 Julii 1681 — Ego Jacobus Bigot soc[ietatis] Jesu sacerdos solemni ritu baptisavi Alexium *8e8anambamet* triginta circiter annos natum Abnaquaeum. Patrinus fuit Stephanus *Nek8tneant.*

[signé] Jac. Bigot, S. J.

2 Augusti 1681 — Ego Jacobus Bigot soc[ietatis] Jesu sacerdos solemni ritu baptisavi Victorem *Emisakkerrante* viginti quinque circiter annos natum et Annam Elisabetham *Nem8sk8e* viginti quinque circiter annos natam; utrumque nominavit Petrus Vaclain; Victoris matrina fuit Maria *Ketmansk8e*; Annae Elisabethae matrina fuit Agatha *Mirisk8e.*

[signé] Jac. Bigot, S. J.

3 Augusti 1681 — Ego Vincentius Bigot solemni ritu baptisavi infante[m] praecedenti die natum ex Francisco Xaverio *Anra8eremit* et Maria Susanna *Annis.* Infantem nominarunt Ignatium Jacobus *Eck8dgiahit* et Maria *Ekkedisk8e.*

[signé] Vincentius Bigot.

5. Augusti 1681 — Sepultus[1] est propre tumulum *Tek8erimat* infans Alexius dictus Algonquaeus duos annos natus.

[signé] Jac. Bigot, S. J..

6. Aug[usti] 1681 — Ego Vincentius Bigot soc[ietatis] Jesu sacerdos solemni ritu baptisavi infantem die praecedenti natum ex Guillelmo *Penaz8ret* et Catharina *Agherisk8e*; infantem nominavit Dominicum Joanna *K8erbesk8e8it.*

[signé] Vincentius Bigot

6. Aug[usti] 1681 — Sepulta est in coemeterio infantium[2] Dorothaea annum unum nata Abnaquaea.

[signé] Jac. Bigot, S. J..

2. Septemb[ris] 1681 — Ego Vincentius Bigot soc[ietatis] Jesu sac[erdos] solemni ritu baptisavi Cordulam[3] infantem heri natam ex patre Alexio *E8annambamet* et matre Ursula *Penanghesk8a.* Patrinus fuit Petrus Vaclin, matrina fuit Martina *Aghera8an8sk8a.*

[signé] Vincentius Bigot

---

1 Avant **Sepultus**, rature des mots **Ego Jacobus Bigot soc. Jesu sacerdos baptisavi.**

2 Surcharge sur le début du mot **infantium**; le rédacteur avait commencé à écrire **puer[orum]**.

3 **Cordulam**: addition au-dessus de la ligne.

14. Septemb[ris] 1681 — Ego Vincentius Bigot soc[ietatis] Jesu sac[erdos] solemni ritu baptisavi *Hanm8h8ret* gentilem Abnaq[uaeum] adultum; Paulum nominavi. Patrinus fuit Guillelmus Tardif.

[96]

18 Sept[embris] 1681 — Ego Vincentius Bigot soc[ietatis] J[esu] sac[erdos] solemni ritu baptisavi sequentes infantes:

Ambrosium *Hertamiades* 1 annu[m] natu[m] ex patre *Aghi8ahemen* et matre *Ki8emenesk8ech*;

item[1] Sabinam *Nemke8ichisk8e* 6 circiter annos natam ex patre *E8ahinstang8* et matre *Kr8sk8e*;

item Theodosiam *Ektchisk8e* 6 circiter annos natam ex patre Josepho *8enakka8et* et matre *Meneskihansk8e*;

Pulcheriam item *Nan8ighesk8e* 5 annos natam ex patre et matre modo appellatis. Patrinus fuit Joannes *K8echk8itchiant* et Susanna *Ki8abmetesk8e*.

27 Septemb[ris] 1681 — Ego Vincentius Bigot soc[ietatis] Jesu sac[erdos] solemni ritu baptisavi infantem pridie hesternae diei natam ex patre Josepho *8enakka8et* et matre *Meneskihansk8e* cathecumena *(sic)*. Gertrudis nominata est. Patrinum habuit Petrum Vaclin, matrinam Franciscam *Apamehisk8e.*

23 Octob[ris] 1681 — Ego Vincentius Bigot soc[ietatis] Jesu sac[erdos] solemni ritu baptisavi triennem puellam dictam *8e8eresk8ech* natam ex patre *Manda8eskareno* et matre *8enagheredesk8e* cathecumenis *(sic)* Abnaquaeis[2]. Regina nominata est. Patrinus fuit Petrus Vaclin, matrina Susanna *Ki8abmetesk8e*.

1 Novemb[ris] 1681 — Ego Vincentius Bigot soc[ietatis] Jesu sacerdos solemni ritu baptisavi infantem pridie hesternae diei natum ex patre Petro *Tchetchakk8chis* et matre Anna *K8eritanch.* Appellatus est Mathaeus Renatus. Matrinam habuit Dionisiam Depeiras.

[signé] Denise Depeiras

2 Novemb[ris] 1681 — Ego Vincentius Bigot soc[ietatis] Jesu sacer[dos] solemni ritu baptisavi Aureliam[3] *Nera8atk8isk8e* 32 circiter annos

1 **Item**: addition au-dessus de **et**, raturé.
2 **Abnaquaeis**: ajouté au-dessus de **cathecumenis** *(sic)*.
3 Après **Aureliam**, une rature.

natam Abnaquiam. Matrina fuit Elisabetha *8an8an-8ihiansk8e.*

[V. Bigot]

28 Jan[uarii] 1682

Ego Jac[obus] Bigot s[ocietatis] J[esu] sacerdos solemni ritu baptisavi Josephum Franciscum duorum dierum infantem natum ex patre gentili *Ansitaganassit* et Maria *Charakkisk8e.* Patrinus fuit Josephus Boyé, matrina Theodora *8eresk8ech.*

6 Februarii 1682

Ego Jacobus Bigot s[ocietatis] Jesu sacerdos solemni ritu baptisavi Joannem Franciscum infantem hesterna die natum ex patre catechumeno *8echamimit* et Angelica[1] *Ki8echin8kk8e.* Patrinus fuit Josephus Boyé, matrina fuit Maria *Nanksk8e.*

10 Aprilis 1682

Ego Jacobus Bigot s[ocietatis] J[esu] sacerdos solemni ritu baptisavi Thomam *Hebakkat* adolescentem 15 circiter annos natum ex patre gentili *8abanigamik8* et matre Bibiana *Et8akaesk8e*; et Adrianum *Ertamiant* duodecim circiter annos natum ex patre catechumeno *Ki8ahemen* et matre Natalia *Ki8ahemenisk8ech.*

Item simul baptisavi Nataliam *Ki8ahemenisk8ech* 40 circiter annos natam et Bibianam *Et8akaesk8e.*

Item Modestam *Achite8antesk8e* 14 circiter annos natam puellam ex supradictis catechumeno *Ki8ahemen* et Natalia *Ki8ahemenisk8ech.* Patrinus fuit Josephus Boyé, matrina Margarita *8eranmi8e.*

[J. Bigot]

21 Maii 1682

Ego Vinc[entius] Bigot s[ocietatis] Jesu sacerdos solemni ritu baptisavi infantem unius anni natum ex patre gentili Iroquaeo *Gana8ir8da* dicto et matre Abnaquaea cathecumena *(sic)* dicta *Agnibaisk8e*

[97]

infantem nominavi Bartholomaeum. Matrina fuit Catarina *Ab8kchik8.*

[signé] Vincentius Bigot

23 Maii 1682

Ego Vincentius Bigot s[ocietatis] Jesu sacerdos solemni ritu baptisavi infantem unius mensis natum ex patre Abnaquaeo catechumeno dicto *Tchibanghiskiant* et matre

---

1 Devant **Angelica**, rature du mot **Mariam**.

Abnaq[uaea] Martha *Ekedchisk8essimis*. Infans appellatus est Ludovicus. Matrinam habuit Susannam *Ki8ambameteskBe*.

[signé] Vincentius Bigot

29 Maii 1682 — Ego Vincentius Bigot soc[ietatis] Jesu sacerdos solemni ritu baptisavi Stanislaum *Manit8ich* infantem 5 annos natum ex patre gentili Abnaquaeo *Sanganrirrharte* et matre gentili *Ekisk8sk8e* defuncta.

Item Josephum infantem Algonquaeum septem circiter menses natum ex Joanne Baptista *8atchist8nich* Algonquaeo et matre Ludovica *Arimask8e8*. Utriusque patrinus fuit Josephus Jean.

[signé] Jac. Bigot, Soc. Jesu

2 Junii 1682 — Ego Vincentius Bigot soc[ietatis] Jesu sacerdos solemni ritu baptisavi in ecclesia S[ancti] Michaelis apud Silleriacum senem Abnaquensem dictum *8esk8isikaiant*[1].

Item faeminam aetate provectam dictam *Cheneem8sk8e*[2]. Priorem nominavit Germanum, Agnes *Janchemansk8e*, posteriorem vero Antoniam.

[signé] Vinc. Bigot

2 Junii 1682 — Ego Vinc[entius] Bigot soc[ietatis] Jesu sacerdos solemni ritu baptisavi in ecclesia S[anc]ti Michaelis apud Silleriacum puellam quinque circiter annos natam ex patre Socoquio dicto *Ap8k8akameg8* et matre Soccoq[uia][3] dicta *N8rekesk8e*, gentilibus. Angela nominata est. Matrinam habuit Joannam *K8erpechk8e8it*.

[signé] Vincentius Bigot

6 Junii 1682 — Ego Vinc[entius] Bigot soc[ietatis] Jesu sacerdos solemni ritu baptisavi in ecclesia S[anc]ti Michaelis apud Silleriacum infantem quinque dierum natum ex patre Stephano *Nekedneant* et matre Agata *Nek8t8sk8e8it*, Abnaquiis. Gabrielem nominavit Anastasia *Amech8ekanisk8e*.

[signé] Vincentius Bigot

19 Junii 1682 — Ego Vincentius Bigot soc[ietatis] Jesu sacerdos solemni ritu baptisavi sequentes adultos:

Gregorium *Chipanghiskiandes* viginti circiter annos natum;
Domitillam *8enagheredesk8e* 22 circiter ann[os];
Tarsillam *Man8epita8esk8e* 20 circiter ann[os];

---

1 **8esk8isikaiant**: ajouté au-dessus d'une rature.
2 **Cheneem8sk8e**: suivi d'une rature.
3 **Soccoq[uia]**: addition au-dessus de la ligne.

Antoniam *Mika8sk8e8it* 15 circiter ann[os], Abnaquios[1]. Matrinam habuere Monicam *Ametambechinisk8e*.

[signé] Vincent Bigot

5 Julii 1682

Ego Vincentius Bigot soc[ietatis] Jesu sacerdos solemni ritu baptisavi sequentes adultos:

Josephum Dionysium *Aghi8ahemen* sexaginta circiter annos natum et Joannem Ignatium *Tchibaghiskhiant* Josephi dicti filium [du]odeviginti annos natum. Matrinam habuere Mariam Pelletier.

[signé] Vinc. Bigot
Marie Peltier

[98]

12 Julii 1682

Ego Vinc[entius] Bigot soc[ietatis] Jesu sacerdos solemni ritu baptisavi sequentes adultos Abnaquios Remigium *8ambin8rket* 40 circiter annos natum, Franciscum Salesium Robertum *8ambiganis* 28 ann[os], Mariam Theresiam *Aghenibaisk8e* 29 ann[os], Candidam *N8rk8esk8e* 14 ann[os]. Duo priores patrinu[m] habuere Franciscum Salesium *Kiki8inehit*, posteriores Franciscam *Apemaisk8e*.

[signé] Vinc. Bigot

24 Julii 1682

Ego Jac[obus] Bigot soc[ietatis] Jesu sacerdos solemni ritu baptisavi sequentes infantes Abnaquios Ignatium *Senirrech* 5 annos natum ex patre gentili *8dachegamba8it* et ex matre catechumena *Bigantsk8e*. Ite[m] Franciscu[m] Xaver[ium] *Igatich* 5 ann[os] natum ex patre catechumeno *A8itchie8it* et ex matre catechumena *Antchighianisk8e*. Ite[m] Jacobum Christophorum *K8et8iat* 3 ann[os] natum ex suprad[ictis] *A8itchie8it* et *Antchighianisk8e*. Ite[m] Barnabam *Pir88rag8* duos an[nos] natum ex patre catechumeno *8tacha8arahin* et ex matre catechumena *Net8g8sk8e*. Item Apollinarem *8ech8ahansit* tres ann[os] natum ex patre catechumeno *Banbnaokeme* et ex matre catechumena *8ghesk8e*. Tres priores patrinum habuerunt Franciscum Xaverium *Hanra8eremit*, matrinam Mariam Bonhomme. Posteriores duo patrinu[m] habuerunt praedictu[m] *Hanra8eremit*, matrina Annam Bonhomme.

[signé] Jac. Bigot S. J.
Marie Bonhomme - Anne Bonhomme

---

1 **Abnaquios**: addition au-dessus de la ligne.

6 Augusti 1682

Ego Jac[obus] Bigot s[ocietatis] J[esu] sacerdos solemni ritu baptisavi sequentes: Antonium *Pang8asset* 9 annos natum ex patre gentili *Ganghi8aska8a*, et matre catechumena *Che8bisk8e*. Item Hilarium *Peghidanbe8it* unum an[num] natum ex eadem matre et patre catechumeno *Emachannait*. Item Eulaliam Soquoquaea[m] 8 circiter an[nos] natam ex parentibus gentilibus Soquoquaeis. Omnes nominavit Catharina Senensis *Kechisk8e*.

[signé] Jac. Bigot S. J.

18 Augusti 1682

Ego Jacobus Bigot s[ocietatis] J[esu] sacerdos solemni ritu baptisavi sequentes adultos Franciscum Josephum *Pebanm8anret* 40 circiter annos natum. Ite[m] Ludovicam Marinam *Nameskanisk8e* 50 circiter annos natam. Item Mariam Magdalenam *Aiam8sk8e* 25 circiter an[nos] natam. Omnium patrinus fuit Josephus Jean; Francisci Josephi et Ludovicae Marinae matrina fuit Marina *Chiberinansk8e*, Mariam Magd[alenam] nominavit Maria Magdalena Desorcis.

[signé] Jac. Bigot S. J.
Mari Magdelenne Dessorcis

19 Aug[usti] 1682

Ego Jacob[us] Bigot s[ocietatis] J[esu] sacerdos solemni ritu baptisavi Mariam Elisabetham *Apeghiganisk8e* Soquoquaeam 5 circiter ann[os] natam ex patre *Igane8it* gentili et ex matre *8e8rimin*, Mariam Elisabetham nominavit Elisabetha *8a8an8ihansk8e*.

[signé] Jac. Bigot

24 Aug[usti] 1682

Ego Jacob[us] Bigot s[ocietatis] J[esu] sacerdos solemni ritu baptisavi sequentes infantes: Bartholomaeum Ludovicum *Pe8asahesit* 7 circiter an[nos] natum ex patre catechumeno *Necha8ag8idega* et matre catechumena *Meder8sk8e*. Item Joannem Paulum *Papenim8e* 5 circiter an[nos] natum ex patre catechumeno *8enanghihe8it* et matre catec[humena] *Antchihandesk8e*. Ite[m] Joan[nem] Bapt[ist]a[m] *Mames8raghen8e* 5 circiter an[nos] natu[m] ex patre catec[humeno] *K8ereb8sset* et matre Cecilia[1] catec[humena] *8itchiganbam8esk8e*. Item Petrum Paulum *Apemeghin* duos an[nos] natum ex supradictis *K8reb8sset* et *8itchiganbam8esk8e*. Item ex iisdem natam 7 an[nos] Annam Theresa[m] *N8tchahansk8e*. Ite[m] Ludovicam *Mimetanba8it* natam 6 an[nos] ex patre gentili defuncto *Meg8a8nigan* et matre catechumena *Penahansk8e*. Item Mariam Ludovicam *8etchan8eresit* tres fere an[nos] natam ex supradictis *Necha8ag8idega* et *Meder8sk8e*. 4 priores nominavit Jacobus *Ek8itche8it* et Marina *Chiberinansk8e*. Tres posteriores idem Jacobus et Theresia *8ne8aratk8isk8e*.

---

1 **Cecilia**: addition au-dessus de la ligne, après son baptême, sans doute, puisque comme catéchumène, - donc non baptisée- , elle n'a pas encore de prénom chrétien.

[99]

7 Septemb[ris] 1682	Ego Jacob[us] Bigot s[ocietatis] J[esu] sacerdos solemni ritu baptisavi infantulam Abnaquaeam sex menses natam ex Josepho *Hareg8ersemit* et Maria *Apimiresk8e*. Mariam Apolloniam nominarunt Josephus Boyé et Agnes *8erk8ech*. [signé] Jac. Bigot S. J.
30 Sept[embris] 1682	Ego Jac[obus] Bigot s[ocietatis] J[esu] sacerdos solemni ritu baptisavi infantulam Abnaquaeam duos dies natam ex patre gentili Soquoquaeo et Anna Elisabetha Abnaquaea. Mariam Rosam nominavit Marina *Chiberinansk8e*.
29 Octob[ris] 1682	Ego Jac[obus] Bigot s[ocietatis] J[esu] sacerdos solemni ritu baptisavi infantulam Abnaquaea[m][1] decem circiter menses[2] natam ex Ludovico *Nepska8at*[3] Abnaquaeo et Agnete *Massinatanis* Algonquinaea. Patrinus fuit Josephus Jean, mat[rina] Tarsilla *Ma8apita8esk8e*.
9 Novemb[ris] 1682	Ego Jac[obus] Bigot s[ocietatis] J[esu] sacerdos solemni ritu baptisavi puellam tres circiter annos natam ex [ ]. Mariam Nataliam nominavit Natalia *Ki8ehemenisk8e*. [signé] Jac. Bigot S. J.
15 circiter Octob[ris] 1682	Ego Jacobus Bigot s[ocietatis] J[esu] baptisavi non adhibitis ceremoniis ecclesiae Josephum *8tacha8archim* 30 circiter annos natu[m] periculosissime aegrotantem.
23 Novembr[is] 1682	Ego Jac[obus] Bigot s[ocietatis] J[esu] sacerdos solemni ritu baptisavi Franciscu[m] Renatu[m] *Banbnaskeme* 30 circiter annos natu[m] et Mariam Ceciliam *8nibnakisk8e*, priorem nominavit Franciscus Robertus *8anbiganich*, posteriorem supradictus Robertus et Marina *Chiberinansk8e*.
1 Decembr[is] 1682	Ego Jac[obus] Bigot solemni ritu bapt[isavi] Mariam Margaritam *Banktemesit* vetulam octogenariam Abnaquaeam. Eam nominavit Maria Francisca *Tek8erimansk8e*.
28 Novem[bris] 1682	Ego Jac[obus] Bigot s[ocietatis] J[esu] s olemni ritu bapt[isavi] Franciscum Xaverium *Mantcharet* sex fere annos natum et Joachimum *Ibitchon* duos an[nos] natu[m], utriumque natum ex patre[4] catechumeno *Ennek8it*

---

1 **Abnaquae[m]**: addition au-dessus de la ligne.
2 **menses**: correction de **annos**, rayé.
3 Rature de **patre** devant **Ludovico**.
4 **patre**: addition au-dessus de la ligne.

et matre catechumena. Priorem nominavit Elisabetha [ ]. Postremu[m] Maria [ ].

11 Decemb[ris] 1682 — Ego Jacobus Bigot s[ocietatis] J[esu] solemni ritu baptisavi Joannem Marcum *Meta8askaren8* 30 circiter an[nos] natum. Simonem *Kiapis* 15 circiter annos natu[m] et Mariam Anastasia[m] *Net8g8sk8e* 25 circiter an[nos] nata[m]. Illos nominavit Franciscus Robertus *8anbiganich*. Istam Anastasia *Anm8esisk8e* et idem supradictus Franciscus.

19 Decemb[ris] 1682 — Ego Jacob[us] Bigot s[ocietatis] J[esu] solemni ritu baptisavi Mariam *8hesk8e* 30 circiter annos natam Abnaquaeam et Annam *8chisk8e* ejus filiam 12 circiter annos natam et Elisabetam *Na8aderen* 10 circiter an[nos] natam ex gentilibus patre et matre. Patrinus omnium fuit Franciscus Robertus *8ambiganich*, matrina Maria Magd[alena] *Aiam8sk8e*.

24 Decemb[ris] 1682 — Ego Jac[obus] Bigot s[ocietatis] J[esu] solemni ritu baptisavi Jacobum Vincentium *Ennek8it* 30 circiter an[nos] natum, Natalem *8anbinon* 11 an[nos] natu[m], Victoriam *Nespiankesk8e* supradicti Jacobi uxorem 20 circiter annos] nata[m]. Ite[m] Nataliam *Anakanansk8e* 15 annos nata[m][1] et Annam Cathar[inam] *la8ak8andes* 9 circiter an[nos] natam, tres priores nominavit [ ] Desorcis, Nataliam Elisabetha [ ], Annam Catharinam Maria Magd[alena] Desorcis.

1 Febvrier 1683 — Ego Jac[obus] Bigot s[ocietatis] J[esu] solemni ritu baptisavi infantem 2 dierum Abnaquaeum Petrum Ignatiu[m] natum ex Francisco *Panbena8keme* et Maria *8kesk8e*. Patrinus fuit Victor *Mechakerrant*, matrina Maria Magdalena *Aiam8sk8e*.

1 Février 1683 — Ego Jac[obus] Bigot s[ocietatis] J[esu] solemni ritu baptisavi vetulam Abnaquaea[m] Mariam Annam *S8tem8sk8e*. Ite[m] Juliana[m] Catharinam *Amek8amkad8ske* vetulam Abnaq[uaeam], utriusq[ue] matrina fuit Catharina Senensis *Eketchisk8e*.

[signé] J. Bigot S. J.

Le 9 ou 10 Avril 1683 — Ego Jac[obus] Bigot s[ocietatis] J[esu] solemni ritu baptisavi vetulam Abnaquaeam Theresam nominavit Anastasia *Hanm8sk8e*. Ite[m] Theresae filium 12 circiter annos natum. Nicolaum nominavit Nicolaum Patenoste.

---

1 **15 an. nata[m]**: addition au-dessus de la ligne.

Le 3 May 1683

Ego Jac[obus] Bigot s[ocietatis] J[esu] solemni ritu baptisavi infantem unius mensis natum ex Francisco Salesio *Ki8ine8it* et Dorothea *Naremisk8e*. Vincentium nominavit Monica *Metabecinisk8e*.

Le 5 Juin

Ego Jac[obus] Bigot solemni ritu baptisavi Joanne[m] Baptistam unius diei infantem filium Joannis *Gouspancet* et Susannae [ ]. Ite[m] Magdalenam unius mensis infantulam nata[m] ex Stephano *8ramenambe* et Maria Magdalena. Priore[m] nominavit Joanna *K8eretesk8e8it* Abnaquaea, posteriore[m] Guillelmus Bonhomme et Maria Magdalena Desorcis.

[100]

22 & 23 Junii 1683

Ego Jac[obus] Bigot s[ocietatis] J[esu] sacerdos solemni ritu baptisavi Joannem Bapt[istam] Franciscum *Menet8anbe8it* 22 circiter an[nos] natum. Stephanum *Esamabamet* 20 circiter an[nos] natu[m]. Ludovicum Paulinum *Ker8sin* 20 circiter an[nos] nat[um]. Ludovicum Gonsagam *Ktahen8kis* 14 cir[citer] an[nos] nat[um]. Antonium *8ambadokki* 11 circiter an[nos] natu[m]. Catharinam Marinam *Apanmenansk8e* 60 circ[iter] an[nos] nat[am]. Agnetem Ursulam *Eramsk8e8it* 20 circiter an[nos] nat[am]. Joannis Bapt[istae] Francisci patrinus fuit Franciscus Xaverius *Hanran8eremit*. Ludovici Paulini, Ludovici Gonsagae, Antonii, Stephanus *Neketneant*. Catharinae Marinae et Agnetis Ursulae matrina fuit Marina *Chiberinansk8e*. Ite[m] suppletae sunt ceremoniae Josepho *8dacha8erraïn*, Josephu[m] nominavit Franciscus Xaverius *Hanran8eremit*.

26 Junii 1683

Ego Jac[obus] Bigot s[ocietatis] Jesu sac[erdos] solemni ritu baptisavi Mariam Joannam duoru[m] dieru[m] infantulam nata[m] ex Francisco Roberto *8anbiganich* et Tarsilla *Nan8epittaesk8e*. Mariam Joannam nominarunt Josephus *Huro* et Maria Joanna *K8erebesk8e8it*.

10 Julii 1683

Ego Jac[obus] Bigot s[ocietatis] J[esu] sac[erdos] sol[emni] ritu baptisavi Stephanu[m] Laurentiu[m] *8e8ebiaret* 24 circ[iter] an[nos] natu[m], Valerianu[m] *8danbeessan* 20 circ[iter] an[nos] nat[um], Gervasiu[m] *Ketemanghies* 18 circi[ter] an[nos] nat[um], Romanu[m] *Sanm8ssanmet* 16 circi[ter] an[nos] nat[um]. Omniu[m] patrinus fuit Stephanus *Neketneant*.

17 Julii 1683 — Ego Jac[obus] Bigot s[ocietatis] J[esu] sac[erdos] solem-[ni] ritu baptisavi Mariam Bibianam sex circit[er] an[nos] nata[m] ex Francisco Remigio *8anbin8rke* et Susanna *Ki8ambameteskBe*. Mariam Bibiana[m] nominavit Bibiana *Meneskiansk8e*.

30 Julii 1683 — Ego Jac[obus] Bigot s[ocietatis] J[esu] sac[erdos] sol[emni] ritu bapt[isavi] Petru[m] Ignatiu[m] *Kiapis* 5 circiter annos natu[m] ex patre defuncto *A8k8akameg8* et matre gentili, Dorotheam *Meteremansk8e*[1] 7 circ[iter] an[nos] nata[m] ex patre gentili defuncto *K8erbatant* et matre catechumena *Nanksk8e*[2], Angelicam tres an[nos] nata[m] ex patre gentili et matre catechumena[3], Mariam Catharinam[4] Angelicam unius an[ni] nata[m] ex patre gentili et catechumena *8erarokke*. Petri Ignatii et Angelicae matrina fuit Maria Magd[alena] *8ramenambeisk8e*, caeteraru[m] Agatha.

9 Aug[usti] 1683 — Ego Jac[obus] Bigot s[ocietatis] J[esu] sac[erdos] solemni ritu baptisavi sequentes adultos: Guillelmum *8etak8nan* 22 circiter an[nos] natu[m], Hieronymum *Mani8kam* 12 circiter an[nos] natum, Laurentium Ignatium *Bareba8es* 11 circiter an[nos]. Prioris patrinus fuit Guilel[mus] *Penaz8ret*, alterius matrina fuit Susanna *G8spancetisk8e*, postremum nominavit Ignatius Franc[iscus] *8amket*.

18 Aoust — Ego Jac[obus] Bigot s[ocietatis] J[esu] sac[erdos] sol[emni] ritu bapt[isavi] Sebastianum *8chamimit* 40 circiter an[nos] natum. Patrinus fuit Sebastianus Lienard.

30 Aoust — Ego Jac[obus] Bigot soc[ietatis] J[esu] sac[erdos] sol[emni] ritu baptisavi Mariam Franciscam *S8dem8sk8e* 6 circiter an[nos] natam. Patrinus fuit Franciscus Laval Illustrissimi Episcopi Quebecencis nepos[5].

3 Oct[obris] 1683 — Ego Jac[obus] Bigot soc[ietatis] J[esu] sac[erdos] sol[em ni] ritu baptisavi Franciscum Xaverium vix unu[m] an[num] natum ex catechumeno *Manik8* et catechumena *Tchibang8nansk8e*. Ite[m] Mariam Catharina[m] *Ansite8ansk8e* 3 an[nos][6] natam ex supradictis. Ite[m] Bibianam Tarsillam *Ita8iresk8ech* 3 circiter an[nos] nata[m] ex catechumeno *8am8nemeremit* et matre catechumena *Ma-*

---

1 **Meteremansk8e**, correction ajoutée au-dessus de **8e8rarokke** que le rédacteur semble avoir oublié de rayer.

2 **Nanksk8e**; le rédacteur avait d'abord écrit **Meteremansk8e**: il a rayé **Metere** et surchargé **m** en **N** et ajouté **K** au-dessus de la ligne, ce qui donne **Nansk8e**.

3 Après **catecumena**, le rédacteur a rayé le nom de la mère, **(Meteremansk8e)** de même que la correction **(8erarokke)**.

4 **Catharinam**: ajouté au-dessus d'une correction.

5 On ne sait rien de ce neveu de Mgr de Laval (TRUDEL, M. *Communication du 7 août 1986*).

6 **3 an[nos]**: addition au-dessus de la ligne.

nandag8esso. Priorum matrina fuit Maria *Kechaansk8e*, alterius Tarsilla *Man8epitta8esk8e*.

16 Octob[ris] 1683 — Ego Jac[obus] Bigot s[ocietatis] J[esu] sac[erdos] sol[emni] ritu baptisavi Franciscu[m] Salesiu[m] 2 dierum infante[m] natum ex Joanne Francisco Lienard et Paula *8ripehenemich*. Patrinus fuit Franc[iscus] Salesius *Ki8ine8it*. Matrina Cecilia *8itchigamba8m8esk8e*.

21 Octob[ris] 1683 — Ego Jac[obus] Bigot s[ocietatis] J[esu] sac[erdos] solem[ni] ritu baptisavi Franciscum Hilarium vix duos dies natu[m] ex Matthaeo *A8assa8et* et Maria [ ]. Matrina fuit Maria Francisca *Tek8erimansk8e*.

[J. Bigot]

13 Novemb[ris] 1683 — Ego H[enricus]-J[osephus] Gassot soc[ietatis] J[esu] sac[erdos] solemni ritu baptisavi Henricum Josephum.

[H.-J. Gassot]

Hilarionem
Mariam Annam[1]

[101]

18 Novemb[ris] 1683 — Ego Jac[obus] Bigot soc[ietatis] J[esu] sac[erdos] sol[emni] ritu bapt[isavi] Margaritam Ursulam [ ], pridie natam ex Ignatio Francisco *8amket* et Maria Agnete *Keskamian8andesk8e*. Patrinus fuit Natalis *Pebanm8ret*. Matrina Ursula *Penanghesk8e*.

20 Novemb[ris] 1683 — Ego Jac[obus] Bigot s[ocietatis] J[esu] sac[erdos] sol[emni] ritu bapt[isavi] Paulum pridie natum ex Paulo *Ita8inon* et Joanna *Keig8einema8a*. Matrina fuit Maria Joanna *K8eribisk8e8in*.

26 Nov[embris] 1683 — Ego Jac[obus] Bigot s[ocietatis] J[esu] sac[erdos] solemni ritu baptisavi Brigittam 3 circiter an[nos] nata[m] ex patre catechumeno [ ] et matre [ ]. Ite[m] Clotilde[m] 2 dies nata[m] ex Jacobo Vincentio *Innenk8it* et ex Victoria *Nespianketk8e*[2].

---

1 **Hilarionem** et **Mariam Annam**: écrits l'un par dessus l'autre, au bas de la page à gauche; semblent faire partie de l'acte du 13 novembre 1683, bien que l'espace laissé en blanc soit inhabituel.

2 Les mots **ex Victoria Nespianketk8e** sont inscrits dans la marge de gauche.

9 Decemb[ris] 1683	Ego Jac[obus] Bigot s[ocietatis] J[esu] sac[erdos] sol[emni] ritu bapt[isavi] tres adultos: Jacobum [ ] 20 circiter an[nos] natu[m]; Mathurinum [ ] 16 an[nos]; Catharinam 60 circiter an[nos]. Patrinus o[mniu]m fuit Guillelmus *Penaz8ret*.
11 Decemb[ris] 1683	Ego Jac[obus] Bigot s[ocietatis] J[esu] sac[erdos] sol[emni] ritu bapt[isavi] 7 sequentes adultos: Gabrielem Josephu[m] *Ispig8e8it* 40 circiter an[nos] natu[m], Nicolau[m] *A8itchirre8in* 36 circiter an[nos]. Petru[m] Jacobu[m] *8enianghee8it* ejusd[em] aet[atis]. Isabella[m] 50 circiter an[nos]. Luciam [ ] 45 an[nos]. Claudiam 40 an[nos]. Coletam [ ] 35 an[nos]. Magdalenam [ ] 30 an[nos]. Gabrielis patrinus fuit Josephus Jean; Nicolai, Franciscus Xav[erius] *Haran8eremit*; Petri Jacobi, Isabellae, Luciae, Claudiae, Coletae, Josephus Jean; Magdalenae matrina fuit Maria Magd[alena] *8ramenambeisk8e*. [J. Bigot]
15 Dec[embris] 1683	Ego H[enricus] J[osephus] Gassot soc[ietatis] J[esu] sac[erdos] sol[emni] ritu baptisavi Mariam Theclam natam 3 dies ex Joa[nne] *Michabret* Abnaq[uaeo] et Maria [ ] item Abnaquaea. Matrina eadem quae superioris. [H.-J. Gassot]
27 Dec[embris] 1683	Ego Jac[obus] Bigot s[ocietatis] J[esu] sac[erdos] sol[emni] ritu bapt[isavi] Agatham 2 dies natam ex patre catechumeno *Amessanait* et Coleta [ ]. Matrina fuit Agatha.
23 Dec[embris] 1683	Ego Jac[obus] Bigot sol[emni] ritu bapt[isavi] Jacobu[m] Ignatiu[m] natu[m] ex patre catechumeno *8an8nemeremit* et matre catechumena *Manandag8esso* dicta. Patrinus fuit Ignatius *Tchibaghiskiantes*. Matrina Tarsilla *Man8epita8esk8e*.
4 Jan[uarii] 1684	Ego Jac[obus] Bigot s[ocietatis] J[esu] sac[erdos] sol[emni] ritu bapt[isavi] sequentes adultos: Radegonde[m] *Chibang8nansk8e* 30 circiter an[nos] nata[m]; Eulalia[m] *Era8aket8ech* ejus filia 10 circiter an[nos]; Marcellam *M8ar8mit* 10 circiter an[nos]. Radegondis matrina fuit Martina *Kera8an8sk8e*. Eulaliae, Maria Agnes *Keskamian8andesk8e*; Marcellae, Domina Maria Jean. Ite[m] supplevi ceremonias Bapt[ismi] Mariae *Makan8ch*, pride[m] ante in silvis baptisatae du[m] gravissime aegrotaret. Ejus matrina fuit Maria Jean, dicta Maria *Makan8ch*, 9 an[nos].

10 Jan[uarii] 1684 — Ego Jac[obus] Bigot s[ocietatis] J[esu] sac[erdos] sol[emni] ritu baptisavi Jacobu[m] Guillelmu[m] *Amessanait* 30 an[nos] natu[m]. Patrinus fuit Guillelmus *Penaz8ret.*

12 Jan[uarii] 1684 — Ego Jac[obus] Bigot s[ocietatis] J[esu] sac[erdos] sol[emni] ritu baptisavi Annam Agnetem *8rig8nansk8ech* 4 dieru[m] infantula[m] nata[m] ex Josepho *Harg8essemit* et Maria *Erpameresk8e*. Patrinus fuit Lud[ovicus] Paulinus *Ker8ssin*. Matrina Agnes *8er8k8ech*.

20 Jan[uarii] 1684 — Ego Jac[obus] Bigot s[ocietatis] J[esu] sac[erdos] solem[ni] ritu bapt[isavi] Sebastianu[m] *Manik8* 35 circiter an[nos] natu[m]; Fabianu[m] *8an8nemermit* 30 circiter an[nos]; Honoratu[m] *8enank8rdech* 25 cir[citer] an[nos]; Agnetem Pulcheriam *Manandag8esso* 20 circ[iter] an[nos], omnes Abnaquaeos. Sebastiani patrinus fuit Josephus Lud[ovicus] *Hareg8essemit*; Fabiani et Honorati, Ignatius Franc[iscus] *8amket;* Agnetis, Agnes *Santchemansk8e*.

30 Jan[uarii] 1684 — Ego Jac[obus] Bigot s[ocietatis] J[esu] sac[erdos] sol[emni] ritu bapt[isavi] Theresiam 2 dierum infantulam natam ex Ignatio *Tchibanghiskiantes* et Marta *Kitchisk8essimis*. Patrinus[1] fuit Petrus Mesureux, matrina Marie Pelletier.

[signé] Marie Pelletier
Pierre Mesureux [+ parafe]
[Jac. Bigot]

4 Feb[ruarii] 1684 — Ego H[enricus] J[osephus] Gassot soc[ietatis] Jesu presbiter supplevi ceremonias baptismi infantulae 4 dieru[m] natae ex patre gentili Sockoquaeo [ ] et Maria Theresa *Aghehibanisk8e* Abnaquaea. Baptizata fuerat duobus ante diebus cu[m] gravissime aegrotaret in suo tuguriolo. Cunegundis appellata est.

[H.-J. Gassot]

[102]

Le 2 mars[2] par le P. Henry Joseph Gassot a esté baptisé Charles Ripoche &, ut jacet in tabulis.

16 April[is] — Ego Jac[obus] Bigot s[ocietatis] J[esu] sac[erdos] sol[emni] ritu bapt[isavi] Joanne[m] Bapt[istam] Petitclerc prout jacet in duab[us] aliis publicis tabulis.

---

1 Le rédacteur avait d'abord inscrit: **Matrina fuit Maria Pelletier**, puis il a transformé **matrina** en **patrinus** et raturé **Maria Pelletier.**

2 Écriture du P. Jacques Bigot.

24 April[is] — Ego Jac[obus] Bigot s[ocietatis] J[esu] sac[erdos] sol[emni] ritu bapt[isavi] Carolu[m] Hamel prout ite[m] jacet in tabulis.

26 April[is] — Ego Jac[obus] Bigot s[ocietatis] J[esu] sac[erdos] sol[emni] ritu baptisavi Susannam unum mensem natam ex Joanne Marco *Meta8askaren8* Abnaquaeo et Domitilla *8anangherdesk8e*. Susanna[m] nominavit Susanna *Ki8ambametesk8e*.

[signé] Jac. Bigot, S. J.

28 April[is] — Ego Jac[obus] Bigot s[ocietatis] J[esu] sac[erdos] sol[emni] ritu baptisavi Claudium infante[m] 11 dies natu[m] ex Claudia [ ] q[u]ae postridie qua[m] genuit obiit, et ex catechumeno *Essa8itteghé*. Claudiu[m] nominavit Marina *Chiberinansk8e*.

[signé] Jac. Bigot

26 April[is] — Ego Jac[obus] Bigot s[ocietatis] J[esu] sac[erdos] sol[emni] ritu baptisavi Augustinum unius diei infantem natum ex Francisco[1] Gaspesiano, qui hic obiit paulo ante et Apollonia Gaspesiana. Augustinum nominavit Monica *Metabecinisk8e*.

7 Maii 1684 — Ego Jac[obus] Bigot s[ocietatis] J[esu] sac[erdos] sol[emni] ritu baptisavi Petrum Jacobum duos an[nos] natum ex catechumeno patre *Ki8ine8anet8e* et catechumena matre *K8esk8e*. Ite[m] Mic[h]aelem *8erambe8it* 18 circiter menses natu[m] ex Ignatio *Skambe8ren8* et matre catechumena *Akitkannisk8e*. Ite[m] Domitillam *Imah8ehesk8e* sex circiter an[nos] nata[m] ex parentibus catechumenis *Mik8nambé* et *Mete8iresk8e*. Ite[m] Rosam *Pi8sk8ech* 2 an[nos] nata[m] ex patre gentili *Pemaghimit* et matre catechumena *Pitta8igansk8e*. Omnium patrinus fuit Franciscus Robertus *8ambiganich*; Michaelis matrina Elisabetha *Pemsk8e8it*; Domitillae Catharina *Pi8sk8emighessit*; Rosae, Joanna *K8reb8sk8e8it*.

[signé] Jac. Bigot S. J.

17 Maii 1684 — Ego H[enricus] J[osephus] Gassot soc[ietatis] Jesu sacerdos solemni ritu baptizavi in ecclesia S[anc]ti Michaelis Silleriaci Joannem *Nann8tchieg8* ex patre *Eremag8arrant* Abnaquaeo et matre *8deresk8e8it* Gaspesiana gentilibus; duos circiter annos nata erat et aegrotabat, rediit statim in Acadiam; matrina fuit Joanna.

[23 Maii 1684] — Ego H[enricus] J[osephus] Gassot soc[ietatis] Jesu sacerdos solemni ritu baptisavi in ecclesia Sancti Michaelis Silleriaci die 23 Maii 1684 sequentes Abnaquaeos infantes:

---

1 **Francisco** remplace **Apollon**, raturé.

Celsum *Mig8diche* 7 annos natum ex patre Guill[elmo] *Emachannaie* et matre *8rih8e* catechumena. Casimirum *Papemapanm8at* 4 an[n]os natum ex patre *Emmak8ig8né* et matre *Saaghesk8e* catechumenis. Anastasium 3 menses natum cui nondum barbarum nomen impositum erat ex iisdem parentibus. Ceremonias adhibui Joanni Baptistae *Mese8etemet.*

[H.-J. Gassot]

3 Junii 1684 — Ego Jac[obus] Bigot s[ocietatis] J[esu] sac[erdos] sol[emni] ritu baptisavi Barnabam *Emantch8anit* Abnaquaeum[1] 40 circit[er] an[nos] natum. Patrinus fuit Stephanus *Neketneant.*

[J. Bigot]

X unius an[n]i paulo ante baptizati[2] a D[omi]no Morelle[3], cum esset in mortis periculo; natus est ex patre [ ] gentili et matre [ ] catechumena.

[H.-J. Gassot]

16 Junii — Ego Jac[obus] Bigot s[ocietatis] J[esu] sac[erdos] sol[emni] ritu bapt[isavi] sequentes adultas: Athanasiam catechumena[m] 50 circiter an[nos]; Valentinam *8erarokket* 35 circ[iter] an[nos]; Pelagiam *Sahaghesk8e* 30 circi[ter] an[nos]; Aldegondem *8rih8e*, ite[m] 30 circiter an[nos]; Melaniam [ ] 25 circ[iter] an[nos]; Claudiam 22 circ[iter] an[nos]; Felicitatem [ ] 12 circi[ter] an[nos]; Paulinam 8 circ[iter] an[nos], omnes Abnaquaeas. Omniu[m] matrina fuit Francisca Desorcis.

[J. Bigot

[103]

Ego H[enricus] J[osephus] Gassot soc[ietatis] Jesu sacerdos solemni ritu baptisavi hos sequentes Abnaquaeos: Robertu[m] *Ts8gresk8* 6 an[n]os natu[m]; Emericum *Mecheghitik*; Arsenium *Pi8tessit* 3 an[n]os natos ex patre[4] *8nematsi* gentili, matre *Ag8seg8an8rk8e* catechumena; horum patrinus fuit Robertus *8ambiganis.*

[25 Junii] — Item 25 Junii Mathiam *8e8abait* 5 an[n]os natum et Sebastianam *Taëremeg8s* duos menses natam; eorum mater *K8assa8ab8e.*

---

1 **Abnaquaeum**: addition au-dessus de la ligne.

2 pour **baptisatus**...

3 Thomas-Joseph Morel desservait alors l'Ile d'Orléans et la rive sud du Saint-Laurent (Montmagny, Cap Saint-Ignace) (***DBC*** I, 524; ALLAIRE, ***Le clergé...***, I, p. 393).

4 **patre**: correction en surcharge de **parentibus**.

[2 Julii] Ite[m] 2 Julii Sabinam recens natam ex patre catechumeno *Ki8ine8anet8* et matre Claudia *K8esk8e*.

[12 Julii] Ego H[enricus] J[osephus] Gassot soc[ietatis] Jesu sacerdos 12 Julii baptisavi cum ceremoniis hos sequentes adultos: Dosithaeum *M8sighisk8* Etechaminensem 15 an[n]os natum ex patre gentili mortuo, matre Apollonia *Kadekk8e8in*; Philippum *Ag8aharek8* 12 an[n]os natum Abnaquaeum, mortui sunt ejus parentes; Stanislaum *Madahanbass* 11 an[n]orum; pater *Sanganrirrant* gentilis, mater mortua; Thadaeum *8dera8it* 10 an[n]orum, mater *Amennan8rk8e* catechumena, mortuus pater; Nortbertum *8nanda8ire8in* 10 an[n]orum, mortuus pater, mater *K8essa8ab8é* catechumena; Albinam *Mete8iresk8e* an[n]oru[m] circiter 40; Antoninam *Ag8seg8an8sk8e* ejusdem circiter aetatis; Domitillam *Taghipehenem* 11 an[n]oru[m] ex patre *Mik8nambé* catechumeno et matre Albina *Mete8iresk8e*; hi 7 Abnaquaei sunt.

[17 Julii] Ego H[enricus] J[osephus] Gassot soc[ietatis] Jesu sacerdos 17 Julii baptisavi cu[m] ceremoniis[1] Mariam Tarsillam recens natam ex Dominico [ ] Abnaquaeo et Maria *I8aban8kk8e*. Item eadem die baptisavi cu[m] ceremoniis Candidam *Eremab8sk8e* Abnaquaeam[2] an[n]orum; ejus pater mortuus est, vocabatur *Nibannigan*, mater *Chemansk8e* catechumena.

Item Aemilianam *Ketesnéhé8é* Abnaquaeam an[n]orum[3] ex patre *Matchitehess* gentili et matre *Ag8an8an8sk8e* catechumena.

[27 Julii] Ego H[enricus] J[osephus] Gassot soc[ietatis] Jesu sacerdos 27 Julii baptisavi solemni ritu Silleriaci hos infantes Abnaquaeos: Bernardinum *N8dadenet* trium annorum ex patre *Nangherenon* gentili et matre *Arambesk8e* catechumena; Cyprianum *Tchitchimis* duorum annorum ex patre Ignatio *Ketsitaha* et matre *Ki8itcheghiask8e* catechumena; Edmundum decem mensium ex patre *Tseganik8* gentili et matre *Ida8sk8ess* catechum[ena]; Mariam Domitillam ex patre *K8etpin8it* et matre *Pekesk8e8it* catechumena.

[28 Julii] Item 28 Julii baptisavi cu[m] ceremoniis sequentes Abnaquaeos infantes: Hyacinthum *Mekk8ansangani* 5 an[n]orum; Celsum Benignum *T8tt8irrant* 2 an[n]orum; eorum pater *N8daghatté* gentilis, mater Monica; et Julianam *Kih8ret* 2 an[n]orum ex patre *Idaombé* gentili et matre Margarita *Gesaomsek8e8in*.

[H.-J. Gassot]

---

1 **cu[m] ceremoniis**: addition au-dessus de la ligne.
2 **Abnaquaeam**: addition au-dessus de la ligne. L'âge est omis.
3 Omission de l'âge.

[104]

28 Juil[let] Ego Jac[obus] Bigot s[ocietatis] J[esu] sac[erdos] solemni ritu baptisavi Mariam Martham [ ], Joannam Catharinam [ ], Candidam [ ]. Patrinus omnium fuit Franciscus Robertus *8anbiganich*.

[J. Bigot]

[29 Julii] Ego H[enricus] J[osephus] Gassot soc[ietatis] Jesu sacerdos solemni ritu baptisavi hos duos infantes: Hermanum Josephum *Tsa8arané* Abnaquaeum 6 annorum natum ex patre *Pemiess* gentili et matre *Arambesk8e* catechumena; et Claudium recens natum ex patre Barnaba *Emantch8anit* Abnaquaeo et matre Margarita *R8r8kasikk8é* Algonquina, 29 Julii.

[6 Augusti] Item 6 Aug[usti] baptisavi Ignatium Dominicum recens natum ex parentibus Abnaquaeis Francisco Xaverio [ ] et Susanna [ ].

[18 Augusti] Item 18 Aug[usti] baptisavi solemni ritu hos adultos Abnaquaeos: Henricum Josephum *Nek8tambamet* 1[?] an[n]orum ex patre gentili mortuo, matre Athanasia; Bernardum *Madai8i* 13 an[n]orum ex patre gentili mortuo, matre infra nominata Maria Sebastiana *K8ssahaban*; Ludovicum Casimirum *Kadonareg8s* 9 an[n]orum ex patre *Pemiessi* gentili et matre *Arambesk8e* catechumena; Annam Melanian *K8sansk8* vetulam; Magdalenam Monicam *Ak8erem8sk8e* 50 annorum, *Matchi8chess* conjugem; Ludovicam Aureliam *Amenan8sk8é* 45 an[n]orum; Mariam Sebastianam *K8ssahaban* 40 annorum, *Ketéremeg8s* conjugem; Annam Apolloniam *Nii8kesk8e* 20 annorum ex patre *Papang8adanit* catechumeno[1] et matre *Tsibesk8ess* gentili[2]; Victoriam 12 an[n]orum ex patre *Pekenambamet*, mater est mortua.

[19 Augusti] Item 19 Aug[usti] solemni ritu baptisavi hos infantes Abnaquaeos: Ludovicum Ignatium *8ambiganen8ess* 6 annorum ex patre *Arammiraan* et matre *N8rekesk8e* catechumenis; Carolum Dositheum *Pi8in8it* 5 annorum ex patre *Mede8eremit* et matre *Kih8ransk8e* catechumenis; Petrum Bernardum *Matchibagamanganss* 3 annorum[3]; iidem parentes qui Ludovici Ignatii; Benedictum decem mensium ex patre *Neganss8den*, matre *8e8ebanansk8e* catechumenis; Theresam Ursulam *Abi8anraghig8s* 3 an[n]orum ex iisdem parentibus.

---

1 **catechumeno** et **gentili**: addition au-dessus de la ligne.

2 Voir la note précédente.

3 **3 annorum**: addition au-dessus de la ligne.

24 Aug[usti] Item 24 Aug[usti] Dionysium Algonquinum recens natum ex Joanne Baptista *Mastist8nis* Algonquino et Ludovica.

9 Sept[embris] Item 9 Sept[embris] Jacobum Michaelem recens natum ex patre Michaele *Bigambit* Abnaquaeo et matre Maria *Nansk8é* Algonquina.

9 Sept[embris] Item eadem die Christinam *Ag8angan8sk8e* Abnaquaeam 40 circiter annorum.

[H.-J. Gassot]

[105]

14 Sept[embris] Ego Jac[obus] Bigot s[ocietatis] J[esu] sac[erdos] sol[emni] ritu baptisavi Petrum Jacobum *Memk8ig8net* 40 circiter an[nos] natum. Patrinus fuit Petrus Mesureur[1].

[J. Bigot]

1 Oct[obris] Ego H[enricus] J[osephus] Gassot soc[ietatis] Jesu sacerdos solemni ritu baptisavi in ecclesia S[ancti] Michaelis Silleriaci 1. Oct[obris] faeminam Socquoquaeam[2] 40 circiter annorum [ ]; nominata fuit Theresa Ursula. Nominavit Ursula [ ].

[H.-J. Gassot]

18 Octob[ris] Ego Jac[obus] Bigot s[ocietatis] J[esu] sac[erdos] sol[emni] ritu baptisavi Dionisium 5 an[nos] natu[m] ex parentibus catechumenis *Meskarominit* et [ ]. Patrinus fuit Dionysius Labruyere.

19 Octob[ris] Ego Jac[obus] Bigot s[ocietatis] J[esu] sac[erdos] sol[emni] ritu baptisavi Mariam Modestam hodie nata[m] ex Ignatio *Mameder8ket* et Maria *K8ssansk8e*. Matrina fuit Agnes *Sanghemansk8e*.

5 Novemb[ris] Ego Jac[obus] Bigot s[ocietatis] J[esu] sac[erdos] solemni ritu baptisavi Josephum Barnabam *Sansena8et* Abnaquaeu[m][3] 25 circiter an[nos] natu[m] et Petrum *Manit8irrech* Abnaqu[aeum][4] 20 an[norum]. Utriusque patrinus fuit Josephus *8dacharräin*.

---

1 **Mesureur(x)**: surcharge: r sur x ou vice-versa.
2 **Socquoquaeam**: suit la rature de **Abnaquaeam**.
3 **Abnaquaeam**: addition au-dessus de la ligne.
4 **Abnaqu[aeum]**: addition au-dessus de la ligne.

10 Novemb[ris] Ego Jac[obus] Bigot s[ocietatis] J[esu] sac[erdos] sol[emni] ritu bapt[isavi] Mariam Aldegondem [ ] 20 circiter an[nos]. Matrina fuit Aldegondis [ ].

11 [Novembris] Ego Jac[obus] Bigot s[ocietatis] J[esu] sac[erdos] sol[emni] ritu baptisavi Ludovicum Anastasium infantem duoru[m] dieru[m] natum ex Ludovico *Ansitaganassit* et Maria *Charakkisk8e*, matrina fuit Maria Anastasia.

14 Novemb[ris] Ego Jac[obus] Bigot s[ocietatis] J[esu] sac[erdos] solemni ritu baptisavi sequentes adultos: Joannem Mic[h]aelem *Espig8ssaret* 23 circiter an[nos]; Joannem Gabriele[m] *At8k8r8n8* 21 an[nos]; Joannem Rafaele[m] *Eita8akeneka* 20 an[nos]; Petrum Joanne[m] *Chesi8inant* 18 an[nos]; Joanne[m] Paulu[m] *Anguieskan* 17; Andrea[m] *Metcheremit* 16 an[nos]; Martinu[m] *8n8menago* 15 an[nos]. Omniu[m] patrinus fuit Pe[ ] *8nianghe8it*.

18 Novemb[ris] Ego Jac[obus] Bigot s[ocietatis] J[esu] sac[erdos] solemni ritu baptisavi Martinam Apolloniam *Meman8sk8e8it* 12 circiter an[nos] natam Abnaquaea[m]. Matrina fuit Apollonia *Cha8an8sk8e*.

22 Novemb[ris] Ego Jac[obus] Bigot s[ocietatis] J[esu] sac[erdos] sol[emni] ritu baptisavi Dionisiam Ceciliam *N8tar8minisk8e* 50 circiter an[nos] nata[m] Soquoquaea[m] et Margaritam Ceciliam *Isakeesk8e* 22 circiter an[nos] Soquoquaea[m]. Prioris matrina fuit Dionisia Gaultier, alterius Margarita Pilote.

22 Nov[embris] Ego Jac[obus] Bigot s[ocietatis] J[esu] sac[erdos] sol[emni] ritu baptisavi Agnetem Ceciliam hesterna die nata[m] ex Natali *Pemanh8ret* et Agnete Ursula *Eramsk8e8it*. Matrina fuit Agnes Pulcheria *Manandag8esso*.

[J. Bigot]

28 Nov[embris] Ego Jac[obus] Gravier s[ocietatis] J[esu] sac[erdos] sol[emni] ritu baptisavi Jacobum Nicolaum natum hesterna die ex patre Nicolao *A8itchirre8it* et matre Catharina Senensi Abnaquaeis. Patrinus Joannes Paulus *Kanghi8eska8an*. Matrina Maria Theresia *Konibahisk8e*; puero nondum inditum est nomen barbarum.

[J. Gravier]

1 Decemb[ris] Ego Jac[obus] Bigot s[ocietatis] J[esu] sac[erdos] sol[emni] ritu baptisavi sequentes adultos: Andream *Mik8nambe* 40 circiter an[nos]. Franciscum *Termeg8sit* 35 circiter an[nos]. Robertu[m] *Ki8ine8aneto* 30 circ[iter] an[nos], Abnaquaeos. Omnium patrinus fuit Franciscus Robertus *8ambiganich*.

[J. Bigot]

8 Dec[embris] Ego H[enricus] J[osephus] Gassot soc[ietatis] J[esu] sac[erdos] sol[emni] ritu baptisavi Ludovicum Ambrosium recens natum ex patre[1] *Idaombé* et matre Margarita Ge*saomsek8e8in* Abnaquaeis, 8 Dec[embris].

[H.-J. Gassot]

11 Decemb[ris] Ego Jac[obus] Bigot s[ocietatis] J[esu] sac[erdos] sol[emni] ritu baptisavi sequentes adultos Abnaquaeos: Ambrosium *Sk8ado* 30 circ[iter] an[nos]. Augustinu[m] *Amenakkamen* 25 an[nos]. Gregoriu[m] *Man8in8* 13 circ[iter] an[nos]. Omnium patrinus fuit Petrus Jacobus *Memk8ig8net.*

[J. Bigot]

[12 Decembris 1684] Ego H[enricus] J[osephus] Gassot soc[ietatis] Jesu sacerdos sol[emni] ritu baptisavi hos sequentes Abnaquaeos 12 Dec[embris] 1684: Ludovicum Dositheum *Penatchih8e* 15 an[n]oru[m]; Matthaeum *Ach8h8rtés* 11 annorum; Luciam Agnetem *Ki8itcheghiask8é* 40 annorum; Luciam Pelagiam *Nena8i8é* 13 an[n]orum. Ceremonias adhibui Genovefae *8samesk8e* 6 an[n]orum, baptisatae olim a P[atre] Franciscano, cum esset in periculo mortis. Duorum priorum et duorum posteriorum pater est Ignatius *Ketsitahé*, mater supra nominata Lucia Agnes *Ki8itcheghiask8e*.

[H.-J. Gassot]

[106]

18 Decemb[ris] Ego Jac[obus] Bigot s[ocietatis] J[esu] sol[emni] ritu baptisavi Mariam Theodoram hesterna die natam ex Guillelmo[2] *8tak8nan* et Theodora *8ersk8ech*. Matrina fuit Marina *Chiberinansk8e*.

[J. Bigot]

Ego H[enricus] J[osephus] Gassot soc[ietatis] Jesu solemni ritu baptisavi Petrum Stephanum *Ette8set*[3] 20 circiter annorum Abnaquaeum. Patrinus fuit Stephanus *Neketneant*.

[H.-J. Gassot]

---

1 **patre** suit la rature de **Margarita.**

2 **Guillelmo** suit la rature de **Theodo**.

3 **Ette8set** suit une rature.

25 Decemb[ris] 1684	Ego Jac[obus] Bigot s[ocietatis] J[esu] sac[erdos] sol[emni] ritu baptisavi Caeciliam Renatam natam[1] ex Petro Jacobo *8emanghie8it* et Maria Renata. Nata est heri. Patrinus fuit Renatus Mezeray, matrina Caecilia *K8reb8ssesk8e*.[2] [J. Bigot]
21 Dec[embris] 1684	Ego H[enricus] J[osephus] Gassot soc[ietatis] Jesu sacerdos solemni ritu baptisavi 21 Dec[embris] 1684 Agnetem Agatham recens natam ex Stephano *Neketneant* et Agatha [ ], Abnaquaeis; matrina fuit Agnes [ ].
28 Dec[embris] 1684	Item 28 Dec[embris] sol[emni] ritu baptisavi hos sequentes Abnaquaeos adultos: Joannem Thomam *Mask8aranminit* 35 an[n]orum; Edmundum *Tseganik8* 28 an[n]orum; Ludovicum Thomam *8ig8erminit* 22 an[n]oru[m] et Mariam Agatham *Ida8sk8ess* 22 an[n]oru[m], *Tseganii8* uxorem. [H.-J. Gassot]
22 Jan[uarii] 1685	Ego Jac[obus] Gravier s[ocietatis] J[esu] sac[erdos] solemni ritu baptizavi Vincentium Anastasium 20 dies natum ex patre *Nangrinon* et matre *Arambosk8e* Abnaquaeis catechumenis. Matrina fuit Susanna. [J. Gravier]
20 Fév[rier] 1685	Ego H[enricus] J[osephus] Gassot soc[ietatis] Jesu sacerdos 20 Feb[ruarii] sol[emni] ritu baptizavi infantem Abnaquaeum recens natum ex Guillelmo *Penaz8ret* et Catharina Abnaquaeis. Joannem Jacobum nominavit Joannes Jacobus de la Source. [signé] Jacobus Joañes Lasource [H.-J. Gassot]
23 Febr[uarii]	Ego Jac[obus] Bigot s[ocietatis] J[esu] sac[erdos] solemni ritu baptisavi Jacobum Ludovicum *Pemaghimit* Abnaquaeum 25 circ[iter] an[nos] natu[m]. Item Agnetem Pelagiam *Kerambisk8e* 30 circ[iter] an[nos] natam. Prioris patrinus fuit Ludovicus Paulinus *Ker8sin*; istius matrina fuit Pelagia *Sahakesk8e*. [J. Bigot]
26 Maii	Ego H[enricus] J[osephus] Gassot soc[ietatis] Jesu sacerdos solemni ritu baptisavi puellam Abnaquaeam natam quinque menses ex Andrea *Mig8nambé* et Albina *Mette8iresk8e*. Mariam Magdalenam nominavit Maria Magdalena Desorcyt, uxor Andreae Mauffaix. 26 Maii 1685. [signé] Mari Madelenne Desorci [H.-J. Gassot]

---

1 Après **natam**, rature de **hesterno**.

2 Après cet acte, la première ligne d'un acte daté du 22 janvier 1685 et commencé par le P. Jacques Gravier a été raturée. L'acte sera repris deux actes plus bas.

[107]

a Msakikkan
27 Maii

Ego Jac[obus] Bigot s[ocietatis] J[esu] sac[erdos] solemni ritu baptisavi infantem sex menses natum ex patre cathechumeno Abnaquaeo *Onnontaghete* dicto et matre Monica. Paulum Thoma[m] nominarunt Thomas Edmundus *Skanik* et Maria *Aketchisk8e*.

Ite[m] simul baptisavi puellam 6 ann[os] nata[m] ex parentib[us] gentilib[us] *Pempteg8ebit* defuncto et *Amatebemisk8e*. Maria[m] Rosa[m] nominarunt supra dicti Thomas et Maria.

Ite[m] Abnaquaeu[m] *Nangren8* dictu[m] 35 ann[os] natum et alteru[m] *8ambik* dictu[m] 25 an[nos] natu[m]. Priorem Ignatiu[m] Franciscu[m] nominavit Ignatius Franc[iscus] *8amket*, alteru[m] Petru[m] nominavit ide[m].

31 Maii 1685[1]
a Msakkik

Ego Jac[obus] Bigot s[ocietatis] J[esu] sac[erdos] sol[emni] ritu baptisavi seq[uen]tes adultos: Jacobu[m] Franciscu[m] *Menet8eremit* 50 an[nos] natu[m]; Maturinu[m] *8e8anask8et* 17 an[nos]; Anna[m] *8tepek8ekad8sk8e* 65 an[nos]; Claudia[m] Aurelia[m] *Chemansk8e* 60 an[nos]; Helena[m] *Ki8ransk8e* 45 an[nos]; Bibiana[m] *8ersk8ech* 13 an[nos]; Claudia[m] Agnete[m] 12 an[nos]; Rosa[m] Aurelia[m] 8 an[nos]. Patrinus fuit Franc[iscus] Sales[ius] Robert[us] *8ambiganich*; matrina Aurelia *Nera8atkisk8e*.

1. Jun[ii]

Ego Jac[obus] Bigot s[ocietatis] J[esu] sac[erdos] sol[emni] ritu bapt[isavi] Theresa[m] Magdalena[m] nata[m] hesterna die ex Ignatio *Tchibakiskiante* et Natalia [ ]. Matrina fuit Natalia *Ki8ehemenisk8e*.

2 Jun[ii]

Ite[m] Jacobu[m] Andrea[m] *Ma8inetch* 30 an[nos] natu[m]. Patrinus fuit Franc[iscus] *Termeg8ch*.

7 Jun[ii]

Ite[m] Maria[m] Elisabetha[m] *Nekaz8esk8e* 60 an[nos]. Matrina fuit Maria *8abna8kemisk8e*.

[J. Bigot]

11 Junii 1685

Ego H[enricus] J[osephus] Gassot soc[ietatis] Jesu solemni ritu baptisavi Silleriaci Agnetem Pulcheriam *Amicha-*

---

1 Une accolade en marge indique que les baptêmes faits par le P. Jacques Bigot les 31 mai, 1er , 2 et 7 juin 1685 ont eu lieu à Msakkikan. Selon M. Honorius Provost, Msakkikan est à l'origine du nom actuel de Sartigan, revendiqué aujourd'hui pour le territoire de Saint-Georges de Beauce (CAMPEAU, L. ***Msakkikan ou la première mission de Saint-de-François-de-Sales***, dans PROVOST, H. **Les Abénaquis sur la Chaudière**, Québec, Les Éditions de la Nouvelle-France/Séminaire de Québec, 1983, p. 53).

ghiask8e Etechemensem 20 circiter annorum uxorem Joannis *As8agahant*.

[12 Junii] Item 12 Junii Natalem Michaelem *Matchitéhéss* Abnaquaeum 45 circiter annorum.

[H.-J. Gassot]

17 Jun[ii] Ego Jac[obus] Bigot bapt[isavi] Agnete[m] Bibiana[m] nata[m] heri ex Joanne *An8agahat* et Agnete Pulcheria. Matrina fuit Agnes Pulcher[ia] *8nammermisk8e*[1].

[J. Bigot]

[20 Junii] Item[2] 20 Junii 1685 Joannem Baptistam *Negaktam* infantem trium mensium Socquocquosum ex patre *8dasahansin* Socquocquoso gentili et matre *8chokk8is* Socquocquosa catechumena.

[27 Junii] Item 27 Henricum Natalem *Nikkanna8ns* 10 annorum Abnaquaeum filium *Aranmiraau* et *N8rekesk8e* Abnaquaeis catechumenis.

Item Ignatium recens natum ex Stephano[3] Laurentio *8e8ebiaret* et Maria Anna.

1685

30 Julii Ego H[enricus] J[osephus] Gassot soc[ietatis] Jesu sac[erdos] sol[emni] ritu baptisavi Silleriaci puellam recens natam Catharinam ex patre Joanne Thoma *Mask8aranminit* Abnaquaeo et Margarita Cecilia[4].

[H.-J. Gassot]

13 Octob[ris] A P[atre] Henrico Josepho Gassot[5] baptisata est [ ] recens nata ex Dominico et Maria.

2 Nov[embris] Ab eode[m] baptisatus est Mauritius unius mensis infans natus ex Sebastiano *8chaminit* et Agatha.

4 Nov[embris] Ab eode[m] baptisati sunt Franciscus Josephus, Claudia Agnes, Ludovica Melania, Anna Felicitas, Maria Albina.

17. [Novembris] Francisca Theresia 20 an[nos] nata Soquoquaea ab eod[em] bapt[isata] e[st].

---

1 Cet acte du P. Jacques Bigot est inséré après coup entre deux actes du P. Henri-Joseph Gassot. Les mots **Agnes Pulcheri[a] 8nanmermisk8e** sont inscrits dans la marge de gauche.

2 **Item**: c'est-à-dire le P. H.-J. Gassot, et non pas le P. Jacques Bigot.

3 À partir de **Stephano**, le texte est de l'écriture du P. Jacques Bigot.

4 Les mots **Margarita Cecilia** sont écrits par le P. J. Bigot.

5 Cet acte et tous les autres de la page [107] de l'original sont de l'écriture du P. Jacques Bigot.

20 [Novembris]	Ab eod[em] bapt[isati] Henricus Casimirus *Pemiess* et Maria Pelagia conjuges; Henrici patrinus fuit Petrus Jacobus *Memk8ig8nes*, alterius Pelagia *Memk8ig8nesk8e*. [J. Bigot]

[108]

Junii 1683	Ego J[1]
10 Octobris 1685	Ego Claudius Aveneau soc[ietatis] Jesu sol[emni] ritu baptizavi Silleriaci puellam recens natam Coletam ex Dominico [ ] et Maria.
21 Jan[uarii] 1685	Ego Claudius Aveneau soc[ieta]tis Jesu sol[emni] ritu baptizavi Silliarici *(sic)* puellam recens natam ex [ ]. Mariam Agnetem nominavit Joan[nes] Baptista de La Source[2]. [C. Aveneau]

[109]

13 Decemb[ris] 1685	Ego Jac[obus] Bigot s[ocietatis] J[esu] sac[erdos] sol[emni] ritu baptisavi Henricu[m] Josephum 12 abhinc dieb[us] natu[m] ex Matthaeo *A8assa8et* et Maria [ ]. Patrinus fuit Jacob[us] Joan[nes] Delasource.
26 Decemb[ris] 1685	Ego Jac[obus] Bigot s[ocietatis] J[esu] sac[erdos] sol[emni] ec[c]l[esiae] ritu baptisavi Joannem Stephanum *Aranmiri8* 55 circ[iter] an[nos] natum. Jacobu[m] Stephanu[m] *Onnontagheté* 50 circ[iter] an[nos]. Andream Stephanum *Negans8tem* 25 circ[iter] an[nos]. Stephanu[m] Guillelmu[m] *Pemki8* 20 circ[iter] an[nos]. Thoma[m] Stephanu[m] *Adokk8anedo* 20 circ[iter] an[nos]. Mariam Catharina[m] *N8rkesk8e* 45 circ[iter] an[nos]. Catharina[m] Agnete[m] *8ambiresk8e* 20 circ[iter] an[nos]. Guillelmi Stephani patrinus fuit Guilielmus *Penaz8ret*. Caeteroru[m] viroru[m] Stephanus *Kenetneant*; duarum postremaru[m] matrina *8denhra8r8é*.

---

1 Le P. Jacques Bigot avait commencé un acte, daté de juin 1683, qui n'a pas été complété.

2 Le reste de la page, non utilisé, a été annulé par deux bâtons en x.

28 Decemb[ris]
1685

Ego Jac[obus] Bigot s[ocietatis] J[esu] sac[erdos] sol[emni] ec[c]l[esiae] ritu baptisavi Petrum Franciscu[m] *Harg8essemit* 25 circ[iter] an[nos]. Jacobum Franciscu[m] *A8rrech* 23 circ[iter] an[nos]. Vincentiu[m] Franc[iscum] *G8eg8iaret* 20 an[nos]. Andrea[m] Franc[iscum] *Nipinask8anrigan*. Joannam Magdalena[m] *A8i8irik8e* 15 circ[iter] an[nos]. Joanna[m] Claudia[m] *Ketchisk8e* 14 an[nos]. Petri patrinus fuit Franciscus Salesius Robertus *8ambiganich*. Jacobi, Petrus Jacobus *Memk8ig8net*. Vincentii Franciscus Salesius *Ki8ine8it*. Andreae, Franciscus Sales[ius] Rob[ertus] *8ambiganich*. Magdalenae et Claudiae matrina fuit Joanna.

1686
26 Jan[uarii]

Ego Jac[obus] Bigot s[ocietatis] J[esu] sac[erdos] baptisavi in silvis non adhibitis ceremoniis puellam recens natam ex Guillelmo *8tak8nan* et Theodora *8ersk8ech*.

28 Apr[ilis]
1686

Ego Jac[obus] Bigot s[ocietatis] J[esu] sac[erdos] baptisavi infantulum hesterna die natum ex patre Thoma Edmundo *Sganik* et Maria Agatha [ ]. Jacobum Andream nominavit Maria Joanna *K8rbisk8e8it*.

26 Maii
1686

à Msakkikkan

Ego Jac[obus] Bigot s[ocietatis] J[esu] sacerd[os] sol[emni] ritu baptisavi sequentes: Franciscu[m] Salesiu[m] *A8enebek8* infante[m] 2 an[nos] natu[m] ex patre catechumeno *8anrin8é* et matre catechumena *A8eresk8e*. Patrinus fuit Franc[iscus] Sal[esius] *8ambiganich*.

Ite[m] Petru[m] Joanne[m] *M8skambe8it* 2 an[nos] natu[m] ex patre catechumeno *Ki8ambamet* et catechumena *8neteg8sk8es*.

Ite[m] Michaele[m] Joanne[m] unu[m] an[num] natu[m] ex patre catechumeno *Metchin8t* et Christina *8dagamisk8e*.

Ite[m] Gabriele[m] unu[m] an[num] natu[m] ex catechumenis *8niganba8in* et *Sanghimansk8e*. Ite[m] Vivaldu[m] vix unu[m] an[num] natu[m] ex catechumenis[1] patre gentili *Nikannermit* et matre catechumena *Mechaketta8a*. Istoru[m] o[mn]iu[m] patrinus fuit Franc[iscus] Sal[esius] *8ambiganich*. Ite[m] simul Maria[m] Candida[m] tres menses nata[m] ex Petro Joanne *Chechi8inant* et Candida *Aremab8sk8e*. Matrina fuit Maria Anna *Pepeg8adenisk8e*. Ite[m] Agnete[m] Martina[m] 2 menses nata[m] ex Ignatio Francisco *8amket* et Maria Agnete *Kaskamian8antesk8e*. Matrina Martina *Akera8an8sk8e*.

---

1 **Catechumenis**: Correction en surcharge de **cathecumenis**.

Eode[m] die
Ibid.

Andream *8ta8anag8* natu[m] ex patre gentili *Irak8esset* et matre catechumena *Icheambisk8e*. Thoma[m] *Pek8-namek8* natu[m] ex patre defuncto *Tega8mbeit* et catechumena *K8ssanhimé*. Simone[m] *Peskase* natu[m] ex dicto *Irak8esset* et *Tcheambisk8e*. Philippu[m] *Taghimede* et Paulu[m] Jacobu[m] *Petk8i* natos ex patre defuncto *Cadenech* et matre catechumena *8erabonê*. Magdalena[m] Martha[m] nata[m] ex catechumeno *Nich8raneska* et catechumena *Kich8ragabisk8e*. Theodora[m] *Kerambametisk8e* nata[m] ex catechumeno *Chi8ekkagis* et catechumena *8dakk8aden8sk8e*. Domitilla[m] Tarsillam nata[m] ex *8nigamba8in* et *Sanghimansk8e*. O[mn]iu[m] patrinus fuit Franc[iscus] Sal[esius] *8ambiganich*.

27 Maii
à Msakk[ikkan]

Item Matthaeu[m] Ludovicu[m] *k8sk8ita8ankerrant* natu[m] ex patre defuncto *K8na8nch* et matre catechumena *Anakanansk8e*. Bernardinu[m] *Pamben8t* natu[m] ex dicto *Teg8aambeit* et *K8ssanhimé*. Ludovicu[m] Stanislau[m] *Ag8neteg8* natu[m] ex patre gentili *Kesr8raghenet* et catechumena *8ambiresk8e*. Sebastianu[m] natu[m] ex catechumeno *8itche8i* et catechumena *8sangh8isk8e*. Ignatiu[m] Xaveriu[m] *8neambi* natu[m] ex catechumeno *Ker8reg8s* et catechumena *8kechk8ech*. Ludovica[m] Theresia[m] nata[m] ex dictis *Ker8reg8s* &. Catharinam *Ab8dateg8* nata[m] ex dicto *Nich8raneska* et *Kich8ragabisk8e*. Maria[m] Anna[m] *8kichk8ech* nata[m] ex *8rin8e* et *A8eresk8e*. Catharinae matrina fuit Catharina *Meg8esk8e*. Caeteroru[m] patrinus fuit Franc[iscus] Sal[esius] *8ambiganich*.

28 Maii
à Msakk[ikkan]

Ego Jac[obus] Bigot s[ocietatis] J[esu] sac[erdos] sol[emni] ritu baptisavi seq[uen]tes adultos: Paulu[m] Stephanu[m] *Eaditte8it* 30 circ[iter] an[nos]. Petru[m] Stephanu[m] *8tchetchakk8r8n8* 25 an[nos]. Jacobu[m] Stephanu[m] *Abemahamen* 19 an[nos]. Maria[m] Agatha[m] *Mantch8ra8sk8e* 25 an[nos]. Anna[m] Agatha[m] *A8i8ipenag8sk8e*. Viroru[m] patrinus fuit Stephanus *Neketneant*. Feminaru[m] matrina Agatha *Neketneantsk8e*.

Silleriaci
1 Junii

Ego Jac[obus] Bigot s[ocietatis] J[esu] sac[erdos] sol[emni] ritu bapt[isavi] Jacobu[m] *Kinah8ret* 45 circ[iter] an[nos]. Patrinus fuit Michael *Biganmet*.

12 Jun[ii]

Ego Jac[obus] Bigot s[ocietatis] J[esu] sol[emni] ritu bapt[isavi] Joanna[m] *Akkikanisk8e* 30 circ[iter] an[nos]. Matrina fuit Maria Joanna *K8rbisk8e8it*. Ite[m] Ceciliam *Mikmansk8esso* 13 circ[iter] an[nos]. Matrina fuit Cecilia *K8reb8sesk8e*.

[110]

13 Jun[ii] Ego Jac[obus] Bigot s[ocietatis] J[esu] sac[erdos] sol[emni] ritu baptisavi seq[uen]tes infantes: Nicolau[m] *Sagatch8e* 6 circiter an[nos] natu[m] ex catechumeno *8chankerraïn* et catec[humena] *S8ghi8e*. Stephanu[m] *8ih8mt* 14 menses natu[m] ex catech[umeno] *P8k8ino* et catec[humena] *Ich8ranesk8e*. Augustinu[m] unu[m] an[num] natu[m] ex Jacobo *8a8anambamet* et catech[umena] *8erighissit*. Catharinam *Mete8sk8ech* 4 an[nos] nata[m] ex catechumeno *Char8r8e* et *A8mban8sk8e*. Magdalena[m] *8a8aresk8ech* nata[m] ex catechumenis *Chiban8sset* et *Presk8e*. Nicolai patrinus fuit Nicolaus *K8ankta8e*. Stephani Stephanus *8renerambé*. Augustini matrina Maria Pulcheria *Manandag8essis*; Catharinae et Magdalenae Magdalena *8ambiresk8e*.

27 Jun[ii] Ego Jac[obus] Bigot s[ocietatis] J[esu] sac[erdos] sol[emni] ritu bapt[isavi] seq[uen]tes infantes: Jacobum Augustinu[m] *K8ank8dam8e* 7 circ[iter] an[nos] natu[m] ex catechumenis *Kanghekkapit* et *Naremisk8e*. Ite[m] Jacobu[m] Vincentiu[m] unu[m] an[num] natu[m] ex eisde[m]; utriusq[ue] matrina fuit Maria Joanna *N8tchiansk8e*[1]. Ite[m] Petru[m] Jacobu[m] quindecim dies natu[m] ex Jacobo Stephano *Metchetchakk8ar8s* et Anna Apollonia. Patrinus fuit Petrus Jac[obus] *Memk8ig8net*. Ite[m] Maria[m] Christina[m] 5 an[nos] nata[m] ex dictis *Kanghekkapit* et *Naremisk8e*; matrina fuit Christina *8dagamisk8e*.

3 Jul[ii] Ego Jac[obus] Bigot s[ocietatis] J[esu] sac[erdos] sol[emni] ritu baptisavi sequentes adultos: Josephum Ludovicu[m] *8browananghit* 19 circ[iter] an[nos] natu[m]. Stephanu[m] *Nandag8aeremit* 18 circ[iter] an[nos] natu[m]. Mariam Franciscam *Sokoquisk8esso* 23 circ[iter] an[nos] nata[m]; prioris patrinus fuit[2] Josephus Lud[ovicus] *Harg8essemit*, alterius Stephanus *Neketneant*. Postremae Maria Francisca *Tek8erimansk8e*.

[J. Bigot]

3 Jul[ii] Ego Vinc[entius] Bigot soc[ietatis] J[esu] sac[erdos] solemni ritu baptisavi sequentes infantes: Mariam Catarinam *Akitenag8sk8e* 7 annos circiter natam[3]. Angelicam *8sampsk8e* 4 annos circiter natam ex patre catec[h]umeno *Metsin8t* dicto et matre christiana Cristina *Tabamsk8e* (utrique matrina fuit Joanna *K8erepesk8e8it*); insuper Mariam Pulcheriam *Abasisisk8es* 4 annos natam ex patre *Kisk8ies* dicto (infidele defuncto) et matre cate[h]umena *8daharegig8sk8e* dicta. Hujus matrina fuit Maria *Kiap8sk8e*. Insuper Agneti Magdalenae a quindecim

---

1 **N8tchiansk8e**: ajouté au-dessus d'une rature.

2 **fuit** est suivi d'une rature.

3 **natam**: addition au-dessus de la ligne.

circiter diebus natae et hujus mensis a me baptisatae in periculo mortis sacras adhibui ceremonias. Matrinam habuit Marinam *Tsiberinansk8e*. Infantis parentes Petrus *Mand8iere* Maria Cecilia *Pemiresk8e*.

[V. Bigot]

4 Jul[ii] Ego Jac[obus] Bigot s[ocietatis] J[esu] sac[erdos] sol[emni] ritu baptisavi Jacobum Paulum duos fere menses natum ex Francisco Renato *8abna8kkem* et Maria [ ]. Matrina fuit Catharina Senensis *A8itchirre8inisk8e*.

[J. Bigot]

9 Julii Ego Vinc[entius] Bigot soc[ietatis] Jesu sac[erdos] sol[emni] ritu baptisavi infantem heri natam ex patre Joseph[o] *8era8esmit* et matre Maria *8emieresk8e*. Agnes *Santsmansk8e* Mariam Rosaliam nominavit.

12 Jul[ii] Ego Vinc[entius] Bigot solemni ritu baptisavi puellam novennem *8sekk8imis* dictam, natam ex Joanne Bartholomaeo *Seenambe8is* (jamdudum mortuus est) et matre catechumena *Asetansk8e* dicta. Melaniam nominavit Melania *8daramaten8sk8e*.

13 Jul[ii] Ego Vinc[entius] Bigot soc[ietatis] Jesu sacerd[os] solemni ritu baptisavi sequentes infantes: Pelagiam *8sskaranesk8e* 5 annorum ex patre gentili *Pemteg8ebit* dicto (mortuo) et matre catechu[mena] *Amatebemisk8e* dicta. Rosam *Merizemis* 3 annorum ex patre Eustachio *Akitsigamig8in8* et matre catec[humena] *8san8a8sk8e* dicta. Utrique matrina fuit Pelagia *Jaaksk8e*. Insuper Mariam Ceciliam heri natam

[111]

ex patre Joanne *Ki8ttahant* et matre catechumena *Agin8isk8e* dicta; matrinam habuit Mariam Ceciliam *8nibenakisk8e*.

[V. Bigot]

15 Jul[ii] Ego Jac[obus] Bigot s[ocietatis] J[esu] sac[erdos] sol[emni] ritu baptisavi seq[uen]tes adultos: Henricum *Aki8etteg8* 11 circiter an[nos]. Annam Theresiam *8kesk8e* 15 circ[iter] an[nos]. Mariam Michaelam *Meter8sk8e* 12 an[nos]. Joannam Magdalenam *Ka8api8* 10 an[nos]. Claudiam *Kakerisk8e* 9 an[nos]. Omnium matrina fuit Maria Joanna *K8rbin8sk8e8it*.

[J. Bigot]

16 Jul[ii]	Ego Vinc[entius] Bigot soc[ietatis] Jesu sacerdos baptisavi solemni ritu infantem quatuor dierum natum ex patre Petro Jacobo *8inangihe8it* et matre Ursula *Antsihantesk8e*. Hieronimum nominavit Hieronimus *Manih8kam*. [V. Bigot]
26 Jul[ii]	Ego Jac[obus] Bigot s[ocietatis] J[esu] sac[erdos] baptisavi solemni ritu sequentes adultos Abnaquaeos: Petrum Jacobum *K8rbine8it*.[1] [J. Bigot]
17 Augus[ti]	Ego Vinc[entius] Bigot soc[ietatis] J[esu] sac[erdos] baptisavi solemni ritu sequentes: Stanislaum *Pepames8* 10 annorum ex parentibus catec[h]umenis dictis[2] *8ënangimit* et *G8eg8enanrk8esit*. Catarinam *Pa8ekiz8e* 5 circiter annorum ex patre *Kettanded8it* et matre *P8nesi8é* dictis, utroque catec[h]umeno. Joannam Catarinam proxima nocte natam ex dictis modo parentibus catec[h]umenis; his[3] una opera matrina fuit Joanna Catarina *Niz8kes8e*.
23 Aug[usti]	Ego V[incentius] Bigot soc[ietatis] Jesu sac[erdos] baptisavi solemni ritu sequentes: Paulinum *Nepek8* 8 annorum. Adrianum *K8nektsa8* 5 annoru[m]. Romanum *Eremenant* 1 anni et Mariam Franciscam *Piisk8e* 3 anno rum. Eadem omnibus mater *Agitkannisk8e* catec[h]umena; priores duos habuit ex infidele conjuge[4], non ita pridem mortuo, *Mete8ieraambatak* dicto: posteriores duos ex catec[h]umeno conjuge *8nietarambait* dicto. Unam omnes matrinam habuere Franciscam *Apemaisk8e*.
18 Sept[embris]	Ego Vinc[entius] Bigot soc[ietatis] Jesu sac[erdos] baptisavi solemni ritu puerum (*8rinangambé*)[5] septennem natum ex patre catec[h]umeno *Tsibaanh8t* dicto et matre pariter catechumena *Ki8eden8kk8e*. Stanislaum nominavit Felicita *8edzan8eresit*. [V. Bigot]
26 Julii 1686	Ego Jac[obus] Bigot s[ocietatis] J[esu] sac[erdos] sol[emni] ritu baptisavi seq[uen]tes adultos: Petrum Jacobum [ ] 22 annoru[m]. Jacobum Christophorum [ ] 20 an[nos]. Joannem Jacobum [ ] 18 an[nos]. Annam Pelagiam [ ] 18 an[nos]. Annam Paulinam 17 an[nos]. Trium priorum patrinus fuit Jacobus *Ek8tchiait*. Utriusque posterioris matrina fuit Pelagia *Memk8ig8nesk8e*.

---

1 À cause du pluriel **sequentes adultos Abnaquos**, on attendrait plusieurs baptêmes.
2 **dictis**: addition au-dessus de la ligne.
3 Après **his**, une rature.
4 **conjuge**: correction au-dessus de **patre**, raturé.
5 **8rinangambé**: ajouté entre parenthèses au-dessus de la ligne.

24 Aug[usti] — Ego Jac[obus] Bigot s[ocietatis] J[esu] sac[erdos] sol[emni] ritu baptisavi sequentes adultos: Mariam [ ] centum fere an[nos] et Annam [ ] ejusde[m] aetatis. Matrinam habuere Catharinam *Penaz8resk8e.*

16 Sept[embris] à Msakk. — Ego Jac[obus] Bigot s[ocietatis] J[esu] sac[erdos] sol[emni] ritu baptisavi infantem 3 dieru[m] natum ex [ ] *Onnontaghele* et Monica [ ]. Cyprianum nominavit Catharina.

17 Sept[embris] à Msakk. — Ego Jac[obus] Bigot s[ocietatis] J[esu] sac[erdos] sol[emni] ritu baptisavi seq[uen]tes adultos: Domitillam Franciscam [ ] 30 circ[iter] an[nos]. Catharinam Franciscam 28 an[nos]. Annam Franciscam 18 an[nos]. Elisabetham Franciscam 15 an[nos]. Magdalenam Franciscam 13 an[nos]. Joannam Franciscam 11 an[nos]. Catharinae Franciscae matrina fuit Catharina *Apamadenesk8e*; caeterarum Domitilla *Mete8askaren8sk8e.*

[112]

5 Octob[ris] — Ego Jac[obus] Bigot s[ocietatis] J[esu] sac[erdos] sol[emni] ritu baptisavi seq[uen]tes adultos: Petrum Guillelmum *Pitta8do* 13 circ[iter] an[nos]. Jacobum Guill[elmum] *Ichira8es* 11 an[nos]. Paulum *Pir88sit* 9 an[nos]. Franciscam Angelicam *Nanksk8essitis* 20 circ[iter] an[nos]. Franciscam Coletam *Abamenansk8e* 18 an[nos]. Gertrudem *Presk8e* 15 an[nos]. Trium priorum patrinus fuit Guillelmus *Penaz8ret*; posteriorum matrina Francisca *8abnakisk8e.*

5 Octob[ris] — Ego Jac[obus] Bigot s[ocietatis] J[esu] sac[erdos] sol[emni] ritu baptisavi Mariam Ursulam *Nankaisk8e* 30 circ[iter] an[nos] et Catharinam Senensem *Te8ambisk8e* 28 an[nos]. Prioris matrina fuit Ursula *Matig8nansk8e*, alterius Catharina Senensis *A8itchirre8imisk8e.*

[J. Bigot]

23 Octob[ris] — Ego Vinc[entius] Bigot s[ocietatis] J[esu] sacerd[os] solemni ritu baptisavi puellam unius fere anni natam ex Petro *8kanse* et Francisca *Ambeisk8e.* Ursulam nominavit Ursula *Madeg8nansk8e.*

24 Oct[obris] — Ego Vinc[entius] Bigot soc[ietatis] J[esu] sac[erdos] solemni ritu baptisavi Nicolaum *Nët8phet* septennem natum ex catechumeno patre dicto *8ssanma8ns*[1] et infidele matre *Pesikangan8sk8e.* Matrinam habuit Franciscam Co-

---

1 **8ssanma8ns** est suivi d'une rature.

lettam *Pap8menansk8e*. Item infantem duodecim[1] abhinc diebus natam ex catechumenis[2] parentibus *Kes-s8ragenet* et *8ambiresk8e*. Annam Theresiam nominavit Maria Theresia *Agenibaisk8e*.

1 Novemb[ris] Ego Vinc[entius] Bigot soc[ietatis] Jesu sacerdos solemni ritu baptisavi sequentes infantes: Ludovicum triginta dierum natum ex [ ] *Adokk8ren8* et Anna Francisca [ ]. Matrinam habuit Mariam Theresiam. Item Franciscam Angelicam heri natam ex patre Joanne Baptista [ ] et Francisca *8ambanatsisk8e*. Huic nomen dedit Franciscam [Francisca][3] *Apemaïsk8e*.

2 Novemb[ris] Ego Vin[centius] Bigot soc[ietatis] Jesu sacerdos solemni ritu baptisavi recens natam infantem ex Francisco Salesio *Kiki8ineit* et Dorothea *8naremisk8e*[4]. Monicam nominavit Monica *Ametambesinisk8é*.

19 Novemb[ris] Ego V[incentius] Bigot soc[ietatis] J[esu] sacerdos solemni ritu baptisavi heri natam infantem ex Josepho Barnaba[5] *Sensena8a* et Magdalena *8rtama8a*. Catarinam Agnetem nominavit Catarina *8ambecresk8e*.

[V. Bigot]

5 Decemb[ris] 1686 Ego Jac[obus] Bigot s[ocietatis] J[esu] sac[erdos] solemni ritu baptisavi seq[uen]tes adultos: Paulum Valerianum *Pemisambamet*[6] undecim circ[iter] an[nos]. Mariam Marinam [ ] 50 circ[iter] an[nos]. Mariam[7] Elisabetham *8dahareghiksk8e* 30 circ[iter] an[nos]. Annam Elisabetham *8i8ibnak8sk8e* 11 circ[iter] an[nos]. Agnetem Ursulam *Sahaksk8e* 9 an[nos]. Pauli Valeriani patrinus fuit Valerianus *8dambehessan*. Mariae Marinae et Agnetis Ursulae matrina fuit Marina *Chiberinansk8e*. Mariae Elisabethae et Annae Elisab[ethae] Elisabetha *A8an8iansk8e*. Item suppletae sunt ceremoniae baptismi Petro Valeriano [ ] 14 circ[iter] an[nos] nato. Patrinus fuit Valerianus *8dambehessan*.

[J. Bigot]

6 Decemb[ris] Ego Vinc[entius] Bigot soc[ietatis] Jesu sac[erdos] supplevi cerimonias infantulo 11 dierum insuper a me baptisato in casa; natus est ex patre Remigio *8ambin8rket* et Susanna *Ki8ambametesk8e*. Eadem opera solemni ritu

---

1 **duodecim**: correction de **quinde[cim]**, raturé.
2 **catechumenis**: correction à **infidel[ibus]**, rayé.
3 Omission du prénom de la marraine: **Francisca** (nominatif).
4 **8naremisk8e** est suivi d'une rature.
5 **Josepho Barnaba**: ajouté par le P. Jacques Bigot.
6 Après **Pemisambamet**, une rature.
7 **Mariam**: correction de **Annam**, raturé.

baptisavi puellam 8 annorum *8sankehisk8e* dictam, natam ex parentibus catechumenis *Tannet8it* et *P8nesih8e* dictis; illum Josephum, hanc Catarinam nominavit Catarina Jean.

29 Decemb[ris] Ego V[incentius] Bigot s[ocietatis] J[esu] sac[erdos] solemni ritu bapt[isavi] infantem 2 dierum natam ex Francisco *Termeg8s* et Sebastiana *K8essa8ap8a* Abnaquaeis. Joannam nominavit Joanna Catarina *Nijokkisk8é.*

[V. Bigot]

[113]

29 Dec[embris] Ego Jac[obus] Bigot s[ocietatis] J[esu] sacerdos sol[emni] ritu baptisavi sequentes adultos: Joannnem *8nigamba8in* 35 circ[iter] an[nos]. Michaelem *Skeganh8ret* 30 circ[iter] an[nos]. Gertrudem *Gher8reg8s* 28 an[nos]. Franciscum Salesium *Mar8h8t* 14 an[nos]. Emiliana *Jaketta8a* 30 circ[iter] an[nos]. Teresiam *Choki8é* 28 an[nos]. Rosaliam *Chankimansk8e* 25 an[nos]. Claram *Nakanansk8e* 24 an[nos]. Susannam *Kechk8ech* 22 an[nos]. Virorum patrinus fuit Ignatius Franciscus *8amket*, feminarum matrina Maria Joanna.

30 Dec[embris] Ego Jac[obus] Bigot s[ocietatis] J[esu] sac[erdos] sol[emni] ritu baptisavi seq[uen]tes adultos: Petrum *Kanghekkapit* 50 circ[iter] an[nos]. Paulum *Keker8sit* 35 an[nos]. Jacobum *Neta8ambain* 30 an[nos]. Natalem *Neseamans* 22. Simonem *Cha8anirre* 20 an[nos]. Bartholomaeum *Emereg8it* 18 an[nos]. Tadhaeum *Ani8ambe* 13. Andream *Entag8n8et* 12 an[nos]. Omnium patrinus fuit Natalis *Pem8h8ret.*

31 Dec[embris] Ego Jac[obus] Bigot s[ocietatis] J[esu] sac[erdos] sol[emni] ritu baptisavi seq[uen]tes adultos: Nicolaum *8itche8t* 45 an[nos]. Henricum *P8k8im8* 40 an[nos]. Josephum *8ssanba8no* 35 an[nos]. Stephanum Ignat[ium] *8ssanmet* 30 an[nos]. Mariam Christinam *8naremisk8e* 45 an[nos]. Mariam Gertrudem *Ajettansk8e* 32 an[nos]. Joannam *Akiktanisk8e* 25 an[nos]. Monicam *Ta8ttam* 19 an[nos]. Mariam Emmanuelissam *Amirankesk8e* 11 an[nos]. Virorum patrinus fuit Stephanus *Poraninam.* Joannae matrina fuit Margarita *8e8ebenansk8e*. Caeterarum quatuor Christina *8daganmisk8e.*

[J. Bigot]

11 Jan[uarii] 1687	Ego Vinc[entius] Bigot sol[emni] ritu baptisavi infantem 4 dierum natum ex patre Gabriel *Gher8r8s* et matre Susanna *8gesk8ech*. Robertum nominavit Franciscus Salesius *8ambiganis*. [V. Bigot]
15 Jan[uarii]	Ego Jac[obus] Bigot s[ocietatis] J[esu] sol[emni] ritu baptisavi seq[uen]tes adultos: Stephanum *Ebeteg8aranich* 12 an[nos]. Paulum *Ichiband8et* 10 an[nos]. Joannam Catharinam *Nenabarokket* 60 an[nos]. Joannam Agnetem *Akichk8sk8e* 55 an[nos]. Joannam Agatham *K8ssan8ima* 30 an[nos]. Joannam Ceciliam *Arabannae* 28 an[nos]. Stephani et Pauli patrinus fuit Stephanus *Neketneant*. Omnium feminarum matrina fuit Joanna Catharina *Ichokesk8e*.
16 Jan[uarii]	Ego Jac[obus] Bigot s[ocietatis] J[esu] sac[erdos] adhibui[1] ceremonias baptismi[2] infantulo trium mensium nato ex catechumenis Abnaquaeis *Achanr8r8e* et *Amban8sk8e*. Petrum nominavit Petrus *8tchetchak8r8n8* uno abhinc mensi baptisatus fuerat in casis barbarorum, nullis adhibitis ceremoniis.
22 Jan[uarii]	Ego Jac[obus] Bigot s[ocietatis] J[esu] sac[erdos] baptisavi solemni ritu Vincentium *K8esset* 70 an[nos] natu[m] Abnaquaeum. Patrinus fuit Franciscus Salesius Robertus *8ambiganich*. [J. Bigot]
24 Jan[uarii]	Ego Josephus Jac[obus] Marest soc[ietatis] J[esu] sacerdos baptisavi solemni ritu Josephum duos dies natum ex patre Ludovico *Antchitaganatchit* et matre Maria *Sarakkisk8et* Abnaquaeis. Patrinus fuit Josephus Lepinay, matrina Joanna Bissot[3], Galli Canadenses, 24 Januarii anno 1687. [signé] Josephus Jac. Marest Soc. Jesu
17 Feb[ruarii]	Ego Jac[obus] Bigot s[ocietatis] J[esu] sac[erdos] solemni ritu baptisavi Elisabetham Susannam hesterna die natam ex Fabiano *8nameremit* et Agnete Pulcheria *Manandag8esso* Abnaquaeis. Matrina fuit Susanna *8ambin8rkesk8e*.
7 Apr[ilis]	Ego Jac[obus] Bigot s[ocietatis] J[esu] sac[erdos] sol[emni] ritu baptisavi Mariam Candidam *8essenni8e* 65

1 **adhibui**: correction de **supplevi**, raturé.

2 **baptismi**: addition au-dessus de la ligne.

3 Jeanne Bissot, arrière petite-fille de Louis Hébert, belle-soeur de Louis Jolliet, et femme de Philippe Clément du Vault de Varenne (JETTÉ, R. ***Dict. généalogique***, p. 110 et 258).
À noter l'emploi de **Galli Canadenses** (Franco-Canadiens ou Canadiens Français) pour désigner Joseph Lépinay et Jeanne Bissot.

an[nos] natam. Mariam Annam *Sahambame* 60 an[nos] natam. Mariam Anastasiam *Petchis* 54 an[nos]. Mariam Margaritam *P8netim8e* 15 an[nos]. Priorum matrina fuit Candida *Arenanbansk8e*; Mariae Anastasiae, Maria Anastasia *8neteg8sk8e*; Mariae Margaritae, Margarita *Eranmi8e*.

13 Apr[ilis] — Ego Jac[obus] Bigot s[ocietatis] J[esu] sac[erdos] so-l[emni] ritu baptisavi seq[uen]tes adultas: Annam Franciscam *E8aresk8es* 60 an[nos]. Mariam Franciscam *Kek8anark8es* 50 an[nos]. Mariam Catharinam *8cha-8an8sk8e* 45 an[nos]. Priorum matrina fuit Francisca Bigot; Maria[e] Catharinae, Catharina Jean.

Ite[m] supplevi cerem[onias] Ignatio infantulo duorum mensium nato ex Albina *8tche8tisch8e* et [ ] *8itche8s*, cum gravissime aegrotatet, paucos ante dies in sua casa baptisatus e[st]. Matrina fuit Katharina[1] Jean.

Ite[m] baptisavi Theresiam Susannam unius mensis infantulum natum ex Francisco Xaverio *Hanra8eremit* et Maria Susanna *Annich*. Matrina fuit Maria Theresia Ginghereau.

[J. Bigot]

17 Avril — Ego Vinc[entius] Bigot soc[ietatis] Jesu sacerdos solemni ritu baptisavi 11 dierum infantem natum ex Jacobo *Enk8it* et Victoria *Netpiemkiesk8e*. Augustinu[m] nominavit Catarina Jean.

[V. Bigot]

[114]

28 Maii — Ego Josephus J[acobus] Marest s[ocietatis] J[esu] sac[erdos] solemni ritu baptisavi filiam [ ] *Si8akkasis* superiori nocte natam.

1687

31 Maii — Ego Josephus Jac[obus] Marest soc[ietatis] J[esu] sac[erdos] solemni ritu baptisavi Franciscam filiam Joannis B[aptist]ae et Joannae.

24 Aprilis Etne Buisson — Ego Josephus Jac[obus] Marest soc[ietatis] Jesu sac[erdos] solemni ritu baptisavi in ecclesia Sancti Michaelis Silleriensi puerum recens natum, filium Gervasii Buisson et Mariae Baudet. Stephanum nominarunt Stephanus Gillot et Maria Auvray.

---

1 **Katharina**: correction de Catharina.

11 Jun[ii]

Ego Josephus Jac[obus] Marest s[ocietatis] J[esu] sac[erdos] solemni ritu baptisavi duodecim dierum infantem natam ex Roberto [ ] et Claudia [ ]. [ ] Mariam Claudiam nominavit.

[J. -J. Marest]

16 Junii

Ego Vinc[entius] Bigot s[ocietatis] J[esu] sacerdos solemni ritu baptisavi sequentes adultos: Marinam *8ambicresk8é* 20 circiter annorum et Mariam Catarinam *8necteg8sk8e* 17 annorum. Matrina fuit Catarina *Agherisk8é*.

[V. Bigot]

20 Junii

Ego Josephus Jac[obus] Marest s[ocietatis] J[esu] sac[erdos] baptisavi puerum duos circiter menses natum, filium Petri Jacobi *Embak8ig8né* et Pelagiae *Jaquesk8e*. Ludovicus Gonzaga apellatus est.

Simul ego Joseph[us] J[acobus] Marest s[ocietatis] J[esu] s[acerdos] eodem die supplevi ceremonias baptismi et baptisavi sub conditione jam baptisatum a parentibus Josephum Jacobum filium Jacobi Christophori *Kichigamba8it* et Joannae *Nimenansk8e*.

30 Junii

Ego Josephus Jac[obus] Marest societatis Jesu sac[erdos] solemni ritu baptisavi in ecclesia S[ancti] Michaelis Silleriensi Paulum Josephum quinque annos natum filium *8an8anmi8es* adhuc gentili et Annae Agathae *A8i8ibenag8sk8é*. Simon *Sant8irre* nominavit.

Eodem die ac tempore solemni ritu baptisavi Annam Theresiam tres menses natam filiam Petri Francisci *8ereg8ssemit* et Joannae Claudiae. Mariam[1] Theresiam nominavit Agathe *Neg8d8sk8e8it*.

10 Julii

Ego Josephus Jacobus Marest s[ocietatis] J[esu] sac[erdos] solemni ritu baptisavi in ecclesia Sancti Michaelis Silleriensi puerum quatuor circiter menses natum, filium N. *Pok8in8* et *Salanask8e* nondum baptisatae. Gabriel vocatus est.

14 Julii
B
André Pilote

Ego Josephus Jacobus Marest soc[ietatis] Jesu sac[erdos] solemni ritu baptisavi Andream, filium Joannis Pilotte Rupellensis[2] jamdiu habitantis in ora Lausoniensis[3] et Mariae Bourboniere ex paroecia Silleriensi. Patrinus fuit Andreas Bergeron orae Lausoniensis incola. Matrina Margarita Guillebout pariter orae Lausoniensis incola; duos circiter dies natus est puer; veniam concessit

---

1 **Mariam**: distraction pour **Annam**.

2 **Rupellensis**: originaire de La Rochelle.

3 **ora Lausoniensis**: la côte de Lauson; on attendrait **Lausoniensi**.

Dominus de Berniere[1] ut in ecclesia Silleriensi solemniter baptisaretur.

15 Julii
B
M^ie^ Catherine
Hamel

Ego Josephus Jac[obus] Marest s[ocietatis] J[esu] sac[erdos] solemni ritu baptisavi in ecclesia Sancti Michaelis Silleriensi Mariam Catharinam quindecim dies natam filiam Joannis Hamel et Christinae Carolae Gaudry. Patrinus fuit Renatus Pelletier, matrina Maria Catharina Bonhomme. 25 Julii 1687.

[Josephus Jacobus Marest]

6 Augusti

Ego Vinc[entius] Bigot soc[ietatis] J[esu] sacerdos solemni ritu baptisavi infantem hodie natum ex Joanne Baptista *Menet8ambeit* et Joanna Catarina [ ]. Stanislaum nominavit Anna Melania *K8seensk8e*.

[115]

10 August[i]
1687

Ego Vinc[entius] Bigot soc[ietatis] Jesu sac[erdos] solemni ritu baptisavi puerum quinquennem natum ex Josepho *8sanma8ns* et *Miskkangan8sk8é* catechumena. Laurentium nominavit Catarina Agnes *8ambiresk8e*.

[V. Bigot]

23 Aug[usti]

Ego Jac[obus] Bigot s[ocietatis] J[esu] sac[erdos] solemni ritu baptisavi Mariam Monicam *Nederamsk8e* 20 circ[iter] an[nos] natam; ejus matrina fuit Monica *Metabisinisk8e*.

25 Sept[embris]

Ego Jac[obus] Bigot s[ocietatis] J[esu] sac[erdos] solemni ritu baptisavi Jacobum Simonem *Metchin8t* 40 circ[iter] an[nos]. Jacobum Matthaeum *Chiban8sset* 30 circ[iter] an[nos]. Jacobum Andream *Pek8aret* 10 circ[iter] an[nos]. Mariam Colettam *Chikangan8sk8e* 25 an[nos]. Annam Colettam *Presk8e* 20[?] an[nos]. Virorum patrinus fuit Jacobus; faeminarum Francisca Coletta.

7 Octob[ris]

Ego Jac[obus] Bigot s[ocietatis] J[esu] sac[erdos] solemni ritu baptisavi Michaelem *Nipin8et* 30 an[nos]. Jacobum Andream *Echanr8r8e* 35 an[nos]. Mariam *Cha8anand8et* 55 an[nos]. Mariam Annam *Ketemanksk8e* 35 an[nos]. Annam Theresiam *Amban8sk8e* 30 an[nos]. Virorum patrinus fuit Ignatius Stephanus *8sanmet*. Feminarum Anna Apollonia *8sarmetisk8e*.

---

1 Henri de Bernières (1635-1700), curé de Québec et vicaire général du diocèse de Québec.

9 Octob[ris]

Ego Jac[obus] Bigot s[ocietatis] J[esu] sac[erdos] sol[emni] ritu baptisavi Michaelem Jacobum *8nanghimit* Abnaquaeum 60 an[nos] natum. Patrinus fuit Michael.
[J. Bigot]

B
M^ie Cath
Maufet

Ego Joan[nes] Viguier s[ocietatis] J[esu] sac[erdos] sol[emni] ritu baptisavi Mariam Catharinam Maufaix. Patrinus fuit Joseph[us] Maufé; matrina fuit Maria Japlot.
[J. Viguier]

21 Decemb[ris]
B
M^ie Magd
Maufet

Ego Josephus Jacobus Marest soc[ietatis] Jesu sac[erdos] solemni ritu baptisavi puellam unius diei filiam Andreae Maufaix et Mariae Magdalenae DesOrcis. Patrinus fuit Petrus Maufaix, matrina Francisca Hubout. Mariam Magdalenam apellaverunt. 21 Dec[embris] 1687.
[J. -J. Marest]

27 Dec[embris]

Ego Vinc[entius] Bigot soc[ietatis] Jesu sacerdos solemni ritu baptisavi Adrianum *8e8ebanedau* 27 annos natum; et Nataliae[1] *8dachenikisk8e* 29 annorum in periculo mortis a me baptisatae[2], eadem opera supplevi cerimonias, utrique nomen dedit Franc[iscus] Xaverius *Anra8eremit*.

17 Jan[uarii]
1688

Baptisatus est a patre Josepho Marest[3] soc[ietatis] Jesu presbitero, duorum dierum infans filius Pauli *Ita8icnon* et Joanna[e]. Antonium nominavit Maria Magdalena *8chekki8imis*.
[V. Bigot]

28 Janu[arii]
Jeanne
Petitclerc

Ego Josephus Jac[obus] Marest soc[ietatis] Jesu sacerdos solemni ritu baptisavi in ecclesia Sancti Michaelis Silleriensi puellam media nocte natam ex Petro Petitclair et Francisca Paris. Patrinus fuit Jacobus Bonniecq, matrina Joanna Pluchon. Joannam apellavere. 28 Oct[obris] 1688[4].
[signé] Josephus J. Marest, S. J

10 Febr[uarii]

Ego Vinc[entius] Bigot soc[ietatis] Jesu sacerd[os] baptisavi solemni ritu in Missione Campestri[5] octodecim fere

---

1 **Nataliae**: correction en surcharge de **Nataliam**.

2 Les mots **in periculo mortis a me baptisatae** sont ajoutés au-dessus de la ligne.

3 Écriture du P. Vincent Bigot.

4 **28 octobre**, alors que la marge indique le 28 janvier 1688; cette distraction peut laisser entendre que ces actes ont été inscrits après la date du baptême.

5 **In missione campestri:** située à près de 18 lieues de Sillery. Selon le P. Lucien Campeau, cet endroit ne fait qu'un avec Msakkikkan, sur la Chaudière (CAMPEAU, L. ***Msakkikkan ou la première mission de Saint-François-de-Sales***, dans PROVOST, H. ***Les Abénaquis sur la Chaudière***, Québec, Éditions de la Nouvelle-France/Séminaire de Québec, 1983, p.52-53). D'après M. Honorius Provost, «[...] il s'agit plutôt de la mission sédentaire que Mgr de Laval songeait à installer à la Baie Saint-Paul [...]. » (***Ibid.***, p. 71).

abhinc leucis distanti puerulum unius mensis filium Mathaei [ ][1]. Huic nomen imposuit Paulina Tarsilla.

[V. Bigot]

23 Feb[ruarii] — [Ego Josephus Jacobus Marest][2] societa[tis] Jesu sac[erdos] in ecclesia S[ancti] Michaelis Silleriensi solemni ritu baptisavi Josephum filium *lakkenambamat* adhuc gentilis et Joannae Agathae *Essan8ima*. Huic nomen imposuit Felicitas *8atesan8ersit*.

[J. -J. Marest]

9 Maii 1688 — Ego Joa[nnes] Viguier soc[ietatis] Jes[u] sacerdos solemni ritu baptisavi Antonium Gaborie. Patrinus fuit Jacobus Lemilleux; matrina Anna Martin.

[J. Viguier]

11 Junii 1688 — Ego Jac[obus] Bigot s[ocietatis] J[esu] sac[erdos] sol[emni] ritu baptisavi Petrum *Kettanet8it* 45 an[nos]. Paulum *Pemin8it* 24 an[nos]. Ignatium Franciscum *Manik8* 22 an[nos]. Joannam *Nibe8* 19 an[nos]. Andream *Tanbiahot* 17 an[nos]. Matthaeum *Skattek8* 15 an[nos]. Omnium patrinus fuit Stephanus *Neketneant*.

Ite[m] eode[m] tempore sol[emni] ritu bapt[isavi] Franciscum unius diei infantem natum ex Thoma *Meskaromenit* et Margarita Cecilia *Meskarominisk8e*. Matrina fuit Maria Francisca *Tek8erimansk8e*.

[J. Bigot]

[116]

29 Junii — Ego Vinc[entius] Bigot soc[ietatis Jesu sacerdos solemni] ritu puellam modo natam ex patre Francisco Salesio *Kiki8ineit* et matre Dorothea *Maremisk8e*. Mariam[3] Monicam nominavit Monica *Anetantechinisk8e*.

15 Julii — Ego Vinc[entius] Bigot soc[ietatis] Jesu sac[erdos] supplevi caerimonias infantulo sex menses nato baptisato a Gallo dum aegrotaret. Jacobum Ignatium nominavit Agnes Pulcheria *Manandag8ess8*; huic pater est Joannes *8assa8et* et Ludovica *Netamtesk8e* mater.

---

1 Après **Mathaei**, une ligne laissée en blanc.

2 Le nom a été coupé par un collectionneur d'autographes! L'écriture est celle de Joseph-Jacques Marest.

3 Le mot **Matrina** en tête de phrase a été rayé.

27 Augusti	Ego Vinc[entius] Bigot soc[ietatis] Jesu sacerdos solemni ritu baptisavi filiam Stephani *Esambamet* et Genovefae *8da8ssen* heri natam. Radegundis *Aman8sk8e* Mariam Joannam nominavit.
2 Sept[embris]	Ego Vinc[entius] Bigot soc[ietatis] Jesu sacerdos solemni ritu baptisavi filiam Adriani *Tanbaésann* et Modestae *Anchite8anhedesk8e* heri natam. Domitillam nominavit Domitilla *8ananghieredesk8e*.
22 Sept[embris]	Ego qui supra solemni ritu baptisavi infantem unius fere anni filium [ ] *8eranmeg8it* et *8nan8demisk8e* catechumenae. Michaelem vocavit Maria Michael *Meter8sk8e*.
23 Sept[embris]	Ego qui supra solemni ritu baptisavi puellam pridie hesternae diei natam ex Laurentio *8e8ebiaret* et Marianna Abnaquaea. Annam Apolloniam nominavit Anna Apollonia *Nich8kesk8é*.
28 Sept[embris]	Ego qui supra solemni ritu baptisavi duas puellas natas ex patre infidele dicto *8ambiganen8ich* et matre catechumena dicta *K8ét8tech*; majorem natu septennem, minorem vero quinquennem. Illam Margaritam, hanc autem Mariam Franciscam nominavit Maria Francisca *8abamaisk8e*.
11 Octob[ris] 1688	Ego Vinc[entius] Bigot soc[ietatis], Jesu sacerdos baptisavi solemni ritu puellam heri natam ex Josepho *Ereg8essemit* et Maria *Ki8iresk8e*. Mariam Catarinam nominavit Maria *K8chansk8e*. [V. Bigot]

[117-118]	[deux pages non utilisées et bâtonnées][1]

1 Les pages [117] et [118] de l'original, non utilisées, ont été bâtonnées par Jean-Baptiste Peuvret en 1694 (voir p. [123] de l'original).

[119]

LIBER CONFIRMATORUM

Anno 1659 die 10. mensis Aug[usti], qui fuit dies Dominica, sacramentum confirmationis acceperunt qui sequuntur ab Illustrissimo et R[everen]dissimo Ep[iscop]o Petraeensi, vicario ap[osto]lico in Nova Francia[1], in ec-[c]lesia Beatae Virginis Conceptae paroechiali Kebecensis oppidi.

Compatrina fuit Anna Le Gasnier D[omi]ni Bourdon uxor.

Natalis Noël[2];
Carolus *Kikinohatchih8nich*, filius ejusde[m] Natalis et Agnetis *Apichime* defunctae;

Faeminae

Magdal[ena] *Menit8k8e8itch*, uxor Natalis;
Marg[ari]ta Agnes *8ne8aneh8n8k8e*, filia Mariae *8t8k8eiabig8k8e*;

Eodem anno die 14 Sept[embris] qui fuit dies D[omi]nica ab eodem, ibidem confirmationis sacramentu[m] acceperu[n]t qui sequu[n]tur, in templo Xenodochii:[3]

Philippus *Sakaboan*;
Antoine *Ne8eïa*;
Charles *Irinantac*;
Clemens *Namch8ape8itch*, nepos Ant[onii] *Ne8eïa*;
Quentinus[4] *Kahik8an*;
Antoine *Agrecha*;
Alexander *Cha8a8kesi*, filius Mariae *8tisk8eïabig8k8e* et patris *Pieskaret* defuncti;
Natalis *Apikanich*;
Joan[nes] Bapt[ista] *Ekineska8at*;
Rob[ertus] *Pigarr8ich*, nepos Jo[annis] Bapt[is]tae;
Isaac *Kaki8ab8g8t*, Jo[annis] Bapt[istae] frater;
Jacob[us] *Nanatech*, filius Mariae *8kakigaba8ik8e*;
Petrus *Chigac*, Carolae *KaParikanchitch* nepos;

[Faeminae]

Maria *8pik8anich*, uxor Philippi *Sakaboan;*
Caecilia [ ] uxor Michaelis *Mak8gan* et filia Mariae;
Jacobina *8niganatchi8an8k8e*, neptis Magdal[enae] *Menit8k8e8itch*;
Maria Marga[reta] *8kichestig8k8e*, filia adoptiva ejusdem Magd[ale]nae *Menit8k8e8itch*;
Thérèse *8ki8ab8k8k8e*, filia adopt[iva] Lud[dovi]cae *Tchipaich*;
Barbe *Kakesig8k8e*, uxor Fr[ancis]ci *8etahetat*;
Bernardina *Mikise8ek8e*, Antonii *Ne8eïa* uxor;
Antonia *8abiskitek8e*, soror Bernardinae;
Jordaine-Marie, vidua, soror ejusdem Antonii *Ne8eïa*;
Thérèse *8tisk8egamig8k8e*, socrus Ant[onii] *Ne8eïa*;
Fr[ançoi]se-Claire *Pikikanikek8e*, uxor

---

1 Mgr de Laval, évêque de Pétrée (**in partibus infidelium**), arriva à Québec le 16 juin 1659, avec le titre de vicaire apostolique de la Nouvelle-France (***DBC*** I, 374-387). La cérémonie du 10 août 1659 est racontée dans la ***Relation*** de 1659, 2.

2 Le chef algonquin Noël Nagabamat dit Tekouerimat.

3 La ***Relation*** de 1659, 3, raconte que "*Pendant la cérémonie qui se fit dans l'Église neuve des Mères Hospitalières, on loua Dieu en quatre langues.*"

4 Au-dessus de **Quentinus**, le P. Druilletes a écrit **irin9** [irinus], comme pour faire **Quirinus**, mais sans annuler la première orthographe.

Elias *8abatic*, Cath[ari]nae *8mata-8atchi8an8k8e* et Petri *Pantikeïachitch* defuncti filius;
Jacobus *Nanatech*, filius Joannae *8kakigaba8ik8e*[1];
Isaac *Kaki8ab8g8chitch*[2];
Josephus *Manit8igat*, nepos Theodosii *Negaska8at*;
Antonius *8ab8kima*, 8nipissirini, nepos Stephani *Eita8ikigic;*
Ludovi]cus *8inassac*, filius Margaretae *8pitta8aban8k8e*;
Alexius *8sp8agan*, Lud[ovi]ci *A8achich* nepos;
Vincentius *8aratchi8anon*, filius Annae *8itchi8ek8e* viduae;
Stephanus *Eita8ikigic*, Sagahigan irini, vir Mariae *8nahikigig8k8e*;
Caroli *Irinantac*;
Anna *Nentar8n*, socrus Caroli *Irina[n]tac*;
Carola *KaParikanchitch* vetula;
Marie *8tisk8eiabig8k8e*, socrus Antonii *Agrecha*;
Thérèse *8kisis8k8e*, uxor Natalis *Apikanich*;
Lud[ovi]ca *Tchipaich*, uxor Jo[annis] Bapt[istae] *Ekineska8at*;
Carola *8massinahaban8k8e*, neptis Lud[ovi]cae *Tchipaich*;
Margar[ita] *8papi8ek8e*, filia adopt[iva] Lud[ovi]cae ejusde[m];
Magdal[ena] *Apisik8e8ich*, filia Eliz[abethae] *8tabitanipin8k8e*;
Elizab[etha] *8tabitanipin8k8e* vidua, Roberti *Pigarr8ich* mater;
Christina *Kachkamanik8e8*, Jacobi *Kaki8ab8g8t* mater;
Fr[ancis]ca *Siham*, soror Jacobi *Kaki8ab8g8t*;
Maria *Miakate8ing8etch* vidua, soror Josephi *Ta8iskaron*;
Clara *8pimag8tchin8k8e*, Natalis *Tek8erimatch* sobrina;
Maria *Ek8e8itch*, soror Caroli *Pachirini;*
Jeanne *Ka8isa8istig8anchitch*, neptis Joannis *Ar8ska8at*;
Lud[ovi]ca *8ki8g8tchin8k8e*, uxor Jacobi *Nanatech*;
Christina *Kachkamanik8e*, uxor Isaaci *Kaki8ab8g8chitch*;
Fr[ancis]ca *Siham*, soror Isaaci *Kaki8ab8g8chitch*;
Barbara *8tachamake8*, sobrina Natalis *Tek8erimatch*;
Magdal[ena] *Gan8namik8ech*, filia Barbarae *8tachamake8*;
Joanna *8kakigaba8ik8e*, sobrina Natalis *Tek8erimatch;*
Joanna *8tarimahan8k8e*, soror Kentini *Kahik8an*;
Margareta *Sakita8aganachitch*, neptis Antonii *Ne8eïa*;

[G. Druilletes]

1 Ces deux noms ont été rayés; ils avaient déjà été inscrits plus haut.
2 Ce nom a été rayé; il avait déjà été inscrit plus haut.

[120]

Confirmati mense Julio

ab Illustriss[imo] et Reverendiss[imo] Episcopo Petraeensi Tadussaci[1]*:*

1668

Tadussacenses et Papinachenses

Michel *8skabeu*;
Andreas *Earimabikichits*;
Ignatius *Petah8reu*;
Thomas *8skiniki8*;
Petrus *Negachi8eskau*;
Stephanus *Pip8nask8ch*;
Ludovicus *Sagabano*;
Guillielmus *Chiskab8s*;
Philipp[us] *8petakamig8*;
Petrus *Negachi8eskau*;
Matthaeus *Quebatenach*;
Lud[ovicus] *Pichitchi8atan*;
Dominicus *Ka8aska8at*
Lucas *Tetimakichechit*;
Jo[ann]es Baptista *At8*;
Michael *Kapatagan*;
Jacobus *Et8et*;
Jo[ann]es *Eg8asset*;
Martin[us] *Echineska8at*;
Lud[ovicus] *Met8achi8aschit*;
Jo[ann]es Baptista *8tinisk*;
Bernard[us] *8abamat*;
Barnabas *Maskeuk*
Fr[anciscus] Xaverius *8mask8s*;
Jacobus *Ka Michichitit*;
Joseph[us] *Ka8irat*;
Michael *Peta8g8nenat*;
Ignat[ius] *Sascik8sis*;
Petrus *Achenis*;
Lud[ovicus] *Iacha8rat*;
Fran[ciscus] *8ar8nis*;
Fr[anciscus] Xavier *Niska*;
Petrus *Nitta8ak8*;

Faeminae

Anna *Tegochik*;
Maria *8ga8imau*;
Elisabetha *Apitchimeu*;
Michael *Ka 8ra8ichit*;
Elisabetha *Matchiragan*;
Maria *8nipisiskeu*;
Anna *Isk8eghis*;
Anna *Ka 8ra8ichit*
Elisabetha *Sakimeu*;
Christina *Aiagamisk8e*;
Theresia *8cha8anok8eu;*
Marg[arita] *Mirachis;*
Adriana *Isk8egis;*
Maria *Calliope;*
Francisca *Attikameg8sk8eu;*
Magdal[ena] *Isk8teghis;*
Agnes *Chi8gaba8ik8eu;*
Mar[ia] *Attikameg8 8stig8anis;*
Mar[ia] *8ga8imau;*
Michaël *8etesemik8eu;*
Elisabetha *Kakitiberitak;*
Agnes ejus filia;
Mar[ia] Margarita *Titisk8eu;*
Agnes *Isk8egis;*
Catharina *Niab8s8;*
Maria *Niab8s8;*
Franc[isca] *8chi8etinok8eu;*
Maria *8pechi8abanok8eu;*
Susanna *Chiask8s;*
Cecilia *8atichesi8;*

---

1 Cette liste de confirmés à Tadoussac se trouve également dans le ***Second registre de Tadoussac***, fol. 20R-21R; Éd. de (LAROUCHE, L. p. 52-54). Le P. de Crespieul, qui est le rédacteur de cette liste de 1668, n'est arrivé au Canada qu'en 1670; il a donc transcrit une liste déjà dressée par un prédécesseur, le P. Henri Nouvel, sans doute, qui desservait alors Tadoussac. Selon la ***Relation*** de 1668, 24-25, Mgr de Laval arriva à Tadoussac le 24 juin 1668 et administra la confirmation à 149 personnes. Or la présente liste ne compte que 85 confirmés.

[Tadussacenses et Papinachenses]

Jo[ann]es *M8k8tagan*;
Petrus *Barrabeu*;
Mauritius *Manit8*;
Petr[us] Lud[ovicus] *Saccik8sis*;
Franc[iscus] *Missinak8*;
Carol[us] *Chi8ask8s*;
Guilliel[mus] *H8h8misi8*;
Joseph[us] *Achenese*;
Petrus *Ka Ne8iachit*

[8tabitibenses]

Magdal[ena] *Michi8ichit;*
Maria *8tcha8aki;*
Maria *Iak8ni8ek8e8;*
Maria *K8ekits;*
Margarita *8nipinok8eu;*
Anna *8sach8abanok8eu*;
Maria *8ra8itchi8anok8eu*;
Susanna *Ka8patak8eu*;
Maria Magdal[ena] *Niper8s*.

[121]

8tabitibe8ets

Henricus *8attik8s*;
Jo[ann]es *Nipin8nk*;

Gaspesianae

Margarita *Tauxen8sk*;
Joanna *Chibag8enek8e*;

Kebeci confirmati ab Illust[rissimo] et R[eve]r[en]diss[imo] D[omi]no Petreensi, 5ª Julii[1] *1669.*

Nicolaus *Mani8tat*, 30 ann.;
Stephanus *Echineachit*;

Margarita *Ne8ainok8eu*;

Taducenses et Papinachenses

Petrus *8skatik;*
Michaël *Chie8ichik;*
Franciscus *A8assamiketik;*
Ignatius *Ek8etatchi8ano;*
Franciscus *Pirechi8it;*
Jacobus *8eskitchi8ano;*
Josephus *Mir8chienich;*
Franciscus *8ta8abano;*
Carolus *8ssa8itik;*

Gaspezianae

Maria *8k8cpipitgigan;*
Monica ejus filia;
Renata, Claudii uxor;
Anna, amborum filia;
Ludovica;
Maria;
Susanna *Tab8sk8an;*
Dionysia;
Joanna *8abega;*

---

1 Les confirmations ont eu lieu à Québec et non à Tadoussac, parce que Mgr de Laval n'était *"pas asseuré s'il y auroit cette année une assemblée générale des Papinachois aux lieux ordinaires."* (***Rel.*** 1669, p. 22) Cette liste de confirmés se trouve également dans le ***Second Registre de Tadoussac***, fol. 20V-21R, Éd. de LAROUCHE, L., p. 54-56. Comme dans le cas précédent, le P. de Crespieul, arrivé au pays en 1670, a transcrit une liste préparée avant son arrivée.

[Taducenses et Papinachenses]

Nicolaus *8cheschig8k;*
Josephus *Kepitaka8at;*
Michaël *Kanoask8et;*
Ludov[icus] *Mistairini;*
Nicolaus *Ta8itaskamik;*
Anton[ius] *8asabas8;*
Joseph *8entich;*

Gaspeziani

Franciscus *Pepigitgan;*
Alexand[er] *Ta8isk;*
Thomas *Patacheu;*
Petrus *Peïron;*
Claudius *Elanb8nk8ek;*
Thibaduk [et]
Jo[annes] ejus filii;
Nicolaus *Pep8nap;*
Ludov[icus] *Medat* [et]
Ludov[icus] *Niaganets* adopt[ivi]
Jo[ann]es Baptista;
Martinus;
Paulus;
Natalis;
Theodoricus Desdames;
Lucas *8aïe;*
Nicolaus *Neiog8et;*
Petrus Mathurin;
Claudius;
Petrus *Labreneche;*
Henricus *Nabrigardes*
Michaël *Emp8g8s8et;*
Jo[ann]es Baptista;
Laurentius;
Joannes *Capitainjan;*

[Gaspezianae]

Renata, Martini uxor;
Francisca, *Desdames* soror;
Francisca ejusd[em] uxor;
Francisca *Franchoisichis;*
Anna uxor *8aïe;*
Magdal[ena] *Nog8desk8;*
Anna *Tobesk8;*
Francisca *Tabisk8an;*
Carolina *Kinik;*
Maria, *Nanbrigardes* uxor;
Maria et
Margarita filiae *Tamb8is;*
Maria *Ab8k8chis*

D[ominus] Pomier[1] horum omnium fuit patrinus.

[F. de Crespieul]

---

1 Hugues Pommier (1639?-1686), prêtre missionnaire en Nouvelle-France de 1664 à 1678. Il était peintre et portraitiste (***DBC*** I, 564).

[122]

Confirmati sunt ab Illustrissimo ac Reverendissimo

Episcopo Quebekensi 2° Julii 1682[1]

Michaël *Tek8erimat*
Franciscus Xaverius *Hanra8eremit*
Guillelmus *Penaz8ret*
Ludovicus *8ambigan8et*
Natalis *Echa8itchant*
Stephanus *Neketneant*
Ignatius *Mameder8kket*
Alexius *E8anambamet*
Natalis *Pebanm88e8*
Victor *MamessaKerrant*
Germanus *8echkikaijen*
Matthaeus *8an8assa8et*
Franciscus Salesius *Kiki8inehit*
Paulinus *Bibin8s*
Augustinus *Ki8imet*
Joannes Baptista *Chebie8it*
Joannes Baptista *Eecheren8k8*
Gregorius *Chibanohis-kiandes*
Thomas *Bebakkat*
Adrianus *Ertamiant*
Henricus *Egang8nn*
Joannes Bapt[ista] *Kiapis*
Jacobus *Tchekk8atis*
Laurentius *Psa8anbé*
Petrus *Kiapis*

Maria Francisca *Etek8erimansk8e*
Margarita
Agnes
Anastasia
Maria
Martina
Ursula
Apollonia
Maria
Monica *Amedabechinis-k8é*
Antoinetta
Natalia
Bibiana
Susanna
Susanna *Abite-8anmisk8e*
Maria
Rosa
Maria
Catharina
Genovefa
Marina[2]
Theodora
Maria Anna
Genovefa Modesta
Domitilla
Tarsilla
Clara *Manmik8erema*
Catharina Senensis[3] *Ab8ksikk8*
Catharina Senensis *Pembetebeskk8e*
Maria Joanna *K8ere-bisk8e8it*

Francisca *Abnakisk8e*
Maria Magd[alena] *8chekk8is*
Anna *8iransk8e*
Maria *Meia-n8nesesk8e*

---

1 Ces confirmations eurent lieu à Notre-Dame de Québec (***Mandements, lettres pastorales et circulaires des Évêques de Qébec***, publiés par TÊTU, H. et GAGNON, C. O., I, Québec,1887, p. 159).
La liste est rédigée par le P. Jacques Bigot.

2 Sans doute **Marine Chiberinansk8e**, car il n'y a qu'elle à porter ce prénom dans tout le registre.

3 **Senensis**: addition au-dessus de la ligne.

Catharina *Ketchisk8esimis*
Agnes *8eresk8ech*
Maria *Amtetabasinisk8e*
Helena
Anastasia *Chessa8sk8e*
Joanna
Clara
Lucia
Dorothea *8naremisk8e*
Martha *Eketchisk8essimis*
Agatha *Miresk8ech*
Paula *8ripehenemis*
Clara *Tchiramanisk8e*
Juliana *Nep8sk8e*
Anastasia *Ki8echin8sk8e*
Maria *Nanksk8e*

Omnium patrinus fuit Jacobus Bigot sacerdos[1].

[J. Bigot]

1 Le P. Jacques Bigot a été le parrain de confirmation de tous. Cette phrase inscrite au bas de la colonne de gauche vaut pour tous les confirmés du 2 juillet 1682.

[122 Tête-bêche]

LIBER BAPTIZATORUM GALLORUM A PATRIBUS SOC[IETA]TIS JESU[1]

Vide alibi inter baptizatos eo anno et mense[2] [G. Druilletes]

Anno D[omi]ni 1646 die 14 Oct[obris], ego Amabilis Defretat societ[at]is J[esu] sacerdos parochi huj[us] agens vices ec[c]l[es]iae vulgo Syllery, baptizavi infante[m] solemniter 11 Oct[obris] natu[m] ex p[at]re Renato Mezere dicto Nosse a Gallis et matre Nicolaa[3], conjugib[us] huj[us] parochiae, cui nomen impositu[m] e[st] Michaël, patrini fuere Michaël Le Neuf, filius D[omini] de La Poterie, matrina Genovefa de Mole.[4]

[A. Defretat]

---

1 Cet en-tête et l'acte qui suit sont disposés tête-bêche. On avait d'abord réservé une section pour les baptisés français, puis l'idée a été abandonnée jusqu'en 1655 (voir p. [142] de l'original). C'est pourquoi l'acte inscrit ici par le P. A. Defrétat a été bâtonné, annulé et reporté en marge de la page [34] de l'original, à sa place chronologique. Toutefois la page [34] est déchirée et ne comporte pas le texte complet de cet acte heureusement conservé ici.

2 **vide alibi**, c'est-à-dire en marge de la page [34] de l'original. Le renvoi est de l'écriture du P. Druilletes.

3 Nicole Garmand.

4 Geneviève Juchereau de Maur, épouse de Charles Legardeur de Tilly (TRUDEL, M. *Communication du 7 août 1986).*

[123] Tous les blancs de ce Registre ont esté bâtonnez[1] suivant l'arrest du Conseil Souverain du Vingt deuxie[me] mars MVI^{C} quatre vingt quatorze par moy Conseiller Secretaire du Roy et greffier en chef audit Conseil, soussigné à Québec les jour et an susdits.

Peuvret[2]
[parafe]

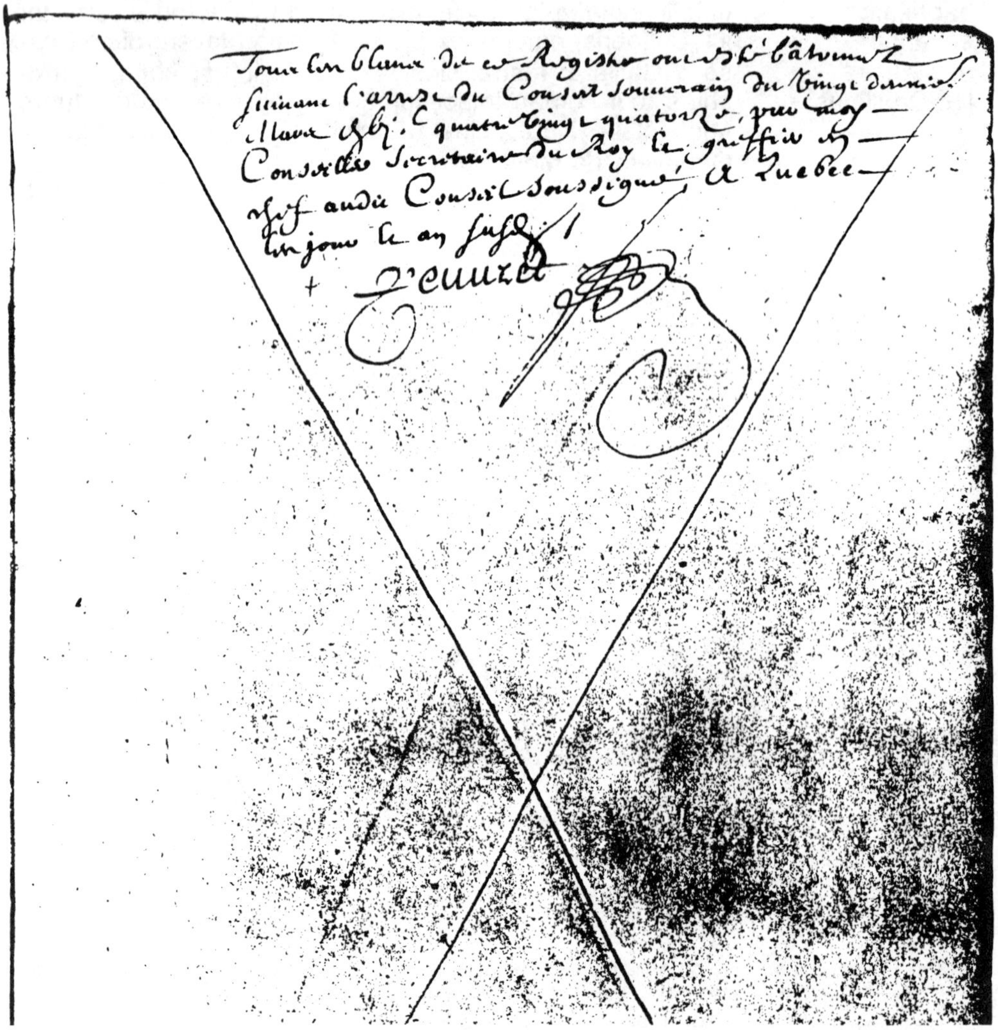
Tous les blancs de ce Registre ont esté bâtonnez suivant l'arrest du Conseil souverain du vingt deuxie mars MVI^{C} quatre vingt quatorze par moy Conseiller Secretaire du Roy et greffier en chef audit Conseil soussigné à Quebec les jour et an susdits

Peuvret

---

1 Au sujet du fait divers qui a provoqué le bâtonnage des pages non utilisées du ***Registre de Sillery*** et sa fermeture officielle, voir l'**Introduction**.

2 Jean-Baptiste Peuvret Demesnu (1632-1697) et non son fils Alexandre Peuvret de Gaudarville (1664-1702), comme en fait foi sa signature au bas de son testament (Frs Genaple, 21 mars 1697).

[124-134][1] [Onze pages non utilisées et bâtonnées[2]]

1 Au haut de la page [124] de l'original, une note à la mine indique: *"La pagination se poursuit à l'autre extrémité du volume."*

2 Les pages [124 à 134] de l'original, non utilisées, ont été bâtonnées par Jean-Baptiste Peuvret en 1694 (voir p. [123] de l'original).

[135]

MISSIO METABER8TENSIS

Anno 1642 et 1643

Ego Jacobus Buteux sacerd[os] societ[atis] Jesu vices agens parochi in templo B[eatae] Virg[inis] Conceptae ad 3 Flumina baptizavi infra scriptos infantes[1]:

Simonem *Missinak8tch* natum 12 annos filium Antonii *Abak8akich* et matris *Pichi8*.

Elizabetham *8tisabami8ek8e8* filiam *Kamachika8isit* et matris *Kok8atig8ahachi8* natam 2 ann[os].

Dionisiam *Mechk8tanamake8* filiam Guillelmi *Pata8abi8* et Annae *Mina8ihet8e8* natam 1 ann[um].

Catharinam *8minoaban8k8e8* natam 3 an[nos] et Magdalenam *Pimitchigan* natam 1 ann[um] filias *Nikip8ragan* et matris *Mitis8nach*.

Horum patrini fuere milites Laharpinière, Devillette, Gaultier, Joli.

[136]

Ego Franciscus Joseph[us] Bressani sacerd[os] societ[atis] Jesus vices agens parochi in aedib[us] sacris B[eatae] Virg[inis] Keb[eci] baptisavi in aedib[us] S[ancti] Josephi apud Ursulas 14 Decembr[is][2] Mariam *Kakikegamig8k8e8* filiam *Chechistabitichka8at* et[3] *Michagamehan8k8e8* natam 8 ann[os].

Item Barbaram *8kastin8k8e8* natam 8 annos filiam Margaritae *8massinagaban8k8e8* matris, 4 Decemb[ris] 1642.

Ego Jacob[us] Buteux societ[atis] Jesu sacerdos baptisavi in aedib[us] sacris Xenodochii 10 Decemb[ris] 1642 Ignatium *Michab8s* natum ann[um] 1, filium Joannis *8ebatch8enon* et matris *8rakamig8k8e8*.

Item Gertrudem *8iskatchan* natam 6 ann[os] filiam Antonii *Abak8akich* et *Pichi8* matris. Patrini fuere Ludovicus

---

1 **Infantes** a remplacé **adolescentes.**

2 **Decemb[ris]**: ajouté au-dessus d'une rature.

3 Après **et**, trois lettres raturées.

Couillart et Joannes famulus Xenodochii, eodem die et anno.

Ego Bartholomaeus Vimont sacerd[os] societ[atis] Jesu anno 1642, Decemb[ris] 30 baptisavi in Xenodochio Michaelem *Anisk8tchi* natum circiter 25 annos, quem nuncupavit

[137]

D[omi]nus C. Montmagni moderator Kebecens[is] et [ ].

Eod[em] die et anno — Item Mariam *Aiamihat* natam circiter 15 annos filiam *Pisk8atik8ech* matris viduae: Hujus adolescentuli matrina fuit D[omina] duechissia d'Eguillon Xenod[ochii] fundatrix[1].

1643

Anno D[omi]ni 1642[2] Janu[arii] 1°, ego Barthol[omaeus] Vimont societ[atis] Jesu sacerd[os] baptisavi in aedib[us] B[eatae] Virg[inis] Kebec:

Margaritam *8massinahabak8k8e8* mulierem natam circiter 40 annos;
Magdalenam *8bestanich* natam circiter 16 annos, quam educat *Pichi8*;
Catharinam *8mat8etchi8an8k8e8* natam circiter 10 annos filiam *8etam8rat* et Gertrudis *At8gan* matris;

Item eod[em] die et anno Elizabetham *8tisk8espich* natam circiter 10 annos filiam Antonii[3] *Abak8akich* et matris *8minaban8k8e8* alias uxoris ejusd[em] Antonii *Abak8akich*.

---

1 Cet acte et celui qui le précède se retrouvent à la page [28] de l'original avec plus de détails et sont datés du 29 décembre 1642. La cérémonie est racontée dans la ***Relation*** de 1643, 22. Les Attikameks étaient venus hiverner à Sillery.

2 Ces baptêmes des pages [137] et [138], datés de janvier 1642, mais inscrits sous l'année 1643 sont-ils de 1642 ou de 1643? Le baptême qui précède immédiatement est daté du 30 décembre 1642, de sorte qu'on attendrait normalement des actes datés de janvier 1643; de plus, si on se réfère à la page [138] de l'original, on remarquera qu'après le 10 janvier 1642, on passe au 11 janvier 1643.

3 **Antonii**: addition au-dessus de la ligne.

[138]

Horum[1] matrinae fuere Martini Fabri lignarii, Maria Giffart, Magdalena de Repentigny et Elizabeth Couillard.

Anno D[omi]ni 1642, 8 Januarii, ego Joannes Brebeuf in aedib[us] S[ancti] Josephi Sill[ery] baptisavi Petrum *Kachkana8ebis* senem circiter 70 an[nos], cujus patrinus fuit Robertus *Miteomeg8ch*.

Gertrudem *At8gan* vetulam circiter 60 an[nos] uxorem *8etam8rat* ducis Attikameg8ek.

Joannem *8iechipimat* vetulam circiter 70 annos aetat[is]. Harum matrina fuit Margarita [ ][2] uxor Stephani *Pikar8ch*.

Anno D[omi]ni 1642 ego Georgius D'Eudemare. sacerd[os] societ[atis] Jesu vices agens parochi in aedib[us] B[eatae] M[ariae] Virg[inis] Angel[orum] baptizavi 10 Janu[arii] Antonium *Abak8akich*[3] aetatis[4] circiter 55 ann[os]. Hujus patrinus fuit Antonius Des Rosiers servus hujusce domus.

Eodem anno et die, ego Francis[cus] Joseph[us] Bressani ibidem baptisavi Joannem *Etineagamikichka8at* natu[m] circiter 7 annos, filium ejusd[em] Antonii *Abak8akich* et *8minaban8k8e8* alias uxoris ejusd[em].

[139]

Anno D[omi]ni 1643, 11 Januarii ego Bartholomaeus [Vimont] societ[atis] Jesu baptizavi in aedib[us] S[ancti] Josephi Ursularum Guillelmum[5] *Pata8abi8* aetat[is] circiter 22 ann[os] quem suo no[m]i[n]e nuncupavit D[ominus] Guill[elmus] Tronquet secretarius D[omi]ni moderatoris[6].

---

1 Après **Horum**, un mot rayé.

2 **Marguerite Pata8aban8k8e**, voir p. [32] de l'original.

3 **Antoine Abak8akich**: *"Cet homme est un des plus considérables des Atticamèques."* La ***Relation*** de 1643, 23, raconte son baptême et celui de son fils.

4 **aetatis**: ajouté au-dessus d'un mot rayé.

5 **Guillelmus** a remplacé **Joan[nes]**, rayé.

6 Ce baptême est raconté dans la ***Relation*** de 1643, 24: *"Deux autres furent baptisez dans la Chapelle des Ursulines, Guillaume Pataoüabi et Anne sa femme, tous deux aagez d'environ vingt-cinq ans."*

Item ibidem eodem anno et die Annam *Mina8ihek8e8* aetat[is] circit[er] 18 annos, uxorem ejusd[em] Guill[elmi] cujus mulieris matrina fuit D[omi]na Marsolet.

Ego Jacob[us] Buteux societ[atis] Jesu sacerdos in aedib[us] sacris S[ancti] Josephi apud Ursulas baptizavi Joannem *8ibatchi8an8n*[1] aetatis circiter 25 ann[os], quem ita nuncupavit Joannes Lavallée.

[B. Vimont]

Anno D[omi]ni 1645 die 12 Septembris apud Tria Flumina, ego Joan[nes] Dequen[2] baptizavi solemniter[3] infra scriptos:

Carolum *Name8* 2 annis natum ex matre *Kat8k8eban*;

Josephum *Memeg8chi8* 3 mensium infantem ex patre Henrico *Kamatchika8isitet*, matre Theresia *Kok8atig8a-hachi8*;

Margaritam *Titisi8* 3 mensium ex patre *Kaki8ab8g8chic* et matre *Massinahiket*;

Joannam *Man8tek8ech* 2 annorum ex matre *Gaïamich* functo patre:

Magdalenam *Mehek8ch* 8 annis natam ex patre *Pa-s8egan*;

Catharinam *Minaban8k8e8* 4 annis natam ex matre *Masinahiketchk8eo;*

Adrianam *8tigouch* 4 annis natam ex matre *Kachka-manik8e8*;

[140]

Mathiam *Et8echkaouat* 3 annis natum ex matre ac supra;

16 Simonem *Abak8akich* 4 annis natum ex patre *Pase8igan* et matre *Kachkamanik8eou*.

Guillaume Tronquet, secrétaire du gouverneur de Montmagny, était notaire. Il passa en France en 1646 (***JJ.***, p. 68).

1 Autre Attikamek, cousin de Michel Anikoutchi (***Rel.*** 1643, 23). La date n'est pas indiquée; probablement la même que celle de l'acte précédent.

2 **Ego Joan[nes] Dequen**; addition au-dessus de la ligne.

3 Après **solemniter**, rature de **sequentes**.

Anno D[omi]ni 1646 die 17 Januarii, ego Joannes Dequen soc[ieta]tis Jesu baptizavi solemniter in cappella Silleriensi Ignatium *Passe8igan* et Christinam *Kachkamanik8e* matrimonio junctos post sufficientem instructionem.

Anno D[omi]ni 1646 21 Febr[uarii], ego Joannes Dequen soc[ieta]tis Jesu baptizavi solemniter in ecclesia S[ancti] Josephi in vico Silleriensi Silvestrem annos natum 28 patrio idiomate *8tik8as* dictum matrimonio junct[u]m restitutae *8chach8rban8k8e* jampridem, cui nomen Cyprianus impositum est. Patrinus fuit Rob[ertus] Hache.

Anno D[omi]ni 1646, die 2 Aprilis, ego Gabriel Druillettes[1] soc[ieta]tis Jesu baptizavi solemniter in cappella Monialum S[anc]tae Ursulae Kebeci infantem recens natum ex patre Stephano *Pigar8ich* et matre Margareta[2].

[J. Dequen]

1 Écriture du P. Dequen.

2 Ce dernier acte, incomplet , a été annulé par une barre oblique; il est un doublet du dernier acte de la page [32] de l'original.

[141]

BAPTIZATI

In via ad Missionem sancti Fr[ancisci] Xaverii versus Mare Septentrionale[1] [1661]

1661 Junii 18.

In Lacu Sancti Joannis Pak8agamic dicto

Ego Claudius Dablon[2] societatis Jesu sacerdos vices agens parochi solemni ritu baptizavii puerum 12. circiter annos natum ex patre *8ettik8ch* et matre Fr[ancisca] *8raban8k8e* natione 8tabitibensibus, no[min]e patrio *Eïa8assagamig8epitch*, ei nomen Fr[ancisci] Xaverii datum est a D[omi]no La Vallière.

Alterum quoq[ue] puerum 9. circiter annos natum ex iisdem parentibus, *Ek8itatchi8an8ekang* dictum, ei nomen Ignatii datum est ab eodem.

Vetulam quoq[ue] *Ki8eseg8k8e*[3] dictam, ei Annae[4] nomen datum est ab eodem[5], 60 annos natam, viduam, matrem Fr[ancisci] Xaverii *8abanise8itch* natione 8tabitibensem.

Vetulam quoq[ue] alteram 55. annos natam, no[min]e *8abistan*, viduam, ei Mariae nomen datu[m] est a D[omi]no Cousture[6], ex eadem 8tabitibensium natione, quae affinis est iis qui sunt circa littus maris septentrionalis.

Junii 21.

Ego Gabr[iel] Druilletes soci[etatis] Jesu sacerdos vices agens parochi ibidem sine solemni ritu baptizavi qui sequu[n]tur cum no[min]e singuli destinato:

Margar[ita] *8simik8e* uxor *Kanipeg8nachitch* 55. annos nata, mortua est paulo post.

Michel *8iris8* 4. circiter annos natum ex eadem *Kanipeg8nachitch* et Marg[arita] *8simik8e*.
Fr[ancis]ca *8raban8k8e* 45. annos data, uxor *8ettik8ch*.

---

1 Le récit de voyage est raconté dans la ***Relation*** de 1661, 13-21. Cet en-tête a été inscrit au-dessus d'un autre en-tête qui a été raturé et qui s'intitulait: **Galli baptizati in reductione Sillerlensi ab anno Domini 1654**...

2 Tous ces actes sont de l'écriture du P. Gabriel Druilletes. Les trois premiers baptêmes, ceux de François-Xavier, Ignace et leur mère, sont racontés dans la ***Relation*** de 1661, 16.

3 **Ki8eseg8k8e**: correction ajoutée au-dessus d'une rature.

4 **Annae**: correction ajoutée au-dessus d'une rature.

5 **ab eodem**: addition au-dessus de la ligne.

6 **a D[omi]no Cousture**: inscrit dans la marge de gauche. Guillaume Couture (1616?-1701) accompagnait les PP. Druilletes et Dablon, ainsi que Denis Guyon et François Pelletier (***DBC*** II, 165). Les PP. Dablon et Druilletes étaient partis de Tadoussac le 1er juin 1661 avec *"80 canots de Sauvages"* (***JJ.***, p. 296). La ***Relation*** de 1661, 13, dit *"quarante canots"*.

[In Lacu Nek8bac]

3 Julii

In Lacu Nek8bac dicti a Barbaris et S[ancti] Pauli tunc a Gallis nominato:
Fr[anciscus] Xavier *Nipatechi8* 30. circiter annos natus, natione Erigoe8ka8irini, paulo post mortuus est.
Gabriel [ ] ejus filius 8. circiter annos natum ex matre *Manit8ch*.
Maria item [ ] ejus filia. 4. circiter annos nata, ex eadem matre.

Laurens [ ] unius circiter annu[m] natus ex *Pitta8re8* et Marg[arita] *8chkatach*.

Charlotte *Paripas8ek8e* 10. circiter annos nata ex N. [ ] *Matasibikan* et N. [ ] *Pisk8erich*.
Agnes *8nipissik8e* quinque circiter annos nata ex iisdem parentibus.
Marcel *Mite8achamat* 2 circiter annos natus ex iisdem.

[In lacu Chab8am8tch8ang dicto]

4 Julii

In Lacu Chab8am8tch8ang dicto:

Cecile *Matchi8echi8ek8e* 4. annos nata ex Lud[ovi]co *Tchatchak8sitch* et Anna *Natak8mine8*.

Marg[arita] *8ki8egaba8ik8e8*, 2. annos nata ex iisdem parentibus.

14. [Julii]

[In lacu sancti Joannis]

In Lacu S[ancti] Jo[annis], Guillelmus 5. menses natus ex *Kana8ask8* et ex *Titisk8e8*.

Lud[dovicus] [ ] septem annos natus ex eodem patre et matre defuncta.

Antonius 14. menses natus ex Mathurino *Pa8agan* et Dionysia *H8h8misi8*.

[G. Druilletes]

[142]

Galli baptizati in ecclesia Silleriana ab anno Domini 1655, 11 Octobris

B
Suzanne
Neveu

Ego Petrus Bailoquet societatis Jesu sacerdos vices agens parochi baptizavi solemniter in sacello Silleriano puellulam recens natam ex Joanne Neveu et Anna Ledette. Patrinus fuit Aegidius[1] Pinel, matrina Suzanne Barbet[2]; haex infante[m] nomine suo Suzannam nuncupavit.

[P. Bailloquet]

Decemb[ris]
14.

Ego Joannes Dequen soc[ieta]tis Jesu baptizavi solemniter in ecclesia Kebecensi infantem 3 dierum ex patre Roberto *Tchapaka8etch* et matre Tecla *Itahik8e*, huic nomen impositum est Ursula.

[J. Dequen]

1656
Januarii 31.
Hyacinthe
Charland

Ego Petrus Bailloquet[3] solemni ritu baptizavi in ecclesia S[ancti] Michaelis infantem recens natum ex patre Claudio Charlant, vulgo Francoeur et ex matre Jacobina [Borde][4] ejus uxor, ei nomen imposueru[n]t D[omi]nus St Germain et uxor Guillelbout Hyacinthum nominantes.

[G. Druilletes]

Junii 11.
B
Marg.
Guillebout

Joannes Dequen baptizavi solemniter in ecclesia Silleriaca infantem recens natam ex patre Carolo Gilbour et matre Francisca Bigot conjugibus, huic impositum est nomen Margarita.

[J. Dequen]

1656
Octobris
28
Ignace
Denis

Ego Petrus Bailloquet societatis Jesu sacerdos baptizavi solemniter in sacello Silleriano infantem recens natum ex patre cui nomen est Jean Denis et ex matre Maria Pelletier conjugibus. Patrinus fuit Ignatius Sevestre et matrina Ludovica Pelletier qui nuncupaverunt infantem Ignatium.

3° Decembris
Et^ne^

Ego Petrus Bailloquet societatis Jesu sacerdos supplevi[5] caeremonias in sacello Silleriano infanti jam ante baptisa-

---

1 Entre **Aegidius** et **Pinel** , une rature.

2 **Barbet**: inscrit au-dessus de Neveu, qui a été rayé.

3 Écriture du P. Druilletes.

4 **Borde**: complément ajouté par un annotateur. **Borde** est suivi du signe appel (+), qui renvoie à une note manuscrite à la mine au bas de la page et qui se lit ainsi:
"Ce nom a été ajouté par la même main qui a mis les notes marginales. Dans le dernier acte ci-dessus on lit un nom différent."
Et un autre annotateur a ajouté: *"non, c'est le mot* ***ejus****"*; ce qui est exact.

5 **supplevi** suit le mot **baptisavi,** raturé.

Dumay

to nato ex Stephano Dumais ejusque uxor[1]. Patrinus fuit Guillelmus Feniou et matrina filia Nosse[2], qui nuncupaverunt infantem Stephanum.

17 Decembris
B
Daniel
de Brentigny

Ego Petrus Bailloquet societatis Jesu sacerdos caeremonias adhibui in ecclesia Silleriana infanti nato ex Domino Brantigni[3] et Anna Ayot conjugibus, quem paucis ante diebus baptisaverat R. P. Dequen. Patrinus fuit Daniel Cosse[4], matrina Ludovica Pelletier qui nuncupaverunt infantem Danielem.

B
Denis
Hyacinthe
Charland

Anno Domini 1657. Ego Petrus Bailloquet societatis Jesu baptisavi solemniter in ecclesia Silleriana infantem natum ex Claudio[5] Charlan et Jacobina[6] ejus uxore. Patrinus fuit Dionysius Labriere, matrina Maria Guillebour, qui nuncupaverunt infantem Dionisium-Hyacinthum[7].

[P. Bailloquet]

[143]

1660
11 Mar[tii]
B
Ignace
Jerémie

Ego Jacobus Fremin soc[ietatis] J[esu] baptizavi solemniter puerulum recens natum ex conjugibus No[e]l Jeremye[8] et Joanna Peltier. Patrinus fuit Ignatius Macart, matrina Francisca Peltier, et Ignatii nomen dederunt infanti.

[J. Frémin]

1661
17. Mar[tii]

Ego Gabriel Druilletes soc[ietatis] Jesu vices agens parochi solemniter baptizavi 4^{r} dies natam infantem ex patre Joanne Migneron et ex matre Maria Pavie. Sebastianus Lienar, Durbois dictus, et Anna Ledet uxor Aegidii Pinel ei nomen dederunt Mariae Annae[9].

[G. Druilletes]

---

1 Françoise Morin (TRUDEL, M. ***La pop. du Canada en 1663***, p. 192-193).

2 **Nosse**: Mezeré dit Nopce.

3 Étienne Denevers dit Brentigny (TRUDEL, M. ***La pop. du Canada en 1663***, p 188).

4 Daniel **Cosset** (t muet) (TRUDEL, M. *Communication du 7 août 1986).*

5 **Claudio** suit la rature de **Carolo**.

6 Jacqueline **Borde**.

7 Entre les pages [142] et [143] de l'original, il manque un feuillet qui contenait les actes inscrits entre le 17 décembre 1657 et le 22 mars 1660.

8 Noël Jérémie dit Lamontagne.

9 Entre cet acte et le suivant, une demi-ligne raturée.

8 Mai[i]	Ego Jacob[us] Fremin soc[ietatis] Jesu vices agens baptizavi solemniter infantem 8 dies natam ex patre Francisco Boucher et matre Florentia Garman. Patrinus fuit Michael Dion, matrina Nicola Garman, eique Michaelis nomen dedere. [J. Frémin]
3 Septembris	Ego Petrus Bailloquet societatis Jesu baptisavi solemniter in ecclesia Silleriaca infantem recens natum ex Joanne Ahiot et Ludovica Pelletier conjugibus. Patrinus fuit Joannes Pelletier, matrina Ludovica Marsolet, Joannem infantem nuncuparunt. [P. Bailloquet]
1662 B M^ie^ Pelletier	Ego Henricus Nouvel societatis Jesu sacerdos vices agens parochi baptisavi die 14 octobris anni 1662 puellam aliquot ante diebus natam ex conjugibus Francisco Peltier et Marguarita Morisseau. Patrinus fuit Nobillis-s[im]us D[ominus] D[ominus] Petrus Dubois Avaugour[1] Regius provinciae Canadensis praefectus. Matrina Maria Genovefa Reinville. Mariae Angelicae nomen dedere infanti. [H. Nouvel]
XI Novembris	Ego Simon Lemoyne[2] societatis Jesu sacerdos baptisavi solemniter in ecclesia Silleriaca infantem recens natam ex Petro Chappeau et Magdal[ena] Duval conjugibus. Patrinus fuit Romanus Duval, matrina Magdalena Maraut, qui nomen Magdalenae dederunt infanti. [P. Bailloquet]
B Frs Dumay	Anno Domini 1663 Februarii 25, ego Petrus Bailloquet societatis Jesu baptisavi solemniter infantem 15 ante diebus[3] natum ex Stephano Dumais et Francisca[4] ejus uxore. Patrinus fuit Franciscus Pelletier, matrina Margarita Garman, Francisci nomen imposuerunt infanti.
B Jacq Liénard	Eodem anno 21 Martii, ego Petrus Bailloquet societatis Jesu baptisavi solemniter infantem unius diei natum ex Sebastiano Lienar et Francisca Pelletier conjugibus. Patrinus fuit Jacobus Mivile, matrina Genovefa Pelletier infantem Jacobi no[m]i[n]e nuncuparunt.

---

1 Pierre Dubois Davaugour, gouverneur de la Nouvelle-France de 1661 à 1663 (***DBC*** I, 291-294).

2 Écriture du P. Pierre Bailloquet.

3 **15 ante diebus**: addition au-dessus de la ligne.

4 Françoise **Morin** (TRUDEL, M. ***La pop. du Canada en 1663***, p. 192).

B
Frs
Pinel

Anno Domini 1663 ineunte Septembri, ego Petrus Bailloquet societatis Jesu baptisavi solemniter infantem recens[1] natum ex Marino Pinel et Oliva[2] ejus uxore. Patrinus fuit Franciscus Pelletier, matrina Genovefa Mezere, Franciscum nuncupaverunt infantem[3].

B
Pierre
Dumais

Eodem anno 8° Octobris[4], ego Petrus Bailloquet societatis Jesu caeremonias adhibui infanti recens nato ex Joanne Dumais et Joanna Vedie conjugibus, quem aliquot ante dies baptisaverat ejusdem pater, patrinus fuit Petrus Chappeau, matrina Charlotte Meville, Petrum nuncuparunt infantem. Iterum baptisatus est sub c[ondi]tione.[5]

[P. Bailloquet]

[144]

B
Jean FX
Pelletier

Ego Henricus Nouvel societatis Jesu sacerdos solemniter baptisavi die 31 Julii 1663 infantem recens natum ex conjugibus Joanne Pelletier et Maria Genovefa de Reinvile. Patrinus fuit Joannes Franciscus Bourdon et matrina Joanna Pelletier Joannis Francisci Xaverii nomen dedere infanti.

[H. Nouvel]

B
Isaac Jos
Garnier

Anno Domini 1663 Novembris 28, ego Petrus Bailloquet socie[ta]tis Jesu sacerdos baptisavi solemniter in ecclesia Silleriaca infantem pridie natum ex Francisco Garnier et Jacobina Frelon conjugibus. Patrinus et matrina fuerunt Isaac Joseph Pinel et Ludovica Pelletier; Isaac Joseph vocaverunt infantem.

B
François
Pelletier

Anno Domini 1663 Decembris 2, ego Petrus Bailloquet societatis Jesu baptisavi solemniter in ecclesia Silleriaca infantem recens natum ex Francisco Pelletier et Margarita Morisseau conjugibus. Patrinus fuit Dominus D'Auteill, matrina Elizabetha Boucher; Franciscum Xaverium nuncuparunt infantem.

---

1 **recens**: addition au-dessus de la ligne.
2 Olive **Morin** (TRUDEL, M. ***La pop. du Canada en 1663***, p. 245).
3 Entre cet acte et le suivant, une demi-ligne raturée.
4 **Octobris**: correction de **septembris**, raturé.
5 La dernière phrase est inscrite dans la marge de gauche.

B Frse Pinel	Eodem anno et 5 Decembris, ego qui supra caerimonias adhibui puellulae recens natae ex Petro Pinel et Carola Fougerat conjugibus. Patrinus fuit André Rainault, matrina Francisca Pelletier. Franciscae nomen dederunt infanti.
Anno[1] 1664 B Mie Ang Migneron	15 Januarii, ego qui supra baptisavi solemniter puellula[m] pridie natam ex Joanne Migneron et Maria Pavie, conjugibus. Patrinus et matrina fuere Stephanus Brentigni et Maria Pelletier, qui nuncupaverunt puellam Mariam Angelicam.
1664 B F X Pinel	Eodem anno, mense et die, ego item baptisavi solemniter infantem recens natum ex Aegidio Pinel et Anna Ledette, conjugibus. Patrinus et matrina fuere Franciscus Boucher et Margarita Morisseau, ab his dictus est puer Franciscus Xaverius.
B Sébastien Labrière	Eodem anno Januarii 28, ego Petrus Bailloquet societatis Jesu baptisavi solemniter infantem eodem die natum ex Dionisio Labriere et Francisca Bigot, conjugibus. Patrinus fuit Sebastianus Gingrau, matrina Helena Desbordes, Sebastianum dixerunt infantem.
B Pierre Pluchon	Eodem anno, 19 Februarii, ego Petrus Bailloquet societatis Jesu baptisavi solemniter infantem nocte proxima natum ex Petro Peluchon et Maria Guerineau, conjugibus. Patrinus fuit Petrus Norman, matrina Maria Guillebou, Petrum infantem nuncupaverunt.
B Frse Boucher	Eodem anno Aprilis sexto, ego qui supra baptisavi solemniter puellula[m] aliquot ante diebus natam ex Francisco Boucher et Florentia Garman, conjugibus. Patrinus fuit Petrus Duquet, matrina Francisca Coté, qui puellula[m] Francisca[m] nuncuparunt.

[145]

B	Eodem Anno Maii primo, ego baptisavi solemniter puellulam biduo ante natam ex Joanne Ahiot et Ludovica Pelletier, conjugibus. Patrinus fuit Nicolaus Pelletier, matrina Maria Genovefa Rainville, qui puellula[m] nuncupaverunt Ludovica[m].

1 **Anno 1664**, inscrit en marge, correction de **eodem anno**, rayé.

B
Et[ne]
Letellier

Anno Domini 1664[1] Maii 6, ego Petrus Bailloquet societatis Jesu baptisavi solemniter infantem priori ante die natum ex Stephano Tillé[2] et Genovefa Mezere, conjugibus. Patrinus fuit Dominus d'Auteuill, matrina Joanna Pelletier qui Stephani no[m]i[n]e infantem nuncuparunt.

[P. Bailloquet]

B

Anno D[omi]ni 1664 Augusti 2º [3], ego Henricus Nouvel societatis Jesu sacerdos baptizavi solemniter puellulam[4] priori ante die natam ex Mathurino Trud et Marguerita Garman, conjugibus. Patrinus fuit Dominus Jacobus Fournier et Anna Aïot, qui Annae nomine puellulam nuncuparunt.

B

Anno D[omi]ni 1664 Sept[embris] 3, ego Henricus Nouvel societatis Jesu sacerdos baptizavi solemniter puellulam priori ante die natam ex conjugibus Dionisio Jean et Maria Pelletier. Patrinus fuit Joannes La Rüe et Francisca Bigot. Mariam Franciscam nuncupaverunt puellulam.

B

Anno D[omi]ni 1664 Octob[ris] 31, ego Henricus Nouvel societatis Jesu sacerdos vices agens parochi solemniter baptizavi puellulam priori ante die natam ex conjugibus Petro Martino et Joachina Lafleur. Patrinus fuit Joannes Mezere et Francisca Moxine, matrina, cui Franciscae Mariae nomen dedere.

[H. Nouvel]

Anno D[omi]ni 1664 Decembris 23, ego Petrus Bailloquet caerimonias adhibui infanti nato ex Dionysio Labriere et Francisca Bigot. Patrinus et matrina fuere Sebastianus Gingreau et Joanna Pelletier. Sebastianum nuncuparunt. Obiit infans. Gingreau [n]o[n] fuit p[rop]rie patrinus q[uia] infans ejus baptisatus paulo ante a Patre Nicolas, nec eumdem fontibus levavit matrina[5].

[P. Bailloquet et L. Nicolas]

B
Barbe

Anno Domini 1665 Januarii 1º, ego Petrus Bailloquet societatis Jesu sacerdos solemniter baptisavi puellulam re-

---

1 Après **1664**, rature de **ego Pet[rus]**, qui avaient été anticipés.

2 Étienne **Le Tellier** (TRUDEL, M. ***La pop. du Canada en 1663***, p. 227).

3 Surcharge: probablement le **deux** août.

4 **puellulam** suit la rature de **infantem**.

5 Cet acte a été inséré après coup; écriture extrêmement fine. **Caerimonias adhibui**: inscrit au-dessus de **baptisavi solemniter**, raturé; **natum** a été corrigé en **nato**. La fin de l'acte semble de la main du P. Louis Nicolas, qui a déjà fait cette observation (p. [66] de l'original) sur l'invalidité du parrainage dans le cas du baptême suppléé (1er juillet 1666).

Bilodeau — cens natam ex Hyeronimo Biloreau[1] et Joanna Repoche, conjugibus. Patrinus fuit Jacobus Noet[2], matrina Barbara Neveu, qui Barbarae nomen dederunt puellae.

B
Jeanne
Garnier — Anno Domini 1665 Martii 22, ego Petrus Bailloquet societatis Jesu sacerdos baptisavi solemniter puellulam recens natam ex Francisco Garnier et Jacobina Frelon, conjugibus. Patrinus fuit Guillelmus de Nevers, matrina Joanna [ ], qui Joannam nuncupaverunt puellulam.

B
Jos.
Pelletier — Item infantem recens[3] natum ex Francisco Pelletier et Margarita Morisseau, conjugibus. Patrinus fuit Anetius Gomin et Romana Boutet matrina Josephi nomen dederunt infanti.

B
Jean
Chappeau — Eodem anno Martii 30, ego Petrus Bailloquet societatis Jesu sacerdos baptisavi solemniter infantem recens natum ex Petro Chapeau et Magdalena Duval, conjugibus. Patrinus fuit Joannes Cauteler, matrina Romana Boutet, Joannis nomen dederunt infanti.

B
Nic.
Pinel — Item seq[uen]ti die infantem hoc[4] eodem die ex Petro Pinel et Carola Fougerat, conjugibus. Patrinus fuit Isaac Pinel et matrina Florentia Garman. Nicolai no[m]i[n]e nuncupaverunt infantem.

B
Ignace
Liénard — Eodem anno Aprilis 16, ego Petrus Bailloquet, societatis Jesu baptisavi solemniter infantem recens natum ex Leonardo Durbois et Francisca Pelletier, conjugibus. Patrinus fuit Natalis Lamontagne, matrina Maria Genovefa Rainville; infanti nomen Ignatii imposuerunt.

[P. Bailloquet]

[146]

B
Eustache
Dumay — Ego Henricus Nouvel societatis Jesu sacerdos solemniter baptizavi in sacello nostro Silliaricensi puellulam recens natam ex parentibus Joanne Dumay et Joanna Vedie, conjugibus, cui nomen dedere Eustachius Lambert et Anna Tapie, 30 Aug[usti] 1665.

---

1 **Biloreau**: variante de **Bilodeau**.

2 Jacques **Noël** (Noët, Nouët), fils de Jean Noël et de Suzanne Barbeau (TRUDEL, M. *Communication du 7 août 1986)*.

3 **recens**: addition au-dessus de la ligne.

4 **hoc:** addition au-dessus de la ligne.

B Marie Bilodeau	Ego Henricus Nouvel solemni ritu baptizavi puellulam recens natam ex Hieronimo Billaudeau et Joanna Ripoche, conjugibus, cui Mariae nomen dederunt Leonardus Durboys et Maria Genovefa [ ], 19 Nov[embris] 1665.
1666 B Genev. Bredon	Ego Henricus Nouvel[1] solemni ritu baptizavi puellulam recens natam ex Vincentio Bredon et Genovefa Pelletier, conjugibus, cui Genovefae no[m]en dederunt Colinus Pelletier et Joanna Pelletier, 21 Janu[arii] 1666.
B Mie Magd Ayot	Ego Henricus Nouvel solemni ritu baptizavi puellulam recens natam ex Joanne Aïot et Ludovica Pelletier, conjugibus, cui Mariae Magdalenae no[m]en dederunt Renatus Reaulme et Francisca Pelletier, 14 Februarii 1666. [H. Nouvel]
Die 15 Feb[ruarii] 1666 B Jeanne Routier	Ego Lud[ovicus] Nicolas solemni ritu baptizavi puellulam recens natam ex Joanne Routié et Chatarina Meillion[2], conjugibus, cui Joannae nomen impositu[m] fuit. Patrinus fuit Mathurinus Trut, matrina Joanna Yvone, in sacello Silleriacensi. [L. Nicolas]
B Marie Garnier	Ego Henricus Nouvel solemni ritu baptizavi puellulam recens natam ex Francisco Granier[3] et Jacobina Maria Frelon, parentibus, cui Mariae nomen dedere Joan[nes][4] Franciscus Durboys patrinus et Maria Boucher matrina, 14 Aprilis 1666.
B Mie Genev De la Rue	Ego Henricus Nouvel societatis Jesu sacerdos solemni ritu baptisavi puellulam recens natam ex Joanne La Rüe et Jacobina Pin, parentibus, cui nomen Mariae Genovefae[5] impositum fuit a Petro Boucher patrino et Maria Genovefa Gaudebou, 17 Aprilis 1666.
B Pierre Constantin	Ego Henricus Nouvel societatis Jesu sacerdos solemni ritu baptizavi infantem recens natum ex Guillelmo Coutantin[6] et Joanna Masse, parentibus, cui Petri nomen dedere Petrus Masse, patrinus, et Francisca Hibou, matrina, 21 April[is] 1666. [H. Nouvel]

1 **Nouvel**: addition au-dessus de la ligne.
2 **Meillion**: variante de **Meliot** (TRUDEL, M. ***La pop. du Canada en 1663***, p.252).
3 **Granier**: variante de **Garnier**.
4 **Joan[nes]**: addition au-dessus de la ligne.
5 **Genovefae**: addition au-dessus de la ligne
6 **Coutantin**: variante de **Constantin** dit Lavallée (TRUDEL, M. ***La pop. du Canada en 1663***, p. 183).

B
Mie
Durand

Ego Lud[ovicus] Nicolas baptizavi solemni ritu puellula[m] recens nata[m] ex Joanne Durant et Catharina Sylvestri, conjugibus. Patrinus fuit Étienne Le Teiller, matrina Marie Mezeret, die [ ] 1666[1].

Die 16
Julii
1666
B

Frse
Pluchon

Ego L[udovicus] Nicolas puellulae recens natae caerimonias baptismi adhibui in n[ostro] Silleriacensi sacello, puellulae nomen Franciscae inditum fuit a Francisca Hubou et Dionysio Masse, patrinis; puellula fuit baptisata in mortis periculo ab eodem Dionysio Masse, eode[m] die, mensis et anni, nata est ex Pierre Peluchon et Marie Garineau, conjugibus.

[147]

Die 22
Jul[ii] 1666

B
J. B[te]
Boutin

Ego Ludovicus Nicolas s[ocietatis] J[esu] s[acerdos] solemni ritu baptizavi infantem recens natum ex patre Antonio Boutein et ex matre Genovefa Gandain[2], conjugibus, infanti nomen Joa[nn]is Baptistae impositu[m] fuit a Joanne Petro Junieau patrino et Maria Genovefa Guillebou matrina.

[L. Nicolas]

Die 30
Aug[usti]
1666
B
Marg.
Pelletier

Ego Andreas Richard soc[ieta]tis Jesu sacerdos vices parochi agens in ecclesia Silleriacensi solemni ritu baptizavi puellulam recens natam ex Francisco[3] Pelletier et Margareta Morisseau, conjugibus, cui Margaretae[4] nomen dedere Joannes Pelletier et Margareta Gaillart, die 30 Augusti 1666.

[signé] A. Richardus

Die 7 Oct[obris]
1666
B
Genev.
Focque

Ego qui supra Andr[eas] Richardus in eadem ecclesia solemni ritu baptizavi puellulam recens natam ex Jacobo Foq[5] et Bona Guerié, conjugibus, cui nomen Genovefa dedere Michael Desorsi et Ludovica Pelletier, die 7. Octobris 1666.

[signé] A. Richardus

---

1 Omission du prénom de l'enfant et de la date. Cet acte est un doublet de celui de la page [65] de l'original; il a été retranscrit ici par volonté de placer ensemble les actes concernant les Français. Le baptême a eu lieu le 4 juin 1666 et le prénom de l'enfant est Marie-Catherine.

2 **Gandain**: variante de **Gaudin**.

3 **Francisco**: ajouté au-dessus de **Jacobo**, raturé.

4 **Margaretae**: addition au-dessus de la ligne.

5 **Foq**: variante de **Fauques**.

26 Martii 1667 B Denis Liénard	Ego qui supra Andr[eas] Richardus in eadem ecclesia solemni ritu baptizavi infantem recens natum ex Sebastiano Lienard vulgo Durbois et Francisca Pelletier, conjugibus, cui nomen Dyonisii dedere Dyonisius Joannes[1] et Francisca Hibou. Die 26ª Martii anni 1667. [signé] A. Richardus
2 Aprilis 1667 B Chs Briere	Ego qui supra Andr[eas] Richardus in eadem ecclesia solemni ritu baptizavi infantem recens natum ex Dyonisio Briere et Francisca Bigot, conjugibus, cui Caroli nomen dedere Carolus Guillebourt patrinus et Margareta Guillebourt matrina. 2 April[is] 1667.
10 Maii 1667 B André Pinel	Ego qui supra Andr[eas] Richardus in eadem ecclesia solemni ritu baptisavi puellulam recens natam ex Petro Pinel et Carola Fougerat conjugibus, cui Andreae nomen dedere D[ominus] Dionys[ius] Joseph Ruette D'Auteuil patrinus et Andrea Lespine matrina, 10 Maii 1667.
15 Maii 1667 B Claire Tru	Ego qui supra Andr[eas] Richardus in eadem ecclesia solemni ritu baptizavi puellulam pridie natam ex Mathurino Tru et Margareta Garman, conjugibus, cui Clarae Franciscae nomen dedere D[ominus] Dionys[ius] Jos[ephus] Ruette D'Auteuil patrinus et Ludovica Pelletier matrina, 15 Maii 1667.
16 Julii 1667 B Pierre De la Rue	Ego qui supra Andr[eas] Richardus in eadem ecclesia solemni ritu baptizavi infantem pridie natu[m] ex Joan[ne] Baptista de la Rue et Jaquelina Pin, conjugibus, cui Petri nomen dedere Petrus Le bois Morel patrinus et Francisca Pelletier matrina, 16 Julii ann[i] 1667.

[148]

21 Maii 1667 B L^se^ Thibault	Ego qui supra Andreas Richardus in eadem ecclesia solemni ritu baptizavi puellulam triduo ante natam ex Michaele Thibault et Joanna Sohier, conjugibus, cui Ludovisiae nomen dedere Augerius Grignon et Ludovisia Pelletier. 21 Maii 1667. [signé] A. Richardus
14 Aug[usti] 1667 B	Ego qui supra Andr[eas] Richardus in eadem ecclesia solemni ritu baptizavi infantem pridie natum ex Joanne Dumé[2] et Joanna Vedié, conjugibus, cui no[m]en Renati

1 Latinisation du patronyme **Jean**.

2 **Dumé**: variante de **Dumets**, etc. (TANGUAY, C. ***Dict. généalogique*** I, 212: Jean Dumets et Jeanne Redié).

René Dumay	dedere Renatus Le Duc patrinus et Francisca Bigot matri-a. 14 Augusti 1667.
17 Aug[usti] 1667 B Nicolas Jean	Ego qui supra Andr[eas] Richardus in eadem ecclesia solemni ritu baptizavi infantem pridie natum ex Dionisio Joanne et Maria Pelletier, conjugibus, cui nomen Nicolai dedere Sebastianus Léonard patrinus et Joanna Masse matrina. 17 Augusti 1667.
25 Aug[usti] 1667 B Romain Chappeau	Ego qui supra Andr[eas] Richardus in eadem ecclesia solemni ritu baptizavi infantem pridie natum ex Petro Chapeaux et Magdalena Duval, conjugibus, cui nomen Romani dedere Romanus Bequet[1] patrinus et Maria Magdalena Morin matrina. 25 Aug[usti] 1667.
16 Oct[obris] 1667 B Mie Genev. Routier	Ego qui supra Andr[eas] Richardus in eadem ecclesia solemni ritu baptizavi puellulam eodem die natam ex patre Joanne Routier et Catharina Meliote[2], conjugibus, cui nomen Mariae Genovefae dedere Stephanus de Nevers et Maria Genovefa de Mononvilly[3]. 16 Octobris 1667. [A. Richard]
13 Dec[embris] 1667 B Guill. Bonhomme	Ego Ludovicus De Beaulieu in eadem eccl[esi]a solemni ritu baptizavi infantem pridie natum ex patre Guillelmo Bonhomme et Francisca Juscher[4], conjugibus, cui nomen Guillelmi dedere Nicolaus Bonhomme et Catharina Goujat. 13 Decembris 1667. [signé] Ludovicus de Beaulieu, soc. J.
27 Decemb[ris] 1667 B Simon Jean Denevers	Ego qui supra Andr[eas] Richardus in eadem ecclesia solemni ritu baptizavi infantem pridie natum ex patre Stephano de Nevers et Anna Hayot, conjugibus, cui nomen Simonis Joannis dedere Hubertus Simon et Francisca Bigot. 27º Decembris 1667.
18 Janu[arii] 1668 B F X Bilodeau	Ego qui supra Andreas Richardus baptizavi solemni ritu in eadem ecclesia infantem pridie natum ex patre Hieronimo Billaudeau et Joanna Ripoche, conjugibus, cui nomen Francisci Xaverii dedere Aegidius Pinel et Francisca Hibou. 18 Januarii 1668.

---

1 Romain Becquet (1640-1682), notaire (***DBC*** I, 88-89).

2 **Meliote**: variante de **Meillion** (18 février 1666, original, p. [146]) et de **Meliot** (TANGUAY, C. ***Dict. généalogique*** I, 531).

3 **De Mononvilly**, Marie-Geneviève, épouse de Jean Pelletier, variante de **Manouelly** de Réville (TRUDEL, M. ***La pop. du Canada en 1663***, p. 242), de **Manouvelly**, (29 août 1668, p. [50] de l'original), de **Manevely** (TANGUAY, C. ***Dict. généalogique*** I, 470).

4 Françoise **Juscher**: variante de **Huché**, **Luché**, et **Haché** (TANGUAY, C. ***Dict. généalogique*** I, 66).

22 Januar[ii] B Ignace Loubat	Ego qui supra Andreas Richardus in eadem ecclesia solemni ritu baptizavi infantem pridie natum ex Joanne Loubat et [ ], conjugibus, cui nomen Ignatii dedere Ignatius Denis et Genovefa Hayot. 22 Januarii 1668.

[149]

26 Feb[ruarii] 1668 B Cath. Pluchon	Ego qui supra Andr[eas] Richardus in eadem ecclesia solemni ritu baptizavi puellulam eodem die natam ex Petro Peluchon et Maria Garineau, conjugibus, cui nomen Catharinae dedere Renatus Duverger et Catharina Meliot. 25 Feb[ruarii] 1668.
27 Febr[uarii] 1668 B Françoise Letellier	Ego qui supra Andr[eas] Richardus in eadem ecclesia solemni ritu baptizavi puellulam pridie natam ex Stephano Le Tellier et Genovefa Mezeret, conjugibus, cui nomen Franciscae dedere Carolus Gaultier et Francisca Hibou. 27 Febr[uarii] 1668.
4 Martii B Médard Mezeres	Ego qui supra Andr[eas] Richardus in eadem ecclesia solemni ritu baptizavi infantem pridie natum ex Renato Mezere et Nicolaa Garman, conjugibus, cui nomen Medardi dedere Medardus Duhautsel et Genovefa de Manouely. 4 Martii 1668. [signé] A. Richardus
10 Martii 1668 B Marie Constantin	Ego qui supra Andr[eas] Richardus in eadem ecclesia solemni ritu baptizavi puellulam 8 Martii natam ex Guillelmo Contantin[1] et Joanna Masse, conjugibus, cui nomen Mariae dedere[2] Michael Desorcis et Maria Pinet. 10 Martii 1668.
16 Martii 1668 B Geneviève Pelletier	Ego qui supra Andr[eas] Richardus in eadem ecclesia solemni ritu baptizavi puellulam eodem die natam ex Francisco Pelletier et Margarita Moriceau, conjugibus, cui nomen Genovefae dedere Dionysius Joannes et Genovefa Pelletier. 16 Martii 1668.
29 Martii B Jacq.	Ego qui supra Andr[eas] Richardus in eadem ecclesia solemni itu baptizavi i nfantem biduo ante natum ex Ludovico Sanson et Martha Ragau[3], conjugibus, cui no-

1 Guillaume Constantin dit Lavallée (TRUDEL, M. ***La pop. du Canada en 1663***, p. 183).

2 Le mot **dedere** est répété dans l'original.

3 **Ragau**: addition après coup et d'une autre écriture.

Samson	men Jacobi dedere Jacobus Habert[1] et Joanna Maufais. 29 Martii 1668.
29 Martii 1668 B Mie Magd. Simon	Eodem die, ego qui supra Andr[eas] Richardus in eadem ecclesia solemni ritu baptizavi puellulam eodem die natam ex Hubert[o] Simon[2] et Maria Vietz, conjugibus, cui nomen Mariae Magdalenae dedere Franciscus Prevost et Maria Duval. Die 29 Martii 1668.
19 Mai 1668 B Sébastien Migneron	Ego qui supra Andr[eas] Richardus in eadem ecclesia solemni ritu baptizavi infantem 14 die Maii natum ex Joanne Migneron et Maria Pavia[3], conjugibus, cui nomen dedere Sebastiani Sebastianus Gingreau et Joanna Voidie. 19 die Maii 1668.
21 Mai 1668 B Jean Brière	Ego qui supra Andr[eas] Richardus in eadem ecclesia solemni ritu baptizavi infantem eodem die natum ex Dionisio Briere et Francisca Bigot, conjugibus, cui Joannis no[m]en dederunt Joannes Hayot et Genovefa Mezeré. [signé] A. Richardus

[150]

10 Junii 1668 B Angélique Hayot	Ego qui antea Andr[eas] Richardus in eadem ecclesia solemni ritu baptizavi puellulam pridie natam ex Joanne Hayot et Ludovisia Pelletier, conjugibus, cui Angelicae nomen dederunt Guillelmus de Nevers et Genovefa Pelletier, die 10 Junii anni 1668. [signé] A. Richardus
Aug[usti] 29°. B Nicolas Pinel	Ego Gabriel Druilletes societatis Jesu sacerdos parochi vices agens in ec[c]l[es]ia S[anc]ti Michaelis Silleriacensis solemni ritu baptizavi infantem recens natu[m] ex Petro Pinel et Carola Fougerat, conjugibus, ei Nicolai nomen dederunt Nicolas S.t Antoine et Marie Geneviefve de Manouvelly[4], uxor Joannis Pelletier. [G. Druilletes]
Octobris 18°. 1668 B	Ego qui supra Andreas Richardus in eadem ecclesia solemni ritu baptizavi puellulam pridie natam ex Francisco Garnier et Jaquelina Freslon, conjugibus, cui Franciscae

1 Jacques Hubert marié à Françoise Chevalier (TANGUAY, C. ***Dict. généalogique*** I, 296).

2 Il y a eu confusion des prénom et patronyme du père: le rédacteur avait d'abord écrit: **Simone Hubert**, qu'il a corrigé en **Huberto Simon**; il s'agit de Hubert Simon dit Lapointe (TRUDEL, M. ***La pop. du Canada en 1663***, p. 255).

3 Latinisation du patronyme **Pavie**.

4 **Manouelly**: voir **supra,** p. [148] de l'original, 16 octobre 1667, note.

Frse Garnier	nomen dedere Joannes Baptista De Tilli et Francisca Pelletier, die 18°. Octobris anni 1668. [signé] A. Richardus
Novembris 27. B Marg. Thibault	Ego Carolus Albanel societatis Jesu sacerdos parochi vices agens in ecclesia Sancti Michaelis Silleriacensis solemni ritu baptisavi infantem duorum dierum ex Michaele Tibau et ex matre Joanna Soïé, conjugibus, ei Margueritae nomen dederunt Petrus Girard et Marguerita Pilote. [C. Albanel]
24 Decembris 1668 B Mie Cath. Martin	Ego qui supra Andr[eas] Richardus in eadem ecclesia solemni ritu baptizavi puellulam eodem die natam ex Petro Martin et Joachina Lafleur, conjugibus, cui Mariae Catharinae nomen dederunt Stephanus Le Tellier et Maria Boucher, die 22° Xbris 1668.
1669 16 Januarii B Guill. Pinel	Ego qui supra Andr[eas] Richardus[1] baptizavi solemni ritu in eadem ecclesia infantem[2] 16 die Januarii natum ex Aegidio Pinel et Anna Ledette, conjugibus, cui Guillelmi nomen dederunt Guillelmus Contantin et Anna Masse, die 16. Januarii 1669. [A. Richard]
16 Feb[ruarii] 1669 B Nicolas Jérémie	Ego Carolus Albanel societatis Jesu sacerdos parochi vices agens in eadem ecclesia solemniter baptizavi infantem duorum dierum ex Natali Hieremia dicto Lamontagne et Joanna Peletier, conjugibus, cui Nicolai nomen dederunt Nicolaus Monchy[3] et Catharina Macar. [C. Albanel]
25. Martis B Sébastien Liénard	Ego qui supra Andreas Richardus in eadem ecclesia solemni ritu baptizavi infantem eodem die natum ex Sebastiano Lienard et Francisca Pelletier, conjugibus, cui Sebastiani nomen dederunt Joannes Baptista Larüe et Anna Denis, 25 Martis 1669.
31. Martis B Jean Frs Génaple	Ego qui supra Andreas Richardus in eadem ecclesia solemni ritu baptizavi infantem pridie natum ex Francisco Genaple[4] et Maria Anna Delaporte, conjugibus, cui nonomen dederunt Joannis Francisci[5] Joannes Baptista Morin, Margarita Gaillard Duplessis, 31 Martis 1669. [signé] A. Richardus

1 Après **Richardus**, rature de deux mots.

2 **Infantem** a remplacé **puellulum**, raturé.

3 Selon André Vachon, la bonne orthographe est **Mouchy**. Nicolas de Mouchy fut notaire, greffier, substitut du procureur général et membre du Conseil Souverain (***DBC*** I, 525).

4 François Genaple de Bellefons (1643-1709) habita Sillery, avant de devenir notaire royal, seigneur, etc. (***DBC*** II, 250-252).

5 **Joannis Baptistae**: addition au-dessus de la ligne.

[150 bis][1]

[1679]	Marie Renée, fille de Jean *Ouspanset,* Abnaqui, et de Susanne *Obedioueskou*, sa femme, née le 11 de juin. Le parrain a esté René Sénart et la marraine Marie Couture, femme de François Vessier, habitants de Québec; a été baptisée le 13 de juin par moy, [signé] P. P. Gagnon prestre[2]

150 ter][3]

Louis de Gonzaghe aagé de deux mois baptisé le 20 juin 1687, fils de Pierre Jacques *Ambek8ig8ne* [et de] Pélagi[e] *Jacquesque*, la mère [?]; et Joseph Jacques, fils de Jac[ques] Christofle *Kichigamba8it* [et de] Jeanne *Nimenansk8e*.[4]

[J. J. Marest]

K8echk8itchient

[151]

15 Aprilis 1669 B Fr X De la Rue	Ego qui supra Andreas Richardus in eadem ecclesia solemni ritu baptizavi infantem pridie natum ex Joanne Baptista de la Rue et Jaquelina Pin, conjugibus, cui Francisci Xaverii nomen dedere Franciscus Garnier et Francisca Hebout, 15 Aprilis 1669.
3 Junii B Anne Massart	Ego qui supra Andreas Richardus in eadem ecclesia solemni ritu baptizavi puellulam eodem die natam ex Nicolao Massart et Anna Bellesoeur, conjugibus, cui Annae nomen dedere Joannes Demets et Anne Gentreau, 3ª die Junii 1669.

---

1 La page [150] bis n'est en réalité que le recto d'un billet de 18 x 7,5 cm, inséré dans le registre et qui a été paginé à cet endroit du registre. Il s'agit d'un brouillon semble-t-il.

2 Cet acte se retrouve en latin à la page [91] de l'original et est daté du 13 juin 1679. Pierre-Paul Gagnon (1649-1711) fut missionnaire de la rive Nord du Saint-Laurent de 1677 à 1685 (ALLAIRE, ***Le clergé***..., I, p. 223).

3 La page [150 ter] est le verso du billet-brouillon précédent. Le texte est écrit verticalement à l'extrémité gauche.

4 Ces deux baptêmes figurent à la page [114] de l'original sous la plume du P. Joseph Marest. Ils sont datés du 20 juin 1687. Le second baptême est un baptême suppléé.

10 Julli
B
Nicolas
Sevestre

Ego Ludovicus de Beaulieu[1] soc[ietatis] Jesu, die 10. Jullii in eadem ecclesia baptizavi infantem triduo ante natum ex Nicolao Sevestre et Barbara Nepveu, conjugibus, cui Nicolai nomen dederunt Aegidius Pinel et Ludovica Pelletier.

17 Sept[em]bris
B
M^{ie} Genev.
Tru

Ego qui supra Andreas Richardus in eadem ecclesia solemni ritu baptizavi puellulam biduo ante natam ex Mathurino Tru et Margarita Garmant, conjugibus, cui Mariae Genovefae nomen imposuerunt Joannes Pin et Maria Genovefa Guillebout, 17ª die Septembris anni 1669.

21 7[em]bris
B
Frs
Focque

Ego qui supra Andreas Richardus in eadem ecclesia solemni ritu baptizavi infantem pridie natum ex Jacobo Fauque et Bona Guerrier, conjugibus, cui nomen Francisci imposuerunt Franciscus Ripoche et Maria Pinel, 21ª die Septembris anni 1669.

[A. Richard]

28 Octobris
B
Et^{ne}
Jean

Ego[2] [Carolus Albanel] societatis Jesus sacerdos vices agens parochi in eadem ecc[l]esia solemni ritu baptisavi infantem unius diei ex patre Dionisio Joanne [et] ex matre Maria Peletier, conjugibus, quem Stephanus Blanchon et Anneta Amiot Stephanum nominarunt.

[C. Albanel]

12 Nov[em]b[ris]
1669.

Baptizati s[un]t[3] sine solemnitate Charolus *Ne8atin8et*, maritus Joannae *Missameg8k8e*, Andreas *Ki8atis*, eoru[m] filius, Ignatius *Nemeter8ket,* Franciscus Xaverius *Nechesu8ino*.

[L. Nicolas]

12 Jan[uarii]
1677

Ego Jac[obus] Vaultier s[ocietatis] J[esu] sac[erdos] adhibui caerimonias Carolo *Ne8atin8et*. Patri[nus]: Tho[mas] Lefebvre.

---

1 Écriture du P. André Richard.
2 Le nom a été coupé, mais l'écriture est du P. Charles Albanel.
3 L'abréviation s^{t} [sunt]: addition au-dessus de la ligne. Cet acte est du P. Louis Nicolas.

[152]

B Mie Michelle Samson	Die 25 Nov[embris] 1669, ego Ludovicus Nicolas soc[ietatis] J[esu] s[acerdos] vices agens parochi solemni ritu baptizavi puellulam unius diei nata[m], filiam Ludovici Samson et Marthae [ ][1], conjugibus, ei nomen Mariae Michaelae imposuerunt Franciscus Genaple et Maria Agata [ ].
B	Die 8 Dec[embris] 1669, ego L[udovicus] Nicolas baptizavi sub conditione Mariam Angelicam tribus jam mensibus natam, filiam *8suk8eki* mortui et Marguarittae *Mirik8s*, eam nominavit filius[2] Domini d'Auteuil et D[omina] Du Saucay.[3]
1670 B Mie Magd. Grenier	Die 14 Jan[uarii] 1670, ego L[udovicus] Nicolas baptizavi sub conditione puellulam recens natam, filiam Joan[nis] Grenier et Magdalenae Lequier, conjugibus, ei nomen Mariae Magdalenae imposuerunt Petrus Maufaict et Maria Buisson. Statim post baptismu[m] obiit.
1670 J Bte Routier	Die 24 Jan[uarii], ego L[udovicus] Nico[las] baptizavi puerulum recens natum ex Joanne Routier et Catharinae Chanson[4], conjugibus, ei nomen Joannis Bap[tistae] imposuerunt Joannes Migneron et Francisca Peletier.
1670	Die 26 Jan[uarii], bap[tizavi] Mariam ex patre Nicolao[5] *8mek8akak* sive *Nigoret* et ex matre Ludovica *8ssab8ek8e*, ejus conjuge. Patrinus: Étienne Tilly[6], matrina: Marie Peletier.
1670 Mie Félicité Lebeuf	Die 16 Maii, ego L[udovicus] Nicolas bap[tizavi] puellula[m] recens nata[m] ex patre Jacobo Leboeuf et ex matre Antonia Lenoir, conjugibus[7], eam nominarunt Maria[m] Felicitatem Antonius Buisson et Maria Benard; eodem die obiit.
1670 Jeanne	Die 21 Maii, ego Lud[ovicus] Nicolas bap[tizavi] puellula[m] recens nata[m] ex patre Hieronymo Bilaudeau et

1 Marthe **Ragau** (TANGUAY, C. ***Dict. généalogique,*** I, 538); **Marthe Ragot**, selon JETTÉ, R. ***Dict. généalogique,*** p. 1033.

2 C'est-à-dire François-Madeleine-Fortuné de Ruette d'Auteuil, qui a 12 ans.

3 Probablement Marie-Anne, fille de Jacques Du Saucay de Bémont et d'Anne Carlier, qui deviendra en 1675 la seconde femme de Louis Rouer de Villeray (***DBC*** I, 596).

4 Selon TANGUAY, C. ***Dict. généalogique,*** I, 531, la femme de Jean Routier est Catherine Meliot, fille de François et de Marie Chanson.

5 **Nicolao**: addition au-dessus de la ligne.

6 **Tilly**: variante de Le Tellier.

7 **conjugibus**: addition au-dessus de la ligne. Antoinette Lenoir est la deuxième femme de Jacques Leboeuf (1669) (TANGUAY, C. ***Dict. généalogique,*** I, 357).

Bilodeau	ex Joanna Ripouche, ejus conjuge; eam nominarunt Joannes Gaudin et [ ] Aiot. [L. Nicolas]
1670 Jos. Romain Mauffay	Ego Joseph Maria Chaumonnot baptizavi die 9 Junii Josephum Romanum unius die natum ex patre Petro Mauffay et ex matre Maria Du Val, conjugibus. Patrinus fuit Romanus Du Val, matrina Maria Bonhomme.
1670 Geneviève Migneron	Die 25 Junii Ludovicus de Beaulieu[1] baptizavit puerulam 4 dies natam ex p[atre] Joanne Migneron et ex matre Maria Pavie, conjugibus. Genovefae nomen est impositum. Patrinus Simon Rochereau, matrina Maria Genovefa Manouely.
1670 Jeanne Clautreau	Die 3ª Julii, ego Joseph Maria Chaumonnot baptizavi puellulam unius diei ex patre Vincentio Clauteau et matre Joanna Cotquin. Joannae nomen ei impositum. Patrinus fuit Jacobus Girard, matrina Joanna Yvonne. [J. M. Chaumonnot]

[153]

1670 Ant. Senat	Die 2ª Augusti, ego Ludovicus de Beaulieu puerum baptizavi[2] recens natum ex patre Roberto Senat et Maria Atanville ejus conjuge, eum nominarunt Antonius Tapin et Maria Lefebvre, Antonii nomen illi est impositum. [L. de Beaulieu]
1670 Jean Frs Lefebvre	Die 27 Augusti, P[ater] Carolus Albanel[3] baptizavit Joannem Franciscum 4 dierum ex patre Thoma Lefebvre et ex matre Genovefa Peletier conjugibus. Patrinus fuit Joannes Pelletier, matrina Francisca Goupille. [J. M. Chaumonnot]
1670 5. Octob[ris] Jacqueline Garnier	Ego Guillelmus Matthieu societatis Jesu sacerdos solemniter baptizavi die 5.ª Octobris puellam recens natam ex conjugibus Francisco Granier et Jacobina Maria Frelon, cui Jacobinae nomen dedere Sebastianus Ginguereau patrinus et Jacobina Pin matrina, 5. Octobris 1670. [G. Matthieu]

1 L'acte est de l'écriture du P. Chaumonot.

2 **baptizavi**: addition au-dessus de la ligne.

3 L'acte est de l'écriture du P. Chaumonot.

1670 20 Oct[obris] Catherine Jean	Ego Josephus Maria Chaumonnot societatis Jesu sacerdos solemniter baptizavi puellam[1] recens natam ex conjugibus Dyonisio Jean et Maria Pelletier, cui Catarinae nomen dedere Petrus Nolan et Maria Soumandre patrini in ecclesia S[anc]ti Michaelis Sylleriani. [J. M. Chaumonnot]
B Michel Tinon	Ego Guillelmus Matthieu societatis Jesu sacerdos solemniter baptizavi puerum recens natum ex conjugibus Emerico Tinon[2] et Amata Rou, cui Michaelis nomen dedere Michael Desorcis et Marguerita Garman in eccle[sia] S[anc]ti Michaelis Silleriani. [G. Matthieu]
9. Novembris ejusdem anni 1670 Étienne Le Tellier	Ego Carolus Albanel puerum 4 dierum solemni ritu baptizavi puerum ex patre Stephano Le Telier et Genovefva Mezere conjugibus. Mathaeus Amiot Villeneufve[3] dictus et Marguerita Guillebout Stephani nomen dederunt. [C. Albanel]
14 Novemb[ris] 1670 Louis Durand	Ego Joseph Maria Chaumonnot solemni ritu baptizavi puerum unius diei ex patre Joanne Durant et Catarina *Annennonta*[4], Huronensi, conjugibus, cui nomen Ludovici[5] imposuerunt Ludovicus Lebert et Maria Anna du Saussé[6], patrina *(sic)* in ecclesia S[anc]ti Michaelis Sylleriani.
19 Jan[uarii] 1671 M[ie] Frse Simon [Lapointe]	Ego Joseph Maria Chaumonnot societatis Jesu sacerdos baptizavi infantem unius diei ex patre Huberto Simon d[ict]o La Pointe et ex matre Maria [ ][7], conjugibus, cui nomen Mariae Franciscae dederunt D[omi]n[u]s Franciscus Dauteuil et D[omi]na Maria Anna du Saussay patrini in ecclesia S[anc]ti Michaelis, die 19 Januarii 1671. [J. M. Chaumonnot]
Jan[uarii] 11, 1671 Eliz. Ursule Buteau	Ego Carolus Albanel solemni ritu baptizavi infantem undecim dierum ex patre Nicolao Buteau, ex matre Catharina Uselin, conjugibus. Jacobus Rousseau et Isabella de Nevers Isabellam Ursulam nominarunt.

---

1 **puellam**: addition au-dessus de **Catharinam**, rayé.

2 Emard (et non Emery) Tinon dit Desroches (TANGUAY, C. ***Dict. généalogique*** I, 568).

3 Mathieu Amiot, donné des Jésuites, interprète, puis seigneur; en 1670 il habite Sillery; marié à Marie Miville (***DBC*** I, 61).

4 **Annennonta**: addition au-dessus de la ligne. Elle épouse Jacques Couturier en 1672 (TANGUAY, C. ***Dict. généalogique*** I, 148).

5 **Ludovici**: addition au-dessus de la ligne.

6 Marie-Anne Du Saussay, femme de Louis Rouer de Villeray en 1675 (***DBC*** I, 596).

7 Marie Viez (TRUDEL, M. ***La pop. du Canada en 1663,*** p. 255).

Jan[uarii] 18, 1671 Jos. Pluchon	Ego Carolus Albanel solemni ritu baptizavi infantem quatuor dierum ex patre Petro Peluchon, ex matre Maria [ ][1], conjugibus; Petrus Soumandre Josephum nominavit.
Febr[uarii] 3, 1671 M^ie^ Agnès Bertheome	Ego Carolus Albanel solemni ritu baptizavi infantem unius diei ex patre Jacobo Bertaume, ex matre Catharina Bonhome, conjugibus; Ignatius Bonhome et Maria Bonhome Mariam Agnetem nominarunt.

[154]

23 Februa[rii] 1671 Mathias Génaple	Ego Carolus Albanel solemni ritu baptizavi infantem 6. dierum ex patre Francisco Genaple et Maria Anna de La Porte, conjugibus. Denis de Ruette sieur d'Auteuil et Maria Marsolet Mathiam nominarunt.
24 Febr[uarii] 1671 M^ie^ Anna Campagna	Ego Carolus Albanel solemni ritu baptizavi infantem recens natam ex patre Petro Campagniard et ex matre Francisca Richard, conjugibus. Dionisius Josephus de Ruette sieur d'Auteuil et Anna Gagné Mariannam nominarunt.
5 Mars 1671 M^ie^ Anne Gouin	Ego Carolus Albanel societatis Jesu sacerdos parochi vices agens in ecclesia S[anc]ti Michaelis Silleriacensis solemni ritu baptizavi infantem unius diei ex matre Anna Manien[2] et ex patre Joanne Govin, conjugibus. Rémi Dupille et Maria Auvré Mariannam nominarunt.
17 ejusdem mensis et anni. Geneviève Martin	Ego Carolus Albanel societatis Jesu sacerdos parochi vices agens in ecclesia S[anc]ti Michaelis Silleriacensis solemni ritu baptizavi infantem duorum dierum ex patre Petro Martino, ex matre Joachina Lafleur, conjugibus; Joannes Adam et Maria Genovefva Guillebout Genovefvam nominarunt.
20 ejusdem mensis et anni. Joachim Fr^se^ Liénard-Durbois	Ego Carolus Albanel societatis Jesu sacerdos parochi vices agens in ecclesia S[anc]ti Michaelis Silleriacensis soemni ritu baptizavi infantem unius diei ex patre Sebastiano Leonardo dicto vulgo Durbois, ex matre Francisca Peletier, conjugibus. Patrinus fuit Cybard Coureau, matrina Anna de Gagné, qui Joachinam Franciscam nominarunt. [C. Albanel]

1 Marie Guerineau (voir **supra**, 10 février 1664, p. [144] de l'original).

2 Anne Manien (ou Magnan), femme de Jean Gauvin. (Voir acte du 2 Octobre 1673, p [159] de l'original et TANGUAY, C. ***Dict. généalogique,*** I, 260).

25 Aprilis
Chs
La Brière

Ego Franciscus de Crepieul soc[ieta]tis Jesu sacerdos parochi vices agens in ecclesia S[anc]ti Michaelis Silleriacensis solemni ritu baptizavi infantem duorum dierum ex patre Dionysio La Briere, ex matre Francisca Bigotte, conjugibus; patrinus fuit Carolus Gingreau, matrina Ludovica Boismorel, filia La Valémorel[1], qui Carolum nominarunt.

[F. de Crepieul]

28 Aprilis
Mie Anne
Chartier

Ego Joseph Maria Chaumonnot societatis Jesu sacerdos parochi vices agens in ecclesia S[anc]ti Michaelis Sylleriacensis solemni ritu baptizavi infantem 8 dierum ex patre Renato Chartier et Marguerita de L'orme, conjugibus. Patrinus fuit D[omi]n[u]s Dyonisius Joseph de Ruette, matrina Maria Anna du Saussay, qui Mariam Annam nominarunt.

[J. M. Chaumonnot]

27 Julii 1671
Anne
Pinel

Ego Carolus Albanel societatis Jesu sacerdos parochi vices agens[2] in eccl[es]ia S[anc]ti Michaelis Silleriani solemni ritu baptizavi infantem unius diei ex patre Aegidio Pinelle et matre Anna Ledete, conjugibus. Patrinus fuit Sebastianus Gingareau, matrina Ursula Tru, qui Annam nominarunt.

[C. Albanel et J. M. Chaumonnot]

10 Augusti
Jean
Grégoire

Ego Franciscus de Crepieul soc[ieta]tis Jesu sacerdos in eccl[es]ia S[ancti] Michaelis Silleriacensis solemni ritu baptizavi infantem unius diei ex patre Maturino Gregoire et matre Francisca Loyseau, conjugibus. Patrinus fuit Jo[an-n]es Routier et matrina Margareta Minerau, qui Joannem nominarunt.

[F. de Crepieul]

---

1 Louise, fille de Pierre Dubois-Morel dit Lavallée et de Françoise Meunier (TRUDEL, M. ***La pop. du Canada en 1663***, p. 192).

2 Après **vices agens**, l'écriture est celle du P. Chaumonot.

[155]

17° Aug[us]ti Mie Magd. Buissonnet	Ego Joseph Maria Chaumonnot s[o]c[ieta]tis Jesu sacerdos baptizavi in ecclesia S[anc]ti Michaelis Sylleriani in fantem 2 dierum ex patre Petro Buissonnet et matre Maria Dasnon, conjugibus[1]. Patrinus fuit Jacobus Bourdon matrina Maria Magd[alen]a Desorcis qui eam nominarunt Mariam Magd[alen]am. [J. M. Chaumonnot]
27 Aug[usti] Frse Lambert	Ego Franciscus de Crepieul soc[ieta]tis Jesu sacerdos baptizavi in ecclesia S[anc]ti Michaelis Silleriani infantem unius diei ex patre Albino Lambert[2], ex matre Isabella Aubert, conjugibus. Patrinus fuit Jacobus Gaudry, matrina Francisca Briere qui Franciscam nominarunt. [F. de Crepieul]
20 Aug[usti] 1671 Ls Bernard Gautier	Ego Lud[ovicus] Nicolas soc[ietatis] J[esu] sacerdos parochi vices agens in ecclesia S[anc]ti Michaelis Silleriacensis solemni ritu baptizavi infantem unius diei ex patre Charolo Gautier et ex matre Catharina Camus[3], conjugibus. Ludovicus Rouer de Villeray[4] et Anna Gasnier domina Bourdo[n][5] Ludovicu[m] Bernardu[m] nominarunt. [L. Nicolas]
Die 10 Sep[tembris] 1671	Ego frater Simplicius Landon ordine FF. Minorum Recollectorum[6] sacerdos parochi vices agens in ecclesia S[anc]ti Michaelis Silleriacensis solemni ritu baptisavi infantem tribus mensibus natam ex patre Maturino *Pik8akik* et ex matre Rosa *8etesemik8e*, conjugibus. Matrina fuit Maria *Kalliope*, eam nominavit Mariam *Galliope*. [S. Landon]

---

1 Selon TANGUAY, C. ***Dict. généalogique***, I, 55: Pierre Bissonnet est marié à Marie D'Allon.

2 Aubin Lambert (1632-1713), époux de Isabelle/Elisabeth Aubert; en 1671, il réside sur le territoire appelé aujourd'hui Saint-Augustin de Desmaures (Réal Aubin, **Aubin Lambert (1632-1713), l'ancêtre des AUBIN dit LAMBERT**, dans **Nos sources**, vol. 9, n. 4 déc. 1989, pp. 378-396).

3 Charles Gaultier dit Boisverdun, fils de Philippe Gaultier dit Comporté, époux de Catherine Camus (TRUDEL, M. ***La pop. du Canada en 1663***, p. 201).

4 Louis Rouer de Villeray (1629-1700), notable, membre du Conseil Souverain, agent de la Ferme du Roi, et l'un des grands fonctionnaires de la colonie; marié en 1658 à Catherine Sevestrre et en 1675, en secondes noces, à Marie-Anne Du Saussay de Bémont (***DBC*** I, 593-596).

5 Anna Gasgnier, veuve de Jean Clément du Vault de Monceaux, et seconde épouse de Jean Bourdon (***DBC*** I, 116).

6 Les Récollets avaient desservi la Nouvelle-France de 1615 à 1629. En 1670, six d'entre eux revinrent, ramenés par l'intendant Talon. Il y avait parmi eux Simple Landon et Luc Lefrançois, peintre (LE JEUNE, L. ***Dictionnaire général...***, II, 512-515).

Die 14 Sep[tembris] 1671 Mie Lse Baudet	Ego Lud[ovicus] Nicolas s[ocietatis] J[esu] [sacerdos] [parochi] vices agens baptizavi solemni ritu in ecclesia Silleriacensi infantem unius diei natu[m] ex patre Joanne Baudet et ex matre Maria Grandin, conjugibus. Patrinus fuit Ludovicus Saucier, matrina Maria Ouvray[1], eam nominarunt Maria[m] Ludovicam. [L. Nicolas]
22 Sept[embris] Denis Constantin	Ego Franciscus de Crepieul s[ocietatis] J[esu] [sacerdos] parochi vices agens baptizavi solemni ritu in eccl[es]ia Silleriacensi infantem unius [diei] ex patre Guillielmo Constantin et Joanna Mas[2]. Patrinus fuit Dionysus Mas, matrina Ludovica Boismorel, eum nominarunt Dionysum. [F. de Crepieul]
29 Oct[obris] 1671 Pierre Fauq	E[go] L[udovicus] Nicolas s[ocietatis] J[esu] s[acerdos] parochi vices agens baptizavi pueru[m] 9 diebus natu[m]. Petru[m] nominarunt Petrus Peletier et Jacobina Pain; ex patre Jacobo Fauq[ue] et ex matre Bonne Guerriere, conjugibus.
21 Nov[em]b[ris] 1671 Magd. Musnier	E[go] L[udovicus] Nicolas s[ocietatis] J[esu] s[acerdos] parochi vices agens baptizavi puellula[m] eode[m] die natam. Magdalena[m] nominarunt Adrianus Sedilot et Magdalena Carbonet, ex patre Juliano Munier et ex Ludovica Frot, conjugibus[3].

[156]

Die 28 Nov[em]b[ris]. 1671	E[go] L[udovicus] Nicolas baptizavi puellula[m] 3 diebus natam ex patre Nicolao Massard et ex matre Anna Luca[4], conjugibus. Marguaritam nominarunt Andreas Bergeron et Marguarita Dumay.
1672 Die 2 Feb[ruarii]	E[go] L[udovicus] Nicolas baptizavi puellula[m] 6 diebus natam ex patre Emardo Tinon et ex matre[5] Amata Roux,

1 **Ouvray**: variante de **Auvray**.

2 Guillaume Constantin dit Lavallée, époux de Jeanne Masse (TRUDEL, M. ***La pop. du Canada en 1663***, p. 183).

3 Julien Meunier dit Laframboise et Louise Ferau (voir **infra**, 2 septembre 1678, p. [164] de l'original, et TANGUAY, C. ***Dict. généalogique***, I, 428).

4 Selon TANGUAY, C. ***Dict. généalogique***, I, 418, Nicolas Massard est époux de Anne Bellesoeur, elle-même fille de Germain et de Barbe Lucas; aussi DUMAS, S. ***Les filles du roi en Nouvelle-France***, Québec, La Société historique de Québec, 1972, p. 180-181. Dans JETTÉ, R. ***Dict. généalogique***, p. 784, la femme de Nicolas Massard se nomme Anne Bellesoeur dit **Lucas**.

5 **ex matre**: addition au-dessus de la ligne.

conjugibus. Genovefam nominarunt Antonius Buisson et Genovefa Mezeret.

Eodem die et anno. — E[go] L[udovicus] Nicolas bap[tizavi] puellula[m] uno die nata[m] ex patre Gervasio Buisson et ex matre Maria Boudé[1], conjugibus. Annam Maria[m] nominarunt Julianus Bouin[2] et Maria Buisson.

Die 29 Feb[ruarii] 1672 — E[go] L[udovicus] Nicolas bap[tizavi] puellula[m] eodem die natam ex patre Maturino Tru et ex matre Margareta Garmand, conjugibus. Catharinam nominarunt Pierre Brabant et Catharina Melieau[?].[3]

Die 17 Martii 1672 — E[go] L[udovicus] Nicolas bap[tizavi] puerulum 3 diebus natu[m] ex patre Thoma Lefebvre et ex matre Genovefa Pelletier, conjugibus. Petrum vocarunt Petrus Brabant et Francisca Pelletier.

Die 19 Martii 1672 — E[go] L[udovicus] Nicolas s[ocietatis] J[esu] s[acerdos] puellula[m] bap[tizavi][4] 7 diebus natam ex patre Petro Pinget et ex Anna Chevalier, conjugibus[5]. Mariam Angelicam nominarunt Petrus Richer et Marianna Pinget.

Die 7 Aprilis 1672 — E[go] L[udovicus] Nicolas s[ocietatis] J[esu] s[acerdos][6] puerulu[m] recens natu[m] baptizavi ex patre Joanne Robitail et ex Marguareta Buletay[7], conjugibus. Joannem Franciscum nominarunt Joannes Franciscus du Buisson et Joanna Maufay.

Die 6 Aprilis 1672 — E[go] L[udovicus] Nicolas s[ocietatis] J[esu] s[acerdos] puerulu[m] uno die natu[m] baptizavi ex patre Guillelmo Bonhom[m]e et ex matre Francisca Hucher, conjugibus. Josephum nominarunt Carolus Delaunay et Marie Duvail.

Die 10 Maii 1672 — E[go] L[udovicus] Nicolas s[ocietatis] J[esu] s[acerdos] puerulu[m] uno die natu[m] baptizavi ex patre Antonio Buisson et ex matre Ursula Trut, conjugibus. Josephum Andream nominarunt Andreas Maufay et Genovefa Trut.

Die 17 Maii — E[go] L[udovicus] Nicolas s[ocietatis] J[esu] s[acerdos] puerulu[m] bap[tizavi] uno die natu[m] ex patre Jacobo Le

---

1 Gervais Buisson ou Bisson marié à Marie Baudet.

2 **Bovin** ou **Bouin**? Selon TANGUAY, C. ***Dict. généalogique***, I, 62: Julien **Bouin**.

3 Serait-ce Catherine **Meliot**, femme de Jean Routier?

4 L'abréviation **S.J.S.** (Societis Jesu sacerdos) et le mot **bap[tisavi]** sont ajoutés au-dessus de la ligne.

5 Pierre Pinguet dit Laglardière et Anne Lechevalier (TRUDEL, M. ***La pop. du Canada en 1663***, p. 246).

6 L'abréviation **S.J.S.** (Societis Jesu sacerdos) et le mot **bap[tisavi]** sont ajoutés au-dessus de la ligne.

7 **Buletay:** aussi Buletez (TANGUAY, C. ***Dict. généalogique***, I, 523).

	Boeuf et ex matre Antonia Lenoir, conjugibus. Petrum nominarunt Petrus Masse et Jacobina Pin.
Die 30 Maii 1672	E[go] L[udovicus] Nicolas s[ocietatis] J[esu] s[acerdos] puerulu[m] 7 diebus natum ex Petro Campagnat et ex Francisca Richard, conjugibus. Ludovicu[m] nominarunt Ludovicus Saucier et [ ] du Sausay[1].

[157]

25 Avril 1672	Monsieur Morel[2] prestre baptiza le fils de Jacques *Nanates* et de Louyse [ ][3] mariés. Il le nomma Louys; cet enfant naquit le 25 de décembre 1671. Mr Lespine fut son parrain, la marrene Françoise Hébert.
1 Sep[tembris] 1672.	Ego L[udovicus] Nicolas s[ocietatis] J[esu] s[acerdos] baptizavi infantem unius diei ex patre Michaele Hébert[4] et ex matre Anna Galet, conjugibus. Michaelem nominarunt Julianus Bouin et Maria Bée. [L. Nicolas]
6a die 9. [em]bris 1672	Ego Jacobus Vaultier s[ocietatis] J[esu][5] baptisavi infantem unius diei ex patre [ ] et matre infidelibus Abanaquensibus[6]. [J. Vaultier et L. Nicolas]
Die 25 9[em]bris 1672	Ego L[udovicus] Nicolas s[ocietatis] J[esu] s[acerdos] baptizavi puelluam unius diei nata[m] ex patre Guillelmo Denevers et ex matre Ludovica Vital, conjugibus. Anna[m] Catharina[m] nominarunt Stephanus Denevers et Anna Garnier sive Domina Bardon[7].
Die 11 Dec[em]b[ris]. 1672	Ego Lud[ovicus] Nicolas s[ocietatis] J[esu] s[acerdos] baptizavi puerulu[m] unius diei natu[m] ex patre Petro Brabant dicto Lamote et ex matre Anna Goupil, conjugibus. Petru[m] nominarunt Josephus Da[u]teuil et Marianna Du Saucay. [L. Nicolas]

---

1 Sans doute **Marie-Anne** Du Saussay.

2 Écriture du P. Louis Nicolas. Thomas-Joseph Morel était alors missionnaire à l'Ile d'Orléans et sur la rive sud du Saint-Laurent (ALLAIRE, ***Le clergé...*** I, 393).

3 Louise **8ki8a8tchjn8k8e**, voir **supra** 16 mars 1665, p. [64] de l'original.

4 Michel Hébert dit Laverdure (TANGUAY, C. ***Dict. généalogique,*** I, 302).

5 **S[ocietatis] J[esu]**: addition au-dessus de la ligne.

6 Les deux derniers mots sont de l'écriture du P. Louis Nicolas.

7 Il s'agit en fait d'Anne Gasgnier, seconde épouse de Jean Bourdon (***DBC*** I, 116).

Die 16 Dec[embris] 1672

Ego J. M. Chaumonot s[ocietatis] J[esu] s[acerdos] baptizavi parvulum unius diei ex patre Andraea Renaud[1] et Francisca Des Portes, conjugibus. Petrum nominarunt Stephanus Du May et Francisca Bigot.

[J. M. Chaumonot]

Die 21 Dec[em]b[ris] 1672

Ego L[udovicus] Nicolas s[ocietatis] J[esu] s[acerdos] baptizavi puellulam unius diei natam ex patre Petro Pluchon et ex matre Maria Garineau, conjugibus. Marguarittam nominarunt Petrus Masse et Marguaritta Blaize.

[L. Nicolas]

Die 10 Febr[uarii] 1673

J[oseph] M[aria] Chaumonot s[ocietatis] J[esu] s[acerdos] baptizavi infantem unius diei natam ex patre Joanne Bap[tis]ta Larue et Jacquelina Pin, conjugibus. Mariam Magd[alena]m nominarunt patrinus Petrus Vaclin et Ma[ria] Magd[alen]a Mezerets.

[J. M. Chaumonot]

Die 19 Febr[uarii] 1673

Ego J[acobus] Vaultier s[ocietatis] J[esu] s[acerdos] baptisavi infantem 4 dierum natum ex patre Petro[2] Rivault et matre Maria Guequejeu, conjugibus. Franciscum nominarunt Franciscus Turpin et Magdalena Papin.

[J. Vaultier]

Die 1ª Martii 1673

Ego L[udovicus] Nicolas s[ocietatis] J[esu] s[acerdos] baptizavi infantem 4 diebus natu[m] ex patre Guillelmo Cotantin[3] et ex matre Joanna Masse, conjugibus. Franciscum nominarunt Franciscus Hazur et Francisca Pelletier.

[L. Nicolas]

Die 12 Martii 1673

Ego Ph[ilippus] Pierson s[ocietatis] J[esu] s[acerdos] baptizavi infantem 2 dierum natum ex patre Petro Maufay et matre Maria [ ][4], conjugibus. Mariam Catharinam nominarunt Petrus La Pointe et [ ].

[Ph. Pierson]

Die 31 Martii 1673

Ego Jacob[us] Vaultier soc[ietatis] J[esu] sacerdos baptisavi solemniter infantem 4 diebus natam ex patre Stephano Tillier et matre Genovefa Mezeray, conjugibus. Ursulam nominarunt Thomas Mezeray et Isabella Ursula Denevers[5].

---

1 Les 17 janvier 1675 et 17 octobre 1676, Françoise Desportes est femme de **Pierre** Renault et non d'**André**, voir p. [73] et [162] de l'original.

2 Devant **Petro**, rature de **Petro Fr**.

3 Variante de **Constantin**.

4 Pierre Maufay et Maria **Duval** (TRUDEL, M. ***La pop. du Canada en 1663***, p. 233).

5 Le rédacteur a rayé **Denevers** qu'il avait répété.

[158]

9º April[is] 1673	Ego Jacob[us] Vaultier soc[ietatis] J[esu] sacerdos baptisavi Franciscam Charpentier 2 diebus natam ex patre Joanne Charpentier et matre Barba Regnault, conjugibus[1]. Susceperunt Philippus Guion et Francisca Bigot.
Sub initium mensis Maii 1673	Ego Jacobus Vaultier soc[ietatis] J[esu] sacerdos baptisavi solemniter infantem duorum circiter mensium ex patre Joanne *Chematasam8ketch* et matre Magdalena *Gan8nanik8ech*, conjugibus. Mariam nominarunt Dionysius Jean et Maria Pelletier.
13 Maii 1673	Ego Jacobus Vaultier soc[ietatis] J[esu] sacerdos baptisavi solemniter infantem 4 horas natum ex patre Mathurino Moreau et matre Maria Girard, conjugibus. Michaelem nominarunt Michael Feraguet et Maria Auvray.
20 Maii 1673	Ego Jacobus Vaultier soc[ietatis] J[esu] sacerdos baptisavi solemniter infantem 8 dies natam ex patre Francisco Fleury et matre Joanna Gilles, conjugibus. Mariam nominarunt Denis Briere et Maria Mainville.
5 Junii[2] 1673	
4º Augusti 1673	Ego Jacob[us] Vaultier soc[ietatis] J[esu] sacerdos baptisavi solemniter[3] infantem unius diei ex p[atr]e Jacobo Bertheaume et m[atr]e Catharina Bonhomme, conjugibus. Petrum nominarunt Nicolaus Bonhomme et Margarita Richard.

[159]

6 Sept[embris] 1673	Ego Jac[obus] Vaultier soc[ietatis] Jesu sac[er]dos vices agens parochi baptisavi in ecclesia S[anc]ti Michaelis Silleria[censis] infantem unius diei natam ex patre Sebastiano Gingreau et matre Maria Guillebourg conjugibus[4]. Mariam Theresiam nominarunt Carolus Guillebourg et Maria Pelletier.

---

1 Jean Charpentier dit Lapaille et Barbe Regnault (TRUDEL, M. ***La pop. du Canada en 1663***, p. 179).

2 L'espace réservé à cet acte n'ayant pas été utilisé, il a été bâtonné.

3 **solemniter:** addition au-dessus de la ligne.

4 **conjugibus**: addition au-dessus de la ligne.

24 Sept[embris] 1673

Ego Jac[obus] Vaultier s[ocietatis] J[esu] s[acerdos] vices agens parochi baptisavi in ecclesia S[anc]ti Michaelis Silleria[censis] infante[m] 2 dieru[m] natu[m] ex patre Petro Martin et matre Joachina LaFleur, conjugibus. Petru[m] nominarunt Stephanus Chevalier et Francisca Bigot.

2 Octob[ris] 1673

Ego Jacobus Vaultier s[ocietatis] J[esu] s[acerdos] vices agens parochi baptisavi in ecclesia S[anc]ti Michaelis Silleriacensis infantem 12 circiter horarum natum ex patre Joanne Gauvin et matre Anne Maignant, conjugibus. Joannem Franciscum nominarunt Joannes Franciscus Hamel et Maria Magdalena Sedilot.

14 Oct[obris] 1673

Ego Jacobus Vaultier s[ocietatis] J[esu] s[acerdos] vices agens parochi baptisavi in ecclesia S[anc]ti Michaelis Silleriacensis infantem 2 dierum cum dimidio natam ex patre Sebastiano Lienard et matre Francisca Pelletier, conjugibus. Genovefam nominarunt Joannes Paulus Maheult et Genovefa Marsolet.

[J. Vaultier]

18 Octob[ris] 1673

Ego Antonius Silvy s[ocietatis] J[esu] s[acerdos] vices agens parochi baptizavi in ecclesia S[ancti] Michaelis Silleriacensis infantem 5 dierum natam ex patre Michaele Lhomme et matre Maria Valade, conjugibus. Maria[m] Magdalenam no[m]i[n]arunt Charles Amiot et Maria Peletier.

[A. Silvy]

19 Nov[embris] 1673

Ego Jac[obus] Vaultier s[ocietatis] J[esu] sac[er]d[o]s vices agens parochi Silleriacensis infantem 6 horarum natam ex patre Joan[ne] Robitaille et matre Margarita Bulleté, conjugibus. Mariam Magdalenam nominarunt Petrus Robitaille et Maria Susanne Maufey.

[J. Vaultier]

24 Nov[embris] 1673

Ego Ant[onius] Silvy s[ocietatis] J[esu] s[acerdos] vices gerens parochi baptisavi in ecclesia S[anc]ti Michaelis Silleriacensis [infantem] 8 horarum natum ex patre Sebastiano Angelier[1] et matre Maria Beauregard, conjugibus. Petrum nominarunt Petrus Petitcler [et] Natalina[2] Gabouerite.

[A. Silvy]

---

1 Sébastien Langelier (TANGUAY, C. ***Dict. généalogique***, I, 344).

2 **Natalina**? surcharge: la lecture **Catarina** est douteuse.

[160]

25 Decemb[ris] 1673

Ego Jac[obus] Vaultier soc[ietatis] J[esu] sa[cer]d[o]s vices agens parochi baptisavi solemniter in ecclesia S[anc]ti Michaelis apud Silleriacum infantem 8 dierum natum ex patre Petro Courreau[1] et matre Francisca Du Val, conjugibus. Nomen Ludovici dederunt Ludovicus D'Amour et Maria Catharina Nau.

27 Decemb[ris] 1673

Ego Jac[obus] Vaultier soc[ietatis] J[esu] sa[cer]d[o]s vices agens parochi baptisavi solemniter in ecclesia S[anc]ti Mich[aelis] apud Silleriacu[m] infantem unius diei natam ex patre Joan[ne] Baudet et matre Maria Grandein, conjugibus. Nomen Simonae Annae dederunt Petrus Cochereau et Simona Mauffey.

[J. Vaultier]

16 Jan[uarii] 1674 Jean Chaillé

Ego Ant[onius] Silvy soc[ietatis] Jes[u] sacerdos vices agens parochi baptizavi solemniter in ecclesia S[ancti] Michaelis apud Silleriacum infantem 2. dieru[m] natum ex patre Maturin Chaillou[2] et matre Catharina Barré, conjugibus. Nomen Joannis dederunt Ignatius Jean[3] et Francisca Eubout.

19 Jan[uarii] 1674

Ego Ant[onius] Silvy soc[ietatis] Jes[u] sacerd[os] vices agens parochi baptizavi solemniter in ecclesia S[ancti] Michaelis apud Silleriacum infantem 2. dieru[m] natam ex patre Petro Peluchon et matre Maria Ledou, conjugib[us][4]. Nomen Joannae dederunt Dominicus Milo et Joanna Masse.

30 Jan[uarii] 1674

Ego Ant[onius] Silvy soc[ietatis] Jes[u] sacerd[os] vices agens parochi baptizavi solemniter in ecclesia S[ancti] Michaelis apud Silleriacum infantem unius diei natam ex patre Guillelmo Bonhomme et Francisca Bucher[5], conjugib[us]. Nomen Margaritae Franciscae dederunt Joan[nes] Neau et Margarita Richard.

10 Febr[uarii] 1674

Ego Ant[onius] Silvy soc[ietatis] Jes[u] sac[erdos] vices agens parochi baptizavi solemniter in ecclesia S[ancti] Michaelis apud Silleriacum infantem unius diei natum ex patre Joanne Adamo[6] et matre Maria Mezeré, conjugib[us]. Nomen Renati dederunt Renatus Mezeré et Genovefa Mezeré.

---

1 Aussi **Courault** (TANGUAY, C. ***Dict. généalogique***, I, 145).

2 Selon TANGUAY, C. ***Dict. généalogique***, I, 111: **Chalou**, mais **Chaillé** selon l'annotation marginale et JETTÉ, R. ***Dict. généalogique***, p. 216.

3 **Jean**: correction de **Joannes**.

4 Pierre Peluchon (Pluchon, Aubuchon) et Marie Grignault dit Ledoux (TANGUAY, C. ***Dict. généalogique***, I, 16).

5 **Bucher:** variante de **Hucher**, **Juscher**, **Lucher**.

6 Latinisation du patronyme **Adam**.

18 Mart[is] 1674	Ego Ant[onius] Silvy soc[ietatis] Jes[u] sac[erdos] vices agens parochi baptizavi solemniter in eccles[ia] S[ancti] Michaelis apud Silleriacum infantem 8 dierum natum ex patre Dionysio Bruyere et matre Francisca Bigot, conjugib[us]. Nomen dederunt Josephi Josep[h] Jean et Francisca Boucher. [A. Silvy]
24 Mart[is] 1674	Ego Jacobus Vaultier soc[ietatis] J[esu] sac[er]d[o]s vices agens parochi baptisavi solemniter in ecclesia S[anc]ti Michaelis apud Silleriacum infantem unius diei natam ex patre Petro Mauffey et matre Maria Du Val, conjugib[us]. Nomen Mariae Agnetis dederunt Joan[nes] Franc[iscus] Buisson et Maria Anna Simon. [J. Vaultier]
1. Maii 1674	Ego Ant[onius] Silvy soc[ietatis] Jes[u] sac[erdo]s vices agens parochi baptizavi in eccles[ia] S[ancti] Michaelis apud Silleriacum infantem unius diei nata[m] ex patre Nicolao Massard et Anna Luca[1], conjugibus. Nomen dederunt Renatus Leduc et Maria Deschamps. [A. Silvy]
	Jacques Cousturier[2] 9° Februarii 1675 natus, baptisatus est a D[omino] Dufort 11ª ejusdem, filius Jacobi Cousturier et Catharina vulgo la Huronne[3]. Patrinus Jacobus Monjaus, matrina Anna Joigneau vidua[4].
Tres hic omissos vide post 8 Junii 1676[5]	
17. Octob[ris] 1675 Geneviefve Fauconnet	Ego Anton[ius] Dalmas s oc[ietatis] Jesu sacerdos vices agens parochi solemnes caeremonias adhibui[6], facto ja[m] baptismo, in ecclesia S[anc]ti Michaelis apud Silleriacum infanti trium ferme dierum natae ex patre Joanne Fauconnet et matre Maria Atanville, conjugibus, cui no-

---

1 Anne Bellesoeur dit **Lucas**, fille de Germain et de Marie Lucas (JETTÉ, R. ***Dict. généalogique***, p. 784. Le prénom de l'enfant est omis dans l'acte. Tanguay l'appelle **René**, mais d'après le féminin **natam**, il s'agit d'une fille.

2 Cet acte a été inséré après coup.

3 Catherine **Annennonta** ou **Annonta**, veuve de Jean Durand (TANGUAY, C. ***Dict. généalogique*** I, 148).

4 Anne Vuideau, veuve de Jean Jouineau, décédé en 1672 (TANGUAY, C. ***Dict. généalogique*** I, 330).

5 Ces trois baptêmes omis sont à la p. [162] de l'original: Marie Bonhomme (24 juin 1675); Jean-Baptiste Buisson (8 juillet 1675) et François Gaultier (5 août 1675).

6 Cet acte comporte plusieurs corrections: le rédacteur a converti un acte de baptême **solennel** en acte de baptême **suppléé**; il a ajouté au-dessus de la ligne les mots **caeremonias adhibui, facto ja[m] baptismo**, et les accusatifs **infantem** et **natam** ont été corrigés en datifs: **infanti** et **natae**.

men Genovefae dederunt patrinus Renatus Mezeray, matrina Genovefva Mezeray.

[A. Dalmas]

Françoise Elizabeth Renault[1] Urbain Marchand[2] Maria Charlote Routier[3] Joseph Bertheome[4]	V[ide] in adversa parte libri hujus quae est Sylvestrium baptizatorum in qua incaute descripti sunt[5]

[161]

1675 Marie Magdelainne Nouët	Ego Ant[onius] Dalmas soc[ietatis] Jesu sacerdos vices agens parochi Silleriaci solemniter baptizavi in ecclesia S[anc]ti Michaelis[6], 21 Octobris A[nno] D[omini] 1675, infantem duorum dierum natam ex Joanne Nouët et Marguerita Sel, conjugibus[7], cui nomen Mariae Magdalenae[8] dederunt patrinus Joannes Franciscus Sebastianus Leonard et matrina Maria Magdalena Desorsies.
Marguarita Francisca La Pointe	Ego Ant[onius] Dalmas soc[ietatis] Jesu sacerdos vices agens parochi Silleriaci 19° Novembris A[nno] D[omini] 1675, solemni ritu baptisavi sub conditione in ecclesia S[anc]ti Michaelis infantem in periculo mortis, ab obstetrice baptisatam, unius diei natam ex Huberto Simone La Pointe et Marie Vié, conjugibus, cui nomen Marguaritae Franciscae dederunt Franciscus Serail et Maria Patenostre patrini.
1676 Maria Magdelena Petitclerc	Ego Ant[onius] Dalmas soc[ietatis] Jesu sacerdos vices agens parochi apud Silleriacum 20 Februarii, A[nno] D[omini] 1676, solemni ritu baptisavi in ecclesia S[anc]ti Michaelis infantem sex horarum natum ex Petro Petitclerc et Francisca Paris, conjugibus, cui nomen Maria Magdalenae dederunt patrinus Urbanus Fouquereau et matrina Maria Magdalena Desorsies.

---

1 Voir **supra**, p. [73] de l'original (17 janvier 1675).

2 Ces actes étaient vraisemblement inscrits sur la partie détruite de la page [73], qui comportait les actes de l'année 1675 .

3 Voir la note précédente.

4 Voir **supra**, p. [74] (26 septembre 1675).

5 Traduction: *Voir la partie tête-bêche de ce registre, qui est réservée aux baptêmes des autochtones, dans laquelle ils ont été inscrits par distraction.*

6 **In ecclesia S[ti] Michaelis**: addition au-dessus de la ligne.

7 Jean Nouët (ou Noël) et Marguerite Sel; **Marie** Celles selon TANGUAY, C. ***Dict. généalogique*** I, 452.

8 **Mariae Magdalenae**: addition au-dessus de la ligne.

Maria Francisca Metot	Ego Antonius Dalmas soc[ietatis] Jesu sacerdos vices agens parochi apud Silleriacum 3° Februarii A[nno] D[omini] 1676, solemni ritu baptisavi in ecclesia parochiali S[anc]ti Michaelis infantem 36 aut 37 dierum natam ex Abrahamo Metot et Maria Magdalena Mezeray, conjugibus, cui nomen Mariae Franciscae dederunt patrinus Thomas Mezeray et matrina Francisca Briere.
Joannes Auffret	Ego Antonius Dalmas soc[ietatis] Jesu sacerdos vices agens parochi apud Silleriacum 23° Martii A[nno] D[omini] 1676, solemni ritu baptisavi in ecclesia parochiali S[ancti] Michaelis infantem unius diei natum ex Nicolao Auffret et Margarita d'Amour, conjugibus[1], cui nomen Joannis dederunt patrinus Joannes Adam et matrina Francisca Bigot.
Josephus Gingureau	Ego Anton[ius] Dalmas soc[ietatis] Jesu sacerdos vices agens parochi apud Silleriacum 14° Maii A[nno] D[omini] 1676, solemni ritu baptisavi in ecclesia parochiali S[anc]ti Michaelis infantem 16 horarum natum ex Sebastiano Ginguereau et Maria Guillebourg, conjugibus, cui nomen Josephi dederunt patrinus Josephus Jean et matrina Maria Migneron.
Maria Magdelena Mausfouet	Ego Antonius Dalmas s[ocietatis] J[esu] sacerdos vices agens parochi apud Silleriacum 29° Maii A[nno] D[omini] 1676, solemni ritu baptisavi in ecclesia parochiali S[anc]ti Michaelis infantem 14 horarum natam ex Petro Mauffouet[2] et Maria Du Val, conjugibus, cui nomen Mariae Magdalenae dederunt patrinus Ludovicus Bureau vulgo Sanssoussy et matrina Maria Magdalena Carbonnet. [A. Dalmas]

[162]

Ignatius Adam 8 Jun[ii]	Ego Jacob[us] Vaultier soc[ietatis] J[esu] sacerdos solemni ritu baptisavi in ecclesia S[anc]ti Michaelis apud Silleriacum infantem natum[3] die 6ª Junii 1676, ex Joanne Adam et Maria Mezeray, conjugibus. Ignatium nominarunt Ignatius Jean et Francisca Briere. [J. Vaultier]

1 Selon TANGUAY, C. ***Dict. généalogique*** I, 323: Nicolas **Joffret** et Marguerite d'Amour.

2 **Mauffouet:** variante de **Maufay**.

3 Après **natum**, rature de **3 dierum**.

Omissi sunt tres sequentes baptisati a P. Boucher[1] s[ocietatis] J[esu], anno superiore 1675:

[Maria] Bonhomme

Maria Magdalena baptisata 24 Junii 1675, nata die [ ] ex Guilelmo Bonhomme e regione S[anc]ti Michael[2] et Francisca Luché, conjugibus. Patrinus fuit Petrus Mauffouet, filius Petri et Mariae Duval ex eadem regione; matrina Maria Magdalena Desursis filia Michaelis e regione S[anc]ti Ignatii[3].

[Joannes Baptista] Buisson

Joannes Baptista 8.º Julii baptisatus natus die [ ] ex Antonio Buisson et Ursula Tru, conjugibus. Patrinus Mathurinus Tru, matrina Maria Lereau.

Franciscus Gaultier

Baptistus 5.º Augusti natus die [ ] ex Jacobo Gaultier et Elizabetha de Nevers. Patrinus Joan[nes] Franciscus Leonard[4], matrina Anna Hayot.

1676 Margarita Renault

Ego Ant[onius] Dalmas soc[ietatis] Jesu sacerdos vices agens parochi in ecclesia S[anc]ti Michaelis apud Silleriacum 17.º Octobris 1676 solemni ritu baptisavi infantem unius diei praeteritae natam ex Petro Regnault et Francisca de Porte, conjugibus, e regione Promontorii Rubri[5] hujus parochiae, cui nomen Margaritae dederunt patrinus Isaac Harnois et matrina Margarita Guillebourg vuid[u]a Antonii Poulliot.

Petrus Dorbec

Ego Ant[onius] Dalmas soc[ietatis] Jesu sacerdos vices agens parochi in ecclesia S[anc]ti Michaelis apud Silleriacum 28 Decembris 1676 solemni ritu baptisavi infantem duorum dierum natum ex Francisco Dorbec[6] et Anna Masse, conjugibus, ex Promontorio [ ], cui nomen Petri dederunt patrinus Petrus Cordier et matrina Joanna Constantin, filia Lavallée Constantin[7].

1677 Nicolaus Crotteau

Ego Antonius Dalmas soc[ietatis] Jesu sacerdos vices agens parochi in ecclesia S[anc]ti Michaelis apud Silleriacum 1.º Februarii solemni ritu baptizavi infantem quatuor circiter dierum 29º. Januarii natum ex Vincentio Crotteau et Joanna Godequin, conjugibus, e regione S[anc]ti

---

1 Écriture du P. Antoine Dalmas. À propos de ces trois omissions, voir la note marginale de la p. [160] de l'original.

2 **e regione S^ti^ Michaelis**, c'est-à-dire la Côte Saint-Michel, 3e rang de la seigneurie de Sillery, qui correspond aujourd'hui au Chemin des Quatre-Bourgeois (TRUDEL, M. ***Le terrier du Saint-Laurent en 1663***, Ottawa, Éditions de l'Université d'Ottawa, 1973, p. 288ss.).

3 **e regione S^ti^ Ignatii**: la Côte Saint-Ignace, le 2e rang de la seigneurie de Sillery (TRUDEL, M. ***Ibid.***, p. 283ss.).

4 Après **Léonard**, rature des mots **matrina Anna Hayot**, qui avaient été répétés.

5 **Promontorii Rubri:** Cap Rouge.

6 Selon TANGUAY, C. ***Dict. généalogique***, I, 196: **Dolbec**.

7 Jeanne, fille de Guillaume Constantin dit Lavallée.

Michaelis seu N[ost]rae D[omi]nae Foyensis[1], cui nomen Nicolai dederunt Nicolaus Langar et Maria Bonhomme conjux St Crespin[2].

[A. Dalmas]

6 Febr[uarii] 1677 Petrus Masse

Ego Jac[obus] Vaultier s[ocietatis] J[esu] sa[cer]d[o]s baptisavi solemni ritu infantem 2 dierum natum ex Petro Masse et Jacobina Pain, conjugibus. Petrum nominarunt Petrus Masse avus ejusdem infantis[3] et Oliva Morin.

13. Jun[ii] 1677 Joan[nes] Dumay

Ego Jac[obus] Vaultier s[ocietatis] J[esu] sa[cer]d[o]s baptisavi solemni ritu infantem 26. dierum natum ex patre Joanne Dumets et matre Joanna Vedy[4], conjugibus. Nicolaum appellavere Abrahamus Metault et Nicolaa Garmand.

[J. Vaultier]

[163]

4. Decemb[ris] A. 1677 Franciscus Hubertus Bonhomme

Ego Ant[onius] Dalmas vices agens parochi in ecclesia S[anc]ti Michaelis apud Sylleriacum 4.° Decembris An[no] D[omini] 1677, solemni ritu baptisavi infantem unius diei natum ex Guillelmo Bonhomme et Francisca Luché, conjugibus, ex regione S[anc]ti Michaelis seu D[ominae] N[ost]rae Foyensis, cui nomen dederunt patrinus Hubertus Simon vulgo Lapointe, matrina Maria Auvray vuidua Joannis Hamel[5], eumq[ue] nominarunt Franciscum Hubertum. [signé] Hubert Simon

[A. Dalmas]

9. Decemb[ris] 1677 Maria Madg[alena] Tru

Ego Jacob[us] Vaultier soc[ietatis] sac[er]d[o]s solemni ritu baptisavi infantem die praecedenti natam ex Mathurino Tru et Margarita Garmand, conjugibus, Mariam Magdalenam nominarunt Jacobus Lienard et Maria Magd[alena] Desorcis.

[J. Vaultier]

---

1 **e regione S[ti] Michaelis seu N[ost]rae D[omi]nae Foyensis**: Notre-Dame de Foy se trouvait à une demi-lieue de la résidence de Sillery. De 1667 à 1673, le P. Chaumonot desservait les Hurons qui s'y étaient installés. Notre-Dame de Foy devint Sainte-Foy. (DROLET, Gilles. ***Notre-Dame de Lorette et le Père Chaumonot***, Éditions Anne Sigier, 1985, p. 97-103).

2 C'est-à-dire Jean Nau dit Saint-Crespin (TANGUAY, C. ***Dict. généalogique***, I, 449).

3 Pierre Masse, époux de Jacqueline Pin, est fils de Pierre Masse et de Marie Pinel de La Chesnaie (TANGUAY, C. ***Dict. généalogique***, I, 418).

4 **Redié** selon TANGUAY, C. ***Dict. généalogique***, I, 212; **Voidie** (TRUDEL, M. ***La pop. du Canada en 1663***, p. 193).

5 Jean Hamel était décédé le 13 octobre 1674 (TANGUAY, C. ***Dict. généalogique***, I, 297).

13 Decembris Maria Catharina Brassard	Ego A[ntonius] Dalmas v[ices] agens parochi in ecclesia S[ancti] Michaelis apud Sylleriacum solemni ritu 13.° Decembris 1677 baptisavi infantem 12 horarum et amplius natam ex Guillelmo Brassard et Catharina Louvet, conjugibus, ex regione S[ancti] Michaelis seu N[ostrae] D[ominae] Foyensis, cui nomen dederunt Mariae Catharinae patrinus Andreas Mauffet, matrina Marianna Hamel ex eodem loco. [A. Dalmas]
13. Dec[embris] Bartholomaeus	Ego Jacob[us] Vaultier soc[ietatis] Jesu sac[er]d[o]s baptisavi solemni ritu infantem trium dierum natum ex Aymardo Tinon et Amata Roux, conjugibus. Bartholo-[ma]eum nominarunt Bartholomaeus Gandin et Margarita Celles. [J. Vaultier]
14. Dec[embris] Joan[nes] Petitclerc	Ego A[ntonius] Dalmas vices agens parochi in eccl[es]ia S[anc]ti Michaelis apud Silleriacum solemni ritu baptisavi infantem 7. circiter horarum natum ex Petro Petitclerc et Francisca Paris, conjugibus, ex regione seu loco S[anc]ti Ignatii parochiae S[anc]ti Michaelis Syllericensi, cui nomen dederunt Joannes Minet e regione Rivuli S[anc]ti Caroli[1] et Antonetta Lenoir, uxor Jacobi Lebeuf e regione S[anc]ti Ignatii Silleriacensi. [signé] Jehan Minet
31 Decembris Natalis Bertheaume	Ego idem solemni ritu ibidem baptisavi infantem unius circiter diei natam ex Jacobo Bertheaume et Catharina Bonhomme, conjugibus, e regionis seu loco S[ancti] Michaelis seu N[ostrae] D[ominae] Foyensis, cui nomen dederunt Natalis patrinus Natalis Levasseur, matrina Anna Bonhomme.
A. 1678 21 Februarii Ludovicus Durebois	Ego idem solemni ritu ibidem baptisavi sub conditione infantem unius diei et amplius baptisatum domi[2] in periculo natum ex Sebastiano Lienardo vulgo Durebois et Francisca Pelletier, conjugibus, e regione S[anc]ti Francisci[3] Silleriacensis, cui nomen dederunt patrinus Ludovicus Damour, matrina Maria Magdalena Desorsies.
A. 1678 21 Februarii Michael Lamotte	Pater Pierron[4] ibidem solemni ritu baptisavit 10. Martii in ecclesia Sancti Michaelis infantem unius diei natum ex Petro Breband vulgo Lamotte et Anna Goupil, conjugibus, cui nomen dederunt patrinus Michael Desorsies, matrina Maria Auvray vidua Hamel, nominaruntq[ue] Michaelem. [A. Dalmas]

1 **e regioni Rivuli S^{ti} Caroli**: rivière Saint-Charles.

2 **domi**: addition au-dessus de la ligne.

3 **e regione S^{ti} Francisci**: la côte Saint-François-Xavier, premier rang de la seigneurie de Sillery (TRUDEL, M. ***Le terrier...***, p. 267-278).

4 Père Jean **Pierron:** l'acte est de l'écriture du P. A. Dalmas.

[164]

Anna Lefebvre 10. Mart[ii]	Ego Jac[obus] Vaultier soc[ietatis] Jesu sac[er]dos baptisavi solemni ritu in ecclesia S[anc]ti Michaelis apud Silleriacum infantem 15.ª Feb[ruarii] natam circa mediam noctem ex Thoma Lefebvre et matre Genovefa Pelletier, conjugibus. Annam appellavere Gabriel Lambert et Joanna Verdon.
29. Mart[ii] Dionys. Masse	Ego Jac[obus] Vaultier soc[ietatis] Jesu sac[er]d[o]s baptisavi infantem pridie circa mediam noctem natum ex patre Petro Masse et matre Jacoba Pain, conjugibus. Dionysium nominarunt Dionysius LaBriere et Maria Magdalena Desorcis. [J. Vaultier]
12. Maii Sebastianus	Ego[1] Ant[onius] Dalmas soc[ietatis] Jesu sacerdos baptisavi infantem triginta dierum natum ex patre Jacobo *Magno* et matre Maria, Algonquinensibus conjugibus christianis. Sebastianum nominarunt Sebastianus Lienard patrinus et Renata Hébert, uxor Ripoche[2] matrina.
14. Maii Valentinus	Ego Ant[onius] Dalmas soc[ietatis] Jesu sacerdos solemni ritu baptisavi in ecclesia S[anc]ti Michaelis Sylleriaci infantem unius diei natum ex Carolo Marchand et Bona Guerriere, conjugibus. Valentinum nominarunt Mathurinus Moreau patrinus et Catherine Lemaistre, uxor Caroli Hamel.
19 Maii Franciscus Fleury	Ego Ant[onius] Dalmas s[ocietatis] J[esu] s[acerdos] vices agens parochi solemni ritu baptisavi in ecclesia S[anc]ti Michaelis Silleriaci infantem duorum dierum natum ex Francisco Fleury et Joanna Gilles, conjugibus. Franciscum nominarunt patrinus Isaac Arnois, matrina Stephanina Baudons.
Anonymus Hamel	Decimo octavo Junii natus est anonymus ex Joanne Hamel et Christina Carlotta Gaudry, conjugibus, et statim baptisatus est in aedibus maternis sine caerimoniis propter mortis periculum.
28. Aug[usti] 1678 Maria Anna	Ego Anton[ius] Dalmas soc[ietatis] Jesu sacerdos vices agens parochi solemni ritu baptisavi in ecclesia S[anc]ti Michaelis Sylleriaci infantem trium fere dierum natum ex

1 Cet acte a été annulé par deux bâtons en x, parce qu'il était déjà inscrit dans la section réservée aux baptêmes des Amérindiens; voir **supra**, p. [88] de l'original (2e acte).

2 Renée-Madeleine Hébert, femme de François Repoche dit Ducharme (JETTÉ, R. ***Dict. généalogique***, p. 980).

Dubos

Laurentio Dubos et Maria Felice *8enton8en*, Hurone, conugibus[1]. Mariam Annam nominarunt patrinus Isaacus Harnois et Maria Bonhomme, uxor St Crespin matrina[2].

2 Septembris 1678 Maria Ludovic Meusnier

Ego Ant[onius] Dalmas s[ocietatis] J[esu] sacerdos vices agens parochi in ecclesia S[anc]ti Michaelis apud Silleriacum solemni ritu baptisavi infantem trium circiter dierum natam ex Juliano Meusnier vulgo Laframboise et Ludovica Ferau[3] e regione Lauratana[4], con-jugibus. Mariam Ludovicam nominarunt Natalis Levasseur patrinus et Ludovica Buisson matrina.

5 Decembris Joannes Nouët

Ego Ant[onius] Dalmas s[ocietatis] J[esu] sacerdos vices agens parochi in eccl[es]ia S[anc]ti Michaelis apud Sylleriacum solemni ritu baptisavi 5.° Decembris 1678 infantem duorum circiter dierum filium Joannis Nouët et Margaritae Selle e regione S[anc]ti Ignatii, conjugibus. Joannem nominarunt patrinus Guillelmus Tardif et matrina Maria Genovefva Guillebourg, uxor Sebast[iani] Ginguereau.

[165]

Francisca Agnes Ginguereau

Ego Ant[onius] Dalmas soc[ietatis] Jesu sacerdos vices agens parochi apud Sylleriacum solemni ritu baptisavi in ecclesia S[anc]ti Michaelis Silleriaci infantem unius diei natam ex Sebastiano Ginguereau et Maria Genovefa Guillebourg, conjugibus. Franciscam Agnetem nominarunt patrinus Michael Desorcies filius Michaelis Desorcies, matrina Francisca Briere filia[5] Dionysii Briere[6].

1. Martii 1679 Francisca Ripoche

Ego Ant[onius] Dalmas s[ocietatis] J[esu] sacerdos vices agens parochi a pud Silleriacum solemni ritu baptisavi in ecclesia S[anc]ti Michaelis Sylleriac[i] infantem unius fere diei natam ex Francisco Ripoche et Renata Hubert, conjugibus. Franciscam nominarunt patrinus Ludovicus

---

1 Marie-Félix 8enton8en, fille de Joachin Aronta et de Cécile Arenhatsi, avait épousé Laurent Dubocq le 19 septembre 1662 à Québec (***Registre Notre-Dame de Québec***).

2 Marie Bonhomme, femme de Jean Nau dit Saint-Crespin (TANGUAY, C. ***Dict. généalgique***, I, 449).

3 Variante de Frost (TANGUAY, C, ***Dict. généalogique***, I, 428).

4 **e regione Lauratana**: la Côte de Lorette; les Hurons avaient quitté Notre-Dame de Foy en 1673, pour s'établir sur le plateau de la "Nouvelle-Lorette", où se trouvent maintenant l'église, le presbytère et le cimetière de la paroisse de "L'Ancienne-Lorette" (DROLET, Gilles. ***Notre-Dame de Lorette et le Père Chaumonot***, p. 105, note 1).

5 L'original comporte l'accusatif **filiam**.

6 La date de ce baptême n'est pas indiquée. TANGUAY, C. ***Dict. généalogique***, I, 268, lui a donné la date du baptême précédent.

Delamarre et matrina Francisca Paris, uxor[1] Petri Petit-clerc.

28 Martii
Genovefa
Cousturier

Ego Antonius Dalmas s[ocietatis] J[esu] sacerdos vices agens parochi apud Silleriacum solemni ritu baptisavi in ecclesia S[anc]ti Michaelis Silleryac[i] infantem trium fere dierum natam ex Jacobo Cousturier et Catharina Annonta Hurone, conjugibus[2]. Genovefam nominarunt patrinus Dionysius Briere, matrina Genovefva Faucque, filia Jacobi Faucque e regione S[anc]ti Ignatii Silleriac[i].

4. April[is]
Joannes
Crotteau

Ego Ant[onius] Dalmas s[ocietatis] J[esu] sacerdos vices agens parochi apud Silleryacum solemni ritu baptisavi in ecclesia S[anc]ti Michaelis Silleriaci infantem unius fere diei natum ex Vincentio Crotteau et Joanna Godequin, conjugibus e regione S[anc]ti Michaelis. Joannem nominarunt patrinus Joannes Nuau de St Crespin[3], matrina Maria Duval[4], vidua Petri Mauffouex.

6 April[is]
Petrus
Mauffoüet

Ego Ant[onius] Dalmas s[ocietatis] J[esu] sacerdos vices agens parochi apud Silleryacum solemni ritu baptisavi in ecclesia S[anc]ti Michaelis Silleryaci infantem octo circiter horarum natum ex Petro Mauffoüet[5] et Catharina Chappeleau, conjugibus, e regione S[anc]ti Michaelis seu D[ominae] N[ostrae] de Foy. Petrum nominarunt patrinus Romanus Duval, matrina Maria Duval, vidua Petri Mauffouet.

Guillaume
Brassart

Je[6] soubsigné prestre de la Compagnie de Jésus, faisant les fonctions curiales à Sillery et N[ot]re Dame de Foy, ay baptisé solennellement dans l'église St Michel de Sillery un enfant d'environ 18 heures né de Guillaume Brassart et de Catherine Louvet de la coste de St Michel de Sillery, ses pères et mères. Il a esté nommé Guillaume par son parrein Nicolas Vaslin et par sa marreine Marie Magdelaine[7] en présence de son père Guillaume Brassart et de la sage-femme Marie Auvray, veufve de Jean Hamel, ce 30. May 1679.

[signé] A. Dalmas de la C. de Jésus

---

1 L'original comporte l'accusatif **uxorem**, au lieu du nominatif **uxor**.

2 **Catherine Annonta**, aussi **Annennonta**, voir **supra**, p. [155] et [160] de l'original.

3 Jean Nau dit Saint-Cespin époux de Marie Bonhomme (TRUDEL, M. ***La pop. du Canada en 1663***, p. 237).

4 **Duval**: addition au-dessus de la ligne.

5 Pierre Maufay, fils de feu Pierre et de Maria Duval (TANGUAY, C. ***Dict. généalogique***, I, 421).

6 Avant cet acte, le rédacteur a raturé les mots **Ego infra scriptus S. J. sacerdos**, pour reprendre l'acte en français.

7 L'original ne mentionne pas le patronyme de Marie -Magdelaine.

6 May 1690
Guillaume
Tardif

Ego Jacobus Bigot s[ocietatis] J[esu] sacerdos vices agens parochi apud Silleriacum solemni ritu baptisavi in ecclesia S[anc]ti Michaelis Silleryaci infantem duodecim circiter horarum natam ex Guillelmo Tardif et Ludovica Morel, conjugibus, e regione Sancti Ignatii. Guillelmum nominarunt patrinus Petrus Duboismorel, matrina Maria Genovefa Guilbourg.

[J. Bigot]

[166][1]

[Page non utilisée et bâtonnée]

1 La page [166], non utilisée, a été bâtonnée par Jean-Baptiste Peuvret en 1694 (voir p. [123] de l'original).

APPENDICE A

Les ministres du baptême et rédacteurs du Registre de Sillery (1638-1690)

Ordre alphabétique

Ministres et rédacteurs	Premier acte	Dernier acte	Métis	Français	Amérindiens	Total des baptêmes
? (non identifiés)	1638-??-??	1651-01-??	0	1	8	9
Albanel, Charles (1616-1696)	1650-09-25	1672-10-23	0	14	11	25
Alouez, Claude-Jean (1622-1689)	1660-08-12		0	0	1	1
Audouard, Guillaume (1648-1663)	1655-02-16		0	1	0	1
Aveneau, Claude (1650-1711)	1685-01-21	1685-10-10	0	0	2	2
Bailloquet, Pierre (1613-1692)	1649-05-08	1667-05-22	0	38	84	122
Beaulieu, Louis de (1633-1684)	1667-12-13	1670-08-02	0	5	0	5
Bernières, Henri de (1635-1700)	1675-06-30		0	0	1	1
Beschefer, Thierry (1630-1711)	1666-06-29	1666-06-29	0	2	0	2
Bigot, Jacques (1651-1711)	1680-06-19	1690-05-06	1	3	372	376
Bigot, Vincent (1649-1720)	1680-11-19	1688-10-11	0	0	93	93
Bonin, Jacques (1617-1659)	1647-08-25		0	0	1	1
Bonnault, André (1643-1731)	1676-11-14	1677-08-13	0	0	10	10
Boucher, Jean-Baptiste (1641-1686)	1674-12-14	1675-08-05	0	6	0	6
Brébeuf, Jean de (1593-1649)	1641-12-16	1643-03-06	0	0	5	5
Bressani, François-Joseph (1612-1672)	1642-01-10	1642-12-14	0	0	7	7
Bruyas, Jacques (1635-1712)	1666-09-29		0	0	1	1
Buteux, Jacques (1599-1652)	1642-11-02	1652	0	0	12	12
Chabanel, Noël (1613-1649)	1644-05-05	1644-05-06	0	0	5	5
Chaumonot, Joseph-Marie (1611-1693)	1661-04-30	1673-02-10	1	10	1	12
Crespieul, François de (1638-1702)	1671-04-25	1675-12-29	0	4	214	218
Dablon, Claude (1619-1697)	1661-06-18	1662-04-24	0	0	5	5

Ministres et rédacteurs	Premier acte	Dernier acte	Métis	Français	Amérindiens	Total des baptêmes
Dalmas, Antoine (1636-1693)	1675-10-27	1679-05-30	2	26	13	41
Daran, Adrien (1615-1670)	1646-08-10	1648-06-28	0	0	5	5
Defrétat, Amable (1614-1683)	1646-10-14	1647-06-02	0	1	2	3
Dequen, Jean (1603-1659)	1638-05-07	1656-06-18	0	15	112	127
Druilletes, Gabriel (1610-1681)	1644-09-14	1668-10-27	0	4	256	260
Dufort, Cyprien (Au Canada: 1673-1690)	1675-02-11		1	0	0	1
Duperon, François (1610-1665)	1638-07-13		0	0	1	1
Duperon, Joseph-Imbert (1609-1658)	1641-01-12	1653-11-06	0	2	53	55
Enjalran, Jean (1639-1718)	1676-11-17		0	0	1	1
Eudemare, Georges d' (1590-1655)	1642-01-10		0	0	1	1
Frémin, Jacques (1628-1691)	1660-03-11	1663-07-13	0	2	14	16
Gagnon, Pierre-Paul (1649-1711)	1679-06-13	1679-06-13	0	0	1	1
Garnier, Julien (1643-1730)	1666-05-13	1668	0	0	8	8
Garreau, Léonard (1609-1656)	1644-01-19	1644-07-22	0	0	5	5
Gassot, Henri-Julien (1650-1685)	1683-11-13	1685-11-20	0	1	82	83
Gravier,Jacques (1651-1708)	1684-11-28	1685-01-22	0	0	2	2
Grelon, Adrien (1617-1650)	1647-08-25	1648-06-19	0	0	2	2
Joinville, Gabriel (Au Canada: 1648-)	1648-		0	0	1	1
Lalement, Gabriel (1610-1649)	1646-11-17	1647-06-02	0	0	6	6
Landon, Simple (Au Canada: 1670-1709)	1671-09-10		0	0	1	1
Laval, Mgr François de (1622-1708)	1660-01-06	1675-10-20	0	0	4	4
Le Jeune, Paul (1591-1664)	1638-04-18	1649-09-23	0	2	66	68

Ministres et rédacteurs	Premier acte	Dernier acte	Métis	Français	Amérindiens	Total des baptêmes
Lemoyne, Simon (1604-1665)	1662-11-11		0	1	0	1
Lyonne, Martin de (1614-1661)	1650-02-06		0	1	0	1
Mante, Côme de (Acadie: 1632-1635; 1642-1642)	1648-05-10	1648-05-10	0	0	2	2
Marest, Joseph-Jacques (1653-1725)	1687-01-24	1688-02-23	0	3	13	16
Marquette, Jacques (1637-1675)	1666-09-29		0	0	1	1
Masse, Ennemont (1574-1646)	1638-05-16	1638-05-17	0	0	2	2
Matthieu, Guillaume (1636-1677)	1670-10-05	1670-10-20	0	2	0	2
Ménard, René (1605-1661)	1640-12-30	1641-05-08	0	0	5	5
Mercier, François (1604-1690)	1659-12-16	1659-12-16	0	0	2	2
Morel, Thomas-Joseph (1636-1687)	1672-04-05	1684-06-03	0	0	2	2
Nicolas, Louis (1634-1675)	1664-12-23	1673-03-01	0	32	15	47
Nouvel, Henri (1621-1702)	1662-10-14	1671-05-01	0	12	6	18
Oukestis, Ignace	1673-03-02		0	0	1	1
Pierson, Philippe (1642-1688)	1673-03-12	1678-03-10	0	2	0	2
Pijart, Claude (1600-1683)	1639-04-25	1639-05-31	0	0	2	2
Poncet, Joseph (1610-1675)	1644-08-19		0	0	1	1
Quantin, Claude (1595-1676)	1638-06-13		0	0	1	1
Richard, André (1600-1681)	1666-08-30	1669-09-21	0	34	5	39
Silvy, Antoine (1635-1711)	1673-10-18	1674-05-01	0	8	0	8
Vaultier, Jacques (1646-1709)	1672-12-06	1680-09-28	0	22	146	168
Viguier, Jean (1652-1713)	1687-10-?	1688-05-09	0	2	0	2
Vimont Barthélemy (1594-1667)	1640-05-10	1654-08-14	0	0	44	44
TOTAL :			5	256	1 717	1 978

APPENDICE B

Les ministres du baptême et rédacteurs du Registre de Sillery (1638-1690)

Ordre chronologique

Ministres et rédacteurs	Premier acte	Dernier acte	Métis	Français	Amérindiens	Total des baptêmes
Le Jeune, Paul (1591-1664)	1638-04-18	1649-09-23	0	2	66	68
Dequen, Jean (1603-1659)	1638-05-07	1656-06-18	0	15	112	127
Masse Ennemont (1574-1646)	1638-05-16	1638-05-17	0	0	2	2
Quantin, Claude (1595-1676)	1638-06-13		0	0	1	1
Duperon, François (1610-1665)	1638-07-13		0	0	1	1
? (non identifiés)	1638-??-??	1651-01-??	0	1	8	9
Pijart, Claude (1600-1683)	1639-04-25	1639-05-31	0	0	2	2
Vimont Barthélemy (1594-1667)	1640-05-10	1654-08-14	0	0	44	44
Ménard, René (1605-1661)	1640-12-30	1641-05-08	0	0	5	5
Duperon, Joseph-Imbert (1609-1658)	1641-01-12	1653-11-06	0	2	53	55
Brébeuf, Jean de (1593-1649)	1641-12-16	1643-03-06	0	0	5	5
Eudemare, Georges d' (1590-1655)	1642-01-10		0	0	1	1
Bressani, François-Joseph (1612-1672)	1642-01-10	1642-12-14	0	0	7	7
Buteux, Jacques (1599-1652)	1642-11-02	1652	0	0	12	12
Garreau, Léonard (1609-1656)	1644-01-19	1644-07-22	0	0	5	5
Chabanel, Noël (1613-1649)	1644-05-05	1644-05-06	0	0	5	5
Poncet, Joseph (1610-1675)	1644-08-19		0	0	1	1
Druilletes, Gabriel (1610-1681)	1644-09-14	1668-10-27	0	4	256	260
Daran, Adrien (1615-1670)	1646-08-10	1648-06-28	0	0	5	5
Defrétat, Amable (1614-1683)	1646-10-14	1647-06-02	0	1	2	3
Lalement, Gabriel (1610-1649)	1646-11-17	1647-06-02	0	0	6	6
Bonin, Jacques (1617-1659)	1647-08-25		0	0	1	1

Ministres et rédacteurs	Premier acte	Dernier acte	Métis	Français	Amérindiens	Total des baptêmes
Grelon, Adrien (1617-1650)	1647-08-25	1648-06-19	0	0	2	2
Joinville, Gabriel (Au Canada: 1648-)	1648-		0	0	1	1
Mante, Côme de (Acadie: 1632-1635; 1642-1652)	1648-05-10	1648-05-10	0	0	2	2
Bailloquet, Pierre (1613-1692)	1649-05-08	1667-05-22	0	38	84	122
Lyonne, Martin de (1614-1661)	1650-02-06		0	1	0	1
Albanel, Charles (1616-1696)	1650-09-25	1672-10-13	0	14	11	25
Audouard, Guillaume (1648-1663)	1655-02-16		0	1	0	1
Mercier, François (1604-1690)	1659-12-16	1659-12-16	0	0	2	2
Laval, Mgr François de (1622-1708)	1660-01-06	1675-10-20	0	0	4	4
Frémin, Jacques (1628-1691)	1660-03-11	1663-07-13	0	2	14	16
Allouez, Claude-Jean (1622-1689)	1660-08-12		0	0	1	1
Chaumonot, Joseph-Marie (1611-1693)	1661-04-30	1673-02-10	1	10	1	12
Dablon, Claude (1619-1697)	1661-06-18	1662-04-24	0	0	5	5
Nouvel, Henri (1621-1702)	1662-10-14	1671-05-01	0	12	6	18
Lemoyne, Simon (1604-1665)	1662-11-11		0	1	0	1
Nicolas, Louis (1634-1675)	1664-12-23	1673-03-01	0	32	15	47
Garnier, Julien (1643-1730)	1666-05-13	1668	0	0	8	8
Beschefer, Thierry (1630-1711)	1666-06-29	1666-06-29	0	2	0	2
Richard, André (1600-1681)	1666-08-30	1669-09-21	0	34	5	39
Bruyas, Jacques (1635-1712)	1666-09-29		0	0	1	1
Marquette, Jacques (1637-1675)	1666-09-29		0	0	1	1
Beaulieu, Louis de (1633-1684)	1667-12-13	1670-08-02	0	5	0	5

Ministres et rédacteurs	Premier acte	Dernier acte	Métis	Français	Amérindiens	Total des baptêmes
Matthieu, Guillaume (1636-1677)	1670-10-05	1670-10-20	0	2	0	2
Crespieul, François de (1638-1702)	1671-04-25	1675-12-29	0	4	214	218
Landon, Simple (Au Canada: 1670-1709)	1671-09-10		0	0	1	1
Morel,Thomas-Joseph (1636-1687)	1672-04-05	1684-06-03	0	0	2	2
Vaultier, Jacques (1646-1709)	1672-12-06	1680-09-28	0	22	146	168
Oukestis, Ignace	1673-03-02		0	0	1	1
Pierson, Philippe (1642-1688)	1673-03-12	1678-03-10	0	2	0	2
Silvy, Antoine (1635-1711)	1673-10-18	1674-05-01	0	8	0	8
Boucher, Jean-Baptiste (1641-1686)	1674-12-14	1675-08-05	0	6	0	6
Dufort, Cyprien (Au Canada: 1673-1690)	1675-02-11		1	0	0	1
Bernières, Henri de (1635-1700)	1675-06-30		0	0	1	1
Dalmas, Antoine (1636-1693)	1675-10-17	1679-05-30	2	26	13	41
Bonnault, André (1643-1731)	1676-11-14	1677-08-13	0	0	10	10
Enjalran, Jean (1639-1718)	1676-11-17		0	0	1	1
Gagnon, Pierre-Paul (1649-1711)	1679-06-13	1679-06-13	0	0	1	1
Bigot, Jacques (1651-1711)	1680-06-19	1690-05-06	1	3	372	376
Bigot, Vincent (1649-1720)	1680-11-19	1688-10-11	0	0	93	93
Gassot, Henri-Julien (1650-1685)	1683-11-13	1685-11-20	0	1	82	83
Gravier, Jacques (1651-1708)	1684-11-28	1685-01-22	0	0	2	2
Aveneau, Claude (1650-1711)	1685-01-21	1685-10-10	0	0	2	2
Marest, Joseph-Jacques (1653-1725)	1687-01-24	1688-02-23	0	3	13	16
Viguer, Jean (1652-1713)	1687-10-?	1688-05-09	0	2	0	2
TOTAL :			5	256	1 717	1 978

Lexique latin-français et amérindien-français
des noms de lieux et de nations

Abanaki; Abankits; Abanaquaea, –eam, –eas, –aei, –aeis, –aeo, –aeos, –aeum, –aeus; Abanaqueo; Abanaquens, –ensem, –enses, –ensi, –ensibus, –ensium, –ensis; Abanaqui, –ia, –iam, –iis, –io, –ios, –y; 8abanaki; 8abanakic; 8abanakik; 8abanakensi; 8abanakeorum: Abénaquis.

Acadia: Acadie.

Aeskimensi, Aiechikimau, Aikimensi: Esquimaux ou Gaspésiens[1].

Agnongherronensem, Agnongherronon: Agniers, Iroquois.

Algonquaeo, –aeum, –aeus; Algonquina, –naea, –nam, quinensibus, quino, –quinorum, –quinum; Alqonk: Algonquins.

Amik8ensi: Amikoués ou Castors, groupe algonquin résidant au nord du lac Huron[2].

Amisk8sagué, fluvium: rivière Amiskousagué, dans le Domaine du Roy[3].

Andegavensis: angevins, originaire d'Angers.

Anserum, insula: Île aux Oies.

Arrente: important bourg Attignaouantan (nation huronne)[4].

Assomptionis, missio: mission de L'Assomption (environs– *circa*– de la Nouvelle-Angleterre).

Atonchatorronensium: Atonchatorronons; ce sont vraisemblablement les Onontchataronons, groupe d'origine iroquoise, mais algonquinisé (les Iroquets)[5].

Attikameks ou Poissons Blanc: Attikameks (Haut Saint-Maurice).

---

1 «Les Esquimaux ne sont pas totalement absents des Relations des Jésuites. Mais vers 1640-1650, les Aeskimenses sont plutôt des Gaspésiens, qui ont de très rares contacts avec les esquimaux, bien qu'ils en paraissent les ennemis.» (CAMPEAU, L. *Lettre du 13 mars 1991*).

2 CAMPEAU, L.ucien. ***Catastrophe démographique sur les Grands Lacs - Les premiers habitants du Québec***, Cahiers d'histoire des Jésuites, no 7, 1986, p. 136.

3 *Domaine du Roy*: domaine royal constitué en 1675 et réservé au commerce des fourrures (Traité de Tadoussac). Ce territoire correspondait à peu près à la région du Saguenay–Lac-Saint-Jean–Chibougamau–Côte-Nord.

4 CAMPEAU, L. ***Catastrophe***..., p. 70, 136.

5 CAMPEAU, L. *Lettre du 13 mars 1991.*

Aureliensis, insula: Île d'Orléans.

Baiocensis, Baionensi: bayeusain(s), originaire de Bayeux.

Bituricensis, Biturigibus: berruyer(s), originaire de Bourges.

Ca8anaquensi, Cha8anaquensem, Cha8anaquo: Chaouanaquiois, Chaouanons, Shawnees; nation algonquine, membre de la ligue des Gens de Feu, émigrée au sud après 1650[1].

Campania: Champagne, ancienne province de France.

Campanus: champenois, originaire de Champagne.

Canadensis: canadien.

Castri Ricardi: Château-Richer.

Cheg8timy: Chicoutimi.

Echitogamat, lacus: lac Echitogamat (Tchitogama), (Domaine du Roy).

Erigoe8ka8irini: nation de la région du lac Nekoubau (Nicabau).

Etchemenses; Estechemin; Etech.; Etchemensem; Etechemi, –miensem, –miensi, –miensis, –miensium, 8etechemensi; 8etechemi, 8etechemiensis; 8etechemin; 8etesimik; 8etechemi; Etchemins, groupe algonquien.

Galli Canadenses: Canadiens français, Français canadiens, franco-canadiens.

Gaspesia: Gaspésie.

Guaspensi vulgo Aikimecsi: Gaspésiens ou Esquimaux (Voir *Aeskimensi*).

Hiroquetarum; Hiroquaeam: Iroquois, Iroquoise.

Huro; Huronenses; Hurones; Hurona; Huronina; Huron, Huronne.

Insula Anserum: Île aux Oies.

Insula Aurelianensis: Île d'Orléans.

Insulae Jeremiae: Islets de Jérémie, (Domaine du Roy).

Insulensis: nation de l'Île, ou Algonquins de l'Isle [aux allumettes].

---

1 SÉVIGNY, P.-André. ***Les Abénaquis: habitat et migrations (17e et 18e siècles)***, Cahiers d'histoire des Jésuites 3, Bellarmin, 1976, p. 237; et L. Campeau, Lettre du 13 mars 1991.

Jeremiae, isularum: Islets de Jérémie, (Domaine du Roy).

Kakisegau, fluvium: rivière Kakisegau ou Mistassibi, (Domaine du Roy).

Kak8chaki: Kakouchaki ou nation des Porc-Épics (Lac Saint-Jean).

KaMenisti8sisek, fluvium: rivière KaMenistiousisek, (Domaine du Roy).

KaPirebistichit: rivière de l'Assomption ou rivière aux rats, (Domaine du Roy).

Kastiteouanich, Kastite8ananich: Kastiteouanich près de *M8chau 8raganich* (région du lac Mistassini).

Kebec; Québec.

Kenebeki, rivière Kennebec.

K8ach8chi88ets, K8ak8chi8ets, K8ak8chi88ets, K8ask8chi88ets: Kouachouchiouets, groupe montagnais.

Lausoniensis ora: côte de Lauzon.

Lingonensis: langrois, originaire de Langres.

Mahingan: nation des Loups; Algonquiens et Abénaquis, du fleuve Hudson[1].

Manit8nag8ch: Île aux Couleuvres (en face de Roberval, (Domaine du Roy).

Mare Septentrionale: Baie d'Hudson.

Metaber8tensis: Metaberoutin, Trois-Rivières.

Mistassini, Mistassiniensi, Mistasiriniensi, Mystassiny, Mystassinyts: lac, nation et rivière Mistassini.

Montanenses: Montagnais.

M8chau 8raganich: Mouchau Ouraganich (région du lac *Mistassini,*, Domaine du Roy).

Msakkikan: Saut de la Chaudière; mission abénaquise; toponyme «à l'origine du nom actuel de Sartgigan, revendiqué aujourd'hui pour le territoire de Beauce, [...][2].»

Nek8bac, Necoubau, Nicabau: Nekoubau ou Nicabau, lac Saint-Paul, [Domaine du Roy].

---

1 CAMPEAU, L. ***Catastrophe***..., p. 140; et Lettre du 13 mars 1991.

2 CAMPEAU, L. ***Msakkikkan ou la première mission de Saint-François-de-Sales***, dans PROVOST, H. ***Les Abénaquis sur la Chaudière***, Québec, Éditions de la Nouvelle-Beauce, 1983, p. 53.

Nepissirini: nation des Nipissiriens.

Normandia: Normandie.

Nova Anglia: Nouvelle-Angleterre.

Nova Francia: Nouvelle-France.

Onontchatarronghensi: Onontchataronons; groupe d'origine iroquoise, mais algonquinisé (les Iroquets)[1].

Ossonane: Fort Sainte-Marie-des-Hurons.

8abanaki: Ouabanaki, voir Abanaki.

8ak8ani, fluvium: rivière Ouakouni (Domaine du Roy).

8echemenses: Etchemins.

8ikatg8ets, 8ikatge8ets: Ouikatgeouets ou Ouikouatgeouets (Domaine du Roy).

8kanonaencats: Oukanonaencat, aussi Scanonaenrat, bourg des Tohontaerats, hurons; bourg Saint-Michel.

8kestig8ets: Oukestigouets, nation habitant au nord des Papinachois (Domaine du Roy).

8mami88ets, Oumamiouek: Oumamiois, habitant au nord de Betsiamites (Domaine du Roy).

8papinachi88ets: Papinachois (Domaine du Roy).

8tabitibe8ets, –be88ets; 8tatibinensem, –ses, –sibus, –sium: Abitibiens, groupe algonquin (Domaine du Roy).

8timagamiensi: Outimagamis; groupe algonquin; a laissé son nom au lac Timagami (Ontario)[2].

Papinachi8, –chi8i; Papinachenses, –sis; 8papinachi8ek, –chi88et: Papinachois (Domaine du Roy).

Petraensi: de Pétrée.

Pineg8reansi: Pennacooks, Penagouc?[3]

Piristibik, fluvium: rivière aux Outardes (Domaine du Roy).
Promontorium Rubrum: Cap-Rouge.

---

1 CAMPEAU, L. ***Catastrophe***..., p. 142.
2 CAMPEAU, L. ***Op. cit.***, p. 144.
3 SÉVIGNY, P.-André. ***Les Abénaquis***..., p. 244.

Quinogaming: lac Kénogami (Domaine du Roy).

Ricardi, Castri: Château-Richer.

Rothamagensis: rouennais, originaire de Rouen.

Rubrum Promontorium: Cap-Rouge.

Rupellensis: rochelais, originaire de La Rochelle.

Sabaudus: savoyard, savoisien, originaire de Savoie.

Sadiseg8: Tadoussac (Domaine du Roy).

Sagahigan: *Sagahiganirini:* groupe algonquin de l'Outaouais, en 1640[1].

Septentrionale, mare: baie d'Hudson.

Socoquia, Socquocquosa, Socquoquienses, Socquoquia, Sokoquaeo, Soquoquaea: Socoquis; habitants du fleuve Connecticut[2].

Superior, lacus: lac Supérieur (région du Lac Mistassini, Domaine du Roy).

S[ancti] Ricardi: Château-Richer.

Tadoussac, Tadoussaci, Tadoussak, Tad8sac; Tadousacenses, –acensibus, –acensem, –acenses, –acensis, –acensi, –acensibus: Tadoussac, Tadoussaciens: lieu et nation.

Taenhatentaron: Fort Saint-Ignace; bourg Attingneenongnahac, chez les Hurons[3].

Tchitogama, lacus: lac Tchitogama ou Echitogamat (Domaine du Roy).

Timiskamiensem: Témiscamingue, nation algonquine.

Trecensis: troyen, originaire de Troyes.

Tria Flumina: Trois-Rivières.

---

1 CAMPEAU, L. ***Catastrophe***..., p. 145.
2 CAMPEAU, L. *Lettre du 13 mars 1991.*
3 CAMPEAU, L. ***Catastrophe***..., p. 146.

BIBLIOGRAPHIE

Affaire du Fort de Saint-François-Xavier, *Sillery (12 juillet 1661),* (Archives de la province de Québec), dans BRH 60 (1960), p. 32-34.

ALLAIRE, Jean-Baptiste-Arthur, ***Dictionnaire biographique du clergé Canadien-français - Les Anciens***, Montréal, Imprimerie de l'École catholique des Sourds-Muets, 1910, 543 p.

ANGERS, Lorenzo, ***Trente ans au pays des Montagnais, (1671-1702) - François de Crespieul, s.j. et ses compagnons,*** Chicoutimi, dactylographié et relié, 22 x 28 cm, 1968 (?), Archives du Séminaire de Chicoutimi, manuscrit C-34-B-16.

BÉLANGER, Pauline et Yves Landry avec la collaboration de René JETTÉ, ***Inventaire des registres paroissaux catholiques du Québec 1621-1876,*** (Programme de recherche en démographie historique), Montréal, Les Presses de l'Université de Montréal, 1990, XIX + 352 p.

BERNIER, André, ***Le Vieux-Sillery,*** Les Cahiers du patrimoine, n° 7, Québec, Ministère des Affaires culturelles, Direction générale du Patrimoine, 1977, 2e tirage 1978, 167 p.

[BOIS, Louis-Édouard], ***Études et recherches biographiques sur le Chevalier Noël Brulart de Sillery***, Québec, A. Côté, 1855, 28 p. [p. 23-28]: article de Jean-Baptiste-Antoine Ferland, sur la mission de Sillery, paru dans *Le Journal de Québec*, du 27 octobre 1855.

CAMPEAU, Lucien, S.J., ***Catastrophe démographique sur les grands lacs - Les premiers habitants du Québec***, Cahiers d'histoire des Jésuites, n° 7, Montréal, Bellarmin, 1986, 147 p.

CAMPEAU, Lucien, S.J., ***Les Cent-Associés et le peuplement de la Nouvelle-France*** (1633-1663), Cahiers d'histoire des Jésuites, n° 2, Montréal, Bellarmin, 1974, 174 p.

CAMPEAU, Lucien, S.J., ***Gannentaha - Première mission iroquoise (1653-1665)***, Cahier d'histoire des Jésuites, n° 6, Montréal, Bellarmin, 1983, 95 p.

CAMPEAU, Lucien, S.J., ***La mission des Jésuites chez les Hurons***: 1634-1650; suivi de ***La formation des noms de peuples et de bourgades en huron***, par Pierrette-L. Lagarde, Montréal, Éditions Bellarmin; Roma, Institutum Historicum S.I., 1987, 487 p.

CAMPEAU, Lucien, S.J., ***Monumenta Novae Franciae***, II, ***Établissement à Québec (1616-1634),*** Roma, Apud «Monumenta Hist. Soc. Iesu», Québec, les Presses de l'Université Laval, 1979, 141* et 889 p.

CAMPEAU, Lucien, S.J., «Msakkikkan ou la première mission de Saint-François-de-Sales», dans Honorius Provost, ***Les Abénaquis sur la Chaudière***, Québec, Éditions de la Nouvelle-Beauce, Séminaire de Québec, 1983, p. 52-71.

CAMPEAU, Lucien, S.J., ***Préface*** du ***Quatrième registre de Tadoussac***, présenté et annoté par Léo-Paul Hébert, Les Presses de l'Université du Québec, 1982, p. [VII-IX].

CARAYON, Auguste, ***Première Mission des Jésuites au Canada; Lettres et documents inédits***, publiés par le R. P. Auguste Carayon de la Compagnie de Jésus, Paris, L'Ecureux, 1864, XVI et 304 p.

CHARBONNEAU, Hubert et André LAROSE (dir.), ***Du manuscrit à l'ordinateur - dépouillement des registres paroissiaux aux fins de l'exploitation automatique***, Programme de recherche en démographie historique, Collection Études et recherches archivistiques, n° 3, Québec, Gouvernement du Québec, Ministère des Affaires culturelles, Archives nationales du Québec, 1980, 229 p.

CHARBONNEAU, Hubert et Jacques LÉGARÉ (dir.), ***Programme de recherche en démographie historique*** (PRDH), ***Répertoire des actes de baptêmes, mariages, sépultures et des recensements du Québec ancien***, Montréal, Presses de l'Université de Montréal, 1980
Vol. 3: «Environs de Québec - XVIIe siècle»
Vol. 6: «Recensements nominatifs et documents divers - XVIIe siècle» [dont les confirmations de Sillery]
Vol. 7: «Index général - XVIIe siècle»

CHRISTOPHE, Paul, ***L'Église dans l'histoire des hommes, du XVe siècle à nos jours,*** Limoges, Droguet-Ardant, 1983, 632 p.

COMBY, Jean, ***Pour lire l'histoire de l'Église***, tome 2: Du XVe siècle, Paris, 1986, 246 p.

CRESPIEUL, François de, S.J., ***Mors pretiosa***, dans ***Manuscrits Montagnais***, p. 25-48 (Archives de l'archevêché de Québec); paru en partie dans ***Rapport sur les missions du diocèse de Québec***, n° 17, avril 1866, p. 31-55, précédé d'une notice historique sur la mission Saint-François-Xavier de Chicoutimi (1661-1702), p. 23-30.

Dictionnaire biographique du Canada, Vol. premier (1000-1700), Québec, Les Presses de l'Université Laval, 1967, 774 p.; vol. II (1701-1740), Québec, les Presses de l'Université Laval, 1969, 791 p.

DION-MCKINNON, Danielle, ***Sillery: au carrefour de l'histoire***, Boréal, 1987, 197 p.

Documents: Remarques sur la chapelle de Sillery, dans BRH 69 (1967), p. 41-45.

DRAGON, Antonio, ***Trente robes noires au Saguenay***, Chicoutimi, La Société historique du Saguenay, n° 24, [1970], 377 p.

DROLET, Gilles, ***Notre-Dame-de-Lorette et le Père Chaumonot***, Sainte-Foy, Éditions Anne Sigier, 1985, 169 p.

DUMAS, Silvio, ***Les filles du roi en Nouvelle-France – Étude historique avec répertoire biographique***, Cahier d'Histoire n° 24, Québec, La société historique de Québec, 1972, 382 p.

FERLAND, Jean-Baptiste-Antoine, ***Notes sur les registres de Notre-Dame de Québec***, 2e édition, Québec, G. et G. E. Desbarats, 1863, 100 p.

FOSSEYEUX, Marcel, ***Contribution du Monastère de la visitation Sainte-Marie du faubourg Saint-Antoine au XVIIe siècle - La conversion du commandeur Brulart de Sillery***, Paris, 1910, 21 p. (Extrait du *Bulletin de la Société de l'histoire de Paris et de l'Ile-de-France)*, tome XXXVII (1910).

GÉRIN, Léon, «La seigneurie de Sillery et les Hurons de Lorette», dans ***Mémoires et comptes rendus de la Société royale du Canada***, Seconde série, tome VI, séance de mai 1900, Section I, p. 73-115.

GRAFFIN, Roger, ***Noël Brulart de Sillery et la fondation de Sillery au Canada***, Reims, Imprimerie de l'Académie, 1902, 16 p.

HÉBERT, Léo-Paul, ***Les méthodes d'apostolat des Jésuites au Saguenay de 1641 à 1711*** - thèse de maîtrise ès Arts, Université d'Ottawa, 1957, VI et 157 p.

HÉBERT, Léo-Paul, ***Le troisième registre de Tadoussac - Miscellaneorum Liber***, [Édition critique], Les Presses de l'Université du Québec, 1976, XXI et 340 p. [Tekouerimat 3].

HÉROUVILLE, O. d', ***Les missions des Jésuites au Canada - XVIIe et XVIIIe siècles***, (Exposition rétrospective des colonies françaises de l'Amérique du nord, Paris, avril-juin 1929) - Analyse des Documents exposés par la Compagnie de Jésus et sur les Jésuites par A. Léo Leymarie), Paris, Gabriel Enault, impr.-éditeur, 1929, 80 p.

JETTÉ, René, ***Dictionnaire généalogique des familles du Québec, des origines à 1730***, Montréal, Les Presses de l'Université de Montréal, 1983, 1176 p.

Journal des Jésuites (JJ), publié par les abbés Laverdière et Casgrain, troisième édition exactement conforme à la première (1871), Montréal, Laval, Éditions François-Xavier, 1973, 403 p.

LALEMANT, Jérôme, S.J., ***Documents - Remarques sur la chapelle de Sillery***, dans BRH 69 (1967), p. 41-45.

LAMONTAGNE, Paul-A., ***L'histoire de Sillery 1630-1950***, rédigé par Robert Rumilly, [s.l.], 1952, 117 p. ill. carte.

LAROSE, André, ***Les registres paroissiaux au Québec avant 1800: Introduction à l'étude d'une institution ecclésiastique et civile***, Collection Études et recherches archivistiques, n° 2, Québec, Gouvernement du Québec, Ministère des Affaires culturelles, Archives nationales du Québec, 1980, 298 p.

LAROSE, André, «Les registres paroissiaux catholiques au Québec: vue d'ensemble», dans ***Mémoires de la Société de généalogie canadienne-française***, vol. XXX, n° 4 (octobre-novembre-décembre 1979), p. 243-262.

LAROUCHE, Léonidas, ***Le second registre de Tadoussac (1668-1700)*** - transcription, Les Presses de l'Université du Québec, 1972, 241 p. (Tekouerimat 1)

LECOMPTE, Édouard, S.J., ***Les anciennes missions de la compagnie de Jésus dans la Nouvelle-France (1611-1800)***, Montréal, Imprimerie du Messager, 1925, 79 p.

LE JEUNE, LOUIS, O.M.I., ***Dictionnaire général de biographie, histoire,*** [...] ***du Canada***, Ottawa, Université d'Ottawa, 1931, vol. I, 862 p.; vol. II, [829] p.

LETOURNEAU, Hubert, ***Sillery: autrefois réduction indienne***, dans BRH 58 (1952), p. 117-125.

L'INCARNATION, Marie de, ***Marie de l'Incarnation, ursuline (1599-1672), Correspondance***, nouvelle édition par Dom Guy Oury, Solesme, Abbaye Saint-Pierre, 1971, 1071 p.

[MÉLANÇON, Arthur, S.J.], ***Liste des missionnaires Jésuites - Nouvelle-France et Louisiane 1611-1800***, Montréal, Collège Sainte-Marie, 1929, 98 p.

POULIOT, Adrien, S.J., ***Le berceau de Sillery***, dans ***Anthropological Journal of Canada,*** vol. 1, n° 2, 1963, p. 9-11.

POULIOT, Adrien, S.J., ***Les Jésuites à la baie d'Hudson au XVIIe siècle***, conférence prononcée à Winnipeg en 1970, texte dactylographié, 64 p.

POULIOT, Adrien, S.J., [Notes sur René Goupil et la première chapelle de Sillery adressées au] Père William Bréault, Québec, 25 janvier 1989, dactylogr., 13 p.

POULIOT, Adrien, S.J., ***La plus vieille maison du Canada***, dans ***The Canadian Historical Association***, Report of the Annual Meeting held at Halifax, June 10 and 11, 1949, Toronto, The University of Toronto Press, 1949, p. 22-31.

POULIOT, Adrien, S.J., ***Le rôle historique de Pierre de Puiseaux, sieur de Montrénault en Nouvelle-France, de 1637 à 1647***, Conférence prononcée à la Société historique de Sillery, le 11 décembre 1988, dactylogr., 12 p.

POULIOT, Léon, S.J., ***Étude sur les Relations des Jésuites de la Nouvelle-France (1632-1672)***, Collection des Studia, Montréal/Paris, Desclée de Brouwer & Cie, 1940, 319 p.

POULIOT, Léon, S.J., ***La mission Saint-Joseph de Sillery***, Montréal, L'oeuvre des tracts, no 218, août 1937, 16 p.

PROVOST, Honorius, ***Les Abénaquis du Canada et le pouvoir civil***, Québec, La Société historique de Québec, 1985, 32 p. (Textes de conférences, no 8).

PROVOST, Honorius, ***Les Abénaquis sur la Chaudière***, Édition de la Nouvelle-Beauce, Séminaire de Québec, 1983, 71 p.

PROVOST, Honorius, ***Un Jésuite ambassadeur [Gabriel Druilletes]***, Rapport 1965, La Société canadienne d'histoire de l'Église catholique, p. 101-112.

Relations des Jésuites [1611-1672], Montréal, Éditions du Jour, 1972, 6 vol.

Relations inédites de la Nouvelle-France (1672-1679), pour faire suite aux anciennes relations (1615-1672), avec deux cartes géographiques, Montréal, Éditions Elysée, 1974, 2 vol., 356 et 404 p.

ROCHEMONTEIX, Camille de, S.J., ***Les Jésuites et la Nouvelle-France au XVIIe siècle***, Paris, Letouzey et Ané, I, 1895, 488 p.; II, 1896, 536 p.; III, 1896, 694 p.

SCOTT, Henri-Arthur, ***Deuxième centenaire de Notre-Dame de Foy - Notice historique***, Québec, Imprimerie de l'Action sociale, 1919, 48 p., ill.

SCOTT, Henri-Arthur, ***Une paroisse historique de la Nouvelle-France - Notre-Dame de Sainte-Foy - Histoire civile et religieuse d'après les sources***, tome I - 1541-1670, Québec, J.-A. K.-Laflamme Imprimeur, 1902, 620 p.

La Seigneurie de Sillery - Aveu et dénombrement de la seigneurie de Sillery pour les Révérends Pères Jésuites (1678), RAPQ 1943-1944, p. 1-16.

SÉVIGNY, P.-André, ***Les Abénaquis: Habitat et migrations (17e et 18e siècles)***, Cahier d'histoire des Jésuites, no 3, Montréal, Bellarmin, 1976, 247 p.

SIMARD, Jean-Paul, ***M8chau 8raganich et la traite de Tadoussac***, Chicoutimi, Université du Québec à Chicoutimi, 1976, 29 p. (polycopié); les

13 premières pages ont paru dans *Saguenayensia*, vol. 19, no 4, (sept.-octobre 1977, p.104-109 (à suivre); aussi dans *Recherches amérindiennes au Québec*, vol. 6, nº 2, été 1976, p. 3-16.

STANLEY, George F. G., ***The First Indian "Reserves" in Canada***, dans RHAF, vol. IV, nº 2 (sept. 1950), p. 178-210.

TANGUAY, Cyprien, ***Dictionnaire généalogique des familles canadiennes depuis la fondation de la colonie [...]***, Québec, E. Sénéchal, 1871-1890, 7 vol.

TÊTU, H. et GAGNON, C.-O., éd., ***Mandements, lettres pastorales et circulaires des Évêques de Québec***, publiés par Mgr H. Têtu et l'abbé C.-O. Gagnon, Vol. premier, Québec, Imprimerie générale A. Côté et Cie, 1887, 566 p.

TRUDEL, Marcel, ***Catalogue des immigrants 1632-1662***, Cahiers du Québec, Collection Histoire, Montréal, Hurtubise HMH, c1983, 569 p.

TRUDEL, Marcel, ***Histoire de la Nouvelle-France***, III, ***La Seigneurie des Cent-Associés (1627-1663)***, tome 1: ***Les événements***, Montréal, Fides, 1979, 489 p.

TRUDEL, Marcel, ***Histoire de la Nouvelle-France***, III, ***La Seigneurie des Cent-Associés (1627-1663)***, tome 2: ***La société***, Montréal, Fides, 1983, 669 p.

TRUDEL, Marcel, ***Initiation à la Nouvelle-France - Histoire et institutions***, Montréal/Toronto, Holt, Rinehart et Winston limitée, 1968, 323 p.

TRUDEL, Marcel, ***Montréal: la formation d'une société, 1642-1663***, Montréal, Les éditions Fides, 1976, 313 p.

TRUDEL, Marcel, ***La population du Canada en 1663***, Montréal, Fides, 1973, 368 p.

TRUDEL, Marcel, ***Le Terrier du Saint-Laurent en 1663***, Cahiers du Centre de recherche en civilisation canadienne-française, nº 6, Ottawa, Éditions de l'Université d'Ottawa, 1973, 618 p.

Les Ursulines de Québec depuis leur établissement jusqu'à nos jours, Québec, Les Presses de C. Darveau, I, 1863, 579 p.; II, 1864, 362, X et 38 p.; III, 1866, 397 p.; IV, 1866, p. 398-741.

VALIGNY, Pacifique de, O.F.M., ***Chroniques des plus anciennes églises de l'Acadie***, Montréal, L'Écho de Saint-François, 1944, 147 p.

INDEX ONOMASTIQUE AMÉRINDIEN

Note.

Seuls les Amérindiens baptisés ont des prénoms chrétiens.
Les prénoms sont traduits en français, exemples: Benedictus par Benoît, Catharina Senensis par Catherine-de-Sienne.
*Le signe 8 (le **o** surmonté du **u**) se prononce **ou**.*
*Les noms commençant par **8** se retrouvent sous la lettre **O**.*
Les Amérindiens identifiés par leur seul prénom chrétien sont placés au début de l'index.
Cet index ne prend en compte que le REGISTRE DE SILLERY*; il ne couvre pas l'introduction.*
*Les pages suivies de la lettre **n** renvoient aux notes au bas des pages.*

- A -

- B -

- C -

- D -

- E -

- F _

- G -

- H -

- I -

- J -

- K -

- L -

- M -

- N -

- O -

- P -

INDEX GÉNÉRAL

Note.

*Plusieurs personnes ne sont identifiées que par leur patronyme précédé de Domina ou Dominus, que nous avons traduits par **Madame ou Monsieur**.*

Les prénoms ont été traduits en français, exemples: Ludovicus par Louis, Carola par Charlotte, etc.

Cet index ne prend en compte que le REGISTRE DE SILLERY; *il ne couvre pas l'introduction.*

- A -

- E -

- F -

- H -

- I -

- J -

- M -

- Q -

- R -

- T -

LISTE DES TABLEAUX ET DES GRAPHIQUES

TABLE DES MATIÈRES